Titre original : "Sathya Sai Baba : The embodiment of Love".

Traduit de l'anglais par Françoise Moreau
qui tient à exprimer sa vive gratitude à Rosine Grange et
à Madeleine Coffinier pour l'aide inestimable qu'elles lui
ont apportée dans le travail de traduction.

Autres Éditions :
En Inde par Payonidhi Printers, Bangalore.
Au Japon par Hodeki Watanabe.
En Grande-Bretagne "Talking Book" édition par R.N.I.B.
Aux U.S.A. édition en braille par Sathya Sai Book Center
of America, Tustin, CA.

TABLE DES MATIERES

PRÉFACE 9

LIVRE PREMIER PAR PEGGY MASON

1. L'appel 13
2. Rencontre avec l'Amour incarné 23
3. Les dons de la grâce 34
4. La Réssurrection de Jésus 47
5. Nous sommes-nous trompés ? 64
6. Notre coupe déborde 75
7. La demeure de paix suprême 86
8. De Bethléem à Brindavan 97
9. Sai Baba et le règne animal 108
10. La pratique de l'unité 125
11. Omniprésence 138
12. L'aura ne peut mentir 150
13. Le retour à la maison 160

LIVRE DEUXIEME PAR RON LAING

Note de l'auteur 168
1. Le dernier voyage 169
2. Les points culminants du voyage 190
3. La seconde venue est arrivée 206
4. La Réssurrection moderne de Lazare 223
5. Armageddon est : maintenant 228
6. Les miracles de Sathya Sai Baba 244
7. Le travail d'assistance de Sathya Sai Baba ... 270
8. Le travail éducatif de Sathya Sai Baba 278

9. Les principes de vie de Sathya Sai Baba 289
10. Les enseignements de Sathya Sai Baba 297
Première partie 297
Deuxième partie 307
Troisième partie 318
11. La pratique de l'Amour 332
Les petits moyens 332
Les grands moyens 341
12. Qui est Sai Baba ? 360
Post-scriptum : Mon rêve 377

A PROPOS DES AUTEURS 379

BIBLIOGRAPHIE 381

à "BABA"
qui emplit nos vies.

PRÉFACE

Cher Lecteur,

Les pages qui vont suivre n'ont pas la prétention d'être un livre – en effet nous n'aurions ni la témérité, ni l'habileté nécessaire pour écrire sur un sujet d'une telle dimension cosmique ; cependant, nous avons été priés de rassembler sous le même titre les différents articles concernant notre expérience avec Bhagavan Sri Sathya Sai Baba, en y incluant notre pèlerinage en Inde en 1980. Celui-ci a été l'événement dont l'inspiration divine nous a submergés, qui a influencé et qui influence encore notre état de conscience à tout moment.

Nous voudrions exprimer notre gratitude au regretté Maurice Barbanel, éditeur de la revue mensuelle : "Deux Mondes" et de l'hebdomadaire "Nouvelles Parapsychologiques" ainsi que de la majorité des articles suivants. Nous voudrions aussi remercier le "Kingdom of Sathya Sai" de nous avoir permis de contribuer à la revue "Golden Age 1980".

Nous vous invitons donc, affectueusement, à partager l'expérience et les conclusions de deux êtres très ordinaires qui ont cherché et trouvé "La Perle Rare".

Peggy Mason
Ron Laing, M. A. (Cantab).

The Lodge
10 Broadwater Down,
Tunbridge Wells,
Kent, TN2 5NG
England.

LIVRE PREMIER

PAR

PEGGY MASON

"L'homme conçoit Dieu comme omniprésent, omniscient, omnipotent, mais il ignore Sa présence en lui-même ! Dieu est dans le cœur de chaque être humain... Tous les hommes sont des cellules de l'organisme divin."

Sri Sathya Sai Baba

1

L'appel

"Fais un pas en avant, j'en ferai cent vers toi ; verse une seule larme, j'en essuierai cent de tes yeux."
... Sri Sathya Sai Baba.

Je ne suis personne d'exceptionnel ; une goutte d'eau individuelle parmi les myriades de gouttes de nombreux cours d'eau, frappée et brisée contre pierres et rochers, s'engouffrant parfois dans les creux profonds et s'échappant encore pour couler lentement vers la rivière qu'elle rejoindra à temps pour se perdre dans l'Océan Infini. Je n'ai pas de titre honorifique ni de qualifications intellectuelles ; mon nom n'est pas connu, bien qu'il fût inscrit, il y a fort longtemps, en lettres lumineuses, à l'enseigne des théâtres de Londres, où l'on jouait une ou deux de mes comédies : ces lumières durent être voilées, à cause du black-out de la deuxième guerre mondiale.

Je revendique seulement le privilège d'avoir pu servir, pendant les treize dernières années, en écrivant régulièrement des articles pour un journal. Les lecteurs sont devenus des amis confiants en mes conseils. Mes livres ont pu les aider dans leur recherche de Dieu, du vrai sens de la vie, ayant à vivre dans ce désert matérialiste créé par nous presque partout dans le monde. Et cette opportunité même ne se matérialisa qu'au bout de vingt ans, le jour où je décidai, en 1948, de ne plus écrire de nouvelles ni de scénarios médiocres. A genoux, j'ai prié d'un cœur sincère, afin que ce petit talent qui m'était donné puisse être utilisé pour éclairer et inspirer. Pendant ces vingt années j'ai eu beaucoup à apprendre, à souffrir. Mes angles aigus ont dû être ciselés, martelés, se modeler, avant que ne s'ouvre, à peine poussée, la porte qui semblait fermée – (cela arrive toujours quand le moment est venu).

Je me sens obligée – j'espère en être pardonnée – de faire un très court exposé personnel, – relatant le parcours d'un pèlerinage embrassant soixante-dix années et indiquant comment le chemin rocailleux peut mener au Refuge. Nous tournons en rond sur ce sentier, me semble-t-il, pendant notre quête de la vérité et, croyant atteindre une étape, nous nous retrouvons au point de départ avec le *savoir inné* que nous avions depuis toujours. Mais ce qui existait en nous s'extériorise, se reconnaît, s'accepte, grâce à la sagesse acquise par l'expérience, par le dur chemin de la *connaissance de soi* et l'espoir de pouvoir se dépasser dans le processus du devenir.

Je suis venue dans cette incarnation (dans laquelle il me semble avoir résumé cinq vies) *sachant* l'existence d'autres dimensions ; je me sentais étrangère sur cette planète inconnue et constamment m'étonnais de tout ce que mes aînés considéraient comme tout à fait normal, entre autres : le fait de s'entre-tuer sur une grande échelle, par millions (mon enfance s'est passée pendant la première guerre mondiale), le fait de manger nos frères les animaux et l'extraordinaire conception selon laquelle la vie devait sans doute finir avec la mort du corps physique. Je devais me rendre compte, plus tard, que le clergé chrétien, tout en déclarant qu'il croyait à la vie éternelle, était absolument incapable de *justifier les faits* et restait évasif sur le sujet.

La chose vraiment la plus étrange m'arriva quand, à dix-sept ans, après avoir été invitée à diriger une classe du dimanche pour les enfants du village (qu'eux et moi aimions bien), j'ai été remerciée quand il a été découvert que je leur parlais de la vérité glorieuse de la continuité de la vie !

Dans la famille et la tradition sociale dans lesquelles je suis née, sûrement pour de bonnes raisons, j'étais appelée "la fille bizarre" par mes parents que je voyais rarement, les enfants étant relégués aux soins des nurses. Que peut-on penser d'un enfant de sept ans qui sanglotte à la vue des arbres abattus parce que Dieu est blessé ? Je sentais que Dieu devait être dans la minuscule fleur, dans le plus petit insecte, dans les pierres sous les pieds, aussi bien que dans l'immensité du ciel étoilé. J'étais une vraie panthéiste, bien que je ne connusse alors pas ce mot. Et comme tous les enfants écrasés ou mal aimés, j'ai grandi avec un sentiment d'incapacité, ayant peur d'être vraiment moi-même – oiseau frappant contre les barreaux de la cage – en accaparant ceux que j'aimais ou ceux dont je désirais être aimée. Je sentais que je ne serais jamais capable d'être à la hauteur des adultes et quoique, entrant pleinement dans la vie et prenant part à toutes ses activités, je ne me suis jamais sentie participante mais plutôt observatrice, excepté quand j'excellais dans une performance purement physique. Je pouvais parler aux animaux ou à mes arbres favoris, les entourant de mes bras quand je me sentais seule, mais pas avec les humains.

Quand j'étais très jeune, je trouvai un ami dans le Bien-Aimé Jésus. Il était très près de moi, très vrai et pas du tout comme l'Eglise l'a fabriqué pendant des siècles d'amères dissensions, de sectarismes, de schismes et de théologie équivoque inventée par des prêtres et prélats, sans scrupule, qui brûlaient ou torturaient leurs semblables, au nom du Prince de la Paix. Malcom Muggridge, l'ancien éditeur de Punch, l'a très bien résumé le jour où il s'adressa à un groupe de pundits (érudits) indiens. Il fit cette remarque humoristique : "Dieu n'aurait jamais réussi un examen de théologie !". Ainsi, un peu plus tard, j'ai quitté l'Eglise quand j'ai réalisé qu'Il était encore trahi – et Il l'est sans cesse et toujours avec la multiplicité des sectes étroites et séparatrices qui, non seulement se désavouent l'une l'autre, mais trahissent le message de l'Amour Universel, la Paternité de Dieu et la Fraternité des hommes, message qu'Il est venu démontrer, pour lequel il a souffert par l'abnégation totale de "l'ego" et la complète soumission à la Volonté du Père. Je suis toujours frappée par la fausse interprétation de l'enseignement de Jésus dans la chrétienté primitive ; ainsi, quand une personne va à l'hôpital en Angleterre, elle doit décliner sa religion sur la feuille d'admission : il ne lui est pas permis d'inscrire par exemple "chrétienne"; elle doit préciser à quelle chapelle religieuse elle appartient.

Pendant les années de ma vie active et mouvementée, j'ai étudié de nombreux sujets de métaphysique. J'ai commencé par la philosophie, mais j'ai trouvé que celle-ci se bornait à une recherche intellectuelle. Les philosophes, me semble-t-il, sont comme les gens qui préfèrent s'asseoir sur le bord de l'étang plutôt que de plonger et nager. Ils prèfèrent les spéculations aux conclusions. Peut-être préfèrent-ils rester sur le bord, craignant de dépasser l'intellect auquel ils s'accrochent comme à une ceinture de sécurité au-dessus de l'abîme. Pourtant, s'ils avaient fait le plongeon, ils auraient pu se rendre compte qu'ils avaient une bouée de sauvetage ! Ainsi, j'ai laissé les philosophes à leurs livres et à leurs discussions et suis partie, cherchant en la manifestation, la confirmation de ce qu'intérieurement je savais depuis toujours...

J'ai cherché en profondeur dans la Théosophie, le yoga, le phénoménal et les hauts enseignements du Spiritualisme (aidée par un médium remarquable qui a vécu avec nous pendant plusieurs années) et les religions comparées – et j'en suis arrivée à aimer le Seigneur Krishna à travers la Bhagavad Gita. Et aussi, parce qu'ayant vécu de longues années, très près des animaux, j'ai épousé leur cause, en essayant de diminuer les abus intolérables subis par nos frères plus jeunes pour lesquels l'humanité subira un lourd karma dans le futur. La "réponse" était toujours la même et confirmait ce que je savais déjà : "Il n'y a qu'*UNE* religion, la Religion de l'Amour ; *UN* Dieu qui est omniscient, omniprésent ; *UNE* Vie à laquelle chacun et tous participent, gouttes dans l'Océan Universel". Et ceci, j'ai résolu de l'inculquer dans tous mes écrits. Mon âme aspirait à s'identifier à cet Océan, à se noyer en Lui, même s'il fallait à ce petit ruisseau dont je fais partie, des éons pour l'atteindre, en coulant lentement dans son lit parsemé de pierres. Je languissais pour que toute cette humanité souffrante, gémissante, incertaine, soit absorbée par cet Océan. Le poids de cette langueur, la compassion pour les affreuses conséquences de cette véritable ignorance devenaient souvent insoutenables et, dans mon angoisse, je pleurais pour le monde : "Combien de temps encore, Ô Seigneur, combien de temps… ?"

Mais l'Océan prit conscience du cri du petit ruisseau qui venait juste de franchir un formidable rocher émotionnel. Les petits miracles, les semblants de coïncidences commencèrent à se manifester comme ils le font quand la Voix Muette de l'Océan appelle. Afin de me remettre de mes blessures, je partis parcourir l'Australie où je me retrouvai l'Invitée d'Honneur à un Congrès National Spiritualiste, et j'y donnai quelques conférences. Une amie australienne me prêta une revue nouvelle-zélandaise appelée Heralds of the New Age (Messages du Nouvel Age) et, pour la première fois, j'appris l'existence dans le monde d'un Etre appelé SRI SATHYA SAI BABA. Je reçus comme un choc électrique. J'ai immédiatement souscrit un abonnement à cette revue et la prêtai à des amis à mon retour en Angleterre. Elle contenait toujours des références à cet ETRE BIEN-AIME. Il me fallait en savoir plus.

Je tombai alors sur une photographie de lui souriant dans un journal où je lus une critique sur le livre du Dr Samuel Sandweiss, "Sai Baba… The Holy Man and the Psychiatrist" (Sai Baba… le Saint Homme et le Psychiatre). Spontanément, je la découpai, la collai sur un carton et l'exposai sur un meuble en face de mon lit. Ses yeux me fixaient. Pendant une nuit, contemplant de mon lit cette simple photographie de journal, une chose extraordinaire arriva, me causa un choc soudain qui me fit battre le cœur. D'une manière précise, la photographie sauta d'un côté et de l'autre, tandis qu'une lumière chatoyante et irradiante éclaira toute cette partie de la chambre. J'étais stupéfaite parce que, normalement, je ne suis pas voyante ; regardant autour de moi les autres meubles de la pièce, il était évident que ce phénomène se produisait seulement autour de la photographie. "Oh Baba !" ai-je dit, je crois, et pendant que je me remettais de ce choc, la lumière s'estompa graduellement.

A cette époque, au début de l'année 1978, j'étais devenue progressivement infirme à cause d'une douleur empirant dans le mollet gauche, à tel point que je ne pouvais faire plus de quelques mètres sans m'arrêter, pour avoir moins mal et pouvoir avancer à nouveau. Et le pied était toujours blanc, même après l'avoir trempé longtemps dans l'eau la plus chaude. Mon médecin m'adressa à un spécialiste qui diagnostiqua le blocage d'une artère essentielle entre le genou et la cuisse. Il me dit que cela ne pourrait qu'empirer et me conseilla vivement une opération de la colonne vertébrale à travers l'abdomen. Cependant, il me mit en garde contre cette délicate opération : seulement cinquante pour cent de réussite et, en cas d'échec, l'artère serait tellement altérée qu'il faudrait éventuellement amputer la jambe. Il me demanda de réfléchir et de lui faire connaître ma décision lors de notre prochain rendez-vous. (Ma décision était déjà prise en sortant, titubant, de la salle de consultation : je garderai ma jambe aussi longtemps que possible.)

Cette nuit même, après avoir prié et médité, je parlai à la photographie amie. Je dis simplement : Ô Baba !, si vous pouviez faire quelque chose pour ma jambe..." et je m'endormis. Environ deux jours plus tard, un étranger m'appela au téléphone. "Vous ne me connaissez pas, dit-il, mais je suis un ami d'une dame indienne appelée Swami Ganesha Ananda. Ce nom lui fut donné, il y a de nombreuses années, par son maître, Sivananda. Vos écrits ont fait impression sur elle, et elle aimerait beaucoup vous rencontrer. Je pourrais la conduire chez vous. Elle habite seulement à vingt-cinq kilomètres". Je sentais que je ne pouvais qu'accepter car j'avais le sentiment étrange que ceci avait un rapport avec Baba. Je lui accordai un rendez-vous pour la fin de cette même semaine.

Dans l'intervalle, je reçus le livre du Dr Sandweiss. Je le posai sur ma table n'ayant pas eu le temps de commencer à le lire, quand cette dame arriva chez moi. En entrant dans la pièce, elle lança un coup d'œil à la photographie de la couverture et sourit. "Connaissez-vous Sai Baba ?" lui demandai-je, sachant bien la réponse. "Oh oui !" dit-elle. "Etes-vous allée le voir en Inde ?" "Oh oui !" dit-elle encore, en souriant. Il se trouvait que les membres de sa famille avaient été d'ardents fidèles de Sai Baba de Shirdi (précédente incarnation de Sathya Sai Baba, qu'il quitta en 1918, disant qu'il reviendrait huit ans plus tard). Etant d'un certain âge, cette dame pouvait raconter de nombreuses choses miraculeuses qui lui étaient arrivées quand elle était jeune et elle avait l'habitude d'aller voir Shirdi quand il vivait.

A aucun moment je n'avais fait mention de ma jambe, mais à la fin de cette après-midi délicieuse, elle dit soudainement : "J'ai une douleur dans la jambe gauche. Est-ce la vôtre ? "Oui, tout à fait" dis-je. "Puis-je la guérir ?" demanda-t-elle et elle ajouta : "Je ne le fais vraiment que si je me sens poussée à le faire". Elle s'agenouilla et posa ses mains sur ma jambe pendant moins de deux minutes. "Vous n'aurez plus mal" dit-elle positivement. *Et depuis ce moment, je n'ai effectivement plus jamais eu mal !* Le sang circula dans mon pied normalement et a continué de le faire. J'annulai le rendez-vous chez le chirurgien fort étonné. Ceci est une démonstration des milliers de moyens par lesquels travaille le Divin, des milliers de méthodes qui sont utilisées. Celle-ci était la réponse à mon simple appel ! Cela semblait incroyable.

Avec quelle avidité je commençai à lire le livre ! Après les dix premières pages seulement, je fus dans un état de surexcitation intense. Combien de fois, pleurant sur le monde, ai-je crié douloureusement : "Combien de temps, ô Seigneur ! Combien de temps... ?". Alors, l'espoir et la certitude bourgeonnèrent en moi. Le Seigneur était ici ! Celui-ci devait être le Maître du monde, l'Avatar pour le Nouvel Age que le monde attendait. Ceci n'était pas prendre ses désirs pour la réalité, ni se raccrocher à des brins d'herbe, ou à des gurus, ou à de faux ou suspects prophètes. Ceci était la Vérité – Sathya. Je n'ai jamais rencontré Sam Sandweiss, mais j'aimerais qu'il sache que son livre est pure magie pour le chercheur occidental. L'Amour et la Majesté de Baba, Son Pouvoir, Sa Gentillesse, Sa Divinité et Son adorable Humanité brillent à travers les pages et font venir les larmes aux yeux, autant de fois qu'on relit ce livre.

Sur un des numéros du journal : Heralds of the New Age (Les Messages du Nouvel Age), je trouvai l'adresse d'un Centre Sai en Angleterre. Je ne pensais pas qu'il pût y avoir d'autres centres. Donc, j'écrivis à ce centre de Wellinborough, demandant d'autres livres et des informations. Une correspondance affectueuse s'établit avec le secrétaire Pravin Patel et alors arriva un jour une grande enveloppe : celle-ci, quand je l'ouvris, dégagea un parfum qui n'était pas de ce monde. Cet homme dévoué m'avait envoyé dans un sac en matière plastique une grande quantité de VIBHUTI divine, cendre sacrée matérialisée par Sri Sathya Sai Baba.

Cet envoi produisit un effet instantané. Quelque chose en moi se brisa et je pleurai, et pleurai pendant une demi-heure. Les vannes du barrage avaient été levées et le lent ruisseau coula à pleins flots. Avec lui vint un sentiment d'allègement de tous les efforts faits pendant des années et des années pour ne pas me laisser abattre à travers les épreuves. Il n'en était plus besoin. Je me voyais telle que j'étais. Je m'acceptais, je faisais la paix avec moi-même. Etrangement aussi, le sens de mon incapacité se dissolvait par l'acceptation de ma petitesse et de mes limitations – En dépit de toutes ces années pleines d'événements tumultueux, d'expériences, je réalisai que, dans mon cœur, j'étais restée essentiellement la petite fille de sept ans qui pleurait parce que Dieu avait été blessé – Et qu'y avait-il de mal à ce que je sois ce que j'étais ? Toute prétention s'évanouissait. Baba dit : "Pour atteindre le cœur de Dieu dans son *immensité*, il faut d'abord atteindre le cœur de soi-même dans sa propre *petitesse*, car nul ne peut connaître Dieu avant de se connaître soi-même." L'humble ver de terre a son rôle vital à jouer en aérant la terre du champ pour la poussée du grain, et Dieu est aussi dans le ver de terre.

A cette époque-là, mon mari était absent pour des raisons hors de propos ici. Quand nous fûmes ensemble de nouveau, je l'importunai sans relâche pour qu'il lise le livre de Sandweiss, et sa réaction fut la même que la mienne. Nous partîmes, pour la première fois, pour le Centre Sai à Wellingborough ; nous nous sentîmes confus de leur affectueuse hospitalité si chaleureuse et touchés de la ferveur des BHAJANS (chants dévotionnels). Des films sur Baba nous furent passés et je ne pouvais détacher mes yeux de cette FORME unique, gracieuse, fluide. Un groupe important de fidèles comprenant beaucoup d'enfants allait partir pour l'Inde la semaine suivante. Leur impatience était très grande. A ce moment-là, j'avais écrit un article sur Sathya Sai Baba et la guérison de ma jambe ; ils purent donc emporter le journal en Inde. Et mieux encore, ils nous proposèrent de prendre une lettre de chacun de nous et de la remettre, en même temps que l'article, dans les mains de Swami.

Quand il fut temps de partir, et après avoir été m'agenouiller dans la salle de prières, les larmes commencèrent à couler sur mon visage et je me sentis ridicule.

"Est-ce parce que vous voudriez venir en Inde avec nous ?" me demandèrent-ils. "Non", pouvais-je à peine balbutier." "C'est seulement Baba"...

Avec quelle impatience nous attendîmes leur retour de l'Inde ! Swami avait pris les lettres et l'article et envoyé un petit message : "Demandez à Peggy d'écrire : Sathya Sai Baba, désormais, et pas simplement Sai Baba..." Il avait été si bon, si aimant – et le message voulait dire que je pouvais écrire encore beaucoup d'articles. Cela signifiait aussi que, pendant les mois suivants, les centaines de demandes des lecteurs deviendraient des milliers. Et pourtant, nous n'avions jamais rencontré Swami ! Les rumeurs disant qu'il viendrait peut-être en Angleterre ne se concrètisèrent pas.

Le temps passe vite et j'avais maintenant soixante-dix ans. Il n'y avait plus qu'une chose à faire : aller en Inde.

2

Rencontre avec l'Amour incarné

"C'est le cœur qui atteint le but. Suivez le cœur, car un cœur pur cherche au-delà de l'intellect – il est inspiré."
... Sri Sathya Sai Baba.

Comment, sur cette terre, peut-on décrire fidèlement un voyage au paradis ensoleillé ? L'aboutissement de soixante-dix années de recherche ? Les bénédictions qui firent déborder notre coupe ? La découverte que tout ce que nous avions lu et étudié, et en quelque sorte expérimenté pendant les deux ou trois années précédentes, pâlissait en face de la Réalité ?

"Il n'est pas suffisant de voir une pierre et de dire : "La montagne est un million de fois plus grande que cela. Il nous faut voir cette montagne, au moins à distance." Ces mots de Sathya Sai Baba résument le fait avec pittoresque.

Notre inestimable ami, Sri Vemu Mukunda, ancien physicien nucléaire, maintenant musicien de réputation mondiale (dont l'histoire étrange est contée au chapitre dix-huit du livre de Howard Murphet "Sai Baba Avatar") avait écrit à Sathya Sai Baba pendant une tournée de concerts aux Etats Unis, pour lui demander si Peggy et Ron Mason (mon mari écrit sous le nom de Laing venant de la famille de sa mère) pouvaient venir en Inde en Janvier. La réponse donnée par un ami proche de Swami fut : "Très heureux, très heureux." Et quand Vemu alla en Inde en Décembre, il emporta une lettre de chacun de nous.

En Octobre 1978 et en Juin 1979, je fus priée de donner des copies de mes futurs articles à Sri Indulal Shah, organisateur des conférences de Baba, lors de ses visites en Angleterre. (A ce propos, quelques jours après cette circonstance, dès le retour en Inde de Shri Indulal Shah, Baba m'est apparu en rêve et me dit : "Swami vous remercie beaucoup pour les articles."). J'emportai donc en Inde les nouveaux articles de Two Worlds and Spiritual Healer (Deux Mondes et Guérisseur Spirituel), The Christian Parapsychologist Journal, ainsi que d'autres articles parus en Nouvelle Zélande et en Afrique du Sud. Je pris aussi la copie d'une critique excellente et profondément pénétrante de W. Hunter Mackintosh écrite dans Psychic News sur le second livre de Howard Murphet : "Sai Baba Avatar", parce que, comme je le dirai plus tard à Swami : "Cet Ecossais a une très grande compréhension". J'y ajoutai une copie de mon allocution faite en Novembre pour la célébration d'anniversaire à Wellingborough.

Nous retardâmes notre départ d'une semaine, car j'avais le sentiment que notre chère vieille Catherine, ce médium remarquable qui vécut avec nous pendant plusieurs années, sur qui j'ai beaucoup écrit dans mes livres, Tales of Two Worlds (Contes de deux mondes) et New Age Companion (manuel du Nouvel Age) était à quatre-vingt-un ans sur le point de se libérer de son corps devenu inutile après une attaque de paralysie. Ses dernières paroles pour moi furent, "Bonjour, Chérie", le matin de Noël. Après cela, il eut été cruel de la faire sortir de sa torpeur. Elle a été délivrée paisiblement le matin du nouvel An et nous n'aurions pu lui souhaiter une meilleure Nouvelle Année – Nous étions si heureux pour elle. Le service d'incinération eut lieu le sept Janvier (le jour même prévu pour notre départ) – Toutes les affaires nécessaires réglées, nous pûmes partir le treize Janvier (1980) avec l'esprit libre – et avec l'espoir que Catherine aussi puisse, dans les sphères spirituelles, prendre une certaine part à la splendeur que nous allions bientôt expérimenter. L'Inde nous semblait bien loin par ce matin d'hiver noir et froid à 5 h 45. Avec la surexcitation et quelque appréhension légitime, nous avions à peine dormi. Notre fils Gavin nous conduisit à l'aéroport d'Heathrow et notre jumbo Air India atterrit à Bombay juste après minuit, heure locale. Nous fîmes la queue pendant quatre-vingt-dix minutes derrière un barrage fait par une autre bureaucratie de bonne humeur et nullement pressée, avant de pouvoir récupérer nos bagages, changer de l'argent et nous diriger vers la section des vols intérieurs.

Le vol pour Bangalore était à 9 h du matin ; nous dûmes donc rester assis sur des chaises en plastique, inconfortables, pendant le reste de la nuit. Quoi qu'il en soit, le restaurant ouvrit enfin et après "un petit déjeuner anglais", nous nous sentîmes redevenir des êtres humains. Par une température de 28°, portant nos manteaux, ayant à peine dormi, nous atterrissions à Bangalore, passablement épuisés. Notre bon ami Vemu n'avait pu nous attendre, ayant une répétition pour un grand concert donné à Bangalore avec Maynard Ferguson, Ecossais du Canada, le trompettiste de jazz d'Amérique, dévoué fidèle de Sathya Sai Baba. Cependant, le frère de Vemu et Mme Flo Ferguson étaient venus nous secourir. Ils nous conduisirent à l'hôtel Gautam, hôtel modeste trouvé par Vemu sur notre demande.

Ce fut une course folle entre des voitures et des "rickshaws" klaxonnant à qui mieux mieux, scooters, bicyclettes, charrettes à bœuf, charrettes à cheval, rasant à un doigt près, toute sorte d'animaux placides, rassurés, faisant leur besogne avec un calme absolu – buffles, vaches, bœufs blancs, poneys (petits chevaux), ânes, chiens et quelques chèvres. Après avoir expérimenté cette sorte de circulation pendant quelques jours, nous renonçâmes à nous cramponner. Nous avions la simple certitude que Swami désirait nous voir : nous allions pouvoir survivre !

Bangalore, à mille mètres au-dessus de la mer, est une ville spacieuse, belle, fascinante et amicale, avec de nombreux parcs ombragés, des masses de bougainvilliers en fleurs toute l'année, un ciel toujours bleu, aux teintes magiques et au sol couleur terre-cuite. C'est une ville de contrastes : ici, de majestueux immeubles, des villas au milieu de parcs feuillus, là, des huttes de paille et des mendiants estropiés ; beaucoup d'entre eux "travaillent" pour des syndicats de mendiants que les autorités essayent de combattre.

Nous sommes tombés amoureux de Bangalore – et de notre "chez nous" à l'hôtel – une grande chambre à deux lits avec salle de bains, un balcon couvert, des fauteuils, le téléphone, une table sur laquelle nous mangions nos casse-croûte, prenions le thé et le café faits avec de l'eau bouillie dans notre mini chauffe-eau électrique. (Nous ne pouvions manger les plats indiens épicés de l'hôtel, où l'on ne cuisinait pas de plats occidentaux) et tout cela ne coûtait que seize francs par jour, par personne.

Après nous être reposés pendant le jour et avoir passé une bonne nuit sur les lits sans sommiers, Vemu est venu nous voir, le lendemain matin plein d'énergie vitale. On disait que Baba était à Puttaparthi, à son "ashram" Prasanthi Nilayam, à cent soixante-seize km de distance. Devions-nous faire nos bagages et aller là-bas ? Ou viendrait-il peut-être à Brindavan, l'"ashram" de Whitefield distant de quelque vingt-quatre km de Bangalore ? Ou bien, selon la rumeur, irait-il à Madras ? En attendant que ses déplacements soient confirmés, Vemu suggéra d'aller voir Brindavan – et ceci nous coupa le souffle !

Nous franchîmes les grilles et, après avoir traversé une grande surface de sable dur et épais (quel bonheur de marcher pieds nus, surtout quand ils sont sensibles !) nous aperçûmes une magnifique construction, peinte dans nos couleurs préférées : rose foncé et bleu tendre, ses dômes sculptés en rose, bleu, et blanc se découpant dans le ciel bleu : tout cela entouré de hauts murs en ciment. C'est le foyer pour des milliers de jeunes gens qui sont à l'Université créée par Sri Sathya Sai

Baba pour les Arts, les Sciences et le Commerce, dont les bâtiments encore plus étonnants et énormes sont situés au bas de la route. Des bâtisses où se trouvent la librairie et le centre d'informations sont à l'autre bout.

Du côté opposé, une belle voûte d'entrée en fer forgé bleu pâle conduit au jardin boisé de Swami et à sa modeste résidence. Derrière encore se trouvent des petits cottages roses, des appartements, l'ancienne cour de ferme et l'étable. L'histoire ravissante du déplacement du grand troupeau de vaches de Swami, dans leur nouveau et beau logis sur les terres derrière le collège, doit être racontée par ailleurs.

Situé dans l'enceinte, un énorme banyan s'étalant en rond avec quatorze grandes branches plantées dans le sol, dont le sommet feuillu forme un toit : c'est "l'Arbre Mandir". Ce cercle est limité comme un cadran d'horloge. Là, les gens s'assoient, hommes d'un côté, femmes de l'autre, pour le darshan (bénédiction) du matin et celui du soir – quand Swami apparaît et marche parmi la foule en suivant les allées tracées selon le dessin. Les jeudis, de mélodieux "bhajans", chants sacrés, sont chantés tout le jour avec le doux accompagnement des cymbales et des tambours à main. Partout, sur chaque bâtiment et sur l'entrée principale (même sur les portes bleu pâle de l'étable) se trouve l'emblème Sathya Sai de toutes les religions unies. Le silence et la paix s'étendent partout. Que Swami soit présent ou non, chacun est conscient de la sainteté du lieu.

Nous déjeunâmes avec les Ferguson au splendide hôtel Ashoka. Je bénirai toujours Flo Ferguson de m'avoir prêté de très beaux "saris", car on en porte toujours à "l'ashram". Plus tard dans la journée, et nous en fûmes plutôt choqués, Vemu nous annonça : "J'ai envoyé un télégramme à Swami en vos noms : devons-nous aller à Puttaparthi ? Il le recevra à quatre heures. S'il ne répond pas, cela signifie qu'il viendra à Brindavan."

Intérieurement, je trouvais cela plutôt effronté : qu'étions-nous ? Deux vieux individus de Tunbridge Welles, demandant si nous devions venir à Puttaparthi ? Nous ne savions pas que Swami avait voulu être informé. Plusieurs jours auparavant, il avait demandé : "Sont-ils là ? Sont-ils là ?" Vemu nous avait annoncés et nous avions dû retarder notre voyage d'une semaine.

Aucune réponse n'arriva. Toute la soirée, j'avais essayé d'obtenir Brindavan, mais le numéro était toujours occupé. Finalement, à 10 h 30 du soir, j'eus la réponse : "Oui Swami est arrivé". Nos cœurs bondirent de joie. Tout s'arrangeait au mieux. Rapidement, j'appelai Vemu Mukunda et les Ferguson : nous décidâmes de nous rencontrer à huit heures le lendemain matin pour aller à Brindavan en voiture. Nous nous levâmes à 6 heures, ce qui semble naturel en Inde, car chacun est réveillé à l'aube par les appels stridents des oiseaux et les habitants de l'hôtel semblaient tous avoir branché leurs radios !

Nous ne nous joignîmes pas à la foule assise sous l'"Arbre Mandir", mais fûmes conduits pour attendre, près de la porte de l'entrée privée de Swami, non loin du foyer des étudiants. Au bout d'un moment, des centaines d'étudiants habillés de blanc sortirent en masse des quartiers privés de Swami. Nous scrutions du regard chaque visage. Jamais nous n'avions vu de jeunes gens aussi superbes, propres, calmes, naturels, motivés, et chaque visage reflétant une énergie, une inspiration spirituelles. Ceux-ci, et des milliers comme eux dans les universités de Swami (universités féminines aussi) à travers tout le Pays sont les futurs leaders de l'Inde dans les différents secteurs de la société, politique, commerciale, académique, et dans toutes les professions du reste, et il les a choisis car il connaît le passé, le présent et le futur de chacun. De nous tous, en réalité.

Tout à coup, grande activité vers la porte ouverte et grand mouvement venant de "l'Arbre Mandir", comme si chacun prenait sa position telles les fleurs se tournant vers le soleil. La silhouette, petite, élancée, dans la brillante robe rouge et la couronne de cheveux noirs, apparut, accompagnée de plusieurs hommes en costume blanc avec lesquels Baba parlait. Il marchait lentement, naturellement, calmement et gracieusement, comme s'il disposait de tout le temps du monde.

Il venait directement vers nous, nous scrutant profondément puis le plus merveilleux sourire illumina son visage. Je me sentis prise de panique. C'était trop tôt ! Je n'étais pas prête ; j'étais trop désorientée ; trop d'événements arrivaient trop vite ! Nous avions trop bavardé dans la voiture. Simplement, je n'étais pas suffisamment préparée à cet instant de rencontre dont j'avais rêvé et que j'avais imaginé depuis si longtemps. En fait, je ne sentais pas que cela arrivait vraiment... Pouvais-je réellement être en Inde, avec Swami qui venait à notre rencontre ?

Soudain, alors qu'il était encore à quelque distance de nous, son visage se ferma et le sourire disparut, comme s'il avait été appelé soudain de loin pour une affaire urgente, (ce qui pouvait être le cas, car il s'arrêta, sa main expressive retournée traçant un dessin dans l'air, faisant des mouvements avec ses doigts). Il dit une fois en réponse à une question sur ces gestes : "Vous me voyez sourire, ou remuer les doigts. Il semble parfois que j'écrive dans l'air. Vous êtes curieux de savoir pourquoi ? Je suis alors en communication avec des êtres que vous ne voyez pas. Je dois faire un travail que vous ne pouvez pas comprendre. J'écris des réponses à des questions posées par quelqu'un de très éloigné. J'aide des milliers de gens à chaque instant. Mais ne faites pas connaître tout ceci : un père n'expose pas l'aide qu'il donne à ses enfants".

Quelle que soit la raison de son arrêt, puis de son départ vers la gauche pour faire face à "l'Arbre Mandir", une pensée affreuse traversa mon esprit qu'après nous avoir embrassés de son long regard, il avait peut-être vu nos auras et s'était détourné ! Entre temps, Vemu s'était approché de lui et apparemment Swami indiqua : "Pas maintenant. Demain." Il chemina lentement vers la foule, parlant à l'un, tendant la main à l'autre pour prendre une lettre, matérialisant de la "vibhuti" (cendre sacrée) pour quelqu'un qui en avait besoin, ses yeux embrassant tout et ses milliers de pensées étant conscientes de toute émanation. Puis, de loin, nous le vîmes entrer dans une voiture qu'on lui avançait et il fut conduit hors des grilles dans la direction du collège.

Ainsi, ce serait demain ! Ce soir-là, nous assistâmes à un superbe concert à Bangalore, donné par Maynard Ferguson et Vemu Mukunda – une alternance de musique orientale et occidentale – Maynard avec sa fantastique trompette et son groupe, Vemu avec sa merveilleuse "vina" et ses musiciens accompagnateurs. Mais nos pensées étaient centrées sur le lendemain matin. Nous partîmes tôt pour Brindavan et nous nous plaçâmes comme la veille, puisque Baba avait dit qu'il nous verrait.

Une fois encore, cette silhouette élégante dans sa robe rouge émergea de la grille, flanquée des étudiants en blanc, et cette fois se dirigea directement vers notre petit groupe. Allant immédiatement vers Ron, il lui dit doucement et gentiment, avec un merveilleux sourire : "Voudriez-vous un peu de vibhuti ?" Quelle question ! Décrivant deux cercles avec sa main, très vite, il versa la cendre sacrée dans les mains ouvertes de Ron d'abord et ensuite dans les miennes, disant . "Mangez-la, mangez-la". La chose extraordinaire est que même s'il produit assez de "vibhuti" pour plusieurs personnes à la fois, pas un grain ne tombe sur le sol quand il la verse dans les mains. Elle semble couler de ses doigts seulement.

Il a demandé, je pense, à Maynard et à Vemu des nouvelles de leur concert, pendant que Flo se baissait et vivement touchait ses pieds. J'avais grande envie d'en faire autant, mais je sentais qu'il me fallait une permission. Soudain, il se tint debout devant moi, jetant un coup d'œil à la foule qui attendait le darshan, mais il ne bougeait pas, il attendait seulement. Troublée par sa personne et par ce quelque chose qui se dégageait de lui et nous entourait, j'avais la langue liée et j'étais terrifiée qu'il puisse partir sans me dire un mot. Finalement, je lui dis : "Swami, puis-je recevoir votre approbation pour mes écrits ?" Et je lui montrai la grande enveloppe que j'avais apportée avec moi. J'ai cru, à un moment, qu'il allait la prendre mais au lieu de cela, il me dit très gentiment : "Allez à l'intérieur..."

Cela signifiait que nous devions monter dans son jardin privé et attendre, pendant qu'il donnerait le "darshan" à la foule groupée sous l'arbre. Je me sentais fortement émue par la bénédiction que comportait ces mots, et Ron tenait toujours dans sa main la précieuse "vibhuti" odorante. Nous nous frayâmes un chemin de l'autre côté des grilles que tant de milliers et même de millions d'êtres rêvent de franchir. Nous fûmes invités à nous asseoir d'un côté et de l'autre du patio, à l'entrée du porche de la maison. Et nous étions là, dans le jardin de Swami, Flo, moi et quelques femmes indiennes sur la gauche, Ron, Maynard et Vemu sur la droite.

Pendant l'attente du retour de Swami, la scène entière me rappela une visite très spéciale "hors du corps" que j'avais eu le privilège de faire – une parmi tant d'autres – dans le paradis ensoleillé où l'on vous enseignait. Ici, les édifices roses et bleus encadrés par des sortes de genévriers, des fleurs et des arbustes, l'exquis dessin formé par les bougainvilliers de différentes couleurs au-dessus de la porte de Swami et qui dégageaient un parfum enivrant.

Plus loin, dans le jardin boisé, tacheté de la lumière du soleil, totalement silencieux à l'exception du cri de quelques freux dans les arbres énormes couverts de fleurs rouges, j'aperçus un petit daim tacheté, des lapins noirs et blancs, des lapins blancs sautillant, des tourterelles blanches avec la queue en éventail, et deux ou trois petits singes jouant. Une créature ressemblant à un écureuil rayé traversa le patio, lentement, à nos pieds.

Le silence, la tranquillité, la richesse des couleurs, la chaude lumière du soleil, le parfum des fleurs, le bleu éclatant du ciel et la petite maison bleue et rose parmi les grands arbres, portant l'emblème de toutes les religions unies, n'étaient simplement pas de ce monde. Et il y avait le vieux Ron, assis bizarrement sur le sol avec sa jambe estropiée par la rupture d'un tendon, sa casquette de cricket sur la tête, une chaussette entortillée mise à l'envers (les hommes, là, peuvent garder leurs chaussettes), mangeant enfin sa "vibhuti", les yeux pleins de larmes.

Un moment après, la silhouette rayonnante apparut. Nous étions alignés et Baba s'arrêtait pour dire un mot à chacun de sa douce voix. Quand il arriva devant Ron, il demanda : "Où est votre femme ?" Il répondit : "Là, Swami". "Amenez-la et venez". Et il alla devant nous, à travers des pétales de fleurs, entra dans la maison et ferma la porte derrière nous.

Il y a des moments sacrés dans nos vies, qui ne peuvent et, peut-être, ne devraient pas être décrits en paroles ou par écrit. Chaque être humain aspire, quelques-uns intensément, d'autres moins sans doute, à découvrir cet amour sublime qui, seul, peut se trouver dans un ETRE vous connaissant *tout entier* au plus profond de vous-même ; qui connaît votre long passé, votre présent, même votre futur ; qui connaît toutes vos fragilités, vos imperfections, vos succès, vos échecs, vos aspirations et vos désirs ardents ; un ETRE pour qui aucun secret n'est caché. Un ETRE qui a dit : "Apportez-moi toutes les profondeurs de votre âme, qu'elles soient grotesques, qu'elles soient ravagées par les doutes ou les déceptions, n'importe ! Je sais comment les soigner. Je ne vous repousserai pas. Je suis votre Mère !"

Finalement, se trouver en la présence d'un amour aussi prodigieux, aussi divin, est un choc écrasant. Ce que chacun avait pu rêver ou imaginer à l'avance n'est rien à comparer avec la réalité, de même qu'aucune photograhie, aucun film ne peuvent faire entrevoir les mille facettes et expressions, les mouvements, la tendresse, ou l'aura fantastique de cet "Avatar" de tous les "Avatars".

Quand le Dr Frank G. Baranowski, expert en photographie Kirlian, qui a été capable de voir les auras durant toute sa vie, aperçut Sathya Sai Baba s'avançant dans le jardin, tôt, un matin, il regarda pour voir où des lumières roses fluorescentes avaient été branchées. Il réalisa alors, avec un sursaut de surprise, que la lumière rose qui avait soudainement inondé le jardin tout autour, émanait de Swami lui-même et se déplaçait avec lui.

L'expression de tendresse, de compassion et de compréhension de ce visage unique, si aimable, et de ces yeux noirs lumineux qui voient dans notre âme – et que chacun peut fixer sans la moindre trace de gêne mais en absolue confiance et abandon – nous enveloppa dans un océan d'amour, et baissant les yeux avec tendresse vers nos visages baignés de larmes, il dit avec douceur : "Je sais... Je sais..." Comme je comprends ce que le Dr Sandweiss voulait exprimer quand il écrivit : "Ce bref moment, qu'apportait-il avec lui ? *LE MONDE* !"

3

Les dons de la grâce

"Mon affection et mon amour pour vous sont ceux de mille mères."

... Sri Sathya Sai Baba.

Pour la grande majorité des gens, surtout des Occidentaux, l'idée de s'agenouiller et de toucher avec ses mains, son front ou ses lèvres le pied d'un autre humain est quelque peu répugnante. Même mon mari, Ron, avant que nous n'allions en Inde, me dit un jour : "Je ne suis pas bien sûr de comprendre ce baisement des pieds. Je me sens connaître si bien Swami en mon cœur que je pourrais m'avancer vers lui et lui dire simplement : "Hello, Swami – je suis Ron." J'ai souri en moi-même et pensé : attendons ! Sathya Sai Baba est vu comme un être humain, seulement parce qu'il a pris une forme humaine.

Puisque nous sommes tout simplement des hommes, nous ne pouvons exprimer nos sentiments qu'à travers nos actions. Nous pleurons, nous rions, nous chantons, nous nous mettons en colère, nous caressons avec tendresse – et quand nous sentons en nous une poussée intérieure irrésistible, nous tombons à genoux.

Swami connaît ce besoin profond de ceux qui s'assemblent autour de lui et permet ce geste dans certaines circonstances – par égard pour eux. Il ne le demande en aucun cas. En fait, quand il parle à un groupe d'hommes, dans les terres de l'ashram, et que les femmes du même groupe s'agenouillent pour toucher ses pieds, il semble en être totalement inconscient. Il n'est pas un être humain qui puisse s'ignorer lui-même plus que Swami ne le fait ; aucune trace de "l'ego" en lui, qu'il soit seul pendant les entrevues privées ou devant une assemblée d'un quart de million de personnes.

Je me suis souvenue des paroles d'un professeur de psychologie, recteur d'une université, docteur en philosophie et en littérature, ayant fait une brillante carrière académique. Celui-ci avait dit : "Quand, pour la première fois, je vis marcher cet homme insaisissable... je pensai : il n'est pas de ce monde, il est venu sur cette terre pour la bénir... J'étais un étranger et ne savais pas comment me comporter... S'ils avaient mangé la poussière sous ses pas, j'aurais fait comme eux". Et quelle est cette sorte d'être qui peut faire écrire à cet avocat d'Afrique du Sud, dans son journal intime : "*Enfin* ! ce matin au "darshan", Baba m'a souri !"

Ainsi nous étions là, seuls avec l'Avatar, dans cette pièce nue. Et là, bien sûr, était Ron agenouillé, les larmes coulant sur son visage, disant : "Swami, je ne peux pas le croire..."

Moi aussi, je réalisais enfin mon ardente ambition de m'agenouiller et de baiser son pied – la peau si douce et odorante – Je souhaitais que ce moment puisse durer toujours, mais Swami dit doucement : "Levez-vous, levez-vous" et me tendit sa petite main. Je ne pus résister à la baiser aussi.

Son autre bras entourait les épaules de Ron pendant qu'il était agenouillé, et il le regarda profondément dans les yeux pendant quelques secondes. Alors il me dit : "Celui-ci est un homme de bien". – "Je sais, Swami !" Il ajouta, souriant, penchant la tête : "Parfois vos idées sont différentes, parfois son caractère est un peu emporté, mais vous avez ici un homme de bien". Je suis heureuse de dire que, pendant d'autres entrevues privées, je reçus aussi des remarques encourageantes.

Je baissais la tête devant lui, aussi près que je l'osais, afin de cacher mes joues mouillées, et il mit sa main sur ma tête : je me sentis bénie. Oh ! Combien l'enfant de sept ans désirait ardemment cacher sa tête dans son épaule ! Mais je comprenais que cela ne pouvait se faire. J'ai dû paraître stupide ! Avec son bras gauche entourant Ron et sa main droite sur moi, il semblait nous entourer tous les deux, comme une mère poule entoure de ses ailes ses poussins. Un tel océan d'amour émanait de lui que nous nous sentions touchés profondément par cette aura incomparable et toute pénétrante. Nous en restâmes muets d'émotion.

Mais il a le don merveilleux de changer les larmes en sourires et de nous faire redescendre sur terre d'une manière si humaine et si divine ! Et après qu'il ait répondu à une question personnelle de Ron, il se tourna vers moi avec le doux sourire d'une mère concernée : "Vous ne vous sentez pas bien, là" dit-il tapant sur son ventre. "Des gaz ! Il arrive souvent qu'on ait mal au ventre en Inde !" Je ne pouvais m'empêcher de sourire parce que cela était vrai, et la façon dont il avait dit "ventre" était si charmante ! Il parle anglais avec une intonation douce et correcte et l'on sait qu'il a corrigé des Indiens qui ne parlaient pas anglais correctement, bien que lui-même n'ait jamais appris les langues étrangères dont il se sert quand il le souhaite.

Une pensée vague me traversa l'esprit : suis-je venue de si loin, en Inde, pour que l'Avatar des Avatars me dise que j'avais des gaz ? Mais il savait que cette intimité familière me mettrait à l'aise. C'était une mère parlant à son enfant chérie. "Swami", ai-je dit, "parfois je vous sens dans notre maison." Il réfléchit et dit : "Je suis dans votre *cœur*. Je suis venu deux fois dans vos rêves ; mais vous vous demandez si cela relève seulement de votre imagination".

Ce qui m'agaçait c'est que je me souvenais d'un seul rêve – mais les mots dans ce rêve étaient très clairs. Je les ai mentionnés en leur temps. Je ne me souviens pas toujours aussi clairement de mes rêves comme cette fois-là. Il ne me semblait pas opportun de le questionner sur l'autre rêve – ou peut-être étais-je trop abasourdie pour le faire !

Alors, il fit exactement ce pour quoi j'avais prié la nuit précédente (par de si merveilleux petits détails, il vous fait savoir qu'il *sait*). Il retira la chaîne et la médaille qui pendaient à mon cou : une amie australienne me les avait gentiment envoyées après avoir rendu visite à Baba l'année précédente. C'étaient une chaîne et une médaille sans valeur, achetées dans une boutique, mais je les chérissais à cause de l'image de Baba gravée sur la médaille. Il prit la chaîne dans sa main et, avec un sourire, examina la médaille durant un long moment, la tournant d'un côté et de l'autre.

"Je les porte depuis un an" dis-je. J'avais résolu d'échapper au désir de les lui voir remplacer ! Je n'étais pas venue en Inde pour obtenir de lui des objets mais pour déposer mon amour à ses pieds. Je voulais seulement qu'il les prenne dans ses mains et, de cette façon, les bénisse. C'était exactement ce pour quoi j'avais prié, pas plus. Bien sûr, il le savait. Après les avoir minutieusement tenues dans ses mains, il me les rendit. Ma demande non formulée allait recevoir sa récompense plus tard.

J'avais été priée de donner à Swami une lettre de Hema Bharti, la délicieuse fille de Gulab Bharti, guide éclairé du Centre Sai à Wellingborough. Je la sortis de mon sac et la lui donnai, expliquant qu'ils voulaient savoir s'ils pouvaient venir avec un groupe en juillet. Il parla très gentiment de Hema et me demanda de lui transmettre son affection. Swami désire toujours vivement que le plus possible d'occidentaux viennent avec les groupes des différents centres Sai qui sont au nombre de vingt-cinq ou trente en Angleterre.

Ron demanda s'il pouvait montrer à Swami un article qu'il avait écrit sur les similitudes entre Sathya Sai Baba et le Christ, et si cela était permis. Swami prit l'article et, voyant la signature, dit d'un ton interrogateur et avec prévenance : "Ron Laing ?" Ron lui dit qu'il écrivait sous ce nom.

Nous nous sommes demandés s'il ne se souvenait pas du nom de l'arrière grand-père de Ron, Samuel Laing, qui faisait partie du cabinet de Gladstone, et fut envoyé en Inde sous le gouvernement de Lord Dalhousie pour mettre au point les tarifs dans le système ferroviaire, il y a quelque cent vingt ans.

Il est étrange que chacune de nos deux familles ait eu des liens avec l'Inde dans le passé lointain. Mon ancêtre direct était gouverneur du Bengal et son fils faisait partie du "Warren Hastings" conseil à Calcutta – deux tableaux peints par Sir Jashua Reynolds sont datés de 1781. Nous savons maintenant que quelqu'un mentionna notre lointain passé familial après notre départ et Swami répliqua qu'il savait tout du passé de nos ancêtres.

Swami lut les premières lignes à voix basse et, en réponse à la question de Ron, lui dit : "Oui, c'est bien. Je demanderai à Kasturi de le lire." Le professeur Kasturi fait partie de ses fidèles les plus proches depuis trente-trois ans, édite la revue mensuelle, a publié tous les livres sur la vie de Swami. De plus, nous eûmes le privilège de passer deux heures et demie avec ce saint homme de quatre-vingt-trois ans et d'écouter ses fascinantes histoires dans notre chambre d'hôtel, quelques jours plus tard.

Ron reprit son article et je montrai les photocopies de mes derniers écrits sur lui, puisque les précédents avaient été emportés en juin par Shri Indulal Shah. Swami les prit, un par un, lentement, et les regarda tous. J'avais inclu aussi l'article de Hunter Mackintosh dans "Psychic News" sur le livre de Howard Murphet "Sai Baba Avatar", lequel avait pour titre "Dieu s'est-il incarné dans un Mystique Indien ?" J'avais dit : "Ce critique a beaucoup de compréhension". (En conséquence, Kasturi reproduisit cet article dans la revue de "l'ashram", Sanathana Sarathi).

Alors, pour notre joie, Swami nous demanda avec une grande douceur : "Resterez-vous quelque temps ?" – "Bien sûr, bien sûr !" dis-je. "Revenez après demain et je passerai une heure avec vous pour discuter de toutes ces choses. J'appellerai Kasturi..."

Les mots, quand ils sont lus, peuvent paraître tout simples, mais Swami vous parle comme si vous étiez seul au monde. Il le fait avec un tendre intérêt, une intimité, une insistance, vous regardant dans les yeux, et avec ce beau sourire si compréhensif ! Il donne tout.

Avec un dernier sourire à chacun de nous, il se dirigea vers une pièce intérieure, derrière un rideau. Il semblait flotter plutôt que marcher, avec ce mouvement "doux" qui est indescriptible. Je dois garder l'usage du mot "douceur" à l'égard de Baba. Il est l'incarnation de l'amour. Si, à l'occasion, *il se montre* sévère, ce n'est qu'en apparence ; il le fait par amour, seulement si une correction est nécessaire, ou alors dans le but d'amener les gens à s'examiner, à "s'interroger sur eux-mêmes" dans leur propre intérêt.

Cette première entrevue fut-elle courte, fut-elle longue ? Je ne saurais le dire, car le temps reste immobile en sa présence. On est transporté dans une autre dimension. Celui à qui il accorde une attention personnelle *éprouve* beaucoup plus que les mots ne peuvent révéler – ses expressions, ses gestes, sa voix, ses yeux étonnants qui peuvent regarder dans les profondeurs de l'âme, attendrissants d'amour ou pétillants de gaité, et cette aura rose-rouge rayonnante qui vous imprègne – restent dans la mémoire, sans jamais pâlir, après qu'on les ait vécus.

Le fait est que personne ne peut se hasarder à expliquer *quoi que ce soit* au sujet de Sai. Comme un jour il l'a annoncé : "Je suis au-delà de l'atteinte de la plus intensive recherche et de la plus méticuleuse mesure. Seuls, ceux qui ont reconnu mon amour et expérimenté cet amour peuvent témoigner qu'ils ont entrevu ma réalité".

Nous sortîmes, marchant sur le tapis de fleurs, pour retrouver nos places d'un côté et de l'autre du patio, comblés, non seulement par la précieuse entrevue, mais par la promesse d'une autre. Tous les deux, nous avions besoin de nos mouchoirs, ce qui est habituel pour quiconque rencontre Baba pour la première fois. Tous, hommes et femmes, reçoivent un choc. Chacun le comprend, et le voisin respectant ce silence n'ose pas prendre la parole le premier.

Un moment après, nous découvrions que le patio était vide. Quelqu'un dit : "Baba est parti". Personne d'autre n'avait été appelé.

Le travail de Swami ne cesse jamais. On dit qu'il voit au moins deux cents personnes par jour pour divers rapports et entrevues, sans compter probablement tous les entretiens avec les étudiants du Collège. Notre ami très cher Vemu Mukunda rentra plus tard, car il donnait une conférence au collège. Nous retournâmes alors à Bangalore où il devait venir nous chercher le lendemain matin à huit heures.

J'ai passé une nuit étrange et merveilleuse. Tout mon être, au réveil, semblait doté d'une plus grande intensité de vie. Ma température, normalement trop basse, est montée d'un degré et demi. (Est-ce de cela que vient l'expression "agitation fébrile" ?).

Nous arrivâmes à Brindavan, le lendemain matin, n'espérant aucun entretien ce jour-là. Mais on nous dit que nous devions à nouveau aller attendre dans le jardin de Swami – Maynard et Flo Ferguson, Ron, Vemu et moi-même.

Cette fois, je pris quelques photos pendant que nous attendions et, plus tard, je m'arrangeai pour en prendre deux de Swami dans le patio. Il sortit ; sa robe rouge semblait étinceler dans la lumière du soleil, contrastant avec le vert sombre des arbres. Il nous sourit, à Flo et à moi, et sortit pour donner le "darshan" à la foule groupée sous le grand banyan. Quand il revint, il nous invita à entrer.

Une chaise avait été placée dans la pièce. Six femmes iraniennes étaient déjà assises par terre. Elles étaient des réfugiées d'Iran et ne savaient si elles pourraient y retourner un jour. J'ai cru rêver quand je me suis trouvée accroupie à côté de la chaise de Swami, la touchant de mes pieds nus.

Avant de nous asseoir, Swami matérialisa dans nos mains la cendre sacrée, la "vibhuti" et nous la mangeâmes. Il s'assit sur la chaise, parcourant du regard notre petit cercle, s'assurant que chacun était confortablement installé. (Cela me rappelait à nouveau une mère poule rassemblant ses poussins.) Il se tourna vers Flo et lui demanda avec un sourire espiègle : "Et comment va Monsieur ?" Elle était assise à côté de moi. De prime abord, elle fut interloquée, jusqu'au moment où elle réalisa soudain qu'il devait *connaître* la plaisanterie intime entre elle et Vemu !

Quand elle porte un ensemble-pantalon à l'hôtel Ashoka, Vemu s'adresse à elle en l'appelant "Monsieur" ! Comment Swami savait-il ? Alors il pouvait donc être partout, à tous les endroits. Se tournant vers moi, il me demanda comment j'allais. Je répliquai : "Plutôt fébrile après vous avoir vu hier, Swami." Il sourit.

"Qu'est-ce qui est divin ?" me lança-t-il soudain. Je pensais seulement à répondre : "Dieu". Alors il répliqua par une de ses paroles dont j'aurais dû me souvenir si je n'avais pas été prise au dépourvu : "Le devoir sans amour est déplorable. Le devoir avec amour est désirable. *L'amour sans le devoir est divin.*" Il parla ensuite de physique, de chimie, de science, ajoutant : "Vient d'abord le savoir, ensuite la compétence, puis l'équilibre, et enfin la prudence et *alors* vous y êtes."

Après un petit discours, il parla à chacun de ses affaires personnelles, que je ne peux naturellement pas mentionner. Le moment arriva où Ron demanda s'il y aurait un holocauste nucléaire, en rapport particulièrement avec les difficultés présentes dans le monde. "Non," dit Swami. "Il y aura beaucoup de drames et de menaces et ainsi de suite, mais cela n'ira pas jusqu'à l'explosion."

"Mais à propos de notre planète, Swami ?" demandai-je. Je dis que quelqu'un avait dit qu'il avait entendu dire de quelqu'un d'autre que Swami avait dit que 30 % ou 70 % ou 40 % ou 60 % disparaîtraient !...

Swami répliqua qu'il n'avait jamais mentionné ces chiffres. (Cela montre comment les fausses nouvelles se propagent.) Mais il dit vraiment en réponse à ma question : *"Il y aura des répercussions physiques causées par l'égoïsme grandissant, des petites mises au point de la planète et un certain désencombrement"*. Cela veut dire probablement un certain nettoyage.

J'avais mentionné cela à cause d'un article que j'avais écrit récemment dans "Deux Mondes" au sujet des très nombreuses prophéties venant des quatre coins du monde : au sujet d'un destin funeste et désastreux. J'ajoutai que des gens que je connaissais avaient été requis pour fonder des "colonies de survie" dans les hautes montagnes et en certains autres endroits. Swami rit de tout ceci et dit que cela n'était pas nécessaire du tout.

Je pense que je devrais ajouter ici une question posée lors d'une autre entrevue au sujet des extra-terrestres. Je mentionnai le nombre croissant des atterrissages et des contacts avec des êtres venant de l'espace dans ce que nous appelons les soucoupes volantes. Je demandai s'ils essayaient d'aider la terre, d'apporter l'idée de fraternité et une plus large compréhension des autres dimensions. Swami répliqua qu'il en était ainsi et ajouta : "Et ils ont beaucoup de travail à faire".

A un certain moment, j'ai demandé comment je pourrais le mieux le "servir". "En servant les autres" fut la réponse immédiate. "En écrivant ?" demandai-je : "Oh ! bien sûr, en écrivant".

Alors il se tourna vers moi et me dit d'un ton vigoureux : "Vous écrivez très bien parce que cela vient du *cœur*. Ecrire avec la tête seule signifie très peu – cela doit venir du cœur. Vous écrivez très bien. Vous avez un cœur sincère."

On peut imaginer combien je fus émue par cet encouragement à mes efforts ! Et cela dit avec une telle emphase ! Puis, il se tourna vers Ron et lui dit que son article était bon. C'était une preuve de la "connaissance profonde" de Baba, parce que Ron ne lui avait pas laissé l'article brièvement montré la veille. Swami avait lu les premières lignes seulement et Ron avait repris l'article. Mais Swami n'a pas *besoin* de lire.

"Vous devez écrire un article pour "The Golden Age" (l'Age d'Or) dit-il à Ron et, se tournant encore vers moi, il ajouta : "Et vous devez en écrire un, vous aussi". Nous découvrîmes plus tard que le Golden Age était une magnifique publication de plus de deux cents pages remplie de témoignages de personnages éminents, comprenant savants, juges, ministres, généraux, généraux de division, anciens présidents de l'Inde, scientifiques, professeurs et de nombreux fervents disciples de Swami, publiée pour son anniversaire par The Kingdom of Sathya Sai, (Le Royaume de Sathya Sai), une association d'anciens élèves des collèges universitaires de Swami. Dans le volume de 1979, il y avait cinquante-quatre témoignages, un pour chaque année de la présente vie de Swami, avec une longue contribution de Swami lui-même. Inutile de dire que ce fut pour nous la tâche la plus encourageante.

Après notre retour à la maison, nous reçûmes une invitation officielle du Kingdom of Sathya Sai et notre contribution parut dans le volume de 1980.

Swami est plein d'amour et aussi d'un humour rempli de bonté. "Vous êtes déprimée à certains moments" me dit-il soudain. "Quelquefois, je suis déprimée sur *moi-même*, Swami, quand je suis d'humeur de singe". Il rit énormément et ouvrit grand les yeux en répliquant : "Humeur de singe ? *Singe fou* ! Quelquefois, tout est confusion." Nous rîmes tous. Cela est si vrai, quand je suis assaillie par trente-six choses à faire en même temps et toutes très urgentes. Et puis Swami fit ce qu'il avait, je suis sûre, décidé de faire la veille... Il ôta encore ma chaîne et son pendentif et me demanda : "N'en aimeriez-vous pas une vraie ? Ceci est une imitation". Et avant que je puisse dire un mot, il fit de la main un cercle dans l'air et produisit une charmante médaille en argent, avec sa tête gravée d'un côté et le signe AUM de l'autre. Quelle joie ! C'était naturellement ce dont j'avais rêvé en secret, mais je ne voulais pas le demander.

Un peu plus tard, il demanda à Ron ce qu'il désirait. Ron répondit : "Aimer davantage – et quelque chose de vous, Swami". Immédiatement, Baba fit de nouveau un cercle avec la main et produisit une magnifique bague faite avec les cinq métaux de Swami : c'était un portrait de lui en ovale, sur un émail coloré. Il se pencha et poussa fermement la bague sur l'annulaire de la main gauche de Ron. Elle allait parfaitement et était exactement ce dont Ron avait rêvé éveillé dans l'avion pendant le vol vers l'Inde – et le doigt même était correct. Ron n'a pas une très bonne vue. Il ajusta ses lunettes pour l'examiner de près et Swami dit en plaisantant : "Pouvez-vous voir ma chevelure ?"

Mais une plus grande faveur et des plus inattendues m'était encore réservée et me bouleversa complètement. Durant une conversation générale, Swami se tourna encore vers moi et, de sa façon soudaine, quand vous vous y attendez le moins : "Faites-vous "sadhana" (des exercices spirituels) ou essayez-vous ?" – "Oui, Swami". – "Quand ?" – "Pendant la nuit, Swami".

A mon émerveillement, sa main fit cinq cercles dans l'air. Chacun eut le souffle coupé quand apparut un très beau "japamala" – collier de prière – de cent huit perles. Sa longueur totale bout à bout est de un mètre vingt ; il peut être tourné deux fois autour du cou et il reste d'une belle ampleur.

Il jaillit simplement de ses doigts comme une cascade de cristal lumineux. D'un geste presque banal, il le tendit de ses deux mains et le passa par la tête sur mes épaules sans toucher un seul cheveu. "Oh ! Swami !" – fut tout ce que je pus dire ; je pouvais à peine croire à ce bonheur de recevoir deux dons de lui dans la même entrevue. (Et toujours avec la "vibhuti".)

Voici ce qu'il dit au sujet de tels dons : "Ne sollicitez pas de moi ces objets matériels insignifiants ; mais implorez-Moi, et vous serez récompensés. Non pas que vous ne devriez pas recevoir tous les objets que je vous donne comme des signes de grâce : ils viennent de l'amour débordant."

"Je vais vous dire pourquoi je donne ces bagues, ces talismans, ces rosaires, etc. C'est pour marquer le lien entre moi et ceux à qui ils sont donnés. Quand une calamité leur arrive, l'objet vient vers moi comme un éclair et retourne vers eux comme un éclair avec la grâce curative de protection. Cette grâce est accessible à tous ceux qui m'appellent sous n'importe quels Nom ou Forme, pas seulement à ceux qui portent ces présents. *L'Amour est le lien qui gagne la grâce"*.

Ces cadeaux ne peuvent être perdus ou volés, car instantanément ils retournent vers lui. Il y a eu des cas vraiment, où Swami a rendu une bague ou un "japamala" à quelqu'un qui croyait les avoir perdus. Dans une certaine circonstance, un homme était avec Swami sur le sable de la rivière Chitraviti à Puttaparthi et Swami matérialisa un "japamala" pour lui. "Mais, Swami", dit l'homme "pourquoi aurais-je besoin de deux ? Vous m'en avez donné un, tout à fait semblable à celuici, et il est dans un coffret en argent à la maison". "Vous vous trompez", répliqua Swami. "Votre maison a été cambriolée la nuit dernière et la boite en argent a été prise. Ceci *est* votre "japamala !" Et quand l'homme retourna chez lui, il constata que cela était exact.

Quand Baba voulut mettre fin à l'entrevue, il se mit debout au centre de la petite pièce. Chacun l'entoura pour tenter sa chance de le toucher ou d'embrasser ses pieds. En me levant, je me trouvais encore à sa droite et, regardant son profil, je le voyais beaucoup plus net qu'il ne le paraît sur les photographies. J'avais du regret de bouger et restais jusqu'au dernier moment. Un nuage de "saris" de couleurs gaies sembla s'abattre sur le sol autour de lui, lui rendant tout mouvement impossible et je m'émerveillais de son infinie patience et de son amour, jour après jour, année après année, toujours donnant, guérissant, bénissant, corrigeant, enseignant, expliquant la vérité spirituelle, transformant, accordant la félicité.

Je pensais aux milliers de positions sociales : intellectuels, humanistes, scientifiques, juges, généraux, industriels, ministres, professeurs, "gurus" et "swamis", prêtres de toutes les religions, tous, des politiciens aux paysans et des millions de petites gens comme moi qui, après avoir fait l'expérience de Baba, se trouvent forcés de tomber à genoux comme le seul moyen humain d'exprimer une unique et inexprimable réaction jamais encore rencontrée.

J'étais pleine de compassion et murmurais involontairement : "Pauvre Swami..." L'a-t-il entendu ? Je ne sais,mais quelques instants après, il tourna la tête et, sans changer son expression, me regarda droit dans les yeux pendant au moins cinq secondes, et je regardais dans les siens, sans mot. Je suppose que j'aurais pu dire quelque chose de totalement inadéquat comme "merci, Swami, merci", car il ne m'avait pas bénie seulement avec la matérialisation d'un médaillon et d'un "japamala" ? Mais ces mots si faciles semblent entièrement déplacés en présence de Swami.

Car il scrutait mon âme nue – l'âme qui aspire et qui a encore un bien long parcours devant elle. Car pendant cinq longues secondes, ces yeux profonds, merveilleux, voyant tout, ont soutenu les miens. Et alors, il s'est lentement détourné, regardant vers la porte ouverte par où les gens commençaient à partir. La lenteur même avec laquelle il s'est tourné fit s'envoler toute sensation de rejet. L'entrevue avait eu sa conclusion. Plus tard je pensais : pourquoi avoir dit une pareille chose ? "Pauvre Swami !" A-t-il entendu ces mots murmurés ? Etait-il impudent d'éprouver de la compassion pour la Divinité ? Pour Dieu même ? Compassion pour l'Amour Infini qui embrasse, soutient et donne tout à des gens comme nous ?

Quand Vemu se prépara à partir, Swami lui dit "Amenez-les demain à 9 heures 30..."

4

La Résurrection de Jésus

"La bonne fortune qui vous a conduits face à face avec Moi est due aux mérites que vous avez gagnés dans des vies antérieures."

... Sri Sathya Sai Baba.

Et nous voilà, encore là, le troisième matin, assis devant le porche de Baba dans ce tranquille jardin feuillu. Le silence dans lequel on est littéralement baigné dans "l'ashram" de Brindavan est un baume pour l'âme. Le bombardement rauque de la musique pop, la télévision, la radio, semblaient appartenir à un autre monde, celui du bruit constant et de l'agitation. Ici il était même difficile de visualiser notre petite maison si loin et, par ailleurs, je pouvais à peine croire qu'enfin j'étais vraiment en Inde, avec le bien-aimé Sathya Sai...

Ce matin, il nous a souri à Flo et à moi quand il est passé pour aller parler à une dame âgée assise à l'ombre dans un coin du patio, avant d'aller donner le "darshan". Il avait sans doute choisi deux autres personnes pour l'entrevue, car bientôt un Australien aux cheveux gris suivi d'un jeune homme du Texas vinrent s'asseoir à côté de Ron, Maynard et Vemu.

Quand Baba revint, il nous fit signe de le suivre à l'intérieur. Quelques femmes indiennes et deux Malaisiens étaient présents. Swami leur parla dans leur propre langue, matérialisant une bague pour une des femmes indiennes. Plus tard, il matérialisa aussi une bague pour Flo Ferguson ; une autre pour cet Australien après lui avoir demandé ce qu'il voulait. Il désirait offrir cette bague à sa fiancée. Il était dans le ravissement ! Comme d'habitude, avant de nous asseoir, Swami fit des cercles avec la main et produisit de la "vibhuti". Nous mangeâmes cette cendre sacrée et parfumée. Seules, les femmes cette fois.

Le professeur Kasturi qui a vécu auprès de Baba depuis vingt-deux ans, dit que sa structure physique même semblait diffuser cette cendre sacrée parfumée. Quand il quittait son corps pour aller au secours de ses fidèles dévots, la "vibhuti" émanait de son visage, de sa bouche, de ses pouces, de ses orteils ou de son front. Mais Kasturi ajouta que maintenant Baba ne tombait plus, ne s'effrondrait plus, quand arrivait un appel. Ce serait impossible avec tant de millions de fidèles ! Il est capable d'"aller" ou d'"être" n'importe où avec son esprit sans limite, alors qu'il poursuit son activité normale. Je connais personnellement des cas où ici, en Angleterre, Baba a rendu une "visite informelle" comme il dit. Une personne lui demanda : "Etes-vous dans votre corps éthérique ?" Baba répliqua : "Touchez mon bras". Il était solide. Puis il alla vers la porte et disparut.

Ce fut une interview très longue car nous étions tous dirigés vers la pièce intérieure, soit isolément, soit par deux ou par trois. Flo et Maynard regagneraient les Etats-Unis dans un jour ou deux. C'étaient de vieux fidèles et Swami avait promis à Flo un "sari". Quand ils furent entrés dans la pièce voisine après avoir franchi le lourd rideau, Swami prit dans un coin un sari plié, le mit sous son bras et s'avança comme une mère aimante qui apporte un beau cadeau à sa fille.

Quand on utilise le mot "mère" en ce qui concerne Baba, cela n'implique jamais la moindre constatation de féminité.

Loin de là ! Mais cela signifie que les qualités purement spirituelles du "Tout-Père-Mère" sont associées : c'est l'aspect Shiva-Shakti. C'est traduit par ces mots très émouvants : "Je demande seulement que vous vous tourniez vers moi quand votre esprit vous entraîne dans le chagrin, l'orgueil ou l'envie. Apportez-moi les profondeurs de votre esprit – peu importe combien grotesques, combien cruellement ravagées par les doutes ou les déceptions. Je sais comment les traiter. Je ne vous rejetterai pas. Je suis votre Mère".

Je savais que nous resterions jusqu'à la fin, car nous avions tous deux écrit quelques questions sur de petits papiers dont il devait avoir tenu compte. Il connaissait aussi, probablement, les questions. Quand un Sud-Africain eut une entrevue, et se sentit trop accablé pour parler, Swami l'aida en disant : "Vous avez quatre questions dans votre poche."

Il lui dit ce qu'était chacune d'elles, donnant une réponse à toutes, l'une après l'autre.

Quand vint notre tour, Swami regarda Ron et lui dit : "Venez !". Comme l'usage en Inde est de nommer le mari d'abord, Ron demanda : "Peggy aussi ?" – "Naturellement", répliqua Swami, et il ajouta : "Entrez là et battez-vous !" Il aime à plaisanter ainsi avec les couples. Peut-être savait-il qu'entre Ron et moi, chacun de nous trouve difficile de "placer un mot" ! Pour éviter ceci, nous avions eu soin, par avance, de diviser nos questions. Mais cependant, je me demandais le temps qu'il me resterait si Ron commençait le premier ?

Il est étrange de constater combien les sujets de la plus grande profondeur et dont la signification est de la plus grande portée sont souvent mêlés, dans notre condition humaine, aux événements les plus absurdes, pour ne pas dire les plus gênants : toujours un mélange de ridicule et de sublime ! Nous allâmes dans une petite pièce carrée meublée de banquettes adossées au mur. Au milieu se trouvait une assez grande table ronde avec un plateau en verre épais. Swami n'était pas encore entré, quand, soudain, ceux du dehors entendirent une violente détonation comme celle d'un coup de pistolet, suivie d'un bruit épouvantable. Nous avons appris plus tard que Swami avait eu un regard de surprise amusée. Il nous avait dit d'entrer et de nous battre, et l'explosion suivit immédiatement !

Ron voulait s'agenouiller sur le sol et, ayant des difficultés avec sa jambe, il s'était appuyé trop lourdement avec la main sur le bord de la table en verre qui se fendit tout net dans toute sa largeur à notre grande consternation. Un des deux morceaux de cet épais plateau en demi-lune était tombé bruyamment près de la table.

Swami entra, jeta un regard sur le dommage, et tandis que le pauvre Ron piteusement lui faisait des excuses pour cette terrible maladresse, Swami lui dit gentiment : "Ne vous inquiétez pas pour cela. Posez-la simplement sur la banquette". Alors, tous les deux nous ramassâmes le lourd panneau de glace et le posâmes avec précaution sur la banquette ce qui nous laissait à peine assez de place pour nous asseoir à côté. Je me disais : pourquoi faut-il justement que ce soit ce vieux Ron, parmi des millions, qui brise la table de l'Avatar !

Je dois ajouter ici que le lendemain, sollicitant la faveur de remplacer ce plateau de verre, il nous fut répondu : "Dites-leur que quand on casse quelque chose dans sa propre maison, on ne le remplace pas forcément."

Baba s'assit en face de nous, tout près, ses coudes sur les genoux, son visage avec ces yeux merveilleux à trente centimètres des nôtres. Son attitude affectueuse et son attention concentrée étaient telles que l'incident, un moment après, était totalement oublié. Il était entièrement "à notre service". ("Je suis le serviteur de tous" avait-il dit. "Je n'ai aucun droit. Je suis vôtre. Vous êtes miens. Je suis en chacun de vous ; le Résident dans chaque cœur, que vous m'acceptiez ou me rejetiez. Je suis aussi dans celui qui est athée mais il le saura seulement quand il en aura fini avec sa maladie").

Naturellement, je ne puis relater les conversations privées, mais je puis donner un petit exemple du "savoir universel" de Baba. Ron voulait l'interroger sur un problème profond, un enchaînement d'événements qui avaient été la cause de beaucoup de souffrance et de détresse pour nous deux et qui lui semblait être d'origine "karmique".

Il sentait qu'il devait expliquer et commença ainsi : "Ceci est très personnel. Il y a sept ans..." Mais avant qu'il puisse continuer avec son roman, Swami tranquillement remarqua : "Il y a sept ans et demi". Il savait déjà, en fait, avec une plus grande précision que la nôtre. Quand plus tard nous avons vérifié, nous avons trouvé que le problème avait eu lieu exactement sept ans, six mois et quatre jours avant la date précise de cet entretien. Il est impossible de décrire le prodige qui est celui de parler avec un être qui sait tout.

Après les questions de Ron sur ce sujet, nous posâmes des questions sur des choses diverses : au sujet du travail des visiteurs venant de l'espace dans les "objets volants non identifiés" (je l'ai déjà mentionné plus haut) ; au sujet de la guérison : pouvions-nous mentalement faire appel à son aide ? Au sujet de la voyance, car nous voulions clarifier un article que j'avais lu sur sa désapprobation de ce que font les médiums. (Qui peut approuver ce que font certains médiums ?) Et pour lui avoir demandé : "Est-il mauvais, en voyance, de communiquer avec ceux qui vivent dans la sphère voisine, à condition que le médium soit un pur et honnête intermédiaire ?"

"Non, pas du tout", répliqua catégoriquement Swami. C'était vraiment ce que nous attendions ! Et bien sûr, Swami savait bien que, pendant une période de plusieurs années, une femme médium et particulièrement douée pour la clairvoyance avait vécu, dans la petite maison du jardin tout près de la nôtre. Ensemble nous avions fait des expériences très élevées et merveilleuses ! Elles sont contenues dans les livres que j'écrivais alors. Nous parlâmes aussi de ce que Swami appelle le "très mauvais karma" encouru par l'homme à cause de son abus de pouvoir sur le règne animal. Quand j'ai mentionné la science en connexion avec cela, Swami a levé les yeux, détourné la tête et dit : "Ah ! la science..." avec tant de souffrance dans la voix ! "Il est essentiel de répandre le savoir de l'Unité de toute vie. Dieu est dans chaque créature."

Alors, puisqu'il est écrit que la triple incarnation de cet "Avatar" : "l'Avatar Kalki sur le cheval blanc" des Anciens Ecrits, appelé Sai Baba de Shirdi, puis Sathya Sai Baba, et ensuite Prema Sai Baba, représente la Divinité, sous les aspects de Shiva, Shiva-Shakti et Shakti, nous nous demandions si le descendant à venir Prema Sai, qui naîtrait très vite après que Sai Baba ait quitté sa forme présente à l'âge de quatre-vingt-seize ans, serait une femme ?

Baba répondit : "Non, ce sera un homme de Mysore – dans le Karnataka". (Depuis 1972, l'Etat de Mysore est appelé Karnataka). Cette incarnation aura lieu dans un endroit situé entre les villes de Bangalore et de Mysore. Le nom de l'endroit et celui des parents – peut-être encore à naître – ont été donnés par Baba, mais je ne me les rappelle pas, du moins avec précision.

Comment sera Prema Sai ? Nous le savons déjà ! Le Dr John Hislop, des Etats-Unis, raconte dans le volume de 1980 du "Golden Age" comment un matin, en présence d'un groupe d'étudiants du Collège, Swami demanda à Hislop de lui donner la lourde bague en or qu'il avait matérialisée pour lui la veille. Swami l'enferma dans sa main ; Hislop écrit que : "Il envoya trois fois son souffle créateur entre le pouce et l'index, ouvrit sa main, et voilà Prema Sai !"

La bague en or massif prit la couleur de l'argent et Hislop dit qu'elle devint "une pierre brunâtre, très brillante, portant un profil sculpté, l'arête du nez et sa longueur très visibles et l'arcade de l'œil gauche seulement suggérée, une tête noble avec des cheveux jusqu'aux épaules, une moustache, une barbe et la tête émergeait d'une fleur de lotus. Son expression était tranquille, paisible, majestueuse."

Swami dit à Hislop : "Il a maintenant commencé le processus de la naissance (une Idéation) : je ne puis donc vous faire voir davantage de lui. Pour la première fois, Il est montré au monde".

La chose bouleversante c'est que, depuis sa création, durant cette période, la bague a changé ! Hislop écrit : "Maintenant, le nez en entier est visible, alors qu'il ne l'était pas. Il est plus juste de dire que le nez se confondait avec le bord de la pierre et ne paraissait pas entièrement visible. Mais maintenant, il y a un espace entre le nez et l'arête de la pierre. Et qui plus est, une partie de l'œil gauche est visible et aussi une partie de la joue gauche. Nous pouvons à peine nous imaginer ce qu'elle sera dans quelques années. Que sera-t-elle dans dix ans ? Dans vingt ans ?" (Je ne puis m'empêcher d'imaginer que la forme de Prema Sai ressemblera en quelque sorte à l'image traditionnelle de Jésus.).

Il y avait une question que je tenais particulièrement à poser à Swami. J'y avais beaucoup pensé et la réponse – s'il désirait la formuler – serait d'une grande importance pour moi et, de toute évidence, pour tous ceux qui ne sont pas pleins de préjugés créés depuis des siècles. Nous ne devrions jamais avoir peur de la vérité, mais toujours la rechercher n'importe où elle peut conduire.

En Avril 1979, j'avais écrit un article dans "Deux Mondes" intitulé : "Jésus est-il mort sur la croix ?" J'avais été fascinée par un livre appelé "Jésus est mort au Cashmire" écrit par A. Faber-Kaiser, et par d'autres livres sur le même sujet, et aussi par le fait que les Indiens et les Pakistanais sont intrigués par le regard surpris de leurs interlocuteurs quand ils disent avec une grande fierté : "Le bien-aimé Jésus est mort à Srinagar au Cashmire. Des pèlerinages y ont lieu et de nombreuses prières y sont exaucées en périodes de troubles. Pour nous, il est l'Avatar de l'Amour". J'ai aussi été très étonnée par le fait que tant de lecteurs chrétiens m'aient écrit pour exprimer leur intérêt et leur joie, disant même qu'ils avaient toujours eu le "pressentiment" qu'il n'était pas réellement mort.

Le Suaire de Turin fournit une preuve imposante au fait que Jésus subit un état de catalepsie, ou "mort clinique" (en langage médical moderne,) après avoir été trois heures sur la croix (la mort par crucifixion peut prendre jusqu'à quatre jours). A tel point que, le trente Juin 1960, le pape Jean XXIII fit une proclamation très révélatrice publiée le deux Juillet dans le journal du Vatican, l'Osservatore Romano, intitulé : "La conservation parfaite du corps de Jésus-Christ."

Dans cet article, le Pape dit aux Evêques Catholiques Romains qui ont accepté et répandu la nouvelle, que le "salut" du genre humain s'accomplit par le sang de Jésus et que sa mort n'était pas essentielle à cette fin. (A propos, le mot "salut" ne veut pas dire, comme le supposent la plupart des gens : sauvé. Il signifie le "retour" sur le chemin de l'évolution qui conduit à l'ultime vérité de Dieu le Père.)

Pourquoi le Pape publia-t-il une telle proclamation ? Pourquoi était-il nécessaire d'affirmer, en 1960 après Jésus Christ, que la mort n'était pas essentielle à cette doctrine de l'Eglise ? Parce que le Vatican était convaincu, après des années d'examens et d'analyses les plus méticuleux, utilisant les techniques les plus avancées de la science moderne : a) que le Suaire de Turin est authentique, et b) il prouve que Jésus était encore vivant quand son corps inanimé y a été étendu.

Même aujourd'hui, avec la compétence de la médecine moderne, des personnes certifiées mortes se sont réveillées à la morgue. La transe de mort prolongée des "yogis" est bien connue. Et combien de gens déclarés "cliniquement morts" ont de nouveau vécu comme l'a décrit le Dr Raymond Moody dans son livre : "La vie après la vie".

En 1969, le Vatican demanda une investigation scientifique pour obtenir des détails supplémentaires. Celle-ci dura sept ans et confirma les conclusions précédentes.

Il y a vingt-huit taches de sang sur le Suaire : de la crucifixion, de la flagellation, de la lance, des lacérations et de la couronne d'épines. Ces blessures continuèrent de saigner. Même celles causées par la couronne d'épines commencèrent à saigner après qu'elle fut enlevée. Ceci n'est pas possible à moins que le cœur ne batte encore, même faiblement. Quand le cœur s'arrête, le sang cesse de circuler, se rétractant dans les veines, et les vaisseaux capillaires sanguins s'écoulent de la surface de la peau, provoquant la pâleur cadavérique.

Les examens ont aussi montré que la lance a percé le côté droit de la poitrine entre les cinquième et sixième vertèbres, ressortant sur le côté gauche en formant un angle de vingt-neuf degrés. Ceci signifie que la lance est passée près du cœur, mais ne l'a pas endommagé. Le "sang et l'eau", dont parle Jean, qui jaillirent de la blessure causée par la lance, ne pouvaient pas venir du cœur. Et puisque le sang coula vraiment, cela montre que le cœur continuait de battre, aussi peu soit-il.

On peut bien penser que Pilate n'ait jamais vraiment voulu voir mourir Jésus. Il restait vraiment peu de temps avant le Shabbat Juif qui allait commencer au coucher du soleil de ce même jour. Les deux voleurs vivaient encore et ont dû être tués. La mort par crucifixion est une longue affaire durant parfois trois ou quatre jours, et était causée à la fois par la faim, la soif, l'épuisement, la perte de sang et les oiseaux de proie. De très rares fois, après un jour et demi, la punition était considérée suffisante et on descendait les malfaiteurs de la croix. Si leurs blessures pouvaient être soignées et guéries alors ils vivaient.

Quand Joseph d'Arimathie, un riche Sanhédrin, disciple de Jésus, demanda à Pilate la permission de prendre le corps de Jésus, on la lui donna, bien que les crucifiés n'aient pas droit à une sépulture particulière, où à être enterrés par des parents car on les jetait dans la fosse commune.

Pilate espérait-il alors que Jésus soit encore vivant ? Ma conviction s'appuie sur une lettre que Pilate écrivit à l'Empereur Tiberius en l'an 32. L'original est dans les archives du Vatican. Il est possible d'en obtenir des copies à "The Library of Congress" à Washington, D. C." Pilate écrivait alors :

A Tiberius Caesar.

Un jeune homme arriva en Galilée et, au nom de Dieu qui l'avait envoyé, prêcha une loi nouvelle : l'humilité. Au début, je pensais qu'il avait l'intention de fomenter une révolte parmi le peuple contre les Romains. Mes soupçons furent vite dissipés. Jésus de Nazareth parlait plus en ami des Romains qu'en ami des Juifs.

Un jour, j'observai un jeune homme, parmi un groupe de gens, appuyé à un tronc d'arbre et qui parlait calmement à la foule qui l'entourait. On me dit que c'était Jésus. Il y avait une différence évidente entre lui et les gens qui étaient autour de lui. Ses cheveux clairs et sa barbe lui donnaient une apparence divine. Il avait environ trente ans et jamais auparavant je n'avais vu un visage aussi agréable et bienveillant. Quelle différence entre lui, avec son teint clair, et ceux à la barbe noire qui l'écoutaient !

Comme je ne voulais pas le déranger je poursuivis mon chemin et demandai pourtant à mon secrétaire de se joindre au groupe et de l'écouter.

Plus tard, mon secrétaire me dit qu'il n'avait jamais lu, dans les œuvres des philosophes, rien qui se puisse comparer aux enseignements de Jésus et qu'il ne voulait ni dévoyer le peuple, ni être un agitateur. Cette liberté sans limite provoqua les Juifs, qui étaient indignés ; cela ne dérangeait pas les pauvres mais les riches et les puissants étaient irrités.

Plus tard, j'écrivis une lettre à Jésus, le convoquant pour une entrevue au Forum. Quand le Nazaréen parût, je faisais ma promenade matinale et, le regardant, je me sentis comme transpercé. Mes pieds semblaient liés au sol de marbre avec des chaînes de fer ; je tremblais de la tête aux pieds comme un coupable, et pourtant Jésus était très calme.

Sans bouger, je restai quelques instants à regarder cet homme exceptionnel. Il n'y avait rien de déplaisant dans son apparence ni dans son caractère. En sa présence, j'éprouvais pour lui un profond respect. Je lui dis qu'il avait une aura autour de lui, et que sa personnalité avait une simplicité contagieuse qui le plaçait au-dessus de nos philosophes et de nos maîtres actuels. Il fit une grande impression sur nous tous, avec la manière plaisante, simple, humble et aimante.

Tels sont les faits, Digne Souverain, qui concernent Jésus de Nazareth et j'ai pris le temps de vous informer de cette affaire en détail. Mon opinion est que cet homme qui est capable de changer l'eau en vin, de guérir les malades, de res-

susciter les morts, de calmer les mers, n'est pas coupable d'actes criminels. Comme d'autres déjà l'on dit, nous devons admettre qu'il est vraiment le fils de Dieu.

Votre obéissant serviteur, Ponce Pilate.

L'homme qui écrivit cette lettre après s'être informé des activités de Jésus n'avait certainement pas l'intention de compromettre sa situation, ni de se faire un ennemi de Caesar – qui aurait été vite informé par les Juifs courroucés. Se voyant incapable de le sauver quand il lui fut amené, il avait néanmoins arrangé l'exécution de telle façon, et à un tel moment, que Jésus puisse survivre à l'épreuve. Contrairement aux coutumes juives, le corps ne fut pas enterré mais placé dans une grotte spacieuse et aérée, à l'intérieur du jardin privé de Joseph d'Arimathie ; l'entrée avait dû en être bloquée par une large pierre. (On dit qu'un tunnel reliait cette grotte à la maison, probablement une sortie secondaire en temps de troubles).

Quoi qu'il en soit, Jean nous dit que le riche Nicodemus vint aussi et apporta "environ cent livres" de myrrhe et d'aloès. Une énorme quantité – pour aider les blessures à guérir ? Il est intéressant de savoir qu'au XVIe siècle, dans la tradition populaire en Angleterre, on récoltait la sauge et la verveine, affirmant que ces deux herbes portaient bonheur, ayant poussé sur le chemin du calvaire d'abord et ensuite ayant aidé à guérir les plaies de Jésus.

Les scientifiques affirment que le parfait négatif que constitue le tissu du suaire de Turin pourrait avoir seulement été "brûlé" par un éclair d'irradiation. J'ai la conviction que cet éclair d'irradiation cosmique a aidé à ré-amorcer l'énergie de ce corps éteint et inconscient.

On raconte souvent que Jésus dit à ses disciples qu'il rebâtirait le temple (de son corps) en trois jours. Ils n'avaient aucune idée de ce qu'il voulait dire. Ils s'étaient tous dispersés, excepté Jean, le seul qui probablement vit prendre le corps par Joseph d'Arimathie et ses amis. Tous supposaient qu'il était mort, ce qui explique leur peur quand il leur apparut dans la "chambre haute" : ils le prirent pour un esprit. Mais Jésus leur dit qu'il n'était pas un esprit, qu'un esprit n'avait ni os ni chair comme lui. Il leur montra ses blessures et leur demanda quelque chose à manger, mangea du poisson grillé et un rayon de miel. A une autre occasion, il avait allumé au bord du lac un feu où cuisait un poisson.

Le fait qu'il "apparut" dans la "chambre haute" alors que la porte, dit-on, était fermée, est une chose qu'un initié, un maître ou un "avatar" peuvent faire à volonté quand il est dans son corps physique. Swami l'a fait de nombreuses fois – vivant même dans une famille pendant deux jours, tandis qu'il état en pleine activité à neuf cents kilomètres de là.

Une fois, Baba "apparut" et accoucha une femme de son bébé, faisant le nécessaire, y compris laver et envelopper le nouveau-né, avant de "disparaître". Le personnel de nuit, qui ne pensait pas que le bébé naîtrait à ce moment-là, fut tout étonné quand cette femme leur dit qu'elle avait été accouchée de son enfant par "celui à la robe rouge, avec une masse de cheveux noirs, dont le portrait est sur les murs de l'hôpital".

A propos, je me demande combien de gens se souviennent, ou connaissent les apparitions, à un certain Lloyd Tester, d'un mystérieux étranger qui s'était simplement nommé : "Le Voyageur ?" L'enregistrement de ces conversations, édité avec une belle photographie de cet étranger – je les ai en ma possession – a été publié il y a cinquante ans, mais a été réédité récemment sous forme de livret.

Je suis tentée d'en citer un bref extrait qui explique l'enlèvement de la pierre à l'entrée de la tombe :

Je me dois de vous rappeler ceci, mon fils, afin que vous voyiez ce qui arriva après la crucifixion du Maître Messager... Même ici, il n'y eut pas de miracle, à moins qu'il y eût miracle dans le fait que ses quelques amis les plus proches (qui avaient supplié pour avoir le corps et l'emporter loin de la foule en colère) veillèrent sur lui et attendirent, patients et confiants, le retour de l'esprit dans le corps, et aussitôt le reconduisirent par le passage secret jusqu'à la maison de Joseph d'Arimathie.

Là, le plus misérable des hommes les rencontra, le pauvre Judas qui, dans sa totale confusion, pensa voir le fantôme de son Maître trahi, revenant de la mort, reposant dans les bras de deux hommes, qu'il prit pour ses accusateurs. Ce fut là, ce fut le point critique, insupportable, où il perdit la raison.

Avec un cri d'angoisse frénétique, il se lança le long du passage menant à la tombe et, avec la force anormale d'un fou, il se lança violemment contre l'obstacle qui semblait lui barrer le chemin de la liberté. Avec ces terribles cris et blasphèmes et la force décuplée de dix hommes, il repoussa, tout seul, la lourde pierre scellée qui fermait l'entrée de la tombe et, avec le rugissement d'un fou, se précipita vers l'endroit où il accomplit sa propre destruction.

Je vous dis ceci, en quelque sorte, pour votre compréhension. Non pas que ces choses dussent être tenues secrètes (excepté pour les amis fidèles qui craignaient encore le pouvoir des autorités), mais parce qu'il voulait disparaître pour un temps de la scène des conflits. L'esprit, en effet, se retira pour un court moment et revint ensuite sur la scène de son séjour sur terre. Encore et encore il apparaissait à ceux qu'il choisissait, montrant même aux plus sceptiques les marques de ses bourreaux, leur prouvant que c'était le même corps, sous la forme qu'ils avaient connue et tant aimée.

Qu'en est-il de sa disparition finale dans un nuage ou dans la brume ?

Ces comptes-rendus simplement ne s'accordent pas. Mathieu ne les mentionne même pas ! Un autre évangile situe la "disparition" le même jour que la Résurrection ! Tandis qu'un autre dit que Jésus était souvent avec ses disciples, leur donnant des instructions pour le futur, pour quarante jours.

Plus tôt, au cours de son apostolat, quand ses ennemis le menaçaient avec des pierres, on dit que tout simplement "il disparut au milieu d'eux" ; cela signifie : devint invisible. Ce qui est évident, cependant, c'est qu'il les quitta et partit autre part. Alors, où est-il allé ?

A travers les anciens récits et chroniques, on comprend qu'il poursuivit sa mission, qu'il voyagea, faisant des étapes, vers l'Orient, pour y retrouver les tribus d'Israël dispersées ou perdues.

Après la destruction de l'Empire Assyrien, seuls quelques-uns retournèrent en Palestine. Les dix autres tribus se dispersèrent vers l'Est et on en trouva en Perse, en Bactria (Afghanistan) et au-delà de l'Indus dans le Cashmire : cette très belle région dans les Himalayas, à l'Ouest du Tibet, connue sous le nom de "paradis sur terre".

Jusqu'à ce jour, il y a ceux qui se nomment eux-mêmes Ben-e-Israël, les fils d'Israël. Il y a de nombreux ouvrages, anciens et modernes, qui attestent des origines israélistes des Afghans et des Cashmiris.

De nombreux manuels anciens, tels que le Bhavishya Mahapurana, écrit en sanscrit, déclarent que Jésus, accompagné de Marie sa mère et de Thomas, après avoir séjourné quelque temps à Damas, prit la longue route des caravanes à travers la Perse du Nord, où il prêcha, convertissant beaucoup, et fut surnommé le "guérisseur des lépreux". Ce pèlerinage d'enseignement prit plusieurs années, se dirigeant toujours vers l'Orient.

Dans "Les actes de Thomas" et d'autres sources, Jésus, Marie et Thomas demeurèrent à Taxila (maintenant au Pakistan) d'où ils continuèrent vers le Cashmire. Mais Marie, ne pouvant plus supporter les épreuves du voyage, mourut dans la petite ville appelée maintenant Murree, ainsi nommé en son honneur (à quelque quarante cinq kilomètres de Rawalpindi). Son tombeau à Pindi Point est un important sanctuaire encore aujourd'hui. En 1950, le tombeau fut réparé, grâce à Khwaja Nazir Ahmad, auteur du livre "Jésus au Ciel sur Terre".

Jésus se rendit au Cashmire par la vallée connue comme "la prairie de Jésus". Cette magnifique vallée verte avec ses versants boisés est encore habitée par la race Yaduhi, descendant des tribus d'Israël. En le traduisant, cela veut dire : "l'endroit où Jésus se reposa". Et alors, il arriva à Srinagar, la capitale flottante du Cashmire, plantée parmi ses lacs au pied des Himalayas.

En fait, il revenait sur ses pas par la route qu'il avait prise pour retourner en Palestine après ses longs voyages et ses études en Inde et dans d'autres endroits pendant ses jeunes années, quand il se préparait à son ministère. Les manuscrits du monastère de Himis en témoignent : il y resta quelque temps au cours de son premier voyage. Le roi, Raja Shalevahim, avait été très frappé par cette silhouette distinguée, au teint pâle, habillée de blanc. Quand le roi questionna Jésus, celui-ci lui dit : (d'après le Bhavishya Mahapurana) qu'il avait proclamé son ministère dans un pays au-delà de l'Indus où on l'avait fait souffrir. Il avait prêché sur l'amour, la vérité et la pureté du cœur et, pour cette raison, il était connu comme le Messie.

Il dit que sa mission était de "purifier la religion". Le Raja le traita en ami, lui réservant de multiples faveurs et lui promit d'obéir à ses enseignements. Vers la fin de sa vie sur terre, Jésus vécut simplement au bord du lac Dal, toutefois les multitudes étaient attirées par lui voulant entendre son message et être guéries.

Il est dit qu'ayant atteint un âge avancé, Jésus demanda à Thomas de continuer son travail et de placer sa tombe à l'endroit exact où il mourrait. La tombe, toute simple, se trouve orientée Est-Ouest, dans la crypte d'un sanctuaire appelé "Rozabal", signifiant "Tombe du Prophète", dans le centre de Srinagar.

Une très ancienne tablette gravée montre deux empreintes de pieds indiquant l'endroit exact des marques de la crucifixion. Le sanctuaire est visité par des pèlerins de toutes religions et ce sont les descendants de la même famille qui en sont toujours les gardiens depuis 1 900 ans.

Les anciennes chroniques affirment que Thomas fit ce qui lui avait été ordonné. Après avoir revu Taxila et la tombe de

Marie, il voyagea vers le Sud à travers l'Inde, prêchant, fondant des communautés dans le Kerala et finalement vint à Madras, où l'actuelle Cathédrale de Saint Thomas fut bâtie sur sa tombe.

Jusqu'à ce jour, Hindous, Musulmans, Bouddhistes et les Ben-e-Israélites vénèrent le grand Prophète à la "peau blanche" qui vint de Palestine dans l'Ouest lointain, portant les marques de la crucifixion ; qui guérissait les malades et rassemblait des multitudes autour de lui, qu'ils soient rois ou mendiants, et qui affirmait qu'il était venu pour "purifier la religion".

On peut comprendre maintenant, étant donné ce qui a été dit ci-dessus, et pour bien d'autres raisons encore, pourquoi j'aspirais tant à poser ma question à Baba : "Swami, il y a une chose que je cherche à savoir depuis longtemps : le corps physique de Jésus s'est-il ranimé dans la tombe ? Je veux dire que ce n'était pas le corps matérialisé d'un esprit – de la même manière que Yogananda vit son Maître dans sa forme entièrement matérialisée, trois mois après qu'il ait été enterré ?"

Swami répondit : "Non, le corps physique. Pas le corps de l'esprit matérialisé. Le corps physique."

"Ah !" ai-je dit. "Alors voyagea-t-il vers l'Orient continuant sa mission et jusqu'au Cashmire ?"

"Oui, il alla aussi à Calcutta et en Malaisie."

"Alors c'est le corps de Jésus qui a été enterré dans le sanctuaire de Rozabal à Srinagar au Cashmire ?"

Swami inclina la tête et dit : "Oui" très simplement, avec une inflexion plus élevée de la voix, comme s'il attendait la question suivante, ses yeux ne quittant pas les miens et emplis d'une grande douceur.

Bien sûr, quand j'y repense, j'aurais voulu lui poser davantage de questions. Mais il m'avait dit ce que je voulais vraiment savoir et j'étais satisfaite ; si heureuse aussi qu'il en fût ainsi ! Et quand on y pense vraiment, les questions qui surgissent dans votre esprit au sujet des événements passés sont d'un intérêt relatif comparées à "l'ici et maintenant", et à la réalité vivante du Principe Divin Incarné en cette cruciale période de l'histoire de l'évolution de la planète.

Je savais aussi que Ron avait une question importante et capitale qu'il souhaitait poser à Swami. Je la lui laisserai formuler dans le Livre Deux. Je dirai seulement que cet entretien nous laissa dans le ravissement.

5

Nous sommes-nous trompés ?

"Je perçois toujours le passé, le présent et le futur de chacun de vous."

... Sri Sathya Sai Baba

Mon mari Ron et moi, nous sommes sentis si comblés, si bénis quand nous "émergeâmes" de cette entrevue – la troisième en trois jours, et combien vitale pour nous ! – que nous fûmes à peine conscients de ce qui se passait autour de nous. Comme nous rejoignions le reste du groupe qui attendait patiemment dans la pièce extérieure, Baba prit un panier dans un coin et empila des petits paquets de "vibhuti" dans les mains de chacun de nous. A nous deux, Ron et moi, en reçûmes cinquante-neuf.

Le professeur Kasturi dit que Baba matérialise chaque jour une livre environ de cette cendre sacrée parfumée. Elle n'est pas "apportée" de quelque endroit que ce soit, mais vient littéralement de son corps. Et chaque année, pour la fête de Dassehra, à Puttaparthi, Baba met sa main dans une petite urne, légère, tenue à l'envers par un disciple tel que Kasturi, ou le Dr Gokak, ou le scientifique le Dr Bhagavantham, ou Sri

Karunyananda âgé de quatre-vingt dix ans, et une coulée sans fin se déverse sur la petite statue en argent de Sai Baba de Shirdi, l'incarnation précédente de Baba.

Quand une de ses mains est fatiguée, il se sert de l'autre (la cendre ne tombe pas quand a lieu le changement), jusqu'à ce qu'il y ait vingt-cinq centimètres d'épaisseur autour de la statue posée sur le sol. Plus tard, cette cendre sera recueillie et enveloppée dans des sachets de papier. Kasturi a calculé, un jour, que le poids total de "vibhuti" matérialisée au cours des années passées s'élevait à cinq ou six tonnes – et ce calcul a été fait il y a plusieurs années déjà...

Une grande partie des choses dites pendant l'entretien décrit au chapitre précédent ne peuvent être relatées ici, étant de nature personnelle. Mais les derniers mots qui me furent adressés ont été : "Continuez d'écrire – c'est bien". Il y eut autre chose cependant qui nous remplit d'une exaltation accompagnée d'une certaine confusion.

Ceci se passait un samedi. Baba devait se rendre pour quelques jours à Bombay et partir le mardi matin pour sa magnifique "Dharmakshetra", résidence établie sur une colline dans la banlieue de cette ville gigantesque. Notre ami Vemu Mukunda nous avait dit : "Demandez à Swami si vous pourriez aller à Bombay ?" Ceci, bien entendu, ne nous serait jamais venu à l'esprit.

Mais au cours de l'entretien, Ron en effet demanda avec hésitation : "Swami, nous devenons vieux et nous sommes venus en Inde seulement pour vous voir. Ne devrions-nous pas aller à Bombay ?" Swami réfléchit à cette question et sur un ton qui suggérait que nous étions libres de faire ce que nous désirions, dit : "Oui... oui, venez avec moi à Bombay." Soudain, me jetant à l'eau, j'osais demander : "Devrions-nous aller à l'hôtel ?" (C'était notre quatrième jour en Inde ; nous ne savions même pas dans quelle partie de Bombay se trouvait Dharmakshetra.) Swami réfléchit encore. "Un hôtel ? Oui, si vous voulez" puis il ajouta : "Ou bien je m'occuperai de vous."

Ce fut dit négligemment et nous ne savions pas ce que cela voulait dire vraiment. Nous ne savions pas non plus que, pour ces occasions, il emmenait quelques amis. Si nous l'avions su, nous n'aurions pas osé penser en faire partie.

A la fin de l'entrevue qui avait été longue et à laquelle il fallut mettre fin, alors que nous parlions du royaume des animaux, Swami se leva et dit : "Nous parlerons encore de cela à Bombay..."

Ces mots me hanteront toujours. Combien de fois n'ai-je eu la chair de poule en y pensant ! Nous étions de si "nouvelles recrues". Toujours est-il que la pensée seule d'être sur le même avion que Swami nous exaltait. (Il y a un vol par jour entre Bangalore et Bombay.) Dans l'euphorie, nous nous précipitâmes en rikshaw, ce même après-midi, à l'agence de voyage pour essayer de changer nos réservations du mercredi trente Janvier (jour présumé de notre départ) pour le mardi vingt-deux. A notre consternation, nous étions les cent vingt cinquièmes sur la liste d'attente ! Comme l'agence était fermée le dimanche, il nous fallut essayer de nouveau le lundi après-midi à 16 h 30.

Comment cent vingt-cinq personnes pourraient-elles annuler d'ici lundi ? Nous conduisions-nous comme des adolescents non-combattants derrière une armée ? Ayant entendu dire que 200 000 personnes sont capables de se réunir autour de Swami quand il est à Bombay, qu'il avait différentes charges à remplir, entre autres un mariage à célébrer, comment vraiment pouvions-nous attendre qu'il trouve le temps de s'occuper de deux vieux Anglais, Peggy et Ron ? Je m'imaginais perdue dans la foule. Notre ami Vemu ne serait pas avec nous. Vemu avait suggéré que j'appelle Sri Indulal Shah, à Bombay, qui aurait trouvé un endroit près de Dharmakshetra (mais probablement dans la rue, ajouta-t-il...!)

Mais comment pouvais-je l'appeler puisque, jusqu'au dernier moment, nous ne saurions pas si nous pourrions monter dans l'avion. Nous ne voyions pas non plus comment nous retournerions à Bangalore, même si nous prenions des dispositions pour avoir l'argent supplémentaire du retour. Nous réalisions que nous pourrions échouer à Bombay pour plusieurs jours, attendant notre vol pour rentrer – les mêmes jours précieux où Swami serait de retour à Bangalore. Et l'idée de partir au bout de si peu de temps pour peut-être ne jamais revenir, sans même avoir pu aller à Puttaparthi, nous semblait épouvantable.

Naturellement, nous n'avions pas encore appris que tout ce qui concerne Swami ne peut être rationnel. Il faut croire, tout simplement. Il faut aussi réaliser que chaque mot exprimé par Swami a son importance, même s'il semble dit avec désinvolture. Il avait dit : "Ou bien je m'occuperai de vous". La difficulté résidait dans l'expression "ou bien". Le ferait-il ou ne le ferait-il pas ? Et avec cent vingt-cinq personnes sur la liste d'attente ? Au fond de moi-même, je m'étais sentie assommante – bien qu'il n'en soit rien.

Depuis lors, dans un rêve, Baba m'a montré que je devais me défaire de ce complexe d'être "non désirée" datant de mon enfance, et du sentiment de valoir moins que les autres. (Dans d'autres rêves, depuis notre retour, il m'a donné des bénédictions incomparables.) Il a dit que personne ne rêve de lui sans qu'il le veuille. Ainsi, tout ce qui est dit, montré, vécu, communiqué ou enseigné dans un rêve de lui a une valeur certaine.

Mais la raison principale pour laquelle, dimanche soir, après une longue discussion, nous décidâmes finalement d'abandonner l'intention – apparemment vaine – de partir pour Bombay, fut que nous étions tellement comblés spirituellement après nos entrevues et nos expériences bouleversantes, qu'il nous fallait prendre un peu de recul pour permettre à "nos âmes de réintégrer nos corps !"

Il nous fallait un temps pour respirer, pour penser, faire le plan du travail futur pour Swami, assimiler en profondeur tout ce qui nous avait été dit. (Je me demande si, en fin de comptes, Ron aurait physiquement résisté à tout ce qu'aurait entraîné cette course folle, et quant à moi, ma température était toujours au-dessus de la normale.)

Ce soir là, dans notre chambre d'hôtel, – nos lits étaient jonchés de feuilles de carnets de notes – nous eûmes la visite inattendue de M. et Mme Balu. Lui est directeur de la Chambre de Commerce pour le café en Inde et par ailleurs artiste de talent. Sa femme est romancière et journaliste, experte en toutes sortes de beaux objets artisanaux.

Tous les deux, charmants et sympathiques, sont devenus, avec leurs trois fils, de fervents fidèles de Swami depuis environ trois ans et cela leur semble disent-ils, trois cents ans. Je comprends exactement ce qu'ils veulent dire ; Vemu, déjà, nous les avait fait rencontrer au bureau de M. Balu, et nous passerons, quelques jours plus tard chez eux, une soirée très enrichissante – pendant le séjour à Bombay de Swami.

Le lendemain matin, dimanche, avec la foule, nous nous sommes assis sous le banyan pour la première fois depuis notre arrivée, étant allés les autres jours dans le jardin de Swami. Mélangés aux Indiens, il y avait quelques Américains et des gens de toutes les nationalités venant d'Orient et d'Occident.

Quand Swami passe doucement dans les allées, il perçoit chacun. Il "travaille" avec chacun, intérieurement, même (et peut-être particulièrement) quand il semble ne pas voir les gens. Il déclare : "Vous me voyez peut-être pour la première fois. Mais, pour moi, vous êtes de vieilles connaissances. Je vous connais de fond en combles." Et quand il vous regarde, même rapidement, ce regard s'imprègne à jamais, indélébile, dans votre esprit.

Ce matin-là, il inspecta la librairie et fut conduit en voiture au-delà des grilles d'entrée, pour voir, sans doute, son troupeau de vaches qu'il surveille avec une affectueuse attention. Nous aussi avons eu une ferme avec des vaches laitières, pendant une période de notre vie, et nous nous intéressions vivement au troupeau. Nous devions rester toute la journée à Brindavan. Plus tard, en descendant la rue, nous restâmes bouche bée d'admiration en regardant l'architecture originale du Collège Sri Sathya Sai Baba pour les Arts, les Sciences et le Commerce, destiné à plus de mille étudiants d'élite, et puis nous allâmes voir plus bas l'étable fraîche et spacieuse dans la ferme.

Les étables même, ici et à Puttaparthi sont peintes en rose et en bleu, les couleurs de Swami. Sur chacune des portes glissantes, bleu pâle, est dessiné l'emblème de toutes les religions réunies – le symbole de l'universalité. Les vaches semblaient si paisibles et si satisfaites ! Et les étudiants habillés de blanc qui en avaient la charge, tout à fait calmes et absorbés.

Tout ce que fait Swami a un sens et porte un message. Quand les vaches durent quitter leur ancien quartier, derrière la résidence de Swami pour être installées dans leur nouveau logis, Swami organisa une procession à travers le village. En premier vinrent les joueurs de flûte. Krishna fut quelque temps bouvier ; il est toujours représenté jouant de la flûte. Vint alors Swami conduisant la première vache décorée de fleurs, suivis de soixante étudiants, chacun conduisant une vache et les veaux suivant leur mère. Un groupe chantant des "bhajans", chant glorifiant Dieu, finissait le cortège. J'aurais aimé voir cette jolie procession en leur honneur !

Pendant qu'assis à l'ombre, nous déjeunions d'un sandwich, nous fûmes très frappés de voir un groupe d'étudiants maniant les pics et les pioches pour enlever de grands blocs de granite de dessous le sable, probablement pour agrandir le bâtiment des toilettes. Bien que le soleil fût au zénith, ils ne cessèrent pas un moment de faire ce dur travail pendant l'heure où nous fûmes là. Et dans un pays où les gens éduqués jamais ne se souillent les mains et donc ne font aucun travail manuel.

Je fus frappée aussi par l'habitude flagrante qu'avait un des "chiens errants". Il y a au moins trois ou quatre de ces chiens d'allure attrayante, bruns ou fauves qui viennent dans l'ashram et s'étendent au soleil. Celui-ci vint à une porte de la librairie, dressa les oreilles en signe d'attente et immédiatement apparut une main qui déposa son "déjeuner" dehors. Rien n'est négligé sur un territoire dépendant de Swami. Voilà pourquoi, à ma grande surprise, mes biscuits offerts furent acceptés, seulement par politesse, par ce chien car il n'avait plus faim.

Un peu plus tôt, ce même jour, on nous avait conseillé d'aller voir le vieux saint homme, le Professeur Kasturi, dans la petite chambre derrière la maison de Swami, où il réside quand Baba est à Brindavan. Nous devions discuter de l'article de Ron qu'il avait montré à Swami, ainsi que d'autres sujets. Quand nous lui dîmes qu'il vivrait probablement jusqu'à cent ans, il nous fit son beau sourire et répliqua tout simplement : "Si Swami le veut..." C'était un touchant spectacle de voir cet homme de quatre-vingt-trois ans, ex-recteur d'université, écrivain de talent, de grande renommée durant sa longue vie, accroupi sur le bord d'un lit de camp très bas dans la petite pièce jonchée de piles de papiers, et ses rares vêtements accrochés à une patère !

Quand Swami fut à Bombay, cet homme grand, fragile, excessivement dévoué, nous fit l'honneur de venir nous parler pendant deux heures et demie fascinantes, dans notre chambre d'hôtel. Nous lui en serons toujours reconnaissants, ainsi que des histoires merveilleuses qu'il nous a contées à propos de ses premières années avec Baba quand ce dernier avait seulement vingt-deux ans ; et comment Baba "appréhenda" ce professeur de cinquante ans qui s'était autrefois moqué de lui dans un magazine humoristique qu'il éditait... avant qu'il le connaisse.

Vemu et les Ferguson revinrent vers quatre heures, ce même après-midi, pour préparer le concert qu'ils donneraient le soir au vaste foyer des étudiants où quelques-uns d'entre eux devaient "accompagner" de leur instrument.* Flo me rejoignit dans la foule pour attendre le "darshan" (voir un grand personnage et recevoir sa bénédiction – littéralement "respirer le même air que")*.

Comme c'était dimanche, les "bhajans"* étaient chantés d'une façon plus attrayante avec l'accompagnement des percussions et du tintement de petites cymbales. Les chants cessent seulement quand Baba s'asseoit enfin sur une chaise, sous le grand arbre faisant face à la statue de Krishna et donne le signal de la fin des "bhajans" et du "balancement de la flamme".

* Chants à la gloire de Dieu (N.D.T.).

Swami retourna dans ses quartiers et comme il allait se rendre bientôt au concert, Flo et moi, nous nous alignâmes avec les autres sur son passage pour le voir. En passant devant nous, il nous sourit et dit à Flo : "Alors, il vous va bien ?" faisant allusion au sari qu'il lui avait donné la veille, et qu'elle portait.

M. Balu avait demandé si nous pouvions assister au concert, mais hélas ! aucune exception à la règle ne pouvait être faite : interdiction pour les femmes d'entrer dans le foyer des hommes. Mais Ron était traité comme une personne importante : à cause de son handicap, une chaise avait été placée pour lui près de Swami, qui lui sourit doucement quand il entra. Ron était le seul européen dans ce public d'environ mille personnes, comprenant les étudiants et une élite d'enseignants, professeurs, scientifiques, artistes, écrivains...

Flo et moi avions bavardé dans la voiture mais étions revenues à temps pour entendre la voix de Baba faisant un discours après le concert, et assister au chant des "bhajans" qui clôturait la soirée. La nuit était magnifique, tranquille, d'une douceur délicieuse. Quand Swami sortit, une belle étoile brillait près du croissant de lune dans un ciel bleu turquoise foncé. Marchant lentement, Swami regarda le ciel et dit : "C'est dommage que l'étoile ne soit pas un peu plus haut !" (pour rappeler l'emblème musulman).

Il passa, toujours rayonnant d'amour pour tous. Chacun se sentait baigner dans cette aura fantastique. Je ne pouvais supporter l'idée d'avoir à quitter cet endroit admirable, plein de paix, de silence et de ne plus apercevoir Swami ni de le sentir proche ! Mes yeux s'embuèrent de larmes involontaires. Pourtant Il dit : "Je suis partout où vous êtes. C'est seulement ce corps qui est ici."

Il est difficile pour la plupart d'entre nous de comprendre ou de *savoir que l'omniprésence est un fait*, même si une expérience personnelle peut en faire foi. Swami a parlé de cela au Dr John Hislop. Il demanda à Hislop : "Vous reconnaissez Swami comme "l'Avatar" ? – "Oui" – "Pas de doute ?" –

"Absolument aucun doute" – "Votre propre expérience vous révèle que Swami est omniprésent ?" – "Oui, j'en ai fait l'expérience directe" – "Cependant", dit Baba "Quand vous quittez Swami à Brindavan et que vous arrivez à votre hôtel, vous pensez à Swami comme étant encore à Brindavan ! Vous voyez, il n'est pas facile de connaître l'Omniprésent "Avatar". Bien sûr, il y en a qui savent. Toutes les fleurs ne s'ouvrent pas au soleil quand il se lève. Quelques-unes seulement sont prêtes. Il y a le facteur maturité. Tous les fruits sur un arbre ne mûrissent pas en même temps."

Cette réalité omniprésente a été constatée (et bien sûr par des milliers d'autres) grâce à une série de petits faits. Par exemple, à une date ultérieure, il m'avait souri et dit : "Vous étiez déprimée avant-hier." Et pour des raisons que j'expliquerai en temps voulu, je l'avais été – à l'hôtel.

Qu'est-ce, si ce n'est l'omniprésence, qui fait apparaître Baba dans un rêve pour éclaircir un problème intérieur éventuel ? Je pourrais citer beaucoup d'exemples de gens que je connais personnellement qui font l'expérience du contact direct avec lui, dans toutes les parties du monde, soit par la vision (matérialisation), la voix, la clairvoyance, le rêve, par l'apparition de "vibhuti" (la cendre sacrée) et ainsi de suite... Et, comme ce souvenir est personnel, je vais simplement relater le fait.

Le lendemain matin, lundi, c'était le dernier jour des Ferguson avant leur retour pour la Californie. Tous nous allâmes au "darshan" du matin. J'avais écrit un petit mot à Swami, lui expliquant les raisons pour lesquelles nous resterions à Bangalore. J'avais demandé à Vemu de remettre le mot à Swami s'il réussissait à le voir avant le "darshan". J'ai su plus tard que Vemu n'avait pu le faire, bien que sans aucun doute, Swami l'eût vu dans sa main. (Mais Swami sait ce qui est écrit dans une lettre au moment où celle-ci est rédigée.)

Quand il vint du côté des hommes, il appela Ron et Maynard, debout près du mur, pour qu'ils s'avancent. Il avait un message pour Maynard, et ensuite dit à Ron d'une manière douce et gentille : “Ainsi, vous ne viendrez pas à Bombay ?” (En fait Ron est un peu sourd et n’est pas certain qu’il ait dit cela ; ou peut-être “Viendrez-vous à Bombay ?” Mais Ron, aussitôt après, me rapporta la première question.)

Pensant que Swami avait lu notre mot, Ron répondit : “Non, Swami. Nous avons décidé d’attendre votre retour. Vous allez revenir ?”

“Oh ! Oui” dit Swami ; “Je reviendrai le vingt-huit. Quatre jours à Bombay et deux dans le Gujerat.”

Quand Ron me rapporta que Swami irait dans le Gujerat, mon cœur se serra. Cependant il y eut un changement et Swami revint le vingt-sept. Comme j’aurais voulu que Ron parle de notre cent vingt cinquième place sur la liste d’attente ! Mais nous avions pris la décision…

Si nous nous étions trompés en quoi que ce soit, Swami ne l’a pas montré. Quand Maynard se baissa pour toucher ses pieds, Ron voulu le faire aussi, mais Swami voyant les efforts maladroits qu’il faisait avec sa jambe raide lui dit avec une telle compréhension, un tel amour… “Ne vous dérangez pas, voici ma main.” Ron l’embrassa et Swami mit sa main sous le coude de Ron et l’aida énergiquement à se relever.

Dans la soirée, à Bangalore, nous fîmes nos adieux aux Ferguson. Quand j’embrassai Flo, ni l’une ni l’autre ne pouvions parler tant nous avions la gorge serrée. Nous nous connaissions seulement depuis quelques jours mais ce partage de notre expérience vécue avec Baba nous avait beaucoup rapprochées. C’est une expérience unique ! Puis nous nous rendîmes encore une fois à l’agence de voyage pour confirmer notre réservation initiale du trente.

Je n’ai pu m’empêcher de demander : “Si nous n’avions pas supprimé nos noms de la liste d’attente, aurions-nous pu avoir les billets ?” Mais malgré tous mes efforts, je ne pus me faire comprendre, parlant cette langue anglaise chargée de subjonctifs. Ainsi, nous ne saurons jamais…

De temps en temps, j’entends la voix de Swami nous disant : “Nous parlerons encore de cela à Bombay.” Quand je mentionne ça à Ron, il me demande toujours pourquoi je continue de me tourmenter. Pourtant, je pense que les événements ont prouvé que nous avions bien fait. M. Balu me rassura quand nous passâmes une soirée dans sa maison ; je me sentis plus heureuse pendant ces jours à venir, si émouvants, si réconfortants. Et Swami gardait dans sa manche la plus belle des surprises...

6

Notre coupe déborde

"J'accorde les choses par Amour ; mon Amour ne diminuera jamais. Je n'ai aucune sorte de désir. Je parle de l'Amour. Je vous guide sur le Chemin de l'Amour. Je suis l'Amour."

... Sri Sathya Sai Baba.

Notre bon ange, Vemu Mukunda, fit en sorte, pendant le séjour de Swami à Bombay, que nos journées à Bangalore soient remplies d'événements et de rencontres inoubliables, même s'il ne pouvait nous accompagner. Nous lui garderons toute notre vie une grande reconnaissance pour les attentions généreuses dont il nous entoura. Il se fâchait quand nous voulions partager les frais de taxis – même le jour où nous avions fait deux cent trente kilomètres aller et retour, pour aller voir le petit village de Puttaparthi sur la rivière Chitravati, où Baba naquit, et où se trouve maintenant l'immense et magnifique "ashram" de Prasanthi Nilayam.

Ce fut une expérience émouvante que je ne décrirai pas maintenant, pas plus que les heures fascinantes et instructives passées avec Kasturi, Dr Gokak et M. et Mme Balu, car je pense que les très nombreux lecteurs de "Deux Mondes" qui m'ont écrit pour dire qu'ils "étaient impatients" de lire le numéro suivant voudront vite connaître les événements du retour de Swami à Bangalore, après Bombay, le dimanche vingt-sept Janvier. Ce fut le jour où Ron se réveilla se sentant vraiment mal, avec tous les symptômes désagréables de la grippe.

Péniblement, je marchais dans les rues, cherchant une pharmacie ouverte le dimanche ; nous n'avions plus d'aspirine. A mon retour je priais avec ferveur : "Swami, Swami ! S'il vous plaît, que Ron soit guéri demain !" Il ne nous restait plus que deux jours. Nos places étaient réservées, nous devions quitter Bangalore le mercredi matin pour Bombay. Quel drame, si Ron devait rester cloué au lit pendant nos deux derniers jours !

Mais à notre immense soulagement – et Ron en fut le premier étonné – il dormit d'un sommeil profond et se réveilla à quatre heures, parfaitement bien ! Ce fut la plus courte grippe qu'il ait jamais eue. Autrefois, cela durait des jours et des jours ! Bien sûr, nous n'aurions pas dû nous étonner : n'avais-je pas fait appel à Baba ?

Si bien que, le lendemain matin, nous étions à Brindavan pour "darshan" sous le banyan. Des centaines d'étudiants passèrent, comme toujours, par les portes de Swami, suivis cette fois par Swami lui-même. Il parla avec un Occidental âgé nouvellement arrivé (qui je suppose était un vieux fidèle) et ne regarda plus du côté des hommes, mais vint vers celui des femmes. Quand il prit l'allée où j'étais assise, il s'arrêta devant moi et demanda (comme si soudain il se rappelait quelque chose), "Oh ! Où est votre mari ?"

Je me levai et fis un geste montrant la section des hommes. "Par là, Swami." Je pensais en moi-même : où pourrait-il être ? Mais c'était la façon dont Swami me montrait qu'il savait que Ron avait été malade la veille – il s'assurait ainsi que Ron avait pu venir.

Paumes de mains jointes, je réalisais que doucement j'avais pris ses mains dans les miennes. Il ne prêta pas attention à cette "infraction à la règle". "Très heureux, très heureux." Il sourit et sondait déjà du regard ceux qui étaient près de nous, tandis qu'il avançait lentement. Combien je désirais lui demander de nous permettre de le revoir encore une fois avant notre départ, afin de pouvoir lui dire au revoir ! Mais je n'eus pas besoin de prononcer ces mots. Tandis qu'il retournait à la maison, Vemu voulut l'avertir de notre départ le mercredi matin ; Swami répondit : "Oui, je sais. Je viens de parler avec Peggy." Or, je n'avais pas prononcé un mot à ce sujet !

Ce même après-midi, il nous fallait aller à l'agence d'Air India pour confirmer notre vol Bombay-Londres pour le jeudi – mais nos noms avaient été rayés de la liste d'attente : nous n'avions pas confirmé assez tôt. Nous l'avions voulu ainsi, ayant pris la décision de ne quitter l'Inde qu'après le retour de Swami, même s'il était retardé pour une raison inattendue. Alors nous réservâmes provisoirement sur un vol par Rome partant à cinq heures du matin le vendredi, mais il nous fallait encore revenir l'après-midi suivant. (Oh ! Comme il est compliqué de voyager à notre époque si on compare avec le "bon vieux temps" où il suffisait d'une demi-heure pour obtenir un passeport valable dix ans, de retenir sa place sur un avion sans qu'il soit nécessaire de confirmer localement et… ne parlons pas des vols retardés !

Je confesse que je me suis sentie très déprimée ce jour-là. J'ai noté : "Je sens que je pourrais presque en mourir si je ne pouvais dire au revoir à Swami, le remercier, lui demander de bénir notre travail en Angleterre, lui poser une autre question, toucher ses pieds encore une fois…" Mon cœur brûlait pour "une fois encore". J'avais une douleur physique au plus profond de mon plexus solaire.

Plus tard, je commençais à me ressaisir. Comment peut-on être si avide ? Ne pouvions-nous pas nous estimer heureux ? Nous avions reçu plus que nous ne méritions ou attendions. Ne nous avait-il pas été accordé deux entretiens en groupe et deux privés en trois jours ? Ron n'avait-il pas eu le privilège d'assister au concert, de partager le ravissement de mille Indiens, d'écouter le long discours d'une heure de Swami et de l'entendre chanter avec sa voix si douce ?

Que peuvent penser alors ces centaines de gens qui, pendant des semaines, des mois même, viennent au "darshan" sans être gratifiés d'un mot ? C'était une mise à l'épreuve. je devais accepter avec grâce et sérénité le fait que, selon toute probabilité, il n'y aurait pas de "dernière fois". Dans cette résignation, je trouvais une certaine tranquillité. Bien que profondément en moi, l'espoir subsistait ; mais c'était avec un autre état d'esprit. Si cela devait être, cela serait. Sinon, nous avions toutes les raisons d'être satisfaits.

Le lendemain main, au "darshan" Swami s'arrêta pour dire un mot à Ron. "Comment allez-vous ?" demanda-t-il avec bonté. "Très bien, Swami" – "Quand partez-vous ?" – "Demain matin" répondit Ron. "Pouvons-nous... ?" Mais Swami a une certaine façon de passer outre, qui ne peut en rien vous blesser. Ron ne put finir sa demande. Vemu dit plus tard : "Je pense que Swami joue avec vous. Il m'a dit qu'il vous verrait sans préciser quand. Peut-être vous soumet-il à une sorte d'épreuve ?" (Ainsi Vemu pensait aussi à cette mise à l'épreuve.)

La journée fut agitée ; beaucoup de visites. Les deux frères de Vemu, l'un médecin anesthésiste, l'autre propriétaire d'une imprimerie, qui nous avaient reçus et aidés avec beaucoup de gentillesse, vinrent nous offrir des cadeaux de départ. Nous en fûmes vivement touchés. Le père de Vemu, âgé de quatre-vingt-six ans nous reçut chez lui malgré une grave crise cardiaque qui l'avait fait passer pour mort quelques jours avant. Il respirait alors la santé grâce à l'intervention de Baba qui l'avait aidé à se remettre complètement.

Le vénérable et distingué vieil homme était content de pouvoir bavarder, racontant les souvenirs "de son temps", quand il rencontra le Prince de Galles en 1926. Je pense que ce fut "son jour de gloire" quand Ron lui dit que son père était un de ses amis, que le Prince venait souvent chez eux dans le passé avec son frère qui devait, beaucoup plus tard, devenir le Roi George VI.

Puis, nous dûmes subir une attente interminable au bureau d'Air India : l'employé avec qui nous avions pris rendez-vous était absent à cause d'un parent malade. En fin de compte, Vemu arriva à l'improviste et nous dit qu'un arrangement avait été fait avec M. et Mme Balu pour que nous puissions aller ensemble au "darshan".

Alors, pendant que les hommes se débattaient avec le problème de notre vol Bombay-Rome-Londres, je me précipitai dans un taxi pour rentrer à l'hôtel et mettre mon sari. Finalement, tous les cinq, nous nous entassâmes chaudement dans la voiture avec le chauffeur et arrivâmes à temps pour le "darshan". Mme Balu et moi trouvâmes des places un peu en arrière, car il y avait beaucoup de monde. Baba nous remarquera-t-il seulement ? Pourtant, je me sentais calme, résignée et contente d'être peu en vue. Mais quand Swami passa à quelques mètres de distance, il regarda – et il eut un rapide petit sourire. Je repris espoir. "C'était un beau petit sourire", murmurai-je à Mme Balu.

Après le "darshan", dans la maison de Swami, devait avoir lieu le chant des "bhajans" conduit par les étudiants. Quand Vemu et M. Balu nous rejoignirent, ils dirent : "Swami a dit que vous pouviez entrer." Avec reconnaissance, je suivis Mme Balu qui me conduisit par l'entrée des femmes, dans la maison où étaient déjà assises les dames de l'"ashram" et les chanteuses.

Baba parlait aux hommes et aux étudiants dans une longue salle située juste derrière l'entrée de la véranda vitrée. Nous ne pouvions pas les voir. Alors il s'assit sur une chaise placée à l'entrée de la véranda dont les portes étaient ouvertes. Les chants des "bhajans" commencèrent, les premières cadences furent chantées en solo, puis répétées par toutes les voix accompagnées de cette fascinante musique et des cymbales frappées avec les doigts dont Swami joue avec plaisir à ces occasions.

Les étudiants chantèrent magnifiquement, en particulier celui qui chanta le solo d'introduction ; son art et sa sensibilité étaient tels que je sentis des frissons le long de mon épine dorsale ! L'intérieur était brillamment éclairé et pendant que nous chantions, scandant des mains ces rythmes vivifiants, les arbres dehors devenaient des silhouettes noires se détachant sur le ciel bleu turquoise. Il arrive parfois que Swami lui-même conduise les chants de sa belle voix, mais il ne le fit pas cette fois-là.

Pour finir, le “prasad”* fut distribué à chacun pour qu’il le mange. C’était des sortes de feuilletés au fromage. Il m’en fut tant donné que j’en mis une grande quantité dans mon sac indien en toile de corde et en mangeai un peu chaque jour pendant les deux semaines suivantes.

Peu après, Swami, à regret, quitta l’assemblée, monta l’escalier de bois en colimaçon, se retourna deux fois pour dire un mot encore, comme si l’amour intense et la dévotion de chaque cœur présent, convergeant vers lui, le tiraient en arrière. Mme Balu me saisit le bras. “Vite” murmura-t-elle. “Voilà l’avantage que les femmes ont sur les hommes. Nous pouvons voir passer Swami par la galerie…”

Nous nous dirigeâmes vivement vers une pièce intérieure dont une partie ouvrait sur la galerie supérieure. Tous les yeux étaient levés vers celle-ci. On aurait pu entendre tomber une épingle dans ce silence, suivi soudain d’un bruit étrange : la respiration simultanée de toutes les femmes présentes, dès qu’on aperçut la couleur de sa robe rouge, à l’extrémité de la galerie. C’était comme une brise soudaine à travers les arbres pendant une nuit tranquille.

Quand je vis passer, lentement, silencieusement, sa silhouette rouge, semblant perdue dans ses pensées, les mains jointes, la tête légèrement inclinée, je fus prise d’une intense compassion pour son “esseulement” et j’eus les yeux pleins de larmes. Cet être travaillant vingt-quatre heures par jour, chaque jour, depuis toujours, sans relâche, pour l’humanité ! Et plus encore quand il est seul, pendant les nuits sans aucun sommeil (il a dit, en effet, qu’il ne dormait pas) se concentrant sur les milliers de lettres implorantes venant du monde entier, et sur

* La nourriture consacrée distribuée à l’assistance après la cérémonie.

beaucoup d'autres choses hors de notre portée. Mme Balu chuchota : "Quand je le vois passer là-haut, il me semble toujours qu'il retourne au ciel..." Serait-ce ma dernière brève vision de Swami ?

Rentrant à Bangalore, Vemu dit dans la voiture : "Nous aurons juste assez de temps demain matin, pour venir au "darshan" avant de partir pour l'aéroport." Oh, oui, je vous en prie, juste encore une chance de le voir sortir de ces portes et se diriger vers la foule, une chance encore qu'il puisse passer tout près...

Ainsi, ce soir là, nous avons fait nos valises, payé la note d'hôtel, dit adieu au pathétique vieux portier avec son uniforme de l'armée, arborant fièrement quatre médailles gagnées pendant la guerre de Birmanie. Toutes les fois que Ron voit ce brave bonhomme qui perd la vue et qui tente là, de gagner un petit supplément pour son ordinaire, tous les deux échangent de vifs saluts militaires qui les enchantent !

De bonne heure, le lendemain matin, nous partîmes pour Brindavan, pour la dernière fois nos bagages dans la voiture. En chemin, nous nous arrêtâmes pour acheter une guirlande de fleurs odorantes que j'espérais pouvoir offrir à Swami s'il passait assez près de moi, dans la foule. Comme cela arrive toujours quand on est pressé par le temps, le passage à niveau avant Brindavan était fermé. Le train passa enfin et vite nous partîmes. Bien sûr, dans la foule du "darshan", les places devant étaient occupées.

Une jeune et gentille Américaine m'offrit sa place quand elle sut que je partais. Je ne voulais pas l'en priver. Elle portait une belle fleur pour une amie et elle voulait la faire toucher et bénir par Swami. J'étais sûre qu'elle serait contente de me faire une petite place si Swami s'approchait assez près pour pouvoir lui parler. Nous attendions patiemment, tous les yeux fixés vers la voûte où Swami arriverait.

Mais au lieu de cela, une petite personne habillée de blanc apparut en courant ! Nous devinions à peine que c'était Vemu. Il se précipita du côté des hommes, puis, changeant de direction, il vint du côté des femmes, faisant des signes et des gestes mouvementés. Serait-ce vraiment pour nous ?

("Eh bien ! où sont-ils ?" avait demandé Swami un peu malicieusement, et voyant l'air décontenancé de Vemu, il ajouta : "Peggy et Ron. Je les attends !") Nous pouvions à peine le croire : c'était à nous vraiment qu'il faisait signe ; impossible de nous distinguer dans la foule de gens, mais il espérait que nous comprendrions, que nous nous lèverions, et que nous viendrions. Tandis qu'il approchait, il n'y avait plus de doute.

Le cœur battant, nous nous dégageâmes, moi parmi les femmes et Ron parmi les hommes debout près du mur. Nous fîmes aussi vite que possible – Ron boitait à cause de son tendon endommagé – à travers l'esplanade vers les portes du jardin de Swami. Vemu nous pressa : "Dépêchez-vous, Swami retarde le "darshan" à cause de vous !"

Je supposais qu'il fallait aller dans le patio en passant par l'entrée des femmes, comme nous l'avions fait déjà. Mais nous étions à peine arrivés dans le patio, pensant que Swami serait dans la pièce où il recevait, que Vemu m'appela de nouveau : "Pas ici ! En haut de l'avenue !"

Et vite nous montâmes l'avenue bordée d'étudiants habillés de blanc, nous dirigeant vers l'entrée principale de la véranda. Un énorme tapis rond fait de pétales de fleurs était étalé dehors. Là, entouré de plusieurs hommes l'air imposant dans leur costume de ville, se tenait Swami, un grand sourire aux lèvres. Il s'avança vers nous pour nous accueillir. Nous tombâmes à ses pieds, absolument comblés.

J'avais flanqué mon grand sac sur le sol à l'entrée de la véranda. Et je n'ai pas la moindre idée de ce qu'est devenue la guirlande de fleurs. Je dois l'avoir tenue haut avec ma main droite pour ne pas qu'elle traîne par terre pendant que je m'agenouillais, car Vemu dit que Swami a littéralement désenroulé la ficelle de mes doigts, l'a prise et l'a tendue à quelqu'un près de lui.

Alors il matérialisa de la "vibhuti" pour nous, tandis qu'un homme maintenait une feuille de papier au cas où nous voudrions l'envelopper. J'en mangeai une partie et gardai le reste. Cette fois, la cendre était claire, très fine et très parfumée. (Elle est maintenant dans une petite boîte dans mon petit sanctuaire privé. Parfois j'en prends un peu, très peu car je veux qu'elle dure toujours.)

Alors que Swami nous conduisait dans la maison, il se retourna vers ces hommes apparemment importants et leur dit, très fort, et avec un grand sourire : "C'est un grand écrivain", sur un ton qui voulait dire : "Mettez cela dans votre poche et votre mouchoir par dessus !" Ils parurent quelque peu étonnés mais pas autant que je le fus moi-même. Je pouvais à peine en croire mes oreilles.

Et voilà, nous étions dans la pièce où ont lieu les entretiens privés – celle où Ron avait cassé le plateau de verre – seuls avec Swami, trop fortement émus pour parler avec cohérence. *Il était tout Amour.* Tendrement, paisiblement attentif, prenant le temps de partager ces minutes précieuses comme si nous étions seuls au monde ! Il en est toujours ainsi avec lui !

C'est à ce moment-là qu'il me dit souriant : "Vous étiez déprimée avant-hier". Je ne pus qu'incliner la tête. Il savait que j'avais écrit dans mes notes que je pourrais mourir si je ne le revoyais pas une fois encore ! Et il nous avait préparé cette splendide surprise – peut-être pour, entre-temps, tester nos réactions intérieures ? Etait-ce la signification de ce petit sourire rapide au "darshan" hier au soir ?

Swami parla de nos affaires privées et résolut, une fois pour toutes, un grave problème et une situation qui duraient depuis plus de sept ans. Il les connaissait par Ron qui en avait parlé pendant l'entretien de la veille. Cette ombre disparaissait de nos vies. Il avait simplement prononcé cinq mots, qu'il répéta, nous regardant dans les yeux. Swami ne dit jamais de mots inutiles. Cinq mots avaient suffi. Le problème n'existait plus.

Nous avons demandé s'il voudrait bien nous aider pour ce que nous voulions faire en Angleterre, et il dit qu'il nous aiderait. Il était "très heureux, très heureux" pour ce que nous projetions. "Et m'aiderez-vous quand je serai d'une humeur de singe ?" ai-je demandé, me souvenant de sa plaisanterie au sujet du "singe fou", pendant une entrevue précédente. Mais cette fois, il secoua la tête en souriant et me rassura : "Non, vous avez une grande maîtrise. Une grande patience."

Ron questionna sur la méditation. Il l'a toujours trouvée difficile dans le sens couramment admis. (En réalité, il est dans un état de méditation perpétuelle.) Swami dit que le cœur est la plus importante de toutes les choses : "Le cœur, le cœur..." Il écarta nos paroles de gratitude et, tournant la tête, il fit un geste qui pouvait dire "qu'est-ce que cela ?"

Son amour nous entourait. Je n'ai pas posé la question qui me trottait toujours dans la tête : "Nous sommes-nous trompés en n'allant pas à Bombay ?" Même si dans de telles circonstances, cela semblait impossible, certes, Swami aurait pu rendre possible l'impossible. Cependant, nos coupes étaient pleines et débordaient avec cet honneur soudain et totalement inattendu d'être appelés par lui – nous, un très vieux couple banal – de monter à la véranda aux yeux de tous, de nous donner ce dernier entretien, cette bénédiction... la surprise qu'il avait gardée dans sa manche.

Ses dons sont illimités. Le seule limitation se trouve dans notre capacité de recevoir. Le courant est toujours branché, toujours disponible. Ce sont les ampoules qui sont défectueuses...

Il était dur de nous arracher. Je me baissai et saisissant l'ourlet de sa robe à deux mains, j'embrassai doucement son pied, puis sa petite main, pour la dernière fois. Mon ardent désir avait été exaucé... Je ne me souviens pas de ce que Ron faisait pendant ce temps. Il touchait probablement l'autre pied de Swami en guise d'adieu. Cependant, il n'y a d'adieu que pour la forme physique. Il est toujours présent.

Je me retournai dans la véranda et vis le cher Kasturi qui saluait les mains jointes, avec un sourire épanoui, si heureux pour nous. Incapables d'aller jusqu'à lui, nous pûmes seulement répondre à ses salutations de la même façon et lui rendre son sourire les yeux pleins de larmes de joie. Un étudiant souriant me tendit mon sac que j'aurais certainement laissé derrière moi, avec l'argent, les billets, le passeport et tout. Son expression me dit qu'il comprenait très bien ce que je ressentais.

J'étais émue et dans un état de félicité que je n'avais jamais connue en soixante-dix ans d'une vie riche d'expériences ; nous nous hâtâmes vers l'avenue, sous la voûte bordée d'étudiants, à travers la grande étendue de sable où la foule attendait toujours patiemment. Vemu, avec un sourire ravi, nous rappelait : "Il faut vous dépêcher. Vous pourrez pleurer tout à votre aise dans l'avion."

Nous quittâmes ainsi cette scène ensoleillée, baignée de couleurs, de senteurs, de paix, de tranquillité, de chaleur et l'ineffable rayonnement qui auréole la petite forme humaine, unique, en robe rouge, de l'Avatar qui est l'Incarnation de l'Amour Divin et se trouve à jamais enfouie dans nos cœurs.

7

La demeure de paix suprême

"La vie de Sai, le message de Sai, les idéaux auxquels Sai s'attache, l'enseignement qu'il donne au monde sont tous contenus en un seul mot – AMOUR."

...Sri Sathya Sai Baba.

Après cette entrevue finale si inattendue et si bouleversante, nous devions vite retourner à Bangalore pour nous changer à l'hôtel, quitter à regret le joli sari pour mettre des pantalons de toile ; Vemu, en toute hâte nous conduisit à l'aéroport. Des adieux chaleureux furent échangés dans l'attente de se revoir en Angleterre. Vemu nous avait témoigné une attention constante ; il nous était impossible, avec des mots, de lui exprimer notre gratitude...

Comme dans un rêve heureux, nous fîmes les mouvements nécessaires par pur mécanisme, sans prendre conscience des déplacements d'un endroit à un autre. Nous nous sommes alors retrouvés dans l'avion volant vers Bombay, au-dessus des montagnes et des vallées. Nous étions incapables de parler.

Bangalore et Brindavan étaient derrière nous, peut-être pour toujours, mais nos esprits agités étaient encore dans l'aura radieuse de l'amour de Baba. La dernière vision de cet être souriant, en robe rouge, qui nous attendait dans cet environnement tranquille, odorant, coloré, se superposait à la scène terne, bruyante de l'aérogare. Une expérience schizophrène de se trouver en deux endroits simultanés, nos âmes séparées de nos corps, incapables de nous adapter à la transition rapide de la réalité vibrante de ce monde qui semblait irréel et gris...

Nous étions encore dans cet état de semi-conscience quand nous nous sentîmes soudain serrés dans les bras d'une petite femme qui avait frayé son chemin dans la foule de l'aérogare de Bombay. C'était Shernaz, notre amie parsie. C'était elle – alors une totale inconnue – qui avait été l'instrument de la guérison miraculeuse de ma jambe condamnée. J'avais imploré le Baba de la photographie, qui s'était éclairée d'une manière éblouissante dans ma chambre, il y a trois ans. Shernaz vit en Angleterre, mais elle a aussi un appartement à Bombay. Elle était venue nous accueillir.

Peut-être notre vol de retour retardé d'un jour avait-il été "arrangé" pour une raison : celle de nous permettre de visiter le magnifique Darmakshetra de Baba ? ...où nous aurions pu être avec lui la semaine passée.

Quoi qu'il en soit, maintenant, avec la nièce de Shernaz et son mari, nous pûmes nous y rendre et écouter à loisir M. Rao nous expliquer chaque détail symbolique. Celui-ci en est le directeur, extrêmement gentil, qui apparut dès que nous commençâmes à gravir le chemin. Plus haut, nous quittâmes nos chaussures et les laissâmes à l'endroit prévu pour cela. (Le simple fait de marcher, une fois encore, pieds nus sur la terre sacrée de Swami, nous rapprochait de Brindavan.)

Unique au monde, posée sur une colline verte, cette construction blanche a la forme d'un lotus. Entourée par un fossé étroit rempli d'eau claire, elle symbolise un cœur purifié. "Dharma" signifie Droiture ou Vie droite. "Kshetra" signifie Champ ou Arène – l'arène où se combattent la nature animale et la nature spirituelle de l'homme. Le hall circulaire de prière et le sanctuaire sous le dôme en lotus se nomment "Sathya Deep" : Flamme de Vérité. On y accède, en montant neuf marches, par un pont au-dessus de l'eau.

Chaque dimension est un multiple du chiffre sacré 9, l'immuable nombre de la Divinité : autant de fois qu'il peut être multiplié, le résultat est toujours 9 (18, 36, 45, 54, 63 et ainsi de suite ad infinitum). La création est symbolisée par 8, elle décroît chaque fois qu'elle est multipliée, et peut éventuellement se perdre en Dieu. Car 8 multiplié par 9 rejoint 9 (72).

Il y a 1116 ouvertures autour du hall de prières, pour purifier l'air qui passe au-travers ; le dôme en lotus a 18 pétales où se trouvent les appartements de Baba ; au-dehors, la colonne de 36 pieds de haut symbolise toutes les religions avec un lotus épanoui au sommet. Pour construire l'édifice, il fallut 108 jours ; et même l'autobus qui transporte les gens pour y arriver porte le nombre 333 !

Quand Baba posa la première pierre en 1967, il matérialisa dans l'air une plaque de cuivre gravée d'emblèmes mystiques et la plaça à la base des fondations. Dharmakshetra est un haut-lieu tellurique de pèlerinage pour toutes les religions ; c'est aussi le quartier général de l'Organisation Sathya Sai Seva (le service) pour les districts de Bombay : celle-ci fait un immense travail d'assistance face à toutes les nécessités.

L'intérieur est simple et beau. Dans le sanctuaire, la peinture centrale représente deux mains étreignant la Lampe de Vérité à la haute flamme éternelle. Dans l'édifice, il y a aussi des petites chambres pour les invités de Baba, une pièce où il sert la nourriture à ses amis et une petite cuisine avoisinante. Là, dit M. Rao, Baba aime soulever les couvercles des casseroles pour examiner et remuer les contenus, s'assurant ainsi que tout est bien pour ses "enfants". (Baba faisait souvent la cuisine pour toute sa famille quand il n'avait que huit ans.)

A flanc de coteau, se trouvent les salles de classe, la bibliothèque, un grand hall et les ateliers équipés pour apprendre les métiers manuels tels que l'imprimerie, les techniques d'ingénieur, la menuiserie, l'électricité et d'autres encore ; les enfants abandonnés reçoivent là un enseignement gratuit. Ces garçons étaient très occupés au maniement des différentes machines ; leurs visages étaient joyeux, l'atmosphère était calme et heureuse. Nos amis Parsis étaient extrêmement impressionnés et même fascinés, posant à M. Rao d'innombrables questions. Ils étaient visiblement surpris que le Nouvel An Parsi soit célébré dans ce lieu, ainsi que les jours de Fêtes de toutes les religions les plus importantes.

Mais la visite la plus émouvante et la plus mémorable fut celle de Puttaparthi – le village lointain dans la vallée de la tortueuse rivière Chitravati, où Sathya Sai Baba naquit le vingt-trois novembre 1926 au lever du soleil, dans la famille Raju ; il lui fut donné le nom de Sathyanarayana. Quand la naissance devint imminente, la famille fut souvent réveillée à minuit et aux heures matinales par des mélodies jouées sur les instruments de la maison par des mains expertes mais invisibles. Personne alors ne put expliquer cet étrange phénomène…

De Bangalore à Puttaparthi, le parcours de cent cinquante km fut en lui-même une expérience fascinante. Plus nous avancions plus toute la région nous faisait penser, à tous les deux, à ce que devait être la Palestine, il y a deux mille ans. Des bœufs blancs ou des buffles labouraient patiemment les petites rizières ; un jeune pâtre menait tranquillement un troupeau d'environ mille chèvres vers de nouveaux pâturages ; les jeunes femmes, en "saris" de couleurs vives, marchaient gracieusement avec de grandes jarres sur la tête ou repiquaient des planches de semis. Une fois, nous avons dû nous arrêter pour laisser passer une tribu très animée de singes gris qui traversait la route. Nous ennuyâmes Vemu avec nos questions sur les récoltes inconnues – que les Occidentaux reconnaissent seulement sur les étalages des supermarchés ou des marchands de légumes.

Il y avait une petite ville spacieuse et affairée, des petits villages aux chaumières ombragées par de grands arbres, des lacs, et toujours la terre rouge. Alors l'auto quitta la route de Hyderabad et se dirigea vers les montagnes de granit dans le lointain. La route devint plus étroite, plus cahoteuse, montant et descendant, avec des passages à gué. Dans les toutes dernières années, cette partie finale du voyage ne pouvait se faire qu'avec des chars à bœufs ; mais, depuis, des gens de toutes conditions affluent par milliers, que ce soient des ministres, des politiciens de Delhi, des savants, des scientifiques, des sages venant des Himalayas, des étrangers, le riche, le pauvre, le malade. Et ainsi la foule va toujours croissant.

Soudain, nous aperçûmes Sai Gita, l'éléphante bien-aimée de Swami, en train de "converser" avec son "mahout" (cornac), sous un arbre ; nous avons su alors que nous étions arrivés ! Sur la gauche, une avenue bordée d'arbres nous conduisit vers une statue de Krishna avec une vache blanche et son veau, placée devant les portes bleu pâle de l'étable modèle, celles-ci, comme à Brindavan, portant l'emblème de toutes les religions réunies. Plus loin, nous passâmes devant le splendide lycée, l'école primaire, le collège pour les Arts, les Sciences, et le Commerce, et le foyer des étudiants aussi beau que celui de Brindavan.

Finalement, le petit village et le square. Mais d'abord, nous sommes descendus à droite, vers la rivière, et avons marché sur le sable chaud au bord de l'eau. Pendant la plus grande partie de l'année, la rivière Chitravati n'est qu'une énorme étendue de sable. Ce jour-là, il y avait un grand lac calme et, du côté le plus éloigné, un groupe de femmes étaient occupées à laver leur linge. Envahis par des sentiments de respect et de vénération, nous quittâmes nos chaussures pour marcher pieds nus dans l'eau fraîche. Il semblait que nous avions remonté le temps et plongions nos pieds dans l'ancienne Mer de Galilée. Un petit garçon au sourire de chérubin nous regardait fixement ; il nous saluait en joignant les paumes, répétant "Sai Ram, Sai Ram !"

Swami avait été un petit garçon comme celui-ci nageant, riant, très gai, ne dénonçant jamais les grands garçons brutaux, jaloux de son savoir étonnant en classe – il n'y prêtait aucune attention – qui lui maintenaient la tête sous l'eau ou le traînaient sur le sable, déchirant sa seule et unique chemise blanche dont il reliait les morceaux avec des épines de cactus. Le petit garçon qui ne pouvait se joindre aux Boy Scouts parce que ses parents étaient trop pauvres pour lui acheter l'uniforme...

Et cependant, un garçon différent des autres – qui accomplissait des miracles à deux et trois ans, que les gens appelaient "notre guru" dès cinq ans, et "Bramajnani" (celui qui a tout savoir, toute sagesse) à six ans ! Il n'est pas possible de parler ici de son enfance étonnante, de sa douceur et de sa compassion pour les hommes et les animaux, de son enseignement à l'âge de dix ans, des chants spirituels qu'il composait, des drames qu'il écrivait, dirigeait et jouait à douze ans, et beaucoup, beaucoup plus encore, car ceci est relaté dans la splendide histoire de sa vie, écrite en quatre volumes, par le professeur Kasturi sous le titre : "Sathyam Sivam Sundaram".

Nous pensions à tout cela pendant que nous rafraîchissions nos pieds dans cette rivière sacrée, et malgré nous les larmes nous vinrent aux yeux. Le long de ces rives, Baba, jeune adolescent, emmenait des disciples de tout âge, car il n'y avait plus assez de place ailleurs, bien que le temple rustique ou "mandir" construit pour lui fût sans cesse agrandi.

Des miracles quotidiens, qui sont sa vraie nature, se produisaient en ces lieux, y compris ceux qui amusaient, tel que faire une balle avec du sable et la lancer à un enfant pour qu'il la mange – car elle se transformait en quelque chose de tiède et de délicieux quand l'enfant l'attrapait. Swami a toujours aimé parler et enseigner au bord des rivières ou sur les rivages de la mer ; il l'a fait dans de nombreux endroits et semble n'avoir jamais pu résister à matérialiser tout et n'importe quoi avec le sable, selon son désir. Même récemment, en juin 1980, se rendant au Cashmire, il s'assit sur une parcelle de sable dans le jardin du Lieutenant General S.P. Malhotra et matérialisa des cadeaux pour son hôte et son hôtesse. Par chance, une personne présente avait une camera et nous avons pu voir le film de cet événement.

Notre ami Vemu interrompit alors notre rêverie en disant : "Regardez ! Voilà "l'arbre à souhaits"." Près de nous en levant la tête, nous vîmes un promontoire rocheux haut de quarante-cinq mètres. Près du sommet, parmi de gros rochers, se dresse un tamarinier avec un petit drapeau rouge. Le jeune Sathya demandait à ses amis quel fruit ils désiraient, et le fruit souhaité apparaissait sur les branches, une orange sur l'une, une pomme sur l'autre, une mangue, une banane ou n'importe quel fruit sollicité... Baba a vraiment fait cela quelquefois à l'occasion d'un voyage en voiture, s'arrêtant pour un pique-nique et distribuant les fruits à ceux qui étaient avec lui.

Et je pensais à un certain soir, quand le jeune Baba revenant des rivages avec un groupe, s'est "lévité" en haut du rocher et à crié : "Vous allez avoir la Vision de la Lumière." – "Soudain", écrivit C.N. Padma qui était présent, "il y eut une grosse boule de feu comme un soleil, perçant la nuit de nouvelle lune. Il était impossible de garder les yeux ouverts et de fixer. Trois ou quatre des disciples s'évanouirent et tombèrent."

Plus tard, alors que Baba visitait une famille à Mysore, il accorda une vision à leur prêtre "Brahmin", et le prêtre resta inconscient pendant plusieurs heures. Pour une autre occasion, parlant de Dieu à un inspecteur de la santé à la retraite, Baba lui montra la Flamme qui émanait de son front. L'inspecteur, pareillement, fut si ému par cette magnificence qu'il ne reprit conscience qu'après soixante-dix heures, ce qui inquiéta ses enfants.

Baba prend garde maintenant, car nos corps physiques sont beaucoup trop faibles pour supporter certaines expériences spirituelles qui sont "au-dessus de notre endurance". Le Dr V.K. Gokak demanda un jour à Baba s'il consentirait jamais à se montrer à lui sous sa Vraie Forme, et Baba répondit : "Très vite, vous souhaiteriez que je reprenne la forme que vous connaissez." Je peux dire, en mon nom strictement personnel, que *l'expérience de la présence proche de Sai Baba* vous emplit d'une sensation de béatitude sans précédent, à tel point que même respirer devient bien difficile.

Nous nous arrachâmes à la contemplation de cette scène et roulâmes lentement, remontant la rue du village à la recherche d'un endroit à l'ombre du haut mur de l'"ashram", pour y laisser la voiture. Il fallut presque pousser sur le côté les nobles bœufs blancs aux yeux couleur de prunelle et éviter les poules qui rassemblaient leurs poussins pour les mettre en sécurité. D'un côté de la rue, il y avait des petites boutiques ouvertes ; beaucoup d'entre elles étaient pleines de fruits. Un magnétophone jouait la musique des "bhajans". Les fidèles ont remplacé la maison où est né Swami par une belle chapelle dédiée à Shiva dans laquelle nous sommes entrés par des grilles en fer forgé.

Pieds nus, évitant la pierre trop chaude à midi, nous passâmes sous la grande arcade où sont écrits ces mots : "Vous êtes dans la Lumière. La Lumière est en vous. VOUS ETES LA LUMIERE" et entrâmes dans "Prasanthi Nilayam" – la Demeure de Paix Suprême – et dans un autre monde !

Comme Swami était absent et les habitants à l'intérieur de leurs maisons, l'endroit semblait presque pour nous seuls. C'était magnifique ! De hauts arbres, du type cyprès, pointaient vers le ciel. Les seuls bruits dans ce silence étaient le frémissement des feuilles d'eucalyptus agitées par la brise et le roucoulement doux des pigeons. Ceux-ci étaient perchés sur les saillies du grand lotus blanc sculpté, lequel, sur sa base à cinq côtés, porte les emblèmes et les citations des cinq grandes religions ; un bassin rempli d'eau fraîche l'entoure.

Une avenue plantée d'arbres conduit à la bâtisse charmante et colorée de style Hindou traditionnel où se trouvent le hall du Temple de Prière, les salles d'interviews et autres. Les pièces privées de Swami sont au-dessus, entourées d'un balcon sur lequel il paraît de bonne heure chaque matin après les rituels plus matinaux encore. Ceux-ci commencent par le long chant du AUM, répété vingt et une fois avant l'aube par mille gorges, peut-être, ce son que répercutent les montagnes à travers la vallée.

Sur trois côtés d'un énorme quadrilatère, de longs immeubles de trois étages, avec un balcon couvert commun sur toute la longueur, (par endroits trois immeubles l'un derrière l'autre) peuvent loger 10 000 personnes. Plus loin, après notre visite, a été construit un immeuble rond, pour les Occidentaux, où ils peuvent trouver une nourriture occidentale. Tout cela, naturellement, est tout à fait insuffisant durant certaines fêtes ou bien au moment des conférences pour toute l'Inde ou bien des Mondiales organisées par l'association Sri Sathya Sai, ou bien encore pour l'anniversaire de Baba. (Lui-même, n'est pas intéressé mais il consent à cette célébration pour faire plaisir à ses fidèles).

Plus d'un quart de million de gens se sont assemblés de toutes les parties de l'Inde et de nombreux pays pour son cinquantième anniversaire et pour la conférence mondiale de 1975. En ces occasions, chaque centimètre carré de terrain est occupé par des tentes de fortune et les terrasses des immeubles sont bondées. Le lycée, les écoles primaires et secondaires, le collège et les foyers sont réquisitionnés.

A l'occasion de la Conférence Mondiale et de l'Anniversaire, en 1980, chaque centre Sri Sathya Sai ne déléguant que deux ou trois de ses membres, 12 500 délégués furent présents, venant de partout dans le monde, de quelques cinquante-quatre pays, y compris la Russie et le Japon. Un quart de million de gens couvraient un terrain de 40 000 mètres carrés, équipé de conduites et d'écoulement d'eau, de routes et d'électricité.

Par ailleurs, l'Administration de l'Etat de l'Andhra Pradesh a créé cent villages autour de Puttaparthi sous le nom administratif régional de Sri Sathya Sai Taluka. La célébration de l'anniversaire était, cette année-là pour ces villages, une révolution spirituelle inaugurant une ère nouvelle de service et d'amour.

Sur le quatrième côté du quadrilatère se trouvent une vaste cantine et diverses sortes de bureaux, derrière lesquels nous vîmes des disciples paver une rue avec des dalles carrées de granit ; derrière le jardin de Swami disposé sur le flanc rocheux de la colline, se trouve l'hôpital, bien équipé, qui dessert la campagne environnante. Baba surveilla la construction (comme il le fait pour toutes choses), observant les disciples qui, se tenant en longues files sur le flanc du coteau, se passaient de main en main, du métal, des pierres, des briques, de l'eau, de la boue, du mortier et toutes les choses nécessaires.

Mais ce qui nous coupa le souffle fut le grand Auditorium Purnachandra dans le quadrilatère sablé lui-même – une magnifique salle pouvant contenir 35 000 personnes. La façade, avec ses dômes, ses balcons et sa belle architecture peinte dans les bleus et les roses, se découpant sur un ciel bleu profond, est un rêve. L'intérieur mesure soixante six mètres sur quarante deux mètres sans une simple colonne pour soutenir le toit – exemple unique dans toute l'Asie – ainsi, le hall paraît vaste, d'autant plus que chacun s'asseoit par terre ; il n'y a donc pas de chaises qui l'encombrent. Bien plus, les deux côtés, soutenus par des piliers sculptés de saints personnages de toutes les religions (comprenant une sculpture de Jésus sur la Croix), peuvent s'enrouler et sont ainsi ouverts pour le bénéfice de ceux qui sont au dehors.

A droite de la plate-forme, on peut voir de belles peintures murales des Dix Avatars Hindous du passé lointain, finissant avec les Avatars principaux – Rama (11 000 ans passés), Krishna (5 000 ans passés), et le Kalki Avatar sur le cheval blanc de l'ancienne prophétie : Sathya Sai.

De l'autre côté se trouvent également de belles peintures murales du Bouddha avec ses disciples, de Krishna avec Arjuna, de Jésus conduisant ses moutons, de Zoroastre avec ses disciples autour de la flamme éternelle, et un joli tableau représentant l'étoile et le croissant de lune (il est, en effet interdit aux musulmans de représenter leur Prophète ou leur Dieu), ainsi que les doctrines de chacun, écrites dans les cinq langues.

Quelques paroles essentielles de Baba sont inscrites sur les murs du Hall. Par exemple : “Cherche tes fautes et trouve les mérites des autres.” – “L'Amour vit en donnant et en pardonnant, l'égoïsme en recevant et en oubliant.” – “Le cœur est le

Temple de Dieu." – "La grâce est proportionnelle à l'effort." – "Dieu est Amour, vis en Dieu." – "Le cœur pur est le fondement de toute discipline." – "Le secret du bonheur n'est pas de faire ce que vous aimez, mais d'aimer ce que vous faites." – "Au lieu de creuser quatre trous d'un mètre à dix places différentes creusez-en un seul de quarante mètres. Concentrez-vous sur le chemin choisi." – "Suivez le Maître ; faites face au diable ; luttez jusqu'à la fin ; finissez le jeu." – "Reconnaître ses erreurs est le commencement de la sagesse." – "Verse seulement une larme ; j'en essuierai cent de tes yeux."

Faisant l'expérience de cet endroit sacré, de Brindavan où nous avons été tellement bénis, et dans la contemplation du beau Dharmakshetra à Bombay, du Sivam à Hyderabad, du Sundaram à Madras, des 3 400 Centres Sai au service du genre humain en Inde, et de tous ceux des quelques cinquante-quatre autres pays qui augmentent chaque année, des Universités pour hommes et femmes à Puttaparthi, à Brindavan, à Anantapur, Jaipur, Bhopal, et dans le Gujerat, se propageant dans chaque état, des collèges, des lycées, des écoles primaires, des écoles maternelles, et des quelques 14 000 Bal Vikas (éducation sur les valeurs humaines) pour enfants, et beaucoup plus encore, nous nous faisons l'écho des paroles de R. R. Diwakir, Président de la Fondation Gandhi pour la Paix, ancien ministre du Gouvernement de l'Inde, Gouverneur d'Etat, érudit et écrivain, quand il dit pour le cinquantième anniversaire de Baba :

"Un jour, Swami était un gamin de village... Maintenant, nous nous assemblons venant des quatre coins du globe et que trouvons-nous ?

Des philosophes, des politiciens, des éducateurs, des législateurs, des scientifiques, des techniciens, le riche aussi bien que le pauvre, l'ignorant aussi bien que le savant, de toutes les nations, de toutes les religions.

Si cela n'est pas une merveille vivante et un miracle, je voudrais savoir ce que c'est."

8

De Bethléem à Brindavan

"Il n'y a qu'une seule religion : la religion de l'amour."
... Sri Sathya Sai Baba

En dépit de tout l'aspect commercial des orgies culinaires et du fait qu'une grande partie de la population du monde occidental semble ignorer la signification et le sens de la Célébration de Noël, il y a néanmoins dans l'air un esprit de bonne volonté sincère.

Il y a une sorte de magie dans Noël. La subtile et silencieuse approche des hôtes angéliques se ressent intuitivement, parfois faiblement ou même sans le savoir ; que Noël soit célébré dans le froid du Nord hivernal ou dans les pays ensoleillés sous la Croix du Sud.

Inconsciemment, peut-être, est-ce un retour à notre enfance quand nous *savions* que les contes de fées étaient vrais ; que les "dévas", esprits du royaume de la nature, existaient réellement (et vraiment ils existent) ; qu'il y avait le Bien et le Mal, en lettres majuscules ; et que le Prince *apparaîtrait* sur un cheval blanc maniant l'Epée de la Vérité.

Cependant, même parmi toutes les sortes de Chrétiens appartenant à des rites extrêmement variés, il y a diversité d'opinion sur la figure centrale qui motive cette célébration. Les gymnastiques théologiques ont tout fait pour oblitérer l'image de l'homme de Nazareth qui marchait sur les montagnes avec une poignée de disciples à demi illettrés, dormant souvent sans abri et qui cependant a produit un tel choc sur l'esprit du riche comme du pauvre, de l'intellectuel comme du paysan, que les prêtres ont comploté pour s'en débarrasser.

A notre époque scientifique et matérialiste la mode veut que les miracles relatés dans la Bible soient vus comme des mythes, et Jésus est présenté comme un maître inspiré de vérité et de morale, un exemple et un idéal auxquels, au sens humanitaire, il faut aspirer, mais dont les enseignements sont presque, sinon tout à fait, impossibles à suivre dans la jungle du monde que nous avons fabriqué.

Le Sermon sur la Montagne semble être un cri lointain poussé contre la guerre spatiale, la bombe au mégatonne, le chantage politique par les émissions aux ondes dirigées, les lasers, les fours à ondes-courtes mortels, les guerres chimiques et biologiques, la cybernétique, le terrorisme international, ou les bases sur la lune.

Personne, pourtant, qu'il se déclare athée, agnostique ou matérialiste, ne peut manquer de s'étonner qu'un homme jeune dont le ministère n'a duré que trois ans en Palestine, avant-poste minuscule de l'Empire Romain, ait pu faire une impression si étonnante, si stupéfiante qu'elle dure encore et toujours, depuis deux mille ans ! (Les voyages au Tibet, en Inde, en Perse, en Egypte sont mentionnés partout ailleurs que dans la Bible orthodoxe).

Imaginons un peu : si à cette époque les gens avaient pu prendre des films avec leurs caméras ; si les discours publics et même les conversations privées avaient été enregistrés sur cassettes ; si sa voix avait pu être entendue de l'autre côté du monde sur des disques ; si, quand il parlait dans le temple ou dans d'autres lieux, ses paroles, "comme celles de celui qui parle avec autorité" avaient pu être retenues sur des bandes magnétiques ou des films... !

Supposons que des livres aient été publiés pendant sa vie sur terre, avec des documents évidents de ceux qui avaient expérimenté des guérisons immédiates, des événements phénoménaux, des apparitions surnaturelles ; qui avaient assisté à la multiplication de la nourriture pour des milliers de personnes, à des matérialisations, à des transfigurations, à des dédoublements, à toutes sortes de miracles étonnants, et à la résurrection de ceux dont le corps avait commencé à se décomposer ! Et supposons aussi que sa grande aura d'amour ait pu être testée par un scientifique expert en photographie Kirlian, que les merveilles qu'il accomplit aient pu être observées et attestées par des instituts de recherche psychique !...

Imaginez simplement que tout cela ait été possible ! Mais les choses étant ainsi, direz-vous, nous devons nous reporter aux paroles : "Bénis soient ceux qui ont vu et qui ont cru. Mais trois fois bénis soient ceux qui n'ont pas vu mais qui ont cru."

Néanmoins, aujourd'hui, toutes ces choses sont possibles. Et c'est à cause de cela que nous pouvons, je pense, comprendre mieux la "nature" de Jésus qui était appelé "l'Oint" – le Christ.

Maintenant, demandez-vous, qu'en est-il ? Chaque phénomène et événement mentionné plus haut a été et est démontré par l'"UN" qui est sur terre aujourd'hui, sous la forme humaine de l'Avatar de notre Ere : Sathya Sai Baba.

Une des différences entre les plus grands sages pleins de sainteté et un "avatar" réside en ce fait que les pouvoirs des premiers doivent être acquis et développés par un long travail de disciplines spirituelles qui ne doit pas cesser si ces pouvoirs veulent être gardés (sinon ils diminuent immanquablement) ; tandis qu'un "avatar" est né avec ces pouvoirs. Ils sont sa nature véritable.

Les pouvoirs qui nous semblent miraculeux sont normaux pour lui. Son vouloir est suffisant. S'il veut simplement voir une chose arriver ou apparaître, par exemple, elle arrive ou apparaît ou disparaît. Un "avatar" n'est pas un médium dépendant d'une autre entité ou d'une plus grande puissance dans une autre dimension. Il est la puissance.

Baba dit : "Mes miracles font partie du pouvoir illimité de Dieu et ne sont en aucun cas le produit de pouvoirs "yogiques" acquis. Ils sont naturels, sans artifice. Il n'y a pas d'êtres invisibles pour m'aider. Ma volonté divine apporte l'objet dans l'instant. Je suis partout."

Le mot "apporte" dans ce propos peut, avec tout mon respect, être déroutant, car il y a des occasions où Baba apporte ou "téléporte" des objets ; il a entier pouvoir sur les éléments et particules atomiques, si bien qu'il peut transformer un objet en un autre, simplement en exhalant son souffle créateur sur lui. Ce phénomène survient constamment.

A ce propos, le Dr V.K. Gokak, quand nous eûmes le privilège de lui rendre visite, chez lui à Bangalore, nous parla d'un étonnant "téléportage" qui eut lieu à Prasanthi Nilayam. Il était resté avec Baba jusqu'à une heure de l'après-midi pour parler de différentes choses au sujet d'une fête qui devait avoir lieu, je crois, le soir-même. A trois heures, il eut l'occasion d'entrer encore chez Baba. A son grand étonnement, il trouva la pièce pleine de récipients couverts, contenant de la nourriture en grande quantité.

"Mais qu'est-ce que tout cela, Swami ?" demanda-t-il. "Comment tout cela est-il arrivé ici ?"

Baba sourit et répondit : "Pas par des moyens humains. Le camion qui les transportait est en panne. Il n'aurait pu arriver." Baba avait téléporté le chargement complet du camion !

Un Avatar prend une forme humaine afin de faire avancer d'un pas l'évolution humaine, pour inaugurer une nouvelle époque, quand une intervention devient très nécessaire, comme c'est le cas aujourd'hui. "Pour sauver quelqu'un qui se noie", dit Baba, "il faut sauter dans l'eau" – c'est cela s'incarner.

"Je suis venu pour répondre aux prières des saints, des prophètes, des chercheurs" ou bien sous la forme de Krishna qui déclare dans la "Bhagavad-Gita" : "Quand la vertu décline et que le mal est florissant… pour sauver le bon et détruire le mauvais, pour établir la droiture et la vérité, je nais d'âge en âge." Mais dans le présent âge de Kali, dit Baba, il n'est pas question de détruire les mauvais. L'échelle est trop grande. La question est de détruire le mal, non par la force, mais par l'amour et la transformation.

Le même principe divin s'est manifesté dans tous les "avatars", mineurs ou majeurs, de degrés différents. Jésus, le Maître des Maîtres, était l'instrument en qui un rayon de l'esprit divin s'est manifesté pour remplir une certaine mission d'"avatar".

Baba dit : "Jésus était un maître né pour une cause : sa mission était de restaurer l'amour, la charité et la compassion dans le cœur de l'homme." Quand nous demandâmes : "Jésus était-il un avatar ?" Swami répondit : "Oui". Mais il a modifié cette affirmation en disant que Jésus avait des pouvoirs divins, mais n'avait pas tous les pouvoirs (les seize "kalas" ou attributs) d'un "avatar" majeur.

Il y a eu seulement deux "Purna Avatars" (incarnations totalement divines) – Rama, il y a 11 000 ans, et Krishna, il y a 5 000 ans, quand les conditions dans le monde étaient bien différentes de celles d'aujourd'hui. Nous avons maintenant le privilège de vivre à cette période importante de notre histoire quand le troisième "Purna Avatar" vit parmi nous pour notre cause.

Sai dit : "Rama, Krishna et Baba se montrent sous des apparences différentes, mais c'est la même entité, croyez-moi… Je suis nouveau et ancien à jamais. Je viens toujours pour restaurer Dharma (la droiture), pour encourager les vertueux et assurer les conditions qui leur conviennent pour progresser, pour instruire "l'aveugle" qui passe à côté du chemin et erre dans le désert."

"Des sceptiques peuvent demander : "Paramatma peut-il assumer une forme humaine ?" L'homme peut trouver la joie, seulement par la forme humaine, il peut recevoir instruction, inspiration, illumination seulement par le langage humain et la communication avec les humains... Le déclin du Dharma est une tragédie si poignante, l'intensité de l'affection que le Seigneur a pour les hommes sincères est si grande qu'Il vient Lui-même."

"Le Seigneur est l'Amour même. Il prend une forme humaine afin que vous puissiez Lui parler, avancer avec Lui, Le servir, L'adorer, et Le réaliser, pour que vous reconnaissiez votre parenté avec Lui. Je déclare que Je suis en chacun, en chaque être."

Naturellement, il y a certaines similitudes chez tous les "avatars", qu'ils soient majeurs ou mineurs ; la principale est l'amour universel altruiste embrassant tout. C'est la raison pour laquelle Sathya Sai Baba déclare que "le jour de la naissance de Jésus doit être célébré par toute l'humanité, parce que de tels Maîtres appartiennent à la race humaine toute entière. (Et comme Yogananda le fait remarquer : "Jésus est né en Orient pour rapprocher l'Est de l'Ouest.)

D'une manière caractéristique, c'est à l'ashram de Sathya Sai Baba que la Fête de Noël est célébrée avec une pure dévotion aux idéaux, à la vie et à l'enseignement de celui qu'il appelle toujours "le bien-aimé Jésus".

Non seulement des pièces de théâtre sont magnifiquement produites et jouées sur la vie du Galiléen immortel, mais le matin de Noël avant l'aube, une procession de chanteurs aux flambeaux serpente à travers les rues et les vastes espaces de l'"ashram" (généralement à Brindavan) dont le point culminant est "l'agitation de la flamme" avec mille bougies – un spectacle émouvant et impressionnant qui marque la qualité de la journée.

Comme il le fait souvent, ce jour-là, Swami nourrit un nombre énorme de pauvres et de nécessiteux. (Pour certaines fêtes, il donne aussi un "sari" à chaque femme et un "dhoti" à chaque homme ; le fait-il pour Noël ? Je n'en suis pas certaine). Il y a toujours un discours très inspiré sur Jésus et sa mission. C'est vraiment un jour sacré et heureux dans le sens exact du terme.

“Ce n’est pas dans les festivités et les amusements que vous pouvez célébrer Noël”, a dit Swami. “Célébrez la Fête plutôt en prenant la résolution de mettre en pratique au moins un des idéaux de Jésus, ou bien en faisant des efforts pour atteindre, au moins un des buts qu’il a proposés à l’homme.

“Je vous demande instamment d’éliminer deux maux de votre esprit : l’orgueil et la médisance. Adoptez une habitude : celle d’aimer soulager la détresse. Si vous consacrez votre temps et votre énergie à accumuler les plaisirs du monde et les jouissances des sens, vous déshonorez cette existence humaine.”

“Vous considérez votre corps comme votre habitation ; non, il est le Temple de Dieu. Dieu est en lui. Gardez-le propre, frais et parfumé en développant la compassion et l’amour. L’anniversaire de la naissance du Christ est le moment où il naît dans le cœur de chacun. Ce jour-là seulement nous donne le droit de célébrer Noël”.

Baba a tellement parlé de Jésus ! Mais il est seulement possible ici de donner quelques extraits de ses discours sur ce sujet. Par exemple : “La destinée de l’homme est de cheminer de son humanité vers la divinité, comme il l’a déjà fait partir de son animalité. Pendant ce pèlerinage, il est obligé de combattre toutes sortes d’obstacles et d’épreuves.”

“Pour aplanir les difficultés du chemin et l’aider à surmonter les épreuves, des sages, des prophètes, des âmes réalisées, des personnages divins et des Incarnations de Dieu apparaissent parmi les hommes et éclairent le chemin. Ils avancent entre les affligés, les chercheurs qui se sont perdus ou qui errent dans le désert, et les mettent sur la voie de la confiance et du courage.”

“Certains êtres sont nés et vivent leurs jours uniquement dans ce but. Ils assument de naître pour une cause. De tels guides, de tels exemples, de tels meneurs apparaissent dans tous les peuples et dans tous les pays. Ils inspirent la foi en des idéaux plus élevés et communiquent, comme si leur voix était la voix de Dieu, leurs conseils venant du cœur.”

"Ils enseignent que la multiplicité est une illusion, que l'unité est la réalité. Ils instruisent les autres en leur disant qu'en chacun il y a vraiment trois personnes : celle qu'il croit être, celle que les autres croient qu'il est, et celle qu'il est vraiment."

"Jésus n'avait pas d'attachement pour l'ego ; il n'a jamais prêté attention au chagrin ou à la douleur, à la joie ou au profit ; il avait un cœur qui répondait à l'appel de l'aspiration, au cri pour la paix et la fraternité. Il parcourut le pays, prêchant la leçon d'amour, et répandit sa vie dans le sacrifice pour l'humanité."

"Jésus pouvait affirmer que sa vie était son message, parce qu'il vécut parmi les hommes comme il leur conseillait de vivre. Chacun doit commencer son pèlerinage spirituel en proclamant qu'il est un serviteur ou un messager de Dieu et en essayant d'atteindre cette condition élevée et responsable. Ceci est l'étape de la "dualité".

"Alors il progresse en découvrant le divin en lui-même et réalise que Dieu est son héritage précieux, qu'il doit revendiquer et utiliser. Ceci est l'étape où l'on se sent être enfant de Dieu, de la même nature que Dieu."

"Finalement, il se fond dans la conscience de Dieu. Ceci est l'essence de toutes disciplines et enseignements religieux."

"Quand Jésus proclama qu'il était le messager de Dieu, il voulait faire ressortir que chacun est un messager de Dieu et doit parler, agir et penser comme tel... En progressant davantage, Jésus affirmait que chacun pouvait reconnaître en tous des fils de Dieu, enfants de Dieu, ses propres frères et sœurs... Finalement, le savoir mûrit en sagesse, et le but est atteint quand il réalise que "Moi et le Père nous sommes un".

"Jésus a montré le chemin en termes clairs. Il a annoncé, très tôt dans sa vie, qu'il était venu pour éclairer la voie spirituelle. Il avait la Lumière en lui. Jésus était tel que son nom l'indique ; il était honoré par les gens comme Christ, car ils n'avaient trouvé en ses pensées, en ses actes, en ses paroles aucune trace de "l'ego". Il n'avait ni envie, ni haine ; il était plein d'amour, de charité, d'humilité, de compassion..."

“Le nom de “Jésus” lui-même n’est pas celui d’origine. Il était nommé ISA. Dans le manuscrit tibétain, au monastère où Isa vécut quelques années, le nom est écrit Issa. Le nom Isa veut dire : “Le Seigneur de tous les êtres vivants”. I-sa ou Sa-i tous les deux signifient “Ishvara, l’Absolu Eternel”. (Pour ceux qui ne savent pas, Sai est prononcé en deux syllabes, comme s’il y avait un tréma sur l’i).”

Le manuscrit tibétain auquel se réfère Baba est celui découvert par le Russe Nicolas Notovitch, qui voyagea loin en Afghanistan, en Inde et au Tibet vers la fin de 1880. Dans son livre, dont la première publication eut lieu en 1890, il raconte l’histoire fascinante de ses voyages dont le point culminant a été un “accident”. Jeté à terre par un âne sur un sentier de montagne abrupt, il fut obligé de se reposer dans un monastère bouddhiste à Himis, dans le Leh, à Ladakh, alors la région ouest du Tibet et à présent la partie la plus au Nord de l’Inde à une altitude de 14 500 pieds.

Durant ses voyages, Notovitch avait entendu des récits d’un saint de l’Occident qui avait été vénéré par les Hindous et les Bouddhistes. Pendant sa convalescence, on lui montra une copie d’un manuscrit décrivant la vie de ce saint connu sous le nom de Issa, l’équivalent indien du nom de Jésus.

L’histoire, dans le manuscrit, non seulement mettait en parallèle ce qui est dit dans la Bible sur Jésus, mais aussi relatait sa vie de douze à trente ans, ce qui pour quelque étrange raison a été complètement omis dans les quatre récits actuels du Nouveau Testament (choisis parmi de nombreux autres) et qui pourtant est mentionné dans l’évangile du Verseau (Aquarian Gospel).

A l’origine, écrit en Inde et plus tard apporté au Tibet, le manuscrit avait été rédigé dans la langue Pali peu après que les caravanes des marchands aient apporté la nouvelle de la crucifixion de Isa.

Le manuscrit original était situé dans le monastère du Mont Marbour, près de Lhasa, capitale du Tibet, avec des transcriptions dans plusieurs des plus importants monastères du pays. L'exemplaire en tibétain, montré à Notovitch par les moines, a été traduit pour lui et inclus dans son livre : "The Unknown Life of Jésus Christ" (La vie Inconnue de Jésus-Christ).

En 1922, Swami Abhedananda, qui a beaucoup voyagé en Asie, au Canada, en Amérique, est allé à Himis, a vu les manuscrits et a écrit à leur sujet dans son livre de Voyages au Bengale : "Kashmiri O Tibbetti".

En 1925, l'artiste russe, Nicholas Roerich, se rendit aussi en ce monastère et écrivit au sujet de ces manuscrits. Et très récemment, en 1975, le Professeur Robert Ravicz, Ph. D. of the California State University (Docteur de l'Université de Californie) visita le monastère. Le Père Supérieur lui avait dit que les documents pourraient être étudiés, mais que pour cela il faudrait vivre dans le monastère pendant longtemps et apprendre le Tibétain classique.

Les manuscrits originaux en Pali, dans le monastère du Mt Marbour près de Lhasa, ont sans doute disparu durant la destruction des monastères par les Chinois après leur invasion et l'annexion du Tibet en 1957. Toutefois, un ami qui a visité récemment le Monastère de Himis a été assuré que ces manuscrits avaient été cachés et mis à l'abri dans des grottes.

Baba a vérifié et comblé ces "années manquantes". A l'âge où la coutume voulait que des fiançailles soient arrangées, Jésus évita cela et partit avec une caravane de marchands voyageant vers l'Orient. Baba dit qu'il arriva en Inde alors qu'il avait à peu près seize ans, et que sa mère, Marie, avait vendu tous les biens du ménage pour l'aider pendant son voyage. Néanmoins, il était pratiquement sans ressource pendant ses déplacements, ne faisant souvent qu'un seul repas par jour. Il portait un simple "dhoti" du genre de ceux qui sont vus aujourd'hui en Inde.

Swami dit aussi, en réponse aux questions posées par Janet Bock et rapportées dans son livre : "The Jesus Mystery", que Jésus a atteint la conscience Christique à l'âge de vint-cinq ans en Inde, quand il eut assez de vigueur pour proclamer : "Moi et le Père nous sommes un".

“Après s’être identifié avec le Père”, dit Baba, “il retourna dans son propre pays”. Il retourna en Palestine en passant par le Tibet, l’Afghanistan, la Perse et par des régions qui font maintenant partie de l’Union Soviétique, et quand il arriva sur sa terre natale, il était dans sa vingt-neuvième année.

Voilà pourquoi son cousin, à peu près du même âge, ne savait pas qui il était quand il l’approcha sur les rives du Jourdain. Jean savait seulement, intuitivement, qu’il était Celui qu’il attendait, Celui de qui il a dit : “Je ne suis pas digne de délier le lacet de la sandale de Celui qui vient.”

Mais quittons le passé et retournons à Brindavan. Une de mes amies qui édite le magazine “Heralds of the New Age” en Nouvelle-Zélande, écrivit sur son expérience personnelle ce qui suit :

Pour ceux qui étaient loin de chez eux, Noël était un enchantement unique quand, reliant les années entre Bethléem et Brindavan, Sai Baba parla du bien-aimé Jésus, de sa mission et de sa vie.

Entouré par une énorme famille humaine, Swami veilla à ce que la joie et la fraternité prédominent parmi les nombreux disciples d’outremer réunis à Brindavan en ce jour de Noël. Le dîner (végétarien naturellement) était un festin, autour de l’arbre de Noël. L’air était rempli de chants, tôt ce matin-là. Les dévots marchaient dans les rues en chantant. Les accords familiers de “Silent Night” flottaient dans l’air, toute cette harmonie renouvelait l’émerveillement et la paix de Noël.

Comme Baba souvent le proclame : “Il n’y a qu’un seul Dieu, qui est Omniscient, une seule caste, la caste de l’Humanité ; un seul langage, le langage du Cœur ; une seule religion, la religion de l’Amour.”

9

Sai Baba et le règne animal

"Dieu est en chaque créature ; alors comment pouvez-vous faire tant de mal ?"

...Sathya Sai Baba.

Ces mots devraient être inscrits au-dessus de chaque bâtiment de ferme-usine, de chaque laboratoire expérimental de recherche, de chaque abattoir et en fait au-dessus de chaque maison, car dans notre conception humaine, nous nous considérons comme des êtres supérieurs ayant le droit d'abuser, d'exploiter, de torturer "l'inférieur" pour satisfaire nos fins égoïstes.

La vérité est que nous *devrions* être supérieurs, ayant "remonté notre chemin" à travers les règnes minéral, végétal et animal de la nature ; et maintenant nous sommes à une étape de notre évolution, où lentement et laborieusement nous nous débarrassons de nos tendances animales et nous nous efforçons d'atteindre l'état d'homme supérieur et divin.

Sathya Sai Baba dit : "Les oiseaux et les bêtes n'ont pas besoin d'incarnation divine pour les guider, car ils n'ont pas l'inclination de s'écarter de leur "dharma" (de l'action juste). Seul l'homme oublie ou ignore le but de la vie."

En dépit de nos plus grandes capacités mentales, intellectuelles, émotionnelles et imaginatives (ou peut-être à cause d'elles ?), la violence, la haine, l'agressivité et la cruauté de tant d'humains ne se rencontrent jamais dans le règne animal.

La dévotion des animaux domestiques à notre égard et celle des animaux sauvages et des oiseaux nous font souvent honte. Combien de gens meurent-ils d'un brisement de cœur comme nous savons que ceux-ci le font ? Et avec quel désintéressement les animaux ou les oiseaux ne se vouent-ils pas à leur compagnon affligé ou aveugle... On a même vu des rats et des souris, animaux si méprisés, conduire un compagnon aveugle par une paille dans sa bouche.

Je me souviendrai toujours de cette oie du Canada qui, avec soin, guida sa compagne aveugle dans un port abrité du froid près de San Francisco. Ce jars n'a jamais cessé de la nourrir et d'en prendre le plus grand soin, et même de désobéir à son puissant instinct de migrateur, de voler vers le Nord pour l'été, car il ne voulait pas l'abandonner. Ce couple faisait l'émerveillement des habitants – jusqu'au jour où des hommes sans cœur décidèrent de faire de ce jars loyal et aimant un rôti pour leur dîner...

L'oie aveugle affligée fut soignée, mais il est peu probable qu'elle vécut, car les oies ou les cygnes sauvages périssent et meurent quand on tue leur compagnon.

Parlant un jour à ses jeunes étudiants, Baba leur dit : "Je trouve beaucoup d'"ananda" (félicité) en observant les "animaux sauvages" dans leur propre habitat. Leurs déplacements, leurs relations avec les autres de leur espèce, leurs vies libres sans inhibition sont très attrayants à voir".

"Ils ne s'affligent pas en se lamentant sur leur infortune, comparant leur sort à celui des autres hôtes des bois. Ils ne réclament pas la célébrité à cor et à cri. Ils ne préparent pas des plans pour gagner des positions de puissance et d'autorité envers les autres animaux. Ils ne sont pas avides d'accumuler des possessions superflues."

"Quand nous considérons ces traits de caractère, nous sommes amenés à conclure qu'ils mènent une vie d'un grade plus élevé que les hommes. Les hommes ont reçu en sus l'éducation ; ils ont un sens moral et la capacité de juger et de choisir. Mais cependant, ils sont pris dans les engrenages de l'avidité. L'avidité est le germe d'où naît le chagrin."

Et en 1968, lors d'une visite dans une réserve d'animaux, à l'Est de l'Afrique, il écrivait dans une lettre : "Nous passâmes la nuit dans les huttes de bois en haut des arbres. Dans cet endroit, il y avait de grands lions, des guépards, des zèbres, des bisons, des girafes et beaucoup d'autres sortes d'animaux sauvages qui, par milliers, se déplaçaient librement. La manière dont tous ces animaux différents bougeaient en coopérant mutuellement et en s'adaptant les uns aux autres semble suggérer qu'ils sont meilleurs que les humains dans notre monde actuel, où l'humanisme et l'humanité sont en train de mourir ensemble.

"Les scènes où tous ces animaux sauvages se déplaçaient ensemble, mangeaient ensemble, buvaient ensemble, se léchant mutuellement avec amitié, me semblent être une leçon de comportement même pour les humains. *Chez tous, la dévotion est clairement visible.*"

Baba nous exhorte toujours à nous rappeler que nous sommes des êtres humains. "Chacun de vous s'est hissé avec peine de l'état de pierre à celui de plante, de la plante à l'animal, de l'animal à l'homme. Ne retournez pas à la bête. Levez-vous haut vers la divinité et brillez du nouvel éclat de l'amour !"

Cependant, il semblerait que les humains aient régressé, pas jusqu'à l'état d'animal mais en devenant des diables incarnés en ce qui concerne l'usage et l'abus du règne animal. Ce qui est permis et cautionné au nom de la "recherche" – spécialement "la recherche sur le comportement" impliquant des années d'angoisse mentale (souvent pour satisfaire semble-t-il, quelque sadique curiosité, dont les résultats ne servent à personne ou sont déjà connus de tout enfant intelligent) – conduirait un citoyen normal en prison pour longtemps.

Combien étonnés et horrifiés seraient les hommes, si ceux qui sont dans la hiérarchie spirituelle au-dessus de nous, les grands maîtres, les enseignants, les Christs, au lieu de répondre à nos appels par leur assistance aimante, usaient et abusaient de nous par une sorte de sport cruel ou d'expérience de leur invention ! A qui et à quoi pourrions-nous aspirer ? Vers quel aspect de la divinité, avec ou sans forme, pourrions-nous nous tourner pour être réconfortés, guidés, compris, pour avancer et avant tout pour aimer ? Cependant l'Homme est le Christ parmi les animaux...

Le Maître Tibétain, Djwal Khool, nous a dit : "L'homme est l'agent initiateur ici, et à l'homme est confiée la tâche de conduire le règne animal vers la libération – une libération dans le quatrième règne, qui est la sphère de sa prochaine activité". Comme Baba l'a dit : "Toute vie peut aspirer à une naissance humaine".

Baba a confirmé aussi que l'homme encourt un "très mauvais karma" pour le traitement immoral, sans probité, sans spiritualité qu'il inflige au règne juste au-dessous de nous sur l'échelle de l'évolution. *"A quoi cela peut-il servir de torturer le pied en essayant d'en faire profiter la main ?"* Toute vie est une, indivisible, bien qu'en formes diverses. "L'univers est le corps de Dieu. Toute création revêt Dieu" dit Baba. "Aimez Dieu et vous verrez Dieu en toute créature."

A ceux qui, alors qu'ils se considèrent enclins à la spiritualité, mettent en avant le fallacieux point de vue que les animaux furent placés sur terre pour l'usage de l'homme (ce qui veut dire pour en abuser et pour les manger), Baba déclare très catégoriquement : "Les animaux ne sont pas venus dans le dessein de fournir de la nourriture pour les humains. Ils sont venus pour mener à bien leurs propres vies dans le monde. Quand un être humain est mort, les renards et autres animaux peuvent manger, mais nous ne sommes pas venus pour servir de nourriture à ceux qui mangent le cadavre ; nous ne sommes pas venus dans ce but. Pareillement, l'homme mange l'animal, mais l'animal n'est pas venu pour servir de nourriture à l'homme. Mais nous avons pris l'habitude de manger de la viande". (Quand Baba dit "nous", il se réfère naturellement aux humains en général, car, même enfant, il ne voulait pas rester dans une maison où l'on faisait cuire de la viande.)

Soit dit en passant, on estime qu'en une seule année, la Grande Bretagne a importé de l'Inde des protéines d'arachide, l'équivalent de la ration pour 13 000 000 d'enfants – et tout cela pour nourrir les animaux torturés des fermes-usines qui n'ont jamais vu la lumière du jour jusqu'à ce qu'ils soient charriés dans la peur pour être abattus.

En donnant à un grand nombre d'animaux ces aliments précieux, en excès de quatre-vingt pour-cent, une perte est subie en fin de compte. Ces mêmes aliments, soit sous forme première, soit par simple transformation pour être consommés par l'homme, subissent seulement une perte de dix à quinze pour-cent.

Sans cette manie de consommer les cadavres d'innombrables millions de nos doux "plus jeunes frères" végétariens, il y aurait assez de nourriture pour nous tous – et un grand nombre de maladies seraient éliminées.

La vie de Baba étant son message, chacune de ses actions, si petite qu'elle soit, sert d'exemple et nous apprend quelque chose. Son amour, sa considération, sa préoccupation pour les animaux sont continuellement révélés par des moyens petits et discrets aussi bien que par de larges entreprises et par tout son enseignement : il y a seulement UNE VIE – le UN est devenu le Grand Nombre...

Un simple exemple : il y a plusieurs années, raconte le professeur Kasturi, Baba partit pour quelques jours avec un petit groupe pour Horsley Hills, 3 800 pieds au-dessus de la mer. Deux fois par jour, il les emmenait dans un bel endroit pour leur donner un enseignement spirituel. La nourriture était montée du petit hameau plus bas, et un buffle aidait à transporter l'eau du puits, avec des sacs en peau suspendus sur son dos.

Quand vint le jour du départ, Baba leur proposa de descendre ensemble. En fait, dit Kasturi, il suggéra de voir celui qui descendrait le plus vite en courant ; Baba était un bon athlète quand il était jeune et n'a jamais à aucun moment pris l'attitude "digne" qu'ont certains "saints hommes" ! Il leur dit : "Attendez, je vais revenir dans une minute", puis disparut.

Etant curieux, ils le suivirent silencieusement – et le trouvèrent prenant congé du buffle. Il lui parlait et, le caressant affectueusement, lui disait : "Tu m'as rendu un grand service, Bangaru..." (un terme de grande affection voulant dire : "celui en or"). Personne d'autre naturellement n'avait eu une pensée pour l'animal patient et de bonne volonté. Seulement Baba.

L'incident qui va suivre, en plus d'être touchant, démontre la relation très proche de Baba avec les animaux et sa connaissance de chaque âme, humaine ou autre.

Au village de Bikkatti situé dans les collines Nilgiri, vivait un chien appelé Kuttan, signifiant "le boiteux". Je reprends les mots de Kasturi : "c'était un très vieux chien, affectueux, restant cependant méfiant envers les étrangers. Baba, en visitant le village, en 1962, marchait sur les tapis étalés pour lui, Kuttan tirait sur la laisse qu'on lui avait attachée, de peur qu'il ne bondisse sur Baba. Baba s'arrêta, le caressa et demanda qu'il soit lâché, disant : "Bangaru, laissez-le tranquille – c'est un Pur Atma (Esprit)."

"Ainsi Kuttan suivit Baba, monta sur l'estrade, s'assit et écouta avec lui les chants des "bhajans" et plus tard le suivit dans la cuisine où Baba, après avoir béni la nourriture, demanda que Kuttan soit servi en premier.

"Quand le chien eut fini son repas, il monta sur l'estrade décorée et resta près de la chaise de Baba, regardant les longues files de villageois recevant leur nourriture. Un moment après, Kuttan plaça sa tête sur le tabouret de Baba et rendit le dernier soupir.

"Chacun sentit qu'il était une âme pure ; et il fut enterré près de l'estrade dans un linceul de fleurs." Comme il est merveilleux que Baba ait donné à cet affectueux et vieux chien boiteux qu'il savait être "une âme pure" un passage si heureux dans la sphère de vie suivante !

On peut être incertain au sujet des animaux (et oiseaux) individualisés. Gardent-ils leur personnalité et leur individualité après la mort physique ? Baba ne nous laisse aucun doute, comme l'histoire suivante le démontre. Elle démontre aussi son amour, son attention, son intérêt pour l'individu, qu'il soit humain ou animal, et aussi son omniprésence, toutes les fois qu'un cri de cœur est poussé.

Mon amie Jeanne, rencontrée une première fois au centre Sathya Sai Baba à Wellingborough, Northamptonshire, écrivit sur ma demande les détails de son expérience. Je cite ses paroles :

"Ceci se passait il y a deux ans et nous avions depuis peu perdu nos deux chiens bien aimés. L'un avait quinze ans et l'autre douze. Nos deux chiens nous manquaient beaucoup et nous décidâmes d'adopter un chien abandonné. Sur notre demande, nous reçûmes une liste de chiens disponibles dans un chenil de notre localité. Après coup on nous dit : "Et puis il y a aussi la pauvre Emma..." Je demandai si "la pauvre Emma" était aussi un chien et il me fut répondu qu'elle en était un.

"Aussitôt que je vis Emma, je sus qu'elle était particulière. Son arrière-train était très faible. Elle semblait terrifiée de bouger. On nous dit qu'elle avait été très maltraitée par son propriétaire précédent. Elle ne pouvait pas manger, pouvait à peine laper du lait, et pourtant nous l'emmenâmes avec nous à la maison.

"Depuis lors, elle devint une très belle chienne. Mentalement cependant, les cicatrices restaient. Si nous devions la laisser à la maison, elle devenait hystérique et mettait en pièces les meubles, les tapis et même les portes. Les bruits forts la terrifiaient.

"Nous avons fait pour elle tout ce que nous avons pu et lui avons donné tout l'amour possible. Mais cela semblait inutile. Elle avait subi de tels dommages psychologiques que, deux années plus tard, nous avons dû la faire endormir.

"Nous avions le cœur brisé. Cette nuit-là, j'ai mentalement appelé Baba et lui ai demandé de nous faire savoir d'une manière ou d'une autre si son esprit tourmenté était guéri. Puis je m'endormis.

“Un peu plus tard, je sentis comme un courant électrique qui circulait dans la pièce. *Je vis alors Sai Baba qui se tenait là debout avec mon chien à son côté.* Il lui parla doucement et Emma courut vers moi, puis retourna à côté de lui. Il lui parla encore et cette fois, elle s'assit en face de moi et je la caressai.

“Je la regardai fixement dans les yeux et elle paraissait tout à fait calme. Après l'avoir caressée, je remarquai que toute sa nervosité passée semblait avoir disparu. Sai Baba sourit simplement. Alors lui et le chien disparurent.”

Jeanne ajoute : “Quand, avant cela, j'ai essayé mentalement de contacter Baba, il m'a toujours répondu. Je suis d'abord réveillée par la sensation que de faibles ondes électriques inondent la pièce. Il a aussi fourni la réponse complète à n'importe quel problème que je lui ai posé. A cause de ces expériences, je suis convaincue de son omniprésence et de sa grande compassion.”

Compassion vraiment, non seulement pour cette chienne tourmentée, dont l'esprit a été guéri après avoir quitté son corps physique, mais aussi pour Jeanne qui avait montré une vraie compassion en prenant la “pauvre Emma” dans son cœur. Mais les cicatrices laissées par les mauvais traitements étaient trop profondes pour être effacées pendant cette vie.

Dans ce cas, Baba a apporté le chien dans une forme complètement matérialisée pour que Jeanne puisse le caresser et fixer son regard. Il m'a été amplement prouvé à moi-même que de nombreux animaux d'espèces variées sont vivants dans le monde de l'esprit ; et combien de fois aussi les propriétaires de chiens, même de chats (et même de chevaux), ont été sauvés d'un accident ou d'un feu en étant alertés ou protégés par des animaux qui avait quitté cette vie auparavant.

Baba n'a pas eu moins de quatorze chiens familiers pendant toutes ces années, toujours par paire. Jack et Jill furent les premiers. Baba dit qu'ils jeûnaient tous les jeudis (jour sacré) par quelque sainte impulsion. Et ils n'ont jamais été tentés de manger de la viande.

Jack dormait à la tête du lit de Baba et Jill au pied. Après trois ans de présence auprès de Baba, le “travail volontaire” de

Jack fut d'empêcher les gamins d'approcher les voitures qui devaient se ranger à quelque distance de Nilayam. Cela causa sa perte. Ignorant sa présence sous leur voiture les occupants démarrèrent et le tuèrent quasiment.

Il rassembla assez de force, dit Baba pour se traîner jusqu'au Nilayam et, dans un effort final, se hissa sur les genoux de Baba. Avec ses yeux ne se détachant pas de la figure de Baba et sa queue remuant faiblement avec joie, sa vie terrestre prit fin.

Jill ne put lui survivre et le suivit quelques semaines plus tard. Les corps sont enterrés dans le jardin de "l'ashram" et un monument où l'on fait pousser une plante sacrée est érigé sur leurs restes mortels.

Il y eut ensuite les loulous de Poméranie : Chitty et Bitty, Lilly et Billy. Puis vinrent les épagneuls Minnie et Mickie, Honey et Goldie. Et plus tard les bergers allemands : Rover et Rita, Tommy et Henry.

Ces animaux reçurent de la tendresse et de l'affection dans une large mesure ; de même qu'un cheval qui lui appartint – et des cerfs, des daims, des lapins, des paons, des chameaux et toutes sortes d'oiseaux. Il y a aussi une immense volière où l'on peut circuler. J'ai déjà mentionné au chapitre précédent que nous avons vu beaucoup d'animaux et d'oiseaux dans le jardin boisé de Swami à Brindavan. Mais son "orphelinat pour animaux" où des animaux de toutes sortes, grands et petits, vivent libres dans les conditions naturelles, se trouve dans la forêt de Puttaparthi.

Kasturi rapporte un événement typique et fascinant arrivé quand Baba avait quatorze ans. Un jeune homme anglais, un sous-officier, se faisait conduire dans une jeep à travers la forêt de l'autre côté de la large rivière Chitravati. Quand ils arrivèrent à un endroit exactement opposé au village de Puttaparthi, la jeep s'arrêta soudain et par aucun moyen, on ne put la faire avancer.

Finalement, le chauffeur dit : "Il y a un garçon étonnant à Puttaparthi qui matérialise de la cendre sacrée juste en agitant la main dans l'air et il peut guérir n'importe quoi, même la jeep !" Comme la voiture était complètement en panne, l'Anglais laissa aller le chauffeur au village, tandis qu'il restait dans le véhicule.

Le chauffeur put trouver le garçon et lui demanda de la cendre sacrée, mais Baba dit : "Non. Je vais aller moi-même voir la jeep," et il marcha avec le chauffeur à travers la rivière presque entièrement ensablée.

Jetant un coup d'œil à l'arrière de la jeep, Baba vit le corps d'un tigre que l'Anglais avait tué juste deux heures avant. S'adressant à l'Anglais, le jeune Baba lui dit avec autorité :

"J'ai arrêté la jeep à cet endroit – car c'est la mère de trois petits qui, en ce moment même, gémissent et pleurent après elle. RETOURNEZ ! Retrouvez ces petits et donnez-les à un zoo où l'on s'occupera d'eux. Et ne chassez plus les bêtes sauvages, car elles ne vous ont fait aucun mal. Pourquoi les cherchez-vous en les cernant et en posant des pièges pour les prendre ? Visez-les plutôt avec vos armes supérieures, comme votre caméra. Cela ne les mutilera pas et ne les tuera pas."

L'Anglais était si profondément impressionné par ce jeune garçon qu'il obéit immédiatement, dit à son chauffeur de faire demi-tour (naturellement la jeep n'avait rien qui justifiât la panne), retrouva l'endroit et sauva les petits qu'il confia à des gens responsables ; jamais plus, il ne tira sur un animal, excepté avec sa caméra, ce qu'il trouva plus enthousiasmant.

Tout ceci fut révélé un jour où, plus tard, cet Anglais revint à Puttaparthi et chercha le jeune Baba. Sa conscience avait été tellement touchée qu'après avoir reçu la peau de tigre de chez le taxidermiste, il lui fut impossible de vivre avec elle. Il l'avait apportée et la déposa aux pieds de Baba comme preuve de sa conversion.

Ceci arriva à l'époque où on construisait un plus grand "temple" à cause du nombre croissant des gens qui arrivaient en foule ; parmi eux, il y avait une femme et un photographe. Elle supplia Baba de s'asseoir sur la peau du tigre, en pose de méditation et lui donna un rosaire à tenir. Baba, avec sa bonté naturelle, voulut l'obliger bien que, dit-il, il n'ait jamais tenu un rosaire et ne se soit jamais assis en méditation – alors ou depuis. Cette photographie est reproduite dans le livre du Dr Sandweiss : Sai Baba, the holy Man and the Psychiatrist (Sai Baba le Saint Homme et le Psychiatre). Et voilà pourquoi Baba a en sa possession une peau de tigre, ce qui a intrigué quelques personnes.

(A propos, il n'est pas bon pour les femmes de porter ces fourrures animales obtenues avec tant de cruauté, alors que les imitations sont parfaites et séduisantes – pas marquées par le sang et la souffrance. Il est à espérer qu'aucun dévot sincère de Sathya Sai Baba n'agirait ainsi mais substituerait la compassion à la vanité.)

Je me suis toujours demandé si l'épisode des bébés tigres était une des raisons qui avait incité Swami à créer plus tard l'orphelinat pour animaux, spécialement quand Kasturi nous raconte que son éléphante bien-aimée, Sai Gita, n'avait que onze jours quand elle arriva chez lui ! J'ai une photographie charmante de Swami jouant avec elle quand elle était petite.

Les relations entre Swami et cette éléphante devenue grande et qu'il adore, sont particulières. Quand il quitte Puttaparthi, de grosses larmes coulent le long de sa trompe. Les gens disent : "Baba est sûrement parti, regardez Sai Gita." Mais s'il doit rester à Brindavan pendant quelque temps, on la transporte auprès de lui.

Baba dit qu'il peut l'appeler d'une distance de huit kilomètres et elle viendra immédiatement vers lui en ligne droite. Quand il l'a nourrie d'un panier plein de fruits, elle l'entoure d'une guirlande avec sa trompe ; elle plie un genou à terre et elle aime toujours placer le bout de sa trompe sur les pieds de son Seigneur.

Richement carapaçonnée, elle prend part fièrement à toutes les festivités. Et quand Swami est parti loin, elle prend conscience de son retour longtemps avant de le voir et barrit bruyamment. Baba doit la calmer et caresser sa longue trompe en lui disant : "Ça suffit, Gita, ça suffit."

Dans l'enceinte de Brindavan, beaucoup d'arbres ont dû être déplacés, parce que, dit-on, les singes voulaient toujours sauter sur les épaules de Baba quand il venait donner le "darshan" à la foule. Maintenant les singes restent dans son jardin.

Je ne peux pas résister au plaisir d'inclure dans ce chapitre le remarquable incident se rapportant à un chat qui vivait à Assam, au Nord-Est de l'Inde, car c'est une merveilleuse démonstration de l'omniprésence de Baba.

Ceci arriva le vingt-quatre Novembre 1972, alors qu'un groupe de quatre-vingt-dix pèlerins avait fait le long voyage de Assam à Puttaparthi pour les célébrations de l'anniversaire. Comme Baba passait parmi eux, distribuant à chacun des paquets de "vibhuti", il se retourna soudain vers une jeune femme qu'il avait déjà dépassée et lui jeta deux paquets de plus en disant : "Ceux-ci sont pour le chat."

Quel était cet heureux chat ? Naturellement, chacun désirait savoir ce que cachait ce geste inattendu. L'histoire que raconta la jeune femme, Lakhi, était étonnante. Apparemment, elle avait sauvé un jeune chat perdu qui se cachait dans un tuyau par une nuit pluvieuse, l'avait ramené à la maison et l'avait appelé Minkie. Sa sœur aînée, infirmière dans un hôpital, n'appréciait pas du tout que Lakhi fît de ce chat un animal favori. Ce fut le comble quand, lors de la préparation d'un dîner pour quelques invités, Minkie succomba à la tentation et s'enfuit avec un morceau de poisson.

Il en résulta pour la pauvre créature qu'elle fut prise par la peau du cou et battue avec un long bâton. Comme elle hurlait de douleur, chaque image de Baba dans la maison (et il y en avait seize) oscilla violemment et plusieurs tombèrent avec un grand fracas.

Pensant que c'était un tremblement de terre, les invités s'enfuirent dans la cour. Mais les deux femmes réalisèrent que seules les images de Baba étaient tombées – rien d'autre. "Baba est fâché contre nous." crièrent-elles ; "Stop !"

Toutes les deux étaient en larmes, quand Lakhi attrapa Minkie sous la table. La pauvre chatte commença à se secouer pour calmer la douleur et, ce faisant, projeta de la "vibhuti" odorante qui émergea de sa fourrure et tomba en couche épaisse sur la table !

Les invités étaient rentrés et avaient été témoins de ce fait. Le parfum qui emplit la pièce annonça la présence de Baba – son omniprésence.

Plus de six mois s'étaient écoulés depuis cet événement à Gauhati, Assam – mais Baba s'en souvint quand il passa auprès de Lakhi dans cette grande foule et se retourna pour lui donner de la "vibhuti" en plus "pour le chat".

Les implications de cette histoire sont difficiles à saisir ou à accepter pour la plupart des gens. L'omniprésence est un des attributs divins. Etant donné que la forme humaine de Baba est en Inde, nous avons tendance à penser à lui comme étant en Inde. Mais ceci est une illusion.

Il n'a pas plus de difficultés à lire dans les événements passés d'une vie, ou dans les rêves, ou dans les pensées les plus secrètes ou même aussi dans les conversations que l'on a dans sa propre maison, à des milliers de miles de distance.

Il explique ceci de la façon suivante : "Ce n'est pas que j'entre d'abord dans votre esprit, l'explore, puis en sors et vous parle. En fait, je suis toujours présent dans votre esprit, l'explore et suis ainsi entièrement attentif à tout ce qui s'y passe en tout temps. Il n'y a rien de caché pour moi".

Je laisse les lecteurs réfléchir sur ce sujet. L'incident du chat est simplement l'un des milliers d'exemples de l'omniprésence de Baba.

Naturellement, en tant qu'humains, nous sommes tentés de souhaiter que Baba fasse plus que de faire tomber des images, surtout dans ces révoltantes institutions expérimentales à travers le monde. Mais ce ne sont pas les attaques des "saboteurs" bien intentionnés contre certains laboratoires qui peuvent faire changer cet état de choses. (Le laboratoire dans lequel une guenon avait été fécondée avec du sperme humain fut attaqué et la guenon fécondée mourut. Mais, sans doute, cette horrible expérience recommencera-t-elle.)

Bien des gens inconscients disent : "Pourquoi Baba ne fait-il rien pour les millions d'affamés dans le monde, ou pour ceci ou pour cela ?" Mais qui a causé ces maux ? L'humanité. Adoucir les effets ne peut guérir la cause de la misère humaine et la possibilité d'auto-destruction sur une large échelle.

Remédier en une nuit aux conséquences des méfaits de l'homme, signifierait simplement que les maux recommenceraient le lendemain matin. *C'est dans le cœur de l'humanité que doit se produire le changement.* Et ceci est une partie de la mission de "l'Avatar".

L'ancien Premier Ministre de l'Inde, Shri Morarji Desai (qui a été à Prasanthi Nilayam et partagea la tribune avec Sai Baba) interdit l'exportation de singes pour les laboratoires étrangers, sauvant ainsi par années au moins 20 000 de ces créatures quasi humaines – et provoquant aussi la colère des expérimentateurs des Etats-Unis qui ont essayé par tous les moyens détournés de faire revenir sur la décision. Et aussi sans doute les "revendeurs", car le prix demandé pour un singe quand finalement il atteint sa destination misérable est deux cents fois plus élevé que celui donné à l'homme qui le prend au piège dans la jungle.

Ironiquement, ce fut la façon détournée dont s'est comporté U.S Primate Steering Committee (Comité Américain d'organisation pour les Primates) en niant faussement que les singes étaient utilisés pour les expériences militaires de la bombe à neutron et des radiations, ce qui provoqua l'interdit et apprit finalement aux Indiens les détails de ces horribles expériences. La Ligue Internationale de Protection pour les Primates rapporta :

"Au milieu de toutes les intrigues sordides de ces hommes mesquins, un personnage se dresse... Shri Morarji Desai, un homme de haute moralité, fit ce qu'il pensait être juste... Invincible et incorruptible, il resta fidèle à sa décision, confondant et exaspérant ceux qui voulaient le détourner de ses principes." (Le Bangladesh a fait de même.)

Monsieur Desai a également interdit l'exportation extrêmement cruelle des cuisses de grenouilles, mais hélas ! Il a été impossible d'imposer cet interdit aux restaurants d'Europe et des Etats-Unis qui veulent pourvoir aux appétits dépravés des "gourmets" trop nourris. Ainsi, chaque année 5 000 tonnes de grenouilles vivantes ont leurs cuisses coupées juste à mi-corps. Malheureusement, cela ne les tue pas, et elles restent simplement abandonnées, condamnées à mourir lentement. Comme ces 5 000 tonnes de grenouilles consommeraient normalement 450 000 tonnes de nourriture par an – principalement des insectes nuisibles – les insectes infestant les récoltes, ces dernières doivent alors être traitées à grands frais, avec des insecticides nocifs et polluants qui plus tard provoqueront le déséquilibre de la nature.

Je mentionne ce révoltant trafic seulement pour démontrer comment les êtres humains créent eux-mêmes leurs malheurs et ainsi ceux de la planète par leurs pensées erronées, leurs actions mauvaises et avant tout par leur manque d'AMOUR.

Nous devons être reconnaissants aux organisations dévouées qui luttent avec une grande ardeur pour les droits des animaux. Chacun de nous peut aider, même par de petits moyens, simplement en gardant les yeux ouverts. Laissez-moi vous donner un petit exemple.

Un magazine canadien m'avait demandé de faire la critique de mes livres et m'a envoyé un exemplaire de leur publication. J'y lisais un article sur la viande de cheval, accompagné d'une photographie dont la description était insupportable. J'ai envoyé l'article à la Société Mondiale pour la Protection des Animaux (World Society for the Protection of Animals). Les responsables – excellentes personnes – découvrirent que la photographie ne venait pas du Canada, mais d'un certain abattoir de Toulouse en France où, en 1978, 148 000 chevaux furent massacrés ; la plupart de ces animaux misérables étaient venus de Pologne ou avaient été embarqués de l'U.R.S.S. Des mesures appropriées ont été maintenant prises contre cet abattoir et j'ai été "remerciée" d'avoir soulevé ce problème. C'est *moi* qui remercie – mon rôle minime a été de prendre cinq minutes pour écrire et de poster la lettre.

Egalement, je déplore que les gens qui, après avoir visité un endroit ou un pays pendant seulement quelques semaines s'imaginent savoir tout sur ce pays. Mais je veux à juste titre donner mes impressions personnelles sur mon séjour à Bangalore.

J'ai été extrêmement frappée par la tranquillité et le manque d'appréhension de ces animaux de toutes espèces, et cela en dépit du trafic effrayant accompagné des coups de klaxon incessants. Des ânes placides broutaient sur les trottoirs ou, ayant mangé, se tenaient debout sommeillant tête contre queue, attendant d'être reconduits ou bien décidaient de rentrer chez eux.

Sans longe, sans attache, les poneys broutaient l'herbe clairsemée, même entre les chaussées de la route. J'ai observé un poney marchant posément le long d'un trottoir. Quand il arriva devant la porte d'un jardin, il l'ouvrit en la poussant et avança dans l'allée. Dans les quartiers pauvres, le soir, les vaches sont couchées à la porte de leur propriétaire et ruminent paisiblement ou bien mangent du foin. Dehors, devant une rangée de boutiques, quatre vaches étaient traites sur le trottoir – ce qui serait un étrange spectacle devant les boutiques d'une petite ville chez nous. Un couple de mendiants, assis sur le chemin, un soir, partageaient leur maigre repas avec un chien de rue.

Mais ce qui me frappa le plus pendant notre séjour, c'est le fait que je n'ai jamais vu frapper avec un bâton une seule des bêtes de trait, ou proférer un mot dur ou élever la voix – ce qui contraste fort avec la brutalité de nos fermiers.

Quand nous regardions les buffles, les vaches, les bœufs blancs se faire laver dans un des lacs de Bangalore, chaque animal, le lavage fini, rentrait tout seul, sans tenir compte des voitures qui circulaient. La sensation de paix et de vie commune entre hommes et animaux semblait très forte, et ceci s'applique aux enfants qui paraissent accepter les animaux comme faisant partie de la vie quotidienne (et non comme des objets à taquiner ou à tourmenter, comme hélas, dans les pays de l'Est de l'Europe).

Dans notre hôtel, nous étions toujours entourés par un groupe de serveurs, même si nous prenions simplement un café. “Avez-vous vu Baba ?” était la principale question. Et ils étaient étonnés que nous, occidentaux, soyons végétariens. Faisant un effort pour compenser la mauvaise influence venant de l’Occident, j’ai expliqué que les gens les *plus* évolués de l’Occident renonçaient à manger de la viande, parce qu’ils réalisaient que c’était une erreur de tuer nos semblables, que cela était aussi beaucoup plus sain ainsi et évitait de nombreuses maladies.

Ils prêtaient l’oreille à nos mini-discours ; ceux qui comprenaient, traduisaient à ceux qui ne parlaient pas l’anglais. Les autres gens pensaient sans doute que nous étions un couple étrange !

J’ai souvent le regret de ne plus voir ces bœufs blancs à la face noble, aux prunelles noires, aux longues cornes peintes de couleurs gaies, décorées de fleurs ! Chacun de nous peut apprendre de l’autre. Mais notre tâche la plus importante à l’égard du règne animal, que Baba aime tant, est de nous rappeler toujours ses paroles : “Aimez Dieu et vous verrez Dieu dans toutes les créatures”.

10

La pratique de l'unité

"L'inhumanité de l'homme envers l'homme se manifeste sous la forme de catastrophes naturelles comme les tremblements de terre."

...Sri Sathya Sai Baba.

Ces paroles de Baba sont encore plus significatives quand nous les associons à celles qu'il nous adressa lors d'une de nos entrevues où nous l'avions questionné au sujet de la planète.

"Il y aura des répercussions physiques dues à l'égoïsme croissant de l'homme. La planète subira des ajustements mineurs et un certain nettoyage."

Et : "Le monde est le corps de Dieu. Il y a un cancer dans le corps et il doit être supprimé."

Vraiment il le faut. L'image, vue dans l'ensemble, paraît accablante et terrifiante. Mais nous avons à nous rappeler que, aussi grande que soit la toile, le tableau entier est marqué de millions de traits de pinceaux individuels. Si seulement un pourcentage raisonnable des traits sombres pouvait se transformer en traits clairs, le tableau tout entier aurait une apparence toute différente.

Nous sommes tous des cellules du corps de Dieu. Mais nous arrêtons-nous jamais pour penser, ou sentir cette unité et tout ce qu'elle implique vraiment dans notre vie de tous les jours ? Ne sommes-nous pas aptes à changer un tant soit peu notre comportement ou à modifier notre manière de vivre ou de penser tout en acceptant (si vraiment nous l'acceptons) la Paternité de Dieu et la Fraternité de l'Homme comme un beau principe auquel nous "croyons" ?

Combien de fois, par exemple, pensons-nous avec bonté à ces myriades de petites vies dans notre corps dont nous sommes responsables ? Ceci peut, tout d'abord, sembler une étrange pensée, mais nous sommes "le Dieu imparfait" dans lequel elles vivent, bougent et prennent forme. Une pareille idée vous est-elle jamais venue à l'esprit ?

Ces petites vies, avec leurs propres états de conscience, travaillent incessamment à chaque seconde de leur cycle de vie – croissant, se reproduisant, remplissant leurs tâches désignées, attaquant et repoussant les visiteurs étrangers ou malvenus, se précipitant à l'endroit blessé ou accidenté pour réparer le dommage aussi vite que possible. Bien souvent luttant dans de mauvaises conditions contre la pollution, la nourriture incorrecte, voire empoisonnée, et toutes sortes de dégradations de leur milieu, elles réagissent aussi contre les émotions indésirables, que ce soit la peur, l'envie, la colère, l'anxiété ou l'inquiétude.

Ne nous étonnons pas si parfois elles s'affaiblissent et succombent à l'invasion des envahisseurs virulents. Ou bien elles deviennent des rebelles anti-sociales contre les conditions prédominantes, ou bien font la grève ou organisent des groupes gloutons qui agissent dans un but égoïste aux dépens de la communauté toute entière.

Quand nous abusons constamment et étourdiment de toutes les petites vies dont la conscience est de s'harmoniser en faisant de leur mieux pour lutter contre toute singularité, n'est-ce pas ajouter des insultes à l'atteinte du mal, quand nous nous irritons contre le mauvais fonctionnement de notre corps ?

L'homme est le macrocosme de ce microcosme composé des règnes minéral, végétal et animal d'où il tire ses racines. Chaque règne avance dans un état de conscience qui le rapproche de la perfection et démontre une plus grande sensibilité et promptitude à réagir. Chacun manifeste une plus ample révélation de la gloire intérieure cachée. L'homme est le trait d'union entre les trois règnes inférieurs et les trois règnes supérieurs appartenant à la vie de l'âme, qui est la Seule Vie.

Il est donc compréhensible que le règne humain, étant le quatrième et au milieu des sept, soit perpétuellement et métaphysiquement balancé entre la forme et l'esprit, entre le corps et l'âme. L'homme le moins évolué s'identifie presque exclusivement avec le corps, tandis que l'homme plus évolué lutte pour s'identifier et réagir avec la conscience de l'âme, prendre contact avec elle – pour devenir ce qu'il est d'une façon inhérente, c'est-à-dire, divin.

Ainsi chaque chercheur ou aspirant, aussi humblement qu'il puisse tituber sur le chemin spirituel, est impliqué dans la responsabilité de relever et d'aider dans leur course montante les règnes qui ne sont pas encore humains. Et ceci inclut les myriades d'êtres microscopiques qui composent les véhicules de notre corps.

Peu de gens croient vraiment au pouvoir de la pensée ; cependant les pensées possèdent une énergie dont les ignorants, les irréfléchis ou les matérialistes peuvent à peine rêver. Le Dr Frank Baranowski fit remarquer aux étudiants de l'Université Sri Sathya Sai Baba pour les Arts, les Sciences et le Commerce, que l'énergie électrique dégagée par un éclat de colère était suffisante pour allumer une ampoule électrique à deux éléments pendant trois mois. Cette remarque faite par un scientifique devrait nous faire réfléchir.

La pensée peut avoir et a un effet sur la matière (n'oublions pas que matière est esprit matérialisé – ou Dieu). Négativement utilisée, comme dans la magie noire, ou comme il a été démontré récemment en Russie, elle peut arrêter les battements de cœur d'un animal ou tuer un oiseau en vol. Ou bien comme l'a démontré le Docteur Rémy Chauvin de l'Université de Strasbourg, elle peut accélérer ou ralentir la désintégration radio-active d'un isotope d'uranium.

Pareillement, nous avons tous le potentiel de guérir nos corps, si nous sommes suffisamment harmonisés avec la réalité de l'Unité. En projetant des pensées d'amour et d'encouragement sur la partie de notre corps qui a besoin d'aide pour vaincre certaine mauvaise condition, ce qui peut être accompli est extraordinaire. Même des cancers ont pu se guérir "d'eux-mêmes", sans traitement extérieur. En encourageant les cellules vivantes qui travaillent à notre profit, par un supplément d'énergie et de lumière, elles "ont plus de cœur à l'ouvrage" et répondent à ce qui est, en dernière analyse, un débordement d'amour.

Naturellement, le mot clé est AMOUR. "Si vous développez l'amour", réitère Baba, "vous n'avez pas à développer autre chose". C'est aussi simple que cela, car Dieu EST Amour. "Aimez Dieu, dit le Nazaréen, et votre prochain comme vous-même."

Cependant, combien difficile trouvons-nous de mettre en pratique cette simple vérité ! "L'homme est malade ; mais il a recours à des remèdes qui ne peuvent pas le guérir," dit Baba. "On admire l'avance phénoménale de la science. Mais l'avance a conduit de la peur à une plus grande peur, de la destruction à plus de destruction."

"Dans les temps préhistoriques, les hommes s'entretuaient avec des arcs et des flèches, maintenant ils tuent des populations entières avec l'aide des bombes atomiques ; ceci est prôné comme une avance remarquable !"

"Le scientifique ne peut pas arrêter la montée de l'avidité et de la haine dans le cœur de l'homme ; tout ce qu'il peut faire c'est de forger les armes qu'elles exigent et d'améliorer leur efficacité meurtrière. L'homme vit dans la crainte journalière de sa disparition à cause des découvertes de la science ; car, à n'importe quel moment, l'orage de haine peut se déverser en pluie de bombes sur nos maisons. La science a dépossédé l'homme de sa confiance en lui-même. Il a peur de lui-même, car à la plus petite provocation, il se transforme en bête sauvage vicieuse."

Il est malheureux que pour décrire la conduite dégradante des hommes, on ait coutume de les comparer à des bêtes, ou à un animal en particulier. Alors que, par ailleurs, les animaux peuvent développer une dévotion vraie et désintéressée, une intelligence étonnante et des facultés de raisonnement, quand ils sont encouragés par des rapports affectueux avec les hommes. Aucun animal, qu'il soit sauvage ou domestique, ne dévie de son "dharma", comme Baba l'a fait remarquer, ou ne décime sa propre espèce. Et vraiment, il est aisé de comprendre les sentiments exprimés par Michael Bentine quand on lui demanda, au cours d'une interview à la télévision, de quoi il avait le plus peur. Il répliqua : "Des profondeurs dans lesquelles les êtres humains peuvent sombrer."

De nos jours, ce ne sont pas les animaux que nous craignons. C'est contre les hommes que nous fermons à clef et blindons nos portes et fenêtres et ce sont eux dont nous avons peur dans les rues la nuit. En fait, notre meilleure protection contre les hommes est un animal, le chien !

Quand nous voyons sur nos écrans de télévision des foules fanatiques qui réclament du sang, massacrant leurs semblables et barbouillant avec leurs mains les murs et les voitures du sang de leurs victimes, (incités par des meneurs "religieux" !) c'est vraiment faux et injuste que de les traiter "d'animaux".

Sathya Sai Baba dit : "Ce n'est pas seulement sa forme humaine qui fait l'homme. C'est seulement quand cette forme humaine possèdera les qualités divines dont Dieu est l'origine qu'il pourra à juste titre être appelé un être humain."

L'inhumanité de l'homme envers ses propres espèces, avec son incapacité grossière à comprendre et à pratiquer l'unité, déborde non seulement sur le règne animal mais aussi sur les règnes végétal et minéral. Comme un chef Peau Rouge, très évolué, a récemment déclaré : "Partout où l'homme passe, la Terre souffre."

Non content d'injecter des explosifs puissants dans le ventre des baleines (ce qu'il reste encore des ces animaux sensibles et intelligents !), l'homme fait éclater des bombes dans le ventre de la terre ! Il cause tout un déséquilibre ; creuse des immenses cavernes pour en tirer "le sang noir", pollue l'air et les mers, empoisonne le sol, détruit la vie des animaux et des oiseaux, par exemple notre bienfaisant ver de terre. L'homme malmène et dépouille le règne végétal à un tel point que la vaste vallée de l'Amazonie deviendra un jour un désert et que ceci nous privera d'un oxygène vital.

Baba dit : "La nature est le vêtement de Dieu. L'univers est l'"université" pour l'homme. L'homme devrait traiter la nature avec vénération. Il n'a pas le droit de parler de la conquête de la nature ou d'exploiter la force de la nature. Il doit agir en évoquant l'image de son Dieu.

Il n'y a rien de mauvais dans la science. Le mot veut tout au plus dire savoir. Ce sont les usages qui sont faits de la science qui sont si souvent indéfendables. Le grand Mahatma Gandhi disait : "Une des choses qui nous détruira est la science sans humanité."

Pareillement, il y a des choses que nous ne devrions pas savoir ! Il me vient souvent à l'idée que ceux qui provoquèrent la catastrophe fatale de l'Atlantide sont réincarnés aujourd'hui, s'adonnant à un art plus sombre, entraînant par exemple la transplantation de cervelles vivantes de singes dans les têtes de chiens – ou délibérément reproduisant une variété de maladies mortelles horribles pour les déverser sur les hommes au nom de la "Défense". Combien vrai est le vieil adage : "Celui que les Dieux détruisent, ils le rendent d'abord fou."

Aucune de ces atrocités ne serait possible si nous, êtres humains, avions une vraie conscience ou une réelle conception de notre Unité et de l'interdépendance de TOUT CE QUI EST – c'est-à-dire de Dieu, Celui en Qui nous vivons, agissons et avons notre existence.

La science et les scientifiques resteront toujours impuissants en face de l'Unique Réalité – l'âme. Et comme Sai Baba le dit, rien de ce qui existe, sous quelque forme que ce soit, n'est sans âme.

De même, la science ne pourra jamais créer une formule, une équation mathématique ou un diagnostic pour expliquer l'expérience de la beauté, ou le pouvoir magique d'un morceau de musique, ou de la béatitude, ou de l'inspiration et encore moins de l'amour. Cependant, on voit des tentatives perverses, d'esprits scientifiques qui semblent incapables de comprendre de telles évidences. L'incident suivant en est un exemple.

En Russie, un hérisson, sur une route de campagne, avait été trouvé avec une patte cassée par une femme médecin. Cette femme compatissante l'emmena chez elle, réduisit la fracture de la patte et soigna le petit animal jusqu'à ce qu'il soit guéri, puis le donna à sa petite fille qui vivait à soixante-quinze kilomètres de là. Toutefois, Topa (le nom du hérisson) refusait de manger et devenait si passif et si malheureux que la petite fille le libéra dans une forêt.

Deux mois après, le Dr Ushakova trouva Topa devant sa porte. Ce petit hérisson avait parcouru soixante quinze kilomètres pour retourner vers la personne qui l'avait sauvé et soigné et qui, depuis, l'a gardé. Mais qu'arrive-t-il ? Les vétérinaires scientifiques soviétiques essaient maintenant, activement, d'en savoir davantage sur "l'instinct du gîte" chez les hérissons. Sans tenir compte que l'animal ne retournait pas à son habitat naturel. La réponse se trouve dans ce seul mot : AMOUR.

Cela restera toujours un mystère pour les scientifiques : comment un chien très aimé qui s'était perdu par inadvertance dans le désert de l'Arizona, a-t-il pu parcourir 3 200 kilomètres dans une région aussi difficile comprenant le "Grand Canyon" ? Endurant la chaleur intense, la soif, et plus tard le froid extrême des montagnes, ce chien n'abandonna pas ; jusqu'au moment où il se laissa tomber, épuisé, blessé et saignant près de la voiture de son maître, après un si long voyage. Un véritable entêtement de chien !

En cet âge d'"explosion" scientifique et avec cette volonté de classifier les aspects superficiels des phénomènes – physiques – n'avons-nous pas sacrifié les régions subtiles de la conscience et de la perception ? Il en va ainsi depuis le XVIIIe siècle quand l'Occident a voué un culte à la raison. Si l'âge de l'histoire du monde le plus cérébral est le nôtre, pourquoi est-il aussi le plus destructif ? Pourquoi, pendant ce siècle, avons-nous souillé la terre, pollué son atmosphère et décimé la vie animale plus vite qu'au cours de tous les millénaires précédents ? La raison dans son isolationnisme ne nous plonge-t-elle pas de plus en plus profondément dans la déraison ?

Cependant, comprendre l'intelligence "presque humaine" pourrait bien nous aider à nous sauver pour que nous devenions vraiment humains. Bien que l'intelligence des plantes ait été officiellement reconnue, les plantes sont sur le plan organique loin de nous et par conséquent il est moins gênant pour nous de reconnaître cette intelligence que celle des animaux. Et je répète… moins gênant.

Gandhi dit que : "L'appel de l'ordre inférieur de la création est d'autant plus fort qu'il est muet." (Bien que Baba ait dit qu'il comprenait le langage des animaux, ajoutant que : "souvent il est plus gentil que celui des humains.").

Mais notre embarras est grand puisqu'il a été prouvé que, bien qu'ils ne puissent parler avec leur langue (excepté les cas d'imitation), beaucoup d'animaux domestiques non seulement écoutent et comprennent le langage de leurs maîtres (comme du reste les enfants) mais peuvent aussi apprendre, avec un boulier compteur et un tableau noir, à faire des additions, des divisions, des soustractions et autres problèmes de mathématiques beaucoup plus vite que je ne pourrais jamais le faire ! Et ce n'est pas de la télépathie, car souvent le maître n'a pas calculé encore la réponse.

Naturellement, ceux qui ont des chiens savent bien que certains mots doivent être épelés plutôt que dits, comme p-r-o-m-e-n-e-r et m-a-n-g-e-r par exemple, si ils ne veulent pas que leur chien réagisse trop vite. Mais sur environ cent deux cas connus d'animaux (chevaux, poneys, chiens et au moins deux chats) auxquels on a appris l'alphabet et à taper du pied ou de la patte pour communiquer avec leurs maîtres, il a été prouvé qu'ils pensent, réfléchissent, sentent ; et qu'ils ont des opinions sur des sujets ordinaires et sur d'autres dans le domaine moral et philosophique et même sur la mort.

Pour ceux qui en doutent, le livre remarquable "The Talking Dogs" (Les chiens parlent) de Maurice Rowdon (Editeur Macmillan, 1978) les convaincra de ces faits. L'auteur séjourna en Bavière pendant un certain temps avec Frau Heilmaier, Dorothy Meyer sa maîtresse d'école pour chiens, le chien saluki Belam et le caniche Elke II, et, il déclara : "Ce dont je fus le témoin devait changer ma vie... La découverte que les animaux ont une intégrité morale, une fidélité et une compassion bien supérieures aux nôtres fut un choc encore plus grand.

Souvent, en dehors des cours, les chiens interrompaient la conversation des humains en venant s'asseoir et taper pour dire quelque chose. Egalement, quand on discutait sur un sujet, on pouvait dire : "Demandons à Belam ou à Elke ce qu'ils en pensent." Les chiens répondaient alors et il arrivait qu'ils donnent une leçon inconfortable aux humains !

Keesha, la "femme" de Belam n'a jamais voulu apprendre. Mais les chiots qu'elle eut de Belam semblaient désireux d'apprendre cette méthode dès l'âge de trois mois. Cependant ce fut Belam, le père très fier, qui donna conseils et instructions pour choisir ceux de ses enfants dont l'intelligence était la plus vive, pour apprendre en premier ; il les connaissait tous par leur nom et leur caractère – car les animaux sont aussi différents que les hommes.

Soit dit en passant, celui qui a fait l'expérience de voyages astraux saura que, quand on rencontre des animaux et qu'on leur parle, en état hors de son corps, on entend les mots alors que les bouches ne bougent pas. Il s'agit d'une communication par télépathie mais les pensées derrière les mots sont transmises directement de la conscience de l'animal.

Certains animaux peuvent apprendre l'alphabet aussi vite que les enfants et également apprendre ce code pour "taper" les lettres. Souvent les résultats, comme pour les enfants, sont phonétiques – et quand les réponses aux questions sont pensées et quelquefois totalement inattendues, l'intelligence de l'animal est prouvée, ce qui embarrasse beaucoup de gens.

Dans le passé, j'ai souvent critiqué le Dr Christian Barnard, le pionnier en chirurgie du cœur, pour cette expérience de transplantation de têtes de chiens, sur d'autres chiens, dans le but de prolonger certains humains. Maintenant, il semble que pour le Dr Barnard il y ait une lueur d'espoir. Il a écrit récemment :

"L'année dernière, un centre d'élevage d'animaux hollandais m'avait fait cadeau de deux chimpanzés. J'en tuai un et sortis son cœur. L'autre pleura à chaudes larmes, et fut inconsolable. Je me suis juré de ne plus jamais faire d'expérience sur ces créatures sensibles et le souvenir de ce chimpanzé pleurant ne m'a pas quitté." (Le personnel de l'hôpital a été obsédé pendant des jours par les cris de douleur du chimpanzé au cœur brisé.)

Mais quelle est la créature qui n'est pas sensible ? Je n'ai jamais oublié deux perce-oreilles que mon jeune fils et moi avions sauvés de la noyade, il y a quelques années. Nous les avions posés sur une table et pensions qu'ils étaient morts, mais bientôt un des deux reprit vie. La première chose qu'il fit fut d'aller vers l'autre et, avec ses antennes, lui donna des coups sur la tête et s'affaira auprès de lui dans un état évident d'anxiété et de souci. Finalement le second donna signe de vie. Quand ils furent tout à fait remis, ils s'en allèrent tous les deux.

L'homme de l'âge nucléaire, s'il ne veut pas se détruire ou continuer de massacrer ses semblables, doit-il prendre leçon d'un humble insecte ? Il n'y a qu'un moyen pour arrêter ou enrayer la crise, enseigner, répandre et avant tout pratiquer l'AMOUR qui est la reconnaissance de l'UNITE.

Si l'on pense que j'ai trop insisté sur la parenté entre les règnes humain et animal, c'est parce qu'il est essentiel de reconnaître, pour notre progrès et notre survivance, que toute vie se fonde sur les relations mutuelles entre *tous* les règnes à *tous* les niveaux. Et ceci inclut les règnes subtils de l'éther, les anges de l'air et de l'eau, les esprits de la nature et des "devas" dont la coopération nous est indispensable et que nous pouvons entraver par nos actions.

Certaines paroles de Baba sont citées au commencement de ce chapitre, et je les redis ici : "L'inhumanité de l'homme (envers tous les règnes) s'exprime sous la forme de catastrophes naturelles comme les tremblements de terre." Et : "Dieu ne décrète pas ces calamités (tels que tremblements de terre, inondations, sécheresse, famine, épidémies), mais l'homme les provoque et elles sont la conséquence de ses mauvaises actions..."

En somme, si l'"Avatar" mettait une fin immédiate à toutes les calamités que vous me mentionnez, ce que je peux faire et fais quand il y a urgence, tout le drame de la Création basé sur la loi "karmique" s'effondrerait. Rappelez-vous que ces calamités surviennent non pas à cause de ce que Dieu a fait de l'homme mais vraiment à cause de ce que l'homme a fait de l'homme. Par conséquent, l'homme doit être DEFAIT et REFAIT avec son "ego" détruit et remplacé par une conscience transcendante, afin qu'il puisse s'élever au-dessus de la loi "karmique" pour commander... L'"Avatar" guide le monde pour qu'il puisse trouver un plus haut niveau de conscience lui permettant de comprendre la vérité des lois spirituelles, afin qu'il puisse se tourner vers la droiture et travailler avec fermeté pour de meilleures conditions.

"Ceci le rattachera de nouveau à la nature et à la loi "karmique" de causalité. L'homme transcenderait alors le cycle de cause à effet dans lequel il est entraîné en victime aujourd'hui ; et, par ce moyen, commanderait et contrôlerait les forces naturelles pour être capable d'éviter ces calamités que vous mentionnez."

Le questionneur demanda : "Vous voulez dire que maintenant vous élevez la conscience de l'humanité à un niveau semblable à celui de Dieu pour lui permettre de devenir maître de son propre destin ? Baba répondit : "Exactement. Les hommes pourraient partager alors mon "sankalpa shakti" (volonté divine)". Il me faut travailler à travers eux, réveiller le Dieu qui réside en eux et les faire évoluer vers une plus haute réalité, pour les rendre capables de maîtriser les lois et les forces de la nature.

"Si je remédiais à tout, tout de suite, laissant les hommes au niveau actuel de leur état de conscience, ils saboteraient tout alors, se sauteraient encore à la gorge et ce serait encore la même situation de chaos."

Ce qui est vital c'est de réaliser que Dieu est présent dans toute la création ; dans notre dualité actuelle, quand l'observateur se sent séparé de l'observé (que ce soient d'autres humains ou d'autres règnes de la nature), c'est seulement par l'amour et le dévouement qu'on peut combler le mieux cette lacune ; on pourrait presque dire ce gouffre béant qui nous sépare.

L'amour n'est pas la sentimentalité. C'est plutôt l'expérience de compassion qui nous permet de sentir l'essence de toutes les formes de vie. Par amour, nous pouvons nous unir à l'aspiration, à la conscience des règnes animal, végétal, mêmes des pierres sous nos pieds – et à celle du genre humain, aussi étrange que cela puisse paraître. Baba nous dit : "Il n'y a *rien* dans le monde qui n'ait pas de cœur, qui soit incapable de sentir la joie ou la peine." Tout ce que nous faisons contre les autres, contre tous les règnes, nous le faisons contre nous. Cela signifie Dieu Présent en Tout.

Notre voisine nous a souvent mis à l'épreuve ! Quelqu'un m'a dit dernièrement : "Comment pouvez-vous ne pas être irritée par votre voisine ?" Je lui suggérai d'imaginer une pépite d'or cachée dans cette personne et de réaliser que c'était justement une parcelle de cet or qui était en elle, l'or de Dieu. Cela sembla pour elle une pensée toute nouvelle et elle décida de l'adopter.

"L'Amour", dit Baba, "éveillera la compassion de l'homme envers *tous* les enfants de Dieu, humains et animaux ; il sera rempli d'admiration et d'émerveillement pour l'ouvrage de Dieu et il verra la divinité partout et en toute chose." Et Baba lui-même a donné la leçon la plus touchante, si émouvante dans son extrême simplicité, dans son corps précédent, celui de Sai Baba de Shirdi.

Une dame avait préparé un plat de sucreries pour Sai Baba de Shirdi mais un chien les mangea ; aussitôt elle battit ce chien. Elle apporta alors une autre assiette de douceurs à Sai Baba de Shirdi mais il les refusa, disant qu'il avait mangé les sucreries déjà offertes et qu'il était rassasié. La dame protesta disant que c'était la première fois qu'elle les lui offrait et comment pouvait-il dire alors qu'il les avait déjà mangées ? Mais Baba répondit : "Vous me les avez déjà offertes et quand je les ai mangées, vous m'avez battu."

Il fit comprendre ainsi qu'il était omniprésent et qu'il y avait seulement une vie. C'était l'exemple même de l'UNITE.

11

Omniprésence

"Vous pouvez m'appeler par tous les Noms. Vous pouvez M'imaginer sous toutes les Formes. Car tous les Noms et toutes les Formes sont Miens. Je suis partout en tout temps."

...Sri Sathya Sai Baba.

C'est seulement par notre propre expérience et quelquefois par ce que nous apprend celle des autres que l'on *sait* que la citation ci-dessus est absolument vraie. J'en ai fait la preuve.

"Je perçois toujours le passé, le présent et le futur de chacun de vous" déclare Baba. Longtemps avant de connaître la présence de l'"Avatar" dans le monde sous la forme humaine, il est à jamais conscient de nous, car il est le "Résidant" en chaque cœur, que nous le sachions ou pas, que nous l'acceptions ou le rejetions.

Multiples sont les moyens et les méthodes par lesquels il nous attire ou nous fait connaître sa Présence. Quelquefois de manière discrète et subtile. Quelquefois dans un rêve. Quelquefois par des phénomènes variés, sous une certaine apparence ou à travers une vision. Quelquefois par une réponse directe à une prière sincère, ou à un cri d'angoisse venant du cœur vers Dieu. "Peu importe la Forme ou le Nom de Dieu que vous adorez et honorez, je réponds aussi vite."

Cette vérité saisissante prend tellement de formes diverses que toute tentative pour les décrire serait tout à fait au-dessus de la portée de ce petit volume. Les lecteurs doivent se référer à d'autres auteurs bien plus compétents, qui ont connu Baba pendant de nombreuses années et dont quelques-uns des livres figurent dans la bibliographie. En tout cas, comme Howard Murphet l'a fait remarquer : "Ecrire un livre sur Baba c'est comme si l'on voulait enfermer l'univers dans une petite pièce." C'est un travail impossible, car Baba a dit si justement : "Personne ne peut comprendre Mon mystère. La meilleure chose que vous puissiez faire est de vous immerger en lui... Plonger et connaissez-en la profondeur. Mangez et connaissez-en la saveur."

Qu'importe, je ne puis résister au désir de mentionner deux ou trois exemples qui démontrent les paroles de Baba : "Appelez-moi sous n'importe quel nom..." Le premier (qui inclut le second) est tiré d'un article fascinant, écrit par Alvin Drucker dans le volume du "Golden Age" paru en 1980.

Al. Drucker est un ancien ingénieur de l'aérospatiale, conseiller à "United States Air Force the Federal Aeronautics Administration, NASA" et à "National Academy of Science". (L'Armée de l'Air américaine, l'Administration Fédérale de l'Aéronautique, la NASA, et l'Académie Nationale des Sciences). Plus tard, il pratiqua la guérison naturelle, se spécialisant en acupuncture, en homéopathie, en médecine par les plantes, en psychothérapie et, pendant dix ans, en Californie, donna des cours de médecine holistique et dirigea une clinique pour la guérison naturelle. Comment un tel changement de vocation a-t-il pu se produire ?

Il avait invité un ami à une sortie en vol, sur un petit avion, pour voir la beauté extraordinaire de la chaîne de montagnes de la Sierra Nevada. Une turbulence orageuse avait été prévue pour le jour suivant mais il avait pensé que s'ils rencontraient de mauvaises conditions, ils retourneraient vite vers la côte où le temps serait calme. Pourtant il ne devait pas en être ainsi.

Après quarante-cinq minutes, il réalisa qu'il devait tourner le dos à l'orage qui arrivait mais déjà une turbulence noire sillonnée d'éclairs les entourait de tous côtés. Le petit avion était comme un minuscule bateau perdu dans les brisants, tantôt s'engouffrant entre les pics de 4 000 mètres d'altitude, tantôt aspiré vers le haut, remontant dans les airs et projeté de tous côtés.

Pendant deux heures, il se battit pour garder le contrôle. Son ami avait perdu connaissance par manque d'oxygène et paraissait sans vie même quand il le secouait. Poussé à bout, il appela S.O.S ! S.O.S ! par radio, mais l'espoir était vain : même s'il avait été entendu, que pouvait un simple être humain face à ces éléments courroucés ? Il était perdu ! Cette longue lutte inégale avait épuisé jusqu'à la moindre parcelle de son énergie. Le carburant diminuait, la structure métallique se déchirait, les supports des câbles en acier se détachaient.

C'est à ce moment, alors, qu'il appela le Tout-Puissant : "Ô Dieu ! Je vous en prie, aidez-moi ! Je ne peux plus lutter... S'il vous plaît, venez et sauvez-moi ! Je ne veux pas mourir." Après ce cri d'angoisse, il devint plus calme et ajouta : "Faites de moi ce que vous voulez. Je suis vôtre."

Il mit alors l'avion en vol piqué... S'il voyait le sol avant de le toucher il épuiserait le fuel pour tenter un atterrissage brutal. Autrement tout serait fini très vite.

Soudain, une voix forte et claire retentit dans les hauts-parleurs de la cabine qui avaient dû rester branchés lors de sa dernière tentative d'appel, une heure auparavant.

"Avion en détresse, m'entendez-vous ?"

Al. Drucker dit que la voix, tout en étant forte et ferme, avait une si merveilleuse qualité de douceur et d'attention qu'il se sentit étranglé par les sanglots. Il semblait qu'un ange avait été envoyé pour les mener à bon port. Il chercha son micro mais n'eut pas à le brancher car la voix dit immédiatement :

"Vous n'avez pas à répondre. Ne vous inquiétez pas, je vous guiderai sans danger jusqu'au sol... Vous êtes à environ cent dix kilomètres de l'aéroport de Reno. Ne vous inquiétez pas. Vous y arriverez." Avec un ton plein de sûreté et de calme, la voix lui donnait constamment les directions pour s'écarter des éléments dangereux de l'orage et lui indiquait les points de repère invisibles au-dessous de lui, afin qu'il puisse garder assez d'altitude pour les éviter. Mais cent dix kilomètres ? Il restait assez de carburant pour voler à pleins gaz pendant dix minutes ou vingt tout au plus !

Vinrent ensuite les dernières instructions : "Si vous maintenez ainsi votre direction, vous sortirez des nuages dans douze minutes et vous verrez l'aéroport de Reno juste devant vous. Commencez votre descente finale pour l'atterrissage. Je disparaîtrai après cette transmission. Au revoir et bonne chance !" Et la voix s'était tue sans même s'être identifiée.

Drucker dit : "Dès lors, mon esprit était certain d'être entre les mains de Dieu. Il avait entendu mon cri et nous faisait descendre en sûreté." Tout arriva comme prédit. Au bout de douze minutes exactement, il vit le panneau de Reno. Au moment où le petit avion toucha le sol dans une rafale de neige, son ami se réveilla – et le moteur avait consommé le carburant jusqu'à la dernière goutte. Une éclaircie soudaine pendant l'orage avait permis à l'aéroport d'ouvrir juste avant l'appel d'urgence de Drucker pour atterrir.

Il n'y avait pas de base aérienne avec radar dans la direction d'où ils venaient, qui aurait pu les guider sur son terrain. "C'est un miracle que vous soyez vivants !" leur dit-on. Le plus fort des orages de la saison fit rage pendant cinq jours. Il n'y avait aucune possibilité de rentrer à bon port.

Maintenant vient la suite. A la première occasion, après avoir vite fait les réparations, ils enlevèrent à la pelle un mètre vingt de neige de l'avion et n'ayant pas de vêtements pour ce froid si intense, s'envolèrent vers le Sud, à la frontière du Mexique où le climat serait plus doux.

Il se trouva que son ami connaissait une académie de "yoga" à Tecate, juste à la frontière. Ce même soir, ils se dirigèrent vers cet endroit pour savoir s'ils auraient la possibilité d'y passer la nuit.

C'étaient la maison et le centre de "yoga" dirigé par Indra Devi, une vieille fidèle de Baba. Un groupe de gens venaient juste de finir de chanter des "bhajans". Quand Drucker vit la photo de Baba, sans avoir la moindre idée de qui il était, il ressentit "un immédiat et irrésistible torrent d'émotions. Je *savais* qu'il y avait un rapport entre le portrait à la robe rouge et la voix qui nous avait sauvés de l'orage."

Il s'informa sur le portrait et on lui dit que c'était celui de Sri Sathya Sai Baba qui vivait dans l'Inde du Sud ; on lui raconta alors beaucoup d'histoires qui semblaient similaires à la sienne.

Mais comment cet homme de l'Inde si lointaine avait-il pu se manifester par la radio de l'avion, au-dessus des montagnes du Nevada, à ce moment critique ? Cependant, sa conviction du rapport entre les deux choses était si forte qu'il disait ne pouvoir trouver la paix tant qu'il ne se serait pas rendu en Inde pour y découvrir le mystère de cette voix...

"Dès le premier jour de cet inévitable pèlerinage" écrit Drucker : "je me suis senti immergé dans un océan de grâce. Bien que je n'ai jamais trouvé un moment approprié pour questionner directement Swami. La réponse, voulue par Baba, lui fut donnée indirectement. Alvin fut logé dans une chambre qu'il devait partager avec un compagnon, qui semblait étrange pour un occidental – un Indien très humble et très vieux qui, après avoir échangé le salut "Sai Ram" ne parla plus.

Le lendemain cependant, il découvrit que l'Indien parlait un anglais parfait. Il fallut beaucoup de persuasion et après maintes protestations, il apprit à Drucker comment il était venu à Baba, et c'est à travers cette histoire vraiment fantastique qu'il reçut la réponse à sa propre question. Et voici ce que le vieux monsieur indien raconta.

Il avait été fonctionnaire de l'Etat, disciple et ami de Gandhi, étudiant en Grande Bretagne durant la seconde guerre mondiale. A la fin de sa vie, il décida de se consacrer au service de Dieu.

Baba l'avait attiré dans son sillage, grâce à un accident, alors qu'à cette époque il ignorait l'existence de Baba. Il se promenait en voiture avec sa femme sur une route étroite de montagne quand il dut faire une violente embardée pour éviter un autre véhicule. Sa voiture dégringola sur le flanc de la montagne, tandis qu'ils s'entrechoquaient à l'intérieur et que le véhicule roulait comme un tonneau sur des centaines de mètres en bas du précipice, la dernière chose dont il se souvint c'est d'avoir entendu sa femme crier : "Rama ! Rama !"

Quand il reprit ses sens, il se trouva à sa complète stupéfaction, à côté de sa femme appuyée à un gros bloc de pierre. Elle reprit conscience en même temps que lui. Tous deux étaient indemnes. Mais comment étaient-ils sortis de la voiture qui maintenant n'était plus qu'une épave. Ce n'était pas seulement un miracle mais aussi un mystère absolu.

Plusieurs mois plus tard, alors qu'il était en voyage d'affaires pour le Gouvernement dans une ville où Baba se rendait rarement. Presque malgré lui, il fut entraîné sur un grand terrain où Baba devait donner une conférence, et il se joignit à la foule. A sa grande surprise, un des aides bénévoles de Sai s'approcha de lui, disant qu'il était envoyé par Sri Sathya Sai Baba pour le diriger vers un siège au premier rang. Chose étonnante la description de Baba fut si parfaite que le bénévole n'avait eu aucune difficulté à le trouver au milieu d'une telle multitude.

Quand Swami apparut, il vint vers lui, assis au tout premier rang et lui dit : "Ah ! vous êtes venu. Vous devez remercier votre femme pour votre vie. Si elle ne M'avait pas appelé, vous seriez mort maintenant. *Je* vous ai tous les deux tirés hors de la voiture et vous ai installés indemnes sur le sol, bien que *vous* n'ayez pas pensé à Moi une seule fois. Mais je vous ai sauvé la vie souvent sans que vous le sachiez. Vous souvenez-vous du gardien préposé à la défense passive lors des bombardements ?"

Soudain lui revint à la mémoire l'incident, depuis longtemps oublié, qui eut lieu quand il était étudiant à Londres pendant les bombardements intensifs de 1940. Toutes les nuits, les sirènes retentissaient à l'approche des bombardiers allemands. Et toutes les nuits il se sentait trop fatigué pour descendre dans l'abri, de sa petite chambre au dernier étage de l'immeuble où il logeait ; car il travaillait tout en faisant ses études à l'université.

Une nuit, après l'appel des sirènes, de violents coups furent frappés à sa porte. Une voix bourrue dit : "Ouvrez ! Je sais que vous êtes là. Descendez immédiatement. C'est la loi !" Il avait ouvert doucement la porte, et découvrit le visage rouge d'un Anglais coiffé d'un casque en fer-blanc, avec à la main une lampe électrique." Pas le temps de vous habiller ! Venez comme vous êtes ! Venez avec moi immédiatement !"

Encore en pyjama, il suivit le gardien du quartier et descendit rapidement. Celui-ci le poussa dans l'abri, déjà plein de gens et ferma la porte à clé du dehors. En l'affaire de quelques minutes se produisit une puissante et assourdissante explosion qui toucha la maison. Quand ils furent arrachés de l'abri endommagé, le jeune étudiant vit que tout le haut de la maison avait disparu. Il remercia Dieu de l'avoir échappé belle. Son seul regret fut que le gardien qui lui avait sauvé la vie avait sans doute été tué par l'explosion.

"Vous souvenez-vous de ce gardien ?" répéta Swami. "C'était moi. Je suis venu pour vous sauver de cette bombe. Je vous ai protégé et sauvé maintes fois au cours de votre vie. Maintenant vous allez venir et vous serez avec moi."

Ce qui peut nous étonner c'est que, en 1940, Baba avait treize ans et déjà avait quitté l'école et déclaré que l'œuvre pour laquelle il était venu devait commencer et que ses fidèles l'appelaient.

Dès cette époque, il y a quarante ans, il choisissait et protégeait déjà ses futurs fidèles qui plus tard se compteraient par dizaines de millions.

Il commençait donc à les rassembler. Quand Al. Drucker entendit cette histoire, il sut immédiatement pourquoi Swami les avait mis ensemble dans cet appartement de Prasanthi Nilayam à Puttaparthi.

Drucker ajoute : "A la fin des cours d'été à Ooty, quelques années plus tard, en 1976, Swami fit un discours historique mettant en lumière sa prime jeunesse et sa mission. Cette fois-là, il demanda à tous ceux qui étaient présents de retourner chez eux avec l'assurance que partout où sont ses fidèles, il est présent. Il dit : "Je suis en vous et vous êtes en Moi. Dans les années à venir, je viendrai sous de nombreuses manifestations de Ma forme. N'ayez crainte. Partout où vous serez, j'y serai aussi."

"Nous savons" dit Al. Drucker, "qu'il a bien tenu cette promesse à ses fidèles, même avant qu'ils viennent à lui... Bien avant même que nous ne connaissions son existence sous une forme humaine et ne connaissions sa mission dans le monde ; et bien longtemps avant que nous ne reconnaissions son effet immense sur nos propres vies, déjà il nous guide, nous forme, nous protège, nous prépare pour le jour où nous venons à lui et commençons notre vrai travail. C'est le don merveilleux de la grâce dont nous avons tous hérité par notre bon "karma".

Le troisième exemple que j'aimerais donner est centré autour d'une dame appelée Mme Bhat qui, alors, vivait à Mysore. Son mari M. K.R.K. Bhat était un directeur important d'une compagnie d'assurance. Son expérience est relatée dans le livre d'Howard Murphet : "Sai Baba, l'Homme des miracles".

On a souvent pensé, à tort, que les Hindous ont plusieurs dieux. Il n'en est rien, évidemment. Ces dieux sont simplement les différents *aspects des nombreux attributs* du Suprême sans Forme. Et, il y a devant un collège, une statue de Saraswati, déesse des arts et des sciences, de la sagesse et du savoir, comme chez les chrétiens, notamment les catholiques romains, les statues des saints patrons. Les prières sont adressées, non seulement à Jésus Christ mais à sa mère Marie, ou à Saint François pour les animaux, à Saint Antoine pour un objet perdu, à Saint Christophe pour la protection ou à d'autres encore.

Ainsi chez les Hindous dans la chambre de prières, on peut voir différentes représentations de saints et personnifications des aspects du divin. M. Bhat était attiré par le Seigneur

Krishna ; mais sa mère veuve et sa femme vénéraient le Seigneur Subramaniam, personnifiant l'état le plus élevé pour suivre la loi de l'évolution, et "qui soutient l'esprit et la croissance des aspirants". Il est représenté se tenant debout dans un char, portant une sorte de lance, avec un cobra enroulé autour de lui.

Il y a longtemps, en 1943, la jeune Mme Bhat eut un cancer de l'utérus. Une opération fut conseillée, sans certitude de succès. Quoi qu'il en soit, sa belle-mère qui vivait avec le jeune couple, était très fortement contre l'opération. Elle dit à son fils : "Le Seigneur Subramaniam a guéri ton père d'un cancer sans opération et il guérira ta femme."

Si grande était sa foi que le jeune couple consentit à ce qu'il n'y ait pas d'intervention. Au lieu de cela, de ferventes prières et des dévotions avaient lieu tous les jours dans la petite chapelle de la maison, pour invoquer l'aide du Seigneur Subramaniam. Les prières continuèrent pendant six mois, principalement celles de la belle-mère car la jeune Mme Bhat était alors confinée dans son lit, s'affaiblissant de jour en jour.

Une nuit, alors qu'elle était à demi éveillée, la malade vit soudain dans la faible lumière de la lune un grand cobra entourant son lit. Très angoissée, elle alluma la lampe de chevet et réveilla sa belle-mère qui couchait dans la même chambre, son mari étant parti en voyage d'affaires.

On chercha, mais il n'y avait pas trace de serpent. Pensant que sa belle-fille avait rêvé, la vieille dame se rendormit. Mais quand Mme Bhat éteignit la lumière, elle vit de nouveau le cobra près de son lit – et presque aussitôt le serpent prit la forme de Subramaniam, exactement comme l'image qu'elle connaissait dans leur chapelle. Il semblait flotter au-dessus d'elle. Alors il toucha sa poitrine avec sa lance et elle fut tirée hors de son corps – une projection astrale.

Elle se vit debout devant lui à la pointe d'une colline rocheuse et immédiatement s'agenouilla pour toucher ses pieds. Il commença à lui parler et lui demanda si elle voulait rester avec lui ou retourner dans le monde. Elle comprit qu'il lui donnait le choix entre continuer sa vie sur terre ou bien "mourir". Pensant à son mari et à ses enfants qui avaient besoin d'elle, elle dit au Seigneur Subramaniam qu'elle ne souhaitait pas demeurer auprès de lui.

Après avoir conversé, il lui dit finalement : "Vous êtes guérie de votre maladie et bientôt vous vous sentirez plus forte. Tout au long de votre vie, je vous protégerai ; toutes les fois que vous penserez à moi, je serai là. Maintenant partez."

Comment puis-je partir ? demanda-t-elle. Il lui montra un escalier en colimaçon, long et étroit qui s'était ouvert à ses pieds et conduisait vers le bas. Elle commença à le descendre et alors ne se souvint plus de rien jusqu'au moment où elle se retrouva dans son lit.

Réveillant immédiatement sa belle-mère, elle lui raconta les détails de son expérience ainsi qu'à son mari et à d'autres membres de la famille. A partir de cette nuit-là, elle regagna rapidement force et santé et on constata que le cancer avait disparu.

Elle reprit sa vie normale mais, depuis lors, en plus de ses devoirs de maîtresse de maison et de ses observances religieuses, elle se voua au travail d'assistance parmi les pauvres et les nécessiteux, car Dieu lui avait rendu la vie et elle avait décidé de se consacrer au service des autres.

Vingt ans plus tard, en 1963, M. et Mme Bhat entendirent parler pour la première fois de Sathya Sai Baba et décidèrent d'aller à Puttaparthi. Baba les reçut et dit à Mme Bhat : "Je vous ai parlé il y a longtemps – il y a vingt ans."

Très intriguée, elle répondit : "Non, Swami, ceci est ma première visite."

"Oui, oui, mais je suis venu vers vous quand vous viviez à Mysore" dit Baba, et il mentionna le nom de la rue où elle vivait à Mysore au temps de sa maladie du cancer, quand elle eut son expérience avec le Seigneur Subramaniam.

Mme Bhat était toujours extrêmement perplexe ; Baba lui fit alors monter quelques marches sur l'escalier en colimaçon qui conduit à ses appartements au-dessus de la pièce où il donne ses interviews et lui dit de regarder en bas. Immédiatement, elle se souvint de l'escalier conduisant en bas du pic rocheux sur lequel elle s'était trouvée avec le Seigneur Subramaniam. L'escalier était identique et elle en fut troublée.

Pour l'aider à comprendre, Swami fit un geste de la main et apparut une photographie de lui dans le chariot du Seigneur Subramaniam, avec un cobra enroulé autour du corps. Elle réalisa alors que Dieu peut prendre toutes les formes. Il était venu à elle, vingt ans avant sous la forme qu'elle adorait : Subramaniam. Maintenant, il était là devant elle, sous la forme de Sathya Sai Baba. Elle tomba à ses pieds, versant des larmes de joie.

Ces trois exemples seuls (et il y en a d'innombrables autres) témoignent de l'omniprésence de Sathya Sai Baba et prouvent la vérité de ses paroles : "Appelez-Moi par tous les noms. Imaginez-Moi sous toutes les formes. Car tous les noms et toutes les formes sont Miens. Je suis partout en tout temps."

Quand Alvin Drucker, sur le point de s'écraser avec son avion dans les montagnes de la Sierra Nevada, envoya son appel angoissé : "Ô Dieu ! venez et aidez-moi !", c'était Sai, alors inconnu de lui sous cette forme humaine qui "entendit" et immédiatement répondit. C'était sa voix qui vint soudain guider les secours.

Quand la femme indienne et son mari firent la chute en avant dans leur voiture sur le flanc de la montagne, à l'appel suppliant : "Rama ! Rama !" avant qu'ils ne perdent conscience, c'était Sai, alors inconnu d'eux, qui à l'instant même répondit et les "sortit" de la voiture avant que celle-ci ne devienne un amas de ferraille.

Quand Mme Bhat, soutenue par sa famille, avait prié avec ferveur et avec dévotion sincère le Seigneur Subramaniam pour qu'il guérisse son cancer, c'était Sai, alors inconnu d'eux, qui répondit et la guérit.

En vérité, comme Baba le déclare, qu'importe la forme ou le nom de Dieu que nous adorons et vénérons pourvu que notre amour et notre dévotion soient sincères.

Ce qui est contenu dans ces incidents décrits dans ce chapitre est presque trop étonnant pour être saisi et absorbé du premier coup par la plupart des gens. Cependant la vérité de la déclaration suivante est inéluctable :

"Dans cet aspect humain de Sai, chaque Entité Divine, chaque Principe Divin, c'est-à-dire tous les Noms et toutes les Formes attribuées à Dieu par l'homme, sont manifestés."

12

L'aura ne peut mentir

> "Je veux que l'on vienne voir, entendre, étudier, observer, éprouver et réaliser Baba. Seulement alors pourra-t-on Me comprendre et apprécier l'Avatar."
>
> ...Sri Sathya Sai Baba.

Par quel étrange paradoxe l'union soviétique est-il le pays le plus avancé en parapsychologie, alors que ses dirigeants nient l'existence de Dieu ? "J'ai cherché Dieu dans l'espace mais je ne l'y ai pas vu", a dit le premier cosmonaute soviétique, avec une malice respectueuse de la ligne du Parti.

Mais alors que vit-il ? Comment peut-on contempler les 100 000 millions de soleils de notre petite galaxie de la Voie Lactée sans y voir Dieu ? Comment peut-on examiner la fleur la plus minuscule, l'insecte le plus petit, la vie microscopique miraculeuse dans une goutte d'eau, ou l'univers en miniature dans un atome, sans y voir Dieu ?

Malheureusement, la réponse est oui. Tel est l'aveuglement de l'intellect sur-développé et de la myopie du matérialiste qui attribue toute manifestation quelle qu'elle soit à un mécanisme ou même une cause (avec un petit c) accidentelle. Et l'enfant, dont l'esprit est simple, posera alors une question à laquelle ces personnes ne pourront répondre : "Mais qu'est-ce qui a causé la cause ?"

Ainsi, la hiérarchie soviétique marche sur un terrain dangereux avec son vaste programme sur les nombreux phénomènes qui s'abritent sous le parapluie de la parapsychologie qui inclut la télépathie, le psychisme, le pouvoir de la pensée, la télékinésie et d'autres recherches.

Dans cet exemple, je ne me réfère pas aux dangers inhérents à l'utilisation des pouvoirs occultes dans les ignobles desseins de la guerre, l'espionnage, la destruction, l'asservissement. Je me réfère à d'autres découvertes qui ont été mises en lumière par les recherches et les inventions de scientifiques russes qui, en fin de compte, doivent "mettre en danger" toute l'idéologie fanatique du matérialisme athée.

En particulier, l'extraordinaire invention russe connue sous le nom de la photographie Kirlian. Il s'agit d'un appareil capable de photographier l'aura autour de toute chose vivante. Ceci devrait, en temps voulu, prouver non seulement ce que les occultistes connaissent comme étant le corps éthérique, (c'est-à-dire le corps subtil qui anime le corps physique et que les scientifiques aiment appeler le "champ de radiation de l'énergie bio-magnétique) mais aussi le fait qu'il se sépare du corps quand survient la mort physique.

Naturellement, ceux qui ont un certain don de clairvoyance, n'ont pas besoin de telles preuves. C.W. Leadbeater était un clairvoyant très doué et son livre fascinant : "Les Aides Invisibles" (Theosophical Publishing House, Madras) comprend vingt-six illustrations en couleurs des différents types d'auras, peintes selon son observation personnelle.

Parmi ces illustrations, il y a celles qui dépeignent les émotions diverses telles que : peur, jalousie, colère, dépression, amour, affection, altruisme, spiritualité, etc. et cela va de celle de l'homme primitif à celle de l'adepte ou du maître. Cette dernière, admet-il, est si étendue et si belle qu'aucun artiste ne peut espérer la reproduire parfaitement.

Naturellement, chez les gens doués, les capacités de perception varient énormément. Quelques-uns voient seulement l'aura de la santé, d'autres celle des corps émotionnels ou mentaux, alors que d'autres perçoivent les qualités spirituelles et l'état d'une personne à un certain moment. Une femme clairvoyante observa récemment alors que je lui parlais de Baba que mon aura toute entière devenait mauve – une couleur associée à la spiritualité, ce qui prouve que seulement le fait de parler de Baba à l'effet de vous élever "au-dessus de vous-même".

Le Dr Frank G. Baranowski, de l'Université d'Arizona, a pu voir les auras dès son enfance. C'est certainement pour cela qu'il est devenu un scientifique éminent de la photographie de Kirlian. Il reconnaît avoir donné plus de 9 000 conférences dans toutes les parties du monde sur les résultats de son exploration dans les moindres recoins de l'esprit et du corps de l'homme. Et spécialement sur l'aura ou champ de radiation bio-magnétique qui révèle, quand elle est photographiée et interprétée, les traits de caractère liés aux émotions et les impulsions prédominantes de l'esprit ; autrement dit, le développement du caractère et de la spiritualité. Il a fait des recherches approfondies sur ce sujet et sur l'hypnose dans le domaine clinique.

Pour approfondir ses recherches, le Dr Baranowski voyagea à travers l'Inde. Agissant en scientifique, il photographia plus de cent sages. Il ne trouva rien d'exceptionnel car, bien que certaines auras soient plus grandes que d'autres, il y avait toujours un élément égocentrique concernant leurs propres organisations ou "ashrams". Dans l'ensemble, il ne fut pas très impressionné.

En juillet 1978, le Dr Baranowski arriva à l'"ashram" de Sathya Sai Baba... Par hasard, certains de nos amis s'y trouvaient, le rencontrèrent, lui parlèrent – alors que lui semblait sans mots... Car le spécialiste en photographie Kirlian avait été confronté à un phénomène qu'il ne pouvait expliquer mais qui avait fait de lui un homme nouveau. Il se demandait alors comment il allait, à son retour, “expliquer l’inexplicable” à ses collègues scientifiques. Il s’agissait en effet du phénomène de l’amour divin.

Le premier matin, très tôt, quand il vit Baba sortir de sa résidence, Baronowski dit qu’il *brillait.* Il écrivit : “la couleur rose, rarement vue, symbolise l’amour désintéressé. C’était la couleur dont Sai Baba était entouré. L’aura allait au-delà du bâtiment devant lequel il se trouvait ; le champ d’énergie atteignait dix à douze mètres dans toutes les directions”.

“N’ayant jamais vu auparavant une aura comme celle-ci, ma première réaction fut de regarder si des lumières fluorescentes ne l’éclairaient pas mais, comme je l’observais, la belle forme d’énergie rose bougeait en même temps que lui. En extase devant cette vision remarquable, j’entendis à peine les chants dévotionnels autour de moi et Sai Baba disparut sans que je m’en aperçoive.”

Le trente juillet, le Dr Baranowski fit une conférence aux étudiants du collège Sri Sathya Sai Baba à Brindavan sur “Le phénomène de l’Homme”, illustrant sa conférence de projections représentant l’aura humaine en couleurs. Ce même soir, il parla encore à six cent soixante-cinq professeurs d’un cours d’orientation professionnelle. Et voici ce qu’il leur dit :

“Je suis très heureux d’être là, ce soir, pour vous parler du phénomène de l’homme. Nous comprenons l’homme un peu mieux chaque jour et à propos de son aspect le plus important – ce simple mot : AMOUR. Je suis sûr que vous avez entendu parler il y a quelques années d’un appareil perfectionné pour la photographie Kirlian, qui saisit les images des halos d’énergies entourant le corps humain. Avec cet appareil nous pouvons photographier l’aura de l’homme qui très souvent s’étend au-delà des limites de son corps physique.

“L’aura est produite par l’intérieur d’une personne – l’énergie, l’amour, les émotions. Elle est clairement visible dans ces photos qu’il est maintenant possible de prendre. Depuis 1969, des milliers d’images ont été prises et étudiées au moyen de la photographie du champ de radiation bio-magnétique. Nous pouvons, maintenant, dire si ou quand une personne éprouve de l'amour, provoque de l'amour et propage de l'amour.

"Le halo qui entoure les gens est de couleur définie ; l'énergie est blanche. Quand une personne est remplie d'amour, l'aura autour d'elle est bleue. Et quand l'amour est déclaré, l'aura devient rose. Quand une personne est remplie de haine, le bleu devient rouge. Ce halo peut être perçu aussi par des yeux entraînés par des exercices."

"Des choses étranges arrivent à votre corps quand vous haïssez ou êtes en colère. Donc, l'évidence scientifique nous commande d'aimer. L'amour est ce que vous avez à développer et à partager avec les autres. Nous pouvons, avec nos appareils perfectionnés, photographier maintenant cinq types différents d'auras – physique, psychique, moral, spirituel et intellectuel. Fondamentalement, il y en a cinq, mais l'aura peut changer de couleur selon l'émotion qui l'affecte."

"J'ai rencontré plus de cent sages en Inde. Nombreux sont ceux qui sont empêtrés dans leur ego. Leur aura montre surtout l'intérêt qu'ils se portent à eux-mêmes et à leurs institutions. Aussi, n'ont-elles que trente centimètres de large, peut-être soixante. Je ne suis pas un disciple de Sai Baba. Je suis venu d'Amérique ici en tant que scientifique pour voir cet homme."

"Je l'ai vu, dimanche, debout sur le balcon donnant le "darshan" à ses fidèles qui chantaient. L'aura projetée par Swami n'était pas celle d'un homme ! Le blanc avait plus de deux fois la dimension habituelle ; le bleu était pratiquement sans limite ; et il y avait même des bandes dorées et argentées qui s'élevaient loin au-dessus de la maison jusqu'à l'horizon. Il n'existe aucune explication scientifique à ce phénomène."

"Son aura est si forte que j'en suis affecté quand je me tiens debout près de la chaise où il est assis. Je peux en sentir les effets. Je dois frotter mon bras de temps en temps, comme vous devez le voir. Je suis un scientifique. J'ai fait des milliers de conférences dans toutes les parties du monde, mais pour la première fois, croyez-moi, mes genoux tremblent. L'aura qui émane de Swami montre son amour pour vous. J'ai rencontré de nombreux saints hommes mais aucun d'eux ne s'est rendu aussi disponible à tous comme il le fait. C'est un signe de grandeur."

"Il y a de nombreuses années, il y avait aux Etats-Unis, un philosophe appelé Ralph Waldo Emerson. Un jour on lui demanda : "Qu'est-ce que réussir sa vie ?" Il répliqua :

"Rire souvent et beaucoup, obtenir l'affection des enfants, trouver le meilleur de chacun, endurer la trahison des faux amis, faire du monde un endroit où il fait un peu meilleur à vivre qu'avant quand nous y sommes nés, cultiver un petit bout de jardin, améliorer les conditions sociales, ou aider un enfant à mieux se développer ; savoir qu'une vie respire plus aisément depuis que vous vivez. C'est cela le succès."

"Swami vous a donné la clé du succès avec ces cinq lettres : AMOUR. Si je peux me permettre de dire que j'ai vu l'amour marcher sur deux pieds, cela semble bien justifié."

Le Dr Baranowski regagna sa place et Baba commença son discours. L'homme de sciences s'assit et le regarda stupéfait. A la fin du discours, il demanda la permission de parler à nouveau.

"J'ai regardé Swami pendant qu'il s'adressait à vous" dit-il. "L'aura rose manifestée était si vaste et forte qu'elle dépassait même le mur derrière sa chaise. Elle remplissait le grand hall et vous embrassait tous réunis ici. Je le répète, il n'existe aucune explication scientifique à ce phénomène."

"Je l'ai observé maintenant depuis une semaine, passant parmi vous le matin et le soir. J'ai vu son aura de couleur rose pénétrer la personne à qui il parle ou qu'il touche et revenir à lui. Ceci parce que nous aspirons son énergie. Et son énergie semble inépuisable. Elle se répand partout et peut être aspirée par chacun autour de lui."

"Un homme ordinaire serait vite épuisé de circuler comme il le fait parmi tant de gens. Je l'ai observé alors qu'il s'approchait d'une petite fille dans une chaise roulante et la taquinait. J'ai été étonné de voir l'aura d'amour qui était tout autour de lui."

“J’ai été élevé sans aucune croyance, bien que je sois né chrétien et catholique romain. Le milieu scientifique dans mon pays a des difficultés à accepter un dieu. Ils prétendent que ce n’est pas scientifique. Je risque ma réputation quand je déclare ceci : il y a deux jours, juste en dehors de ce hall, je l’ai regardé dans les yeux. Il y a en eux une lueur rayonnante. Il était clair pour moi que j’avais contemplé la face de la divinité.”

“A mon avis, il est exactement ce qu’il paraît être, ce qu’il veut être, ce qu’il vous dit qu’il est... *amour*. Voilà ce qu’il est. J’ai parlé sur des estrades devant le Président Ford des Etats-Unis, la Reine d’Angleterre Elisabeth II et la Reine Wilheemine de Hollande. Mais je n’oublierai jamais cette expérience-là. Un choc qui vous submerge.”

La conférence du Dr Baranowski fut imprimée plus tard, en septembre 1978 dans “Sanathana Sarathi”, le journal de l’“ashram”. Il dit à nos amis qu’un être humain normal mourrait s’il possédait la même somme d’énergie. Pourtant, Baba vit pratiquement de rien et se donne avec prodigalité jour et nuit, année après année et son rayonnement ne faiblit pas un instant.

Cette splendeur embrasse tout et fait impression aussi bien sur des intellectuels endurcis que sur des scientifiques, des journalistes cyniques, des professeurs – ou encore sur certaines personnes peu enclines à l’émotion. Il est arrivé que des journalistes envoyés pour l’étudier, lui parler ou avec l’espoir de le “démasquer” repartirent et à la consternation de leur éditeur déclarèrent : “C’est Dieu”.

Howard Murphet, dont la recherche spirituelle a pendant des années suivi une voie intellectuelle, essaie de faire, par les mots, ce qui, admet-il, dépasse de loin le langage : la description des adieux à Swami de sa femme et de lui quand ils retournèrent en Australie. Il écrit dans “Sai Baba, l’homme des miracles” :

“C’était comme une mère qui voyait ses enfants partir pour le pensionnat, excepté qu’il apparaissait comme l’essence de toutes les mères jamais connues. Le flot d’affection qui s'écoulait de lui était un fleuve vous emportant dans un océan d'amour. Dans cet océan, le corps physique semblait disparaître, les lourdeurs de l'isolement, de l'anxiété, du tourment et de la peur profonde se dissipaient complètement. Pendant ces moments exaltants, on touchait aux frontières de l'infini et on ressentait sa joie ineffable."

C'est une belle tentative d'exprimer l'inexprimable. J'ai essayé, dans un chapitre précédent, de communiquer ma propre expérience de cet inoubliable, ahurissante, toute pénétrante félicité, bien que les mots soient tout à fait inadéquats. Pour une personne non douée comme moi (cependant assez perceptive et réceptive), l'expérience de se trouver dans la radiance de cette stupéfiante et unique aura d'amour total, que ce soit au cours de nos entrevues privées, ou même à proximité de lui quand il passe, est telle que ni le temps ni la "distance" ne peuvent l'atténuer. En vérité sa présence, ou plutôt son omniprésence, remplit la vie et l'être.

Quelque chose de cette aura se manifeste autour de certaines photographies de lui, comme en ont témoigné d'innombrables personnes dont moi-même. Parfois, tout ce qui l'entoure est inondé de lumière, ou des rayons bleus jaillissent du front dans la photographie, ou une étoile brillante, plus brillante qu'un diamant, apparaît sur le front.

Je trouve extrêmement intéressante l'expérience de Marilyn Rossner, une Canadienne douée d'une grande sensibilité. Marilyn est la femme du Dr John Rossner, un prêtre anglican, également parapsychologue et professeur de religion comparée à l'Université Concordia de Montréal.

Marilyn elle-même est professeur dans la formation d'éducateurs spécialisés qui travaillent avec les enfants handicapés ou attardés au collège Vanier à Montréal. Tous les jours elle présente une émission à la télévision intitulée : "*Au-delà de la raison*", dans laquelle elle exerce ses étonnants dons psychiques qui ont aidé beaucoup de gens à trouver foi en Dieu, dans une société surtout basée sur le rationalisme et le matérialisme. Elle a créé aussi sa propre "Association de Science Spirituelle" (Spiritual Science Fellowship) comprenant plus de cinq cents membres. C'est vraiment une personne remarquable.

Quand elle-même et son mari se rendirent en Inde avec un groupe de professionnels canadiens, elle parla à M. Balu de ses expériences sur l'aura de Swami, qu'il a citées dans son excellent livre : "La Gloire de Puttaparthi" (The Glory of Puttaparthi). (Nous avions aussi rencontré M. et Mme Balu quand nous étions en Inde, comme je l'ai mentionné dans un chapitre précédent.) Il cite Marilyn Rossner comme suit :

"Quand je vis Baba, j'ai remarqué derrière sa tête une aura blanche et or, avec des raies mauves. Il était toute énergie – une raie montrait l'énergie qui l'entoure – une autre, l'énergie universelle et cosmique. Je dirais que Sai Baba était baigné dans un océan d'énergie avec lequel tout son corps fusionnait. Quand il parlait, je voyais des nuances de couleur pastel émanant de lui – nuancées de mauve, de rose et de bleu. Ses paroles : "très heureux de vous voir tous !" étaient si pleines d'amour que je vis les couleurs en forme de cœur.

"Ses mouvements de mains formaient des spirales d'énergie. Les spirales étaient constantes. Soudain se produisit une étincelle (comme une étincelle électrique) et apparut une bague qu'il avait fabriquée !

"Je vis la forme extérieure de Jésus-Christ qui se superposait sur lui... Quand il leva la main pour bénir, je vis Jésus-Christ encore sur sa main. Quand je le vis, ainsi que les visions du Christ sur lui, une voix me dit à l'oreille : "Même si Jésus venait sur terre maintenant, qui croirait en lui ? Personne." Marilyn ajouta : "Sai Baba est un "Avatar" Il est tout amour. Il est toute énergie. Il est divin."

Elle dit aussi combien Baba étonna tout le monde quand il alla vers une femme, membre du groupe et lui demanda : "Comment va votre jambe ? La douleur ?" Personne n'avait fait allusion à l'état de la jambe de cette femme mais Baba savait. Il regarda les enflures – et la femme confirma plus tard que les atroces douleurs de sa jambe avaient complètement disparu.

Le Dr John Rossner vit aussi Baba entouré d'un grand champ d'énergie, si vaste et étendu que la silhouette de Baba paraissait en être une minuscule portion. Cela prouva à ce prêtre, selon ses propres paroles que : "Baba n'est vraiment pas une personne ordinaire." Sa foi en lui est entière, non seulement après avoir entrevu cet immense champ d'énergie, mais aussi à travers de nombreuses expériences avec Baba quand il fut rentré au Canada, y compris des cas de matérialisation de "vibhuti", la cendre sacrée de Baba.

A propos, deux ans avant de rencontrer Baba en Inde, celui-ci apparut à Marilyn dans son salon à Montréal et aussi dans le studio de télévision quand elle était "sur les ondes". Mais il ne faut pas que je dévie du sujet de ce chapitre : l'aura qui émane de Sathya Sai Baba pour ceux qui ont des yeux pour voir. S'il est une chose certaine, c'est que l'aura ne peut pas mentir.

A ceux à qui, comme le cosmonaute russe qui cherchait Dieu dans l'espace, Baba dit : "Pour voir la lune, a-t-on besoin d'une torche ? C'est grâce à la lumière de la lune que l'on voit la lune. De la même façon, si on veut voir Dieu, c'est par l'amour, qui est la lumière de Dieu, que l'on peut le voir... Commencez la journée avec amour, finissez la journée avec amour – ceci est le chemin vers Dieu."

Nous avons l'immense privilège de vivre à un moment de l'histoire où cet Etre – décrit par le Dr Baranowski comme "l'amour marchant sur deux pieds" – est incarné sous la forme humaine. Une forme petite, mince, haute d'un peu plus d'un mètre cinquante, dont l'aura d'amour s'étend au-delà de l'horizon !

13

Le retour à la maison

"Le Seigneur doit venir dans la forme humaine et se mouvoir parmi les hommes, afin qu'Il puisse être écouté, contacté, aimé, révéré et obéi. Il doit parler le langage des hommes et se comporter comme les êtres humains, tel un membre de l'espèce. Autrement, Il serait ou nié et négligé ou craint et évité."

...Sri Sathya Sai Baba.

Ainsi j'en arrive au chapitre final de ma contribution à ce petit livre, contribution dans laquelle je me suis efforcée de donner une brève esquisse d'un pèlerinage très personnel et de son impact.

D'autres, bien plus érudits, ont écrit beaucoup de livres sur le prodige qu'est Bhagavan Sri Sathya Sai Baba et continueront de le faire, car, vraiment, l'Infini ne peut être contenu dans le fini, ni son mystère être connu et encore moins expliqué avec la compréhension de fourmi de l'humanité à son présent stade d'évolution.

Un poisson voit les images de la terre, des arbres, du ciel, des animaux et des humains. Mais aussi haut qu'il puisse sauter hors de l'eau, il ne peut connaître la réalité de la vie au-delà de son propre élément ou de sa vision. On ne peut qu'encourager les lecteurs à étudier les quatre volumes incroyables de la biographie de Baba, écrits par le Professeur Kasturi sous le titre "Sathyam Sivam Sundaran" (Vérité, Bonté, Beauté) et quelques autres dont la liste figure à la fin de ce livre.

Peut-on décrire le soleil à un aveugle ? Non. C'est seulement en sentant la chaleur bénie et bienfaisante de ses rayons qu'il sait qu'il conserve la vie. "Je suis au-delà de l'atteinte de la recherche la plus approfondie et de la mesure la plus méticuleuse" a déclaré Baba et il en est ainsi.

Dieu devient homme afin que l'homme devienne Dieu – en devenant conscient de son origine divine et de la divinité qui demeure en lui. Cette étincelle "qui éclaire tout homme venant au monde" doit devenir une flamme. Et Sathya Sai Baba en est le flambeau. "Vous êtes les vagues. Je suis l'Océan" nous dit-il. Nous ne pouvons que nous émerveiller et accepter ; être reconnaissants d'avoir le privilège d'être sur terre à cette période vitale de son histoire ; et avant tout, apprendre à aimer et à servir.

Je me souviens de quelques lignes que j'avais écrites dans un article, avant de connaître la présence de Baba dans le monde. J'écrivais : pourquoi se fait-il, je me le demande, que la contemplation de la beauté puisse souvent être si pénible ? Pourquoi lorsque l'âme est transportée et qu'elle s'épanouit en un ravissement silencieux, consumée par cette impulsion à étreindre la beauté dans un amour débordant, le cœur souffre-t-il d'une tristesse indéfinissable ?

Entré sur la pointe des pieds, dans un jardin à l'aube d'un matin d'été, êtes-vous déjà resté figé sur place, devant des diamants de la rosée, qui tremblent sur la gaze des fils de la vierge ? Debout, seul, parmi de grands arbres tranquilles, par une nuit étoilée, avez-vous désiré ardemment que votre parenté avec cette fraternité vivante et respirante soit reconnue ? Ou bien, avez-vous essayé de capter pour toujours cet insaisissable moment magique où le soleil couchant transforme un lac de la lande en un miroir brillant et dans ce silence serein se fait entendre soudain le cri plaintif et surnaturel d'un courlis ?

Avez-vous éprouvé de tels moments et des milliers d'autres semblables, *sans* une sensation de tristesse, une douleur lancinante, comme si une telle magie, une telle beauté étaient trop à supporter parce que cela fait mal, comme si une aiguille invisible vous pénétrait l'âme ?

Une des raisons, peut-être, c'est le contraste toujours présent entre ce qui devrait être, ce qui pourrait être et ce qui EST à ce moment où l'humanité en fait l'expérience dans la salle de classe de la Terre, avec ses épreuves et ses combats, l'indolence et la faiblesse de la chair, les désirs opposés entre notre nature supérieure et notre nature inférieure ?

Ils ont de bonnes raisons, ceux qui au-delà de l'orbite de la terre l'appellent "la planète triste", un véritable tourbillon de bien et de mal, d'ignorance profonde et d'efforts élevés, d'appétits matériels et d'aspirations spirituelles, de cruauté horrible et de beaucoup de compassion, de grand égoïsme et du désir de servir. Pour tous, le contraste des polarités est simple à voir et à sentir, tandis que le savoir croissant peut devenir un fardeau intolérable, si une balance et un équilibre ne sont constamment maintenus.

Est-ce à cause de ce savoir que, m'étant incarnée pour une courte période sur cette très belle mais triste planète qui lutte, non seulement pour survivre aux profanations dues à la folie de l'homme, mais pour faire un saut dans le Nouvel Age approchant, je sens cette douleur lancinante (presque de culpabilité comme être humain) en présence de la beauté de la nature non profanée ? Que je suis remplie de respect et de compassion, qui est aussi souffrance, pour les dons du Créateur comme un matin d'été, le parfum d'une rose parfaite, la fraternité des arbres ou une étendue d'eau brillante et claire ?

Ou bien, pourrait-ce être tout cela et quelque chose d'autre aussi ? Cette souffrance dominante dans nos ravissements, n'est-elle pas une nostalgie profonde de notre vraie demeure, celle d'où nous sommes venus dans cette incarnation et dans laquelle nous retournerons un jour ? Je crois que dans de tels moments la mémoire de l'âme retrouve cette fusion, cette unité d'esprit qui n'est pas : faire, parler, voir ou s'activer, mais qui est l'accomplissement de l'ETRE. Et n'est-ce pas aussi une profonde nostalgie vis-à-vis de l'avenir : quand l'amour *règnera*-t-il ?

Ainsi avais-je écrit avec un cœur douloureux. Et voilà que peu de temps après, il m'était fait savoir que le Grand Seigneur était venu sur terre, comme il a été prophétisé avec précision il y a plus de 5 000 ans dans le "Mahabharata" et dans d'autres Ecritures – oui, et dans les Révélations de St Jean – "sous une inconcevable forme humaine." "L'Avatar" Kalki sur le cheval blanc ; et aussi Celui qui arrive sur un cheval blanc vêtu d'une robe rouge sang et qui est appelé le Roi des Rois, le Seigneur des Seigneurs, de la bouche duquel jaillit l'épée (la parole) de Vérité. Combien nombreuses sont les fois où des gens doués de clairvoyance ont eu la vision de ce personnage au-dessus de la tête de Sai Baba !

Les paroles immortelles de Christopher Fry me viennent souvent à la mémoire : "Merci, mon Dieu ; en notre temps actuel où le mal progresse, nous affrontant de partout, ne nous abandonne jamais jusqu'à ce que l'âme ait fait la plus grande avancée. C'est maintenant une affaire d'âme. L'entreprise est : l'exploration de Dieu. Où voulez-vous arriver ? Il faut tant de milliers d'années pour s'éveiller mais par pitié voulez-vous vous réveiller ?"

S'il y a un attribut, au-dessus de tous les autres, qui me parle de la Divinité de Baba : c'est sa PATIENCE sublime. Il est écrit que Jésus regarda la cité et pleura. A ce moment-là, il était dominé par son Humanité, et on ne peut s'empêcher de pleurer avec lui.

Baba subit le monde dans un état de félicité qui ne change jamais, bien qu'il ne se passe rien dont il n'ait conscience. L'adoration de millions d'êtres ne peut ni l'ébranler ni l'affecter, pas plus que les écrits ou les calomnies de l'ignorant qui ne l'a jamais aperçu, ou n'a jamais lu sa doctrine, ou fait l'expérience de LUI.

Son amour embrasse tout. Seul le Divin, sous une forme humaine, peut manifester et être à la fois la Patience Parfaite et le Parfait Amour personnifiés. Et je me souviens toujours des derniers passages d'un poème qu'il chanta au commencement d'une de ses causeries : "Moi, seul, connais l'angoisse de vous apprendre chaque pas de la danse..."

Le Dr Baranowski écrit : "De tous les miracles dont j'ai été témoin en Inde, aucun n'est aussi grand que le miracle de tant d'amour donné par un seul homme à tant de gens." Cet amour instruit, encourage, soutient, pétrit, purifie, transforme, brûle toutes les impuretés et finalement révèle la pépite d'or cachée dans le cœur de chaque être.

De même que mon cœur avait été transpercé par l'appel plaintif et surnaturel du courlis dans la lande au soleil couchant, il fut trois fois transpercé par le grand miracle rayonnant de cet Amour Divin qui m'avait appelée en silence tout au long de ma vie agitée. Comme Baba le dit :

"C'est une partie de la nature humaine qui désire s'élever jusqu'à être en présence du Tout-Puissant, Le voir, être à jamais avec Lui, car, profonde dans le cœur humain, il y a l'impulsion de parvenir à ce lieu d'où il est venu, de retrouver la joie qu'il a perdue, la gloire qui lui manque. L'homme est lui-même divin et c'est une affaire d'appel profond dans le profond de cette partie de lui qui aspire au tout..."

Maintenant, il n'y a plus de souffrance dans la contemplation de la beauté, mais une joie expansive ! *Parce qu'Il est tout* – Vérité, Bonté, Beauté. Il est omniprésent. Sa forme humaine peut être en Inde – bien qu'il puisse apparaître, et il le fait, n'importe où, n'importe quand – mais partout où je regarde, je le vois. Dans le ciel, le soleil, dans la pluie rafraîchissante, dans les arbres, dans les fleurs, dans chaque oiseau et dans chaque créature aussi humble soit-elle. Toujours consciente de ces mots : "Je ne suis absent nulle part", je salue toutes ces manifestations d'un silencieux : "Bonjour Swami" dans mon cœur. On ne peut plus jamais se sentir isolé ou seul.

Il a transformé ma vie. Et, avec le temps, si je le laisse faire, il me transformera – car n'a-t-il pas dit : "Si une personne, du plus profond de son cœur, a pour moi un amour semblable au mien, mon Amour et son amour agissent à l'unisson et il est guéri et transformé." Le courant est toujours là, toujours branché. La lumière que nous pouvons recevoir dépend de la puissance de la lampe. Pareillement, le soleil toujours présent, ne cesse jamais de briller. Ce sont seulement nos nuages locaux qui obscurcissent sa lumière et sa chaleur.

S'efforcer de servir cette Lumière incarnée en Bhagavan Sri Sathya Sai Baba, durant le reste des jours qui nous sont accordés ; de jouer un petit rôle pour répandre la connaissance de cette Lumière ; essayer, en dépit de notre faiblesse et de notre fragilité, de vivre comme il souhaite que nous vivions ; de l'aimer dans tous les êtres, dans tous les règnes de la nature, dans toute la création manifestée, est notre vœu le plus cher. Et, s'il le veut, de revenir le servir dans le siècle à venir, quand il prendra la forme de Prema Sai.

Hors de sa présence physique, de plus en plus il remplit et domine mon être tout entier de son omniprésence. Pour moi, il est la Mère de toutes les Mères dans les bras aimants de qui l'on désire ardemment se blottir. Il est le Père Tout-Puissant en qui l'on croit et à qui l'on obéit aveuglément. Il est l'Ami le plus proche, avec qui l'on peut partager les plus profonds secrets de son cœur car il nous connaît complètement. Il est le Non-Manifesté manifesté – l'Un qui devient le Grand Nombre – aux pieds de qui on ne peut que tomber et à qui l'on voudra s'abandonner en rendant le dernier soupir de ce corps mortel limité, pour venir plus près de lui dans la liberté de la mort.

Les mots d'un très simple poème me vinrent à l'esprit au moment où l'avion nous emportait loin de Bangalore, vers Bombay, au-dessus des montagnes et des vallées, mettant de plus en plus de distance illusoire entre mon corps physique et "l'inconcevable forme humaine" debout, brillante, rougeoyante, sur la terrasse de la véranda, à Brindavan, où nous avions pris congé de lui. Mon état était – je ne puis mieux le décrire – celui d'une agonie de béatitude haletante, éclatante.

Car après soixante-dix ans, j'avais enfin trouvé ma DEMEURE – et Il m'attendait la main grande ouverte...

Comme elle est petite, la Main brun pâle
Qui soutient le monde !
Comme elle est douce la force puissante
Qui arrache l'Humanité à sa propre destruction !
Dans les futurs éons du Temps,
Pendant que mon âme combattante
Monte lentement vers Sai,
Enfouie dans ma conscience
Pour m'aiguillonner, sera la certitude
Que j'ai vu la Face, les Yeux de l'AMOUR,
Qu'une fois – deux fois ! – J'ai tenu et baisé
La brune petite Main de Dieu.

LIVRE DEUXIEME

PAR

RON LAING

"Cette forme humaine de Sai est une forme dans laquelle chaque entité divine, chaque principe divin, c'est-à-dire tous les Noms et toutes les Formes attribués à Dieu par l'homme, sont manifestes."

Sri Sathya Sai Baba
(Conférence mondiale, Bombay, 1918).

Note de l'Auteur

Comme ce livre est une confrontation d'articles publiés dans différents magazines que Sathya Sai Baba nous a demandé de rassembler sous forme de livre, il y a inévitablement des répétitions. J'ai rédigé cette partie du livre en évitant le plus possible de rompre l'équilibre des articles, mais je sais qu'il y a cependant quelques répétitions d'événements et de citations, bien que la manière de voir et le contexte soient différents.

Je demande pour cela l'indulgence du lecteur et j'allègue, en toute humilité, puisque j'écris au sujet des œuvres et des enseignements d'un "Purna Avatar", que n'importe quelle répétition peut bien valoir la peine d'être relue.

1

Le dernier voyage

Je suis né, détesté, il y a soixante-neuf ans. Ma mère m'a rejeté à la naissance. C'était une dépressive chronique et son mariage était très malheureux. J'étais un enfant nerveux et d'une sensibilité excessive. Mon unique frère vit avec ressentiment mon intrusion dans son monde, me dominant pour toujours et s'arrangeant afin que je sois accusé de fautes que je n'avais pas commises. Mes premiers souvenirs sont tous malheureux : Passchendael pendant la première guerre mondiale où cent mille hommes furent massacrés pour une position sans intérêt stratégique ; une peur du noir et des attaques de "croup" (une paralysie convulsive des voies respiratoires) quand la nuit approchait et que j'avais l'angoisse subite de suffoquer ; ma déception quand je m'éveillais avec l'impulsion de courir vers ma mère et de sauter dans son lit, découvrant quand je le faisais, qu'elle se levait invariablement. (Je ne pouvais comprendre cela.) Autre souvenir épouvantable les visites toutes les deux semaines de mon père venant de Londres à notre résidence de campagne, visites qui, généralement, aboutissaient à ces périodes intermittentes de violentes disputes avec ma mère, suivies de périodes de morosité aux émanations de haine et de malveillance silencieuse qui étaient si fortes que je fuyais dans le jardin et grimpais dans un arbre pour m'échapper.

Notre famille était influente, et appartenait à cette haute société dans laquelle travailler était déchoir de sa dignité. Notre vie était toute occupée par la chasse, le tir, la tuerie des renards et des oiseaux sauvages. Déjà, pendant mon jeune âge, je sentais intuitivement l'injustice sociale et l'inutilité de la vie, l'hypocrisie des paroles et l'affectation des manières. Je me sentais un parfait étranger dans un monde étranger. Je ne connaissais encore aucun autre monde et ne pouvais penser qu'il en existât d'autre.

Cependant, aussi dominateur que puisse avoir été cet environnement de mon enfance, il y avait quelque chose en moi qui ne s'est jamais brisé. Je ne me suis vraiment jamais conformé à ce monde et ne suis pas devenu un membre de la famille. Je suis resté un enfant solitaire, introverti et isolé. Quelquefois, je recherchais la compagnie des "serviteurs" dans la maison ; ils étaient douze environ, ils me semblaient plus naturels, plus humains que ma famille ; mais, à cause de cela, j'étais toujours réprimandé.

J'ai fait mes études à Eton et à l'université de Cambridge. Mes parents n'auraient pu faire un choix plus impropre que Eton pour un individualiste embryonnaire et un rebelle envers l'orthodoxie. Nous étions fondus dans un moule et la tradition était si forte qu'il était virtuellement impossible de le faire éclater.

C'est là que j'ai reçu ma première confrontation avec le Christianisme orthodoxe. Aller à la chapelle était obligatoire, une fois par jour pendant la semaine et deux fois le dimanche, ainsi que des "prières" chaque soir dans les "maisons" individuelles. Les dimanches, nous devions aussi faire un devoir sur la théologie. Il n'y avait jamais de jour de congé. Aller à la chapelle devenait une corvée monotone ; nous chantions et priions par routine. Je sentais aussi que les professeurs de théologie eux-mêmes ne croyaient pas en ce qu'ils nous exhortaient à croire. Les prédicateurs en chaire faisaient des figures d'enterrement, parlaient sur un ton monotone mortel, prenaient des airs confits presque comme s'ils étaient conscients d'être eux-mêmes des pécheurs ! Il en était ainsi pour l'enseignement basé sur l'Ancien Testament et son Dieu de colère, plutôt que sur le Nouveau Testament et son Dieu d'amour. Le principe semblait être de forer en nous cette marque austère du Christianisme Judaïque – qu'importe la trop grande sensibilité – par l'usage de la peur et de la culpabilité.

En un mot, partout où il y avait joie et rire, on voyait quelque chose de mal ; partout où il y avait une bonne amitié, on suspectait l'homosexualité ; les maîtres paraissaient toujours être à la recherche du "péché". Si je marquais un but au football, mon impulsion était de sauter de joie, mais si je voyais "un homme dans son faux-col d'ecclésiastique" sur les lignes de côté, j'y renonçais avec une angoisse subite de peur et de sentiment de péché. Quand j'atteignis dix-huit ans, j'assimilais l'Eglise au péché et à la souffrance.

Quand vint mon tour de recevoir la Confirmation, je refusai le rite. Je ne peux prétendre que la pression qui me poussa à porter ce poids du refus était motivée seulement par la conviction religieuse ; je m'entêtai et me butai ; à la fin, on me laissa tranquille. Mais je pense avoir été le seul garçon, sur mille environ, qui refusa.

Mon entrée à Eton coïncida avec la mort de ma mère. Pauvre âme, elle se suicida. La résidence familiale fut vendue, excepté un cottage du personnel que mon père garda pour moi afin d'aller y passer les vacances. Il y installa une gouvernante pour s'occuper de moi. C'était une brave femme qui faisait de son mieux, mais elle était très concernée par les problèmes de classe et je ne pouvais communiquer avec elle. Elle m'appelait "Monsieur" et me traitait en "gentleman" en herbe, au lieu de voir que j'étais un enfant isolé et privé d'amour. Je passais mon temps à lire des romans ou à chercher des échappatoires comme le cinéma du coin si l'on y représentait une histoire d'amour. S'il y avait un film de gangsters, je n'y allais pas. J'allais à la chasse au renard – la tradition était si forte que j'y consentais à contre-cœur, mais sans y trouver plaisir ; je prenais toujours le parti du renard.

Ainsi, un adolescent, dont la nature était fondamentalement pleine d'enthousiasme avec un certain appétit de vivre, passa ses années de formation, de treize à dix-neuf ans, soit en classe, endoctriné par le concept de la Chute de l'Homme et la Conviction que tous les hommes étaient pécheurs, soit seul à la maison et s'échappant à travers la lecture et le cinéma ; mon seul ami était un chien airedale. Mes pauvres parents, je les aime maintenant ! Mes pauvres maîtres d'école, je n'ai pas de rancune envers eux et je leur pardonne. Ils étaient le produit de leur temps. Les choses ont changé depuis lors, mais en ces jours-là, ils personnifiaient la haine de la vie, ils étaient les castrateurs qui ont flétri plus d'existences qu'ils n'en n'ont jamais inspirées.

A Cambridge, je sortis un peu de ma coquille. Je me fis des amis, dont deux très chers. (Hélas, tous deux furent tués à la guerre !) Je travaillais dur, je jouais de même, excepté avec les filles ; j'étais encore trop endoctriné sur les "péchés de la chair" pour approcher les femmes. Cependant, j'étais jeune et viril et je souffrais de beaucoup de frustrations. Ce n'est que des années plus tard que j'ai dépassé enfin mes anciennes croyances – ou plutôt je le crois, car je me demande parfois si cela arrive jamais... J'ai obtenu un diplôme d'Ingénieur en Agriculture et fus à la tête de l'équipe de judo contre Oxford. Je ne me suis jamais approché d'une église ; la seule vue d'une église me mettait les nerfs en boule.

Suivit alors presque un demi-siècle de hauts et de bas, d'échecs et de succès (quoique ceux-ci soient des termes trompeurs), de poursuite de chemins avec de nombreuses erreurs, de souffrance et de croissance à travers cette souffrance mais, je l'espère, avec sincérité, parce que cela était mon seul critère. Pourtant, hélas, je voyageais avec des ailes mutilées et une nature quelque peu déséquilibrée sur le plan émotionnel.

Après avoir quitté Cambridge, je fis le tour du monde, voyageant en Amérique du Nord, en Amérique du Sud, en Nouvelle-Zélande et en Australie, en Chine, au Japon et en Inde. A cette époque, il y avait plusieurs êtres en moi, d'abord l'ancien étudiant d'Eton, mais également un individu grossier, puis, un chercheur ; et (dans les étapes suivantes, après des relations à Buenos Aires quand le barrage de mes inhibitions se rompit et que les vannes s'ouvrirent) il y avait le play-boy qui tantôt jouait au polo en Argentine, ou séjournait chez le Gouverneur-Général d'Australie à Melbourne, et tantôt conduisait la chauffe sur un cargo à travers l'Atlantique, ou (à ma honte) allait chasser à la trappe les animaux à fourrures avec un Indien Peau-Rouge dans les régions sub-arctiques du Canada ; ou bien encore, celui qui séjournait dans un monastère japonais, et ensuite menait grand train dans les boîtes de nuit de Shangaï. Mais j'ai travaillé dur pendant ce voyage – j'ai écrit treize cahiers de mon journal et dois avoir pris mille photographies.

En Inde, j'ai d'abord expérimenté ce que les Occidentaux appellent "la magie de l'Orient" – l'absence de matérialisme, le manque de précipitation et de remue-ménage, presque la perte de la notion du temps. On peut en sentir l'héritage spirituel dans l'atmosphère même ; il calme les nerfs et vous fait toucher votre âme. Ce fut une expérience étrange pour un jeune occidental, habitué à la vitesse, à l'agression, à la compétition.

A Delhi, une inscription sur un monument me fit grande impression. On y lisait ceci :

Dans la pensée, la foi ;
Dans la parole, la sagesse ;
Dans l'action, le courage ;
Dans la vie, le service.
Ainsi puisse l'Inde être grande.

Quand je retournai en Angleterre, j'avais ces mots gravés sur un bracelet avec une plaque en or et le portais à mon poignet pendant un an ou deux jusqu'au jour où il me sembla un peu affecté et où je le mis de côté. Aux mots : "Ainsi puisse l'Inde être grande", je substituais : "Pour augmenter le pouvoir de l'esprit avec sincérité". Il semble étrange qu'un jeune homme ne croyant pas en Dieu adopte cette philosophie embryonnaire. La sincérité, me semblait-il, était tout ce qui importait quel que soit le chemin. C'était un petit commencement.

Après avoir voyagé pendant quinze mois, je retournai en Angleterre. J'étais content de rentrer à la maison. Je croyais avoir vu les sept merveilles du monde. J'avais vu les Montagnes Rocheuses au Canada, les cerisiers en fleurs au Japon, les vieux palais impériaux à Pékin.

Mais, pour moi, j'aimais toujours plus que tout la campagne anglaise avec ses chemins feuillus tortueux, ses chênes, ses champs aux haies toujours vertes et ses élevages prospères, ainsi que ses ravissants vieux villages. J'étais de la génération de Rupert Brooke : "Stands the church clock at ten to three ? And is there honey still for tea ?" (L'horloge de l'église marque-t-elle toujours trois heures moins dix ? Et y a-t-il encore du miel pour le thé ?). Oui, j'étais heureux d'être chez moi sur mon sol natal. Pour moi, l'Angleterre "est toujours l'île qui porte le sceptre de Shakespeare – ce coin béni, cette terre très très aimée."

Naturellement, cela avait été une opportunité merveilleuse et une expérience qui m'avait ouvert l'esprit. J'avais rencontré de nombreuses races et appris quantité de choses au contact de toutes ces cultures différentes. Mais l'homme est à peu près le même partout. Les hommes sont les hommes. Je n'avais pas remarqué de grande différence entre moi, un ancien d'Eton, et l'Indien Peau-Rouge avec qui j'avais dormi dans la neige en Arctique par une température bien au-dessous de zéro, à la lueur d'un feu qui durait toute la nuit. Je me suis souvent demandé, ces années passées, si je n'aurais pas mieux fait de rester chez moi et de commencer à travailler et d'apprendre quelque chose sur les relations humaines et la réalité de la vie ordinaire car, à vingt-trois ans, à bien des égards, j'étais aussi innocent et aussi naïf qu'un enfant de dix ans.

Tôt, à l'âge d'homme, j'ai fait deux mariages désastreux. Aucun des deux n'aurait eu lieu si mon enfance avait été normale. Je peux dire honnêtement qu'en épousant ma première femme je ne croyais pas que l'on puisse mentir, que l'on puisse se marier pour d'autres raisons que par amour, ou que l'on puisse simuler l'affection, simulation que ma sagacité ne discernait pas, tant elle était limitée.

Cela me coûta cher, financièrement. Dans les deux cas, je n'étais pas vraiment coupable, mais je n'étais pas de force égale avec mes épouses sophistiquées et leurs avocats rusés. Pendant cinq ans, il me semble avoir passé la plus grande partie de mon temps à entrer et sortir de chez les avocats. Sans ces deux aventures malheureuses, ma condition financière aujourd'hui, compte tenu de l'inflation et de la prospérité sans précédent des deux sociétés auxquelles j'ai été obligé de vendre mes parts, serait d'une valeur de plusieurs millions de livres sterling. Vivant comme je le fais maintenant, frugalement et dans une petite maison, je n'ai aucun désir de richesse pour moi personnellement, mais, oh ! combien, j'apprécierais cet héritage financier perdu pour des fins charitables !

A l'époque de mon premier divorce, je fus pris de folie, passant, en fait, chaque nuit de la semaine, pendant huit mois, dans les cabarets, à boire jusqu'à une bouteille et demie de whisky par jour. Cela semblait être le seul moyen de purger mon système de toute la haine que j'avais en moi. Lors de mon second divorce, je tombai dans une profonde dépression. Je doute que celui qui n'a pas fait l'expérience d'une profonde dépression puisse imaginer ce que cela peut être. C'est littéralement comme vivre en enfer, dans un monde à la George Orwell où Dieu et la chaleur humaine n'existent pas. Tout sens de la détermination est abandonné. Le désir de vivre vous quitte ; on voudrait pouvoir se coucher tranquillement et mourir comme un éléphant quand son heure est arrivée. C'est une victoire lorsqu'on arrive à sortir de son lit le matin.

Cela dura deux ans. Cependant, je me suis débrouillé pour tenir le coup et en sortir sans recourir à l'alcool ni aux drogues. J'achetai un cottage, le meublai, appris à installer des rideaux, à faire la cuisine, à coudre un bouton, – toutes ces choses que nos "serviteurs", ou mes épouses avaient toujours fait pour moi – et enfin je créai un jardin. J'ai fait cela plusieurs fois dans ma vie et cela s'est toujours avéré très thérapeutique. Un travail créateur est une activité spirituelle. Au bout de ces deux années, j'étais sorti de la dépression et, ce qui est aussi important, j'avais appris à vivre seul. J'éprouvai de la gratitude pour ces souffrances car, à travers elles, j'avais mûri et grandi.

Pendant la guerre, je fus objecteur de conscience. Pour moi, la guerre était une chose qu'on lit dans les livres d'Histoire. Il semblait inconcevable que cela puisse arriver encore dans les temps modernes. Je ne pouvais vraiment pas me représenter une personne civilisée, d'un certain pays, perçant d'un coup de baïonnette le ventre d'une personne tout aussi civilisée, d'un autre pays. Et cela soudain, d'un jour à l'autre, comme si pendant la nuit, leurs instincts étaient devenus sauvages. J'avais connu des Allemands et souvent ils paraissaient plus cultivés et humains que mes compatriotes. Tout simplement, je ne réalisais pas combien léger est notre vernis d'hommes civilisés. Pour moi, le concept de guerre était absolument horrible.

Je fus enrôlé dans l'agriculture et achetai une petite ferme où je vécus et travaillai pendant six ans, en fait totalement isolé. J'étais l'objet de calomnies et d'insultes. Je ne crois pas être un lâche. J'avais fait preuve de courage pendant mon tour du monde – dans l'Arctique ma vie dépendait d'un fusil, d'une hache et d'une boîte d'allumettes sans lesquels je serais mort de faim ou de froid ; et en Chine, j'avais parcouru 1 600 Km en remontant le fleuve Jaune dans une région infestée de bandits.

Un jour, je me suis trouvé confronté à deux soldats chinois qui me poussaient dans le dos avec la pointe de leurs baïonnettes. Dans une soudaine flambée de colère, je me suis retourné et d'un coup de poing à main nue, j'en aplatis un sur le sol. L'autre abasourdi par cet acte accompli par un homme désarmé, prit tout simplement la fuite. Ils auraient pu facilement me tuer.

Mon seul ami pendant la guerre fut un poète âgé, sourd et muet qui vivait dans le voisinage. Nous devînmes correspondants et nous nous écrivîmes mutuellement avec régularité. A travers son amour pour la poésie, il ouvrit une nouvelle dimension dans ma vie et quand il mourut, il me laissa une anthologie qu'il avait composée pour sa femme et qui me fut toujours une source d'inspiration.

Avec une sagesse rétrospective, je réalisai que mon attitude vis-à-vis de la guerre était peu judicieuse. Dans l'état actuel de l'évolution spirituelle de l'homme, quelle que soit la motivation juste, le mal ne peut être vaincu que par le recours aux mêmes moyens c'est-à-dire : le mal. Mais à cette époque, je ne reconnaissais pas l'existence du mal.

Il est amusant de noter que je fis cette découverte lors de mon second divorce. Bien que beaucoup plus désastreux financièrement que le premier, il apparut en fait comme une bénédiction, car il me permit de rencontrer Dieu. Ma femme d'alors eut une crise d'épilepsie. C'était nettement un cas de "possession". Je pris soudain conscience qu'une force maléfique faisait trembler ma main. Ce fut pour moi une réelle révélation – s'il y avait une force que les hommes nomment le mal, alors il devait y avoir une force positive que les hommes nomment Dieu.

Je me mis à la lecture et un jour, non sans une appréhension considérable, je m'aventurai dans une église. C'était la première fois que j'entrais dans une église depuis quinze ans. C'était une église catholique. J'étais stupéfait. Là, au moins, il y avait des éléments de la Joie et de la Vie d'Abondance qu'avait prêchées le Christ. Il y avait aussi des couleurs. Les gens n'étaient pas habillés de noir mais de couleurs gaies. Ils semblaient heureux et détendus et quand la consécration de l'hostie eut lieu, leurs visages étaient fixés sur le maître-autel avec une intensité et une apparente sincérité qui m'étonnèrent.

Pendant environ une année, je lus plusieurs livres sur le Catholicisme Romain. Puis un jour je découvris un livre appelé "The Road to Damascus" (Le Chemin de Damas). C'était une compilation d'exposés d'éminentes personnalités converties au Catholicisme par des voies diverses et qui relataient comment, par leurs différents itinéraires, elles étaient arrivées à la foi. Dans un chapitre, l'un des participants raconte comment il prit la peine d'aller en Palestine et se tint alors au bord de la mer de Galilée où le Christ avait prêché aux multitudes. Soudain il éclata en sanglots et écrivit : "Mon âme se mit à genoux."

Quand je lus ce passage, mon âme également se mit à genoux. Ce fut aussi immédiat et aussi simple que cela. A partir de ce moment, je crus à la Divinité du Christ. Je pleurai et pleurai – et une cascade de larmes coulèrent de moi comme un véritable torrent de remords et d'apitoiement sur mon sort. Il semblait que je versais une larme pour chaque jour de ma vie, y compris la période de gestation dans la matrice de ma mère. Mais après cela, je connus une paix encore jamais éprouvée. "Venez à moi, vous tous qui peinez... et je vous donnerai le repos." C'était vrai !

Dans un débordement d'inspiration et d'éveil spirituel, je rejoignis l'Eglise catholique. J'avais eu peu d'"instruction" ; mon prêtre semblait penser que j'étais "prêt". Je choisis l'Eglise Romaine parce qu'elle était à l'origine et me semblait la plus experte, ayant le plus d'autorité.

Pendant un an, je fus très fervent. La discipline rigide était bonne pour moi. La confession était une bonne psychologie, mais je ne croyais pas que les prêtres avaient le pouvoir de pardonner les péchés. Un changement profond s'opéra en moi et je serai toujours reconnaissant à l'Eglise Catholique pour cela. J'ai même envisagé de faire des études pour être prêtre. J'ai séjourné dans un monastère bénédictin. Les moines étaient visiblement sincères. Beaucoup d'entre eux étaient très sympathiques, avec le sens de l'humour. Je fus surpris de leur connaissance du monde – j'avais toujours pensé que les moines étaient des hommes éloignés de tout.

A la fin, je renonçai à la prêtrise. Je sentais que ma place était dans le monde. J'avais rejoint l'Eglise dans une excitation passionnée, mais maintenant j'étais perplexe devant certains dogmes ; je doutais de pouvoir m'y conformer. En vérité, tout ce à quoi je croyais était la Divinité du Christ.

C'est à cette époque que j'ai rencontré ma troisième femme – une âme loyale, vaillante, et équilibrée qui a été mon roc et mon salut pendant ces trente dernières années.

Je retournai à la terre – je suis du signe de la Vierge et donc un amoureux de la terre. J'achetai une ferme en ruines, en haut des collines de Chilterns dans le Buckinghamshire, et en fit quelque chose de moderne et d'efficace. Je me consacrai cœur et âme à ce travail avec une grande sincérité d'intention. Je travaillai sept jours par semaine et souvent cent heures par semaine. Je n'ai jamais pris de vacances. Parti de zéro, en dix ans, j'ai créé en Grande-Bretagne la plus haute productivité des vaches de Jersey pure race. J'ai doublé la fertilité de la terre et triplé la production habituelle de lait. J'ai été très heureux pendant dix ans avec ma nouvelle épouse, et tout près de la nature.

Mais à la fin de ce court espace de temps, bien que j'aime toujours cette vie et connaisse chaque pierre des trente-deux hectares de mes terres, j'ai éprouvé une sorte d'élan dans mon âme, comme une fièvre spirituelle. J'étais devenu catholique non pratiquant ; le Catholicisme semblait ne pas convenir aux besoins d'un fermier-laitier – un credo élevé pour moines et prêtres célibataires. Les faits demeuraient ; je ne connaissais toujours pas les réponses aux questions primordiales : Qui Suis-je ? Pourquoi suis-je ici sur cette planète ? Où vais-je ?

J'ai aussi été influencé dans mon rejet du Catholicisme par l'expérience d'un ami, un éminent écrivain catholique romain qui avait été invité par le Pape Pie XII à écrire pour les écoles une Histoire de l'Eglise Catholique Romaine. En temps voulu, il se plongea dans sa recherche. Il eut accès à la bibliothèque privée du Vatican. Au bout de six mois, il retourna à Londres : un homme profondément désillusionné. Il semblait n'avoir eu aucune idée du nombre de chicaneries qui s'étaient passées au cours des siècles, relatées par les anciens manuscrits, afin de faire coïncider les textes avec les structures de la théologie créées par les hommes ; il en est toujours ainsi dans les religions organisées. Il mourut peu de temps après et ce fut mieux pour lui, car il aurait été une âme perdue sans son Catholicisme bien-aimé.

L'agitation intérieure grandissait. Après beaucoup de temporisations, je décidai de vendre la ferme. C'était un grand saut dans l'inconnu – je n'avais aucune idée de ce que serait l'avenir. C'était aussi un terrible arrachement et un sacrifice. Bien des fois, j'ai changé de décision. Mais comme toujours, le sacrifice s'avéra être une bénédiction. J'ai jeté en l'air dix sous pour en ramasser vingt.

J'ai acheté un cottage dans le voisinage et me suis mis au travail pour écrire une autobiographie, non pour la publier, mais pour des raisons thérapeutiques. Je pensais avoir vécu trop intensément et mon âme avait besoin de temps pour se rattraper. C'était un exercice de prise de conscience de soi et d'honnêteté envers soi.

Cela prit trois ans et un demi-million de mots. Je travaillais laborieusement six à sept heures par jour, six jours par semaine. C'était souvent pénible et quelquefois déprimant. Il y avait des jours où les mots affluaient, mais je passais aussi de nombreuses heures en profond sondage de l'âme avant de pouvoir écrire une simple phrase, fouillant en moi-même pour trouver la vérité objective. J'étais aussi impitoyable avec moi-même que possible. A mi-chemin, je consultai un psychiatre. Après la seconde séance, il me renvoya en disant : "Vous en faites plus pour vous-même que je ne pourrais jamais faire ; si seulement tout le monde faisait cela !"

Cc fut unc gigantesque opération de déblayage. Mon but était de m'identifier le plus possible à Dieu plutôt que d'être un enfant conditionné. Tout au long de cette écriture, il me semblait me dépouiller, couche après couche, de ma personnalité, (par manque profond de confiance en moi) et d'une duperie inconsciente de moi-même, jusqu'à ce que je trouve une solidarité avec mon être réel. Au fur et à mesure que les peaux se détachaient, je voulais recommencer, car je constatais que ce que j'avais écrit au début n'était pas vrai du tout !

J'ai discerné les aspects de la fausse et de la vraie culpabilité, et il y a beaucoup de fausse culpabilité ou de culpabilité latente chez un homme qui a été un enfant mal aimé. Jusqu'à quel point ai-je réussi ? Ce n'est pas à moi d'en juger. Je sais seulement que dès lors mon développement spirituel s'accrut rapidement. A la fin, je me sentis libéré – l'ardoise était essuyée, propre. J'étais libre de grandir, de croire ce que je croyais plutôt que de croire ce que je croyais croire. J'étais un individu enfin, sans avoir besoin d'une Eglise ou d'un "guru". Le premier pas fut de devenir végétarien, et ma santé s'améliora grâce à cela.

A ce moment-là, ma femme et moi allâmes nous installer dans le Sussex pour permettre à notre fils (né dans des conditions idéales à la ferme quand ma femme avait quarante-huit ans) de suivre l'enseignement de Rudolf Steiner. Il y eut alors un grand tournant dans notre vie. Devint membre de la maison, une gouvernante chez laquelle se développa des dons psychiques étonnants et, pendant six ans, nous eûmes notre propre cercle privé.

Ce fut une époque merveilleuse et heureuse. Nous faisions l'expérience de phénomènes psychiques presque chaque jour. Il arrivait souvent que soudain nous trouvions une jonquille sur nos genoux, ou un bouquet de perce-neige descendant du plafond et tombant dans nos assiettes de petit déjeuner. Nous communiquions tous les jours en esprit avec nos amis et membres de la famille, et nous nous fîmes beaucoup de nouveaux amis. Mon vieux poète sourd et muet se manifesta, il était rempli de joie de pouvoir me parler de sa voix naturelle. Mes deux chers amis de Cambridge, tués à la guerre, me rappelèrent aussi des frasques que nous avions faites certains jours à l'Université et dont je ne me souvenais pas alors.

Nous fûmes mis en rapport avec nos guides et on nous donna des détails sur nos incarnations précédentes. Nous pûmes comprendre comment “une âme en attente” peut s'incarner. Dans une vie, j'avais été gladiateur à Rome au temps de Néron ; je m'étais retiré non vaincu et il m'avait été donné la responsabilité des “Taureaux Sacrés” (probablement en rapport avec l'ancienne religion mithriaque de Rome). Mon attachement pour les vaches et surtout pour les taureaux, quand j'étais fermier, n'a donc rien d'étonnant, pas plus que mon rôle d'entraîneur de l'équipe de judo à Cambridge.

Notre médium, parfois aidée par nous, fit avec succès un “travail de sauvetage” pour des âmes qui ne pouvaient se détacher de la terre, et avec quelle émotion, entendions-nous ces mêmes êtres exprimer leur joie et leur gratitude en arrivant à leur vraie place dans le monde de l'esprit !

Pour la première fois, j'avais l'évidence concrète d'une après-vie. Il n'était plus nécessaire d'avoir la foi ; on devenait alors “un qui sait” et non plus “un qui croit”. Je perdis toute peur de la mort. Je devins conscient de la joie, réellement, de la béatitude, éprouvée par ceux qui résident dans les hautes sphères de l'esprit. Enfin, la spiritualité devint une chose heureuse ! Les esprits enseignants n'utilisaient guère le mot “péché” ; ils préféraient le mot “erreur”. L'enseignement était toujours d'amour, et encore plus d'amour. Il y avait tellement de chaleur et de compassion chez ceux qui nous parlaient. De l'humour, aussi ! Cela me donna un énorme élan dans le sens de mon bien-être total et dans celui de ma sûreté intérieure ; en vérité, cela transforma ma vie.

Nous étions doublement bénis, à ce moment-là, en ayant le privilège d'entendre les enseignements de ce qui est, d'après mon jugement, le plus bel ensemble d'enregistrements sur bandes magnétiques du monde spirituel : les enregistrements Abu. Le principal correspondant avait été prêtre égyptien, il y a 3 500 ans. Il résidait dans le quatrième plan céleste et, afin de pouvoir nous rejoindre, il devait revêtir ce qu'il appelait son “pardessus astral”.

Il était l'âme la plus douce, la plus compatissante que j'aie jamais entendue. Pendant les séances de demandes et de réponses il répondit sûrement au moins à mille questions et toujours avec une clarté et une lucidité qui nous étonnaient. Il avait le don de nous aider à saisir, même faiblement, avec notre conscience tridimensionnelle, la signification de sujets transcendantaux pour lesquels nos esprits n'étaient pas équipés, comme si notre état de conscience avait momentanément atteint un niveau plus élevé.

Ce fut au cours de cette heureuse période que je m'engageai à plein temps dans l'assistance sociale, d'abord avec les "Samaritains" pour une période de deux ans de formation et ensuite avec mon propre groupe : "The Befrienders" ("Ceux qui traitent en amis").

A cette période, nous avions le privilège béni d'avoir une belle propriété avec une maison de gardien que nous transformâmes en "hôtel" pour nos "clients". De cette façon, nous pouvions les connaître plus intimement et leur donner plus de soins que les Samaritains qui leur rendaient seulement visite.

Durant la première année de notre installation, je créai un jardin, transportant avec un tracteur de grands arbustes et des conifères de six mètres de haut et endiguai un cours d'eau qui traversait le terrain pour faire une pièce d'eau avec des nénuphars, surplombée par deux saules pleureurs. Au lieu d'une vaste place perdue de terrain nu, nous avions, maintenant, un jardin naturel qui semblait être là depuis cent ans. Nos amis en esprit le mentionnaient continuellement, le bénissaient et je suis sûr qu'il avait un effet thérapeutique sur nos "clients". Ils en absorbaient la beauté et s'imbibaient de vibrations spirituelles.

J'acceptais de recevoir la lie de la société, souvent ceux qui avaient été rejetés par les Services Sociaux et même par les Samaritains comme "impossibles à aider". J'ai eu mes échecs, mais le plus souvent je faisais en sorte de réhabiliter ceux qui venaient à nous. Je travaillais littéralement jour et nuit, souvent écoutant avec une profonde attention durant huit à dix heures d'affilée les problèmes d'un d'entre eux et allais me coucher à quatre heures du matin avec un mal de tête fiévreux et un profond épuisement.

Je développai en moi un haut degré de patience et, avec une grande ténacité, j'avais pris la détermination de ne jamais abandonner. J'en vins à penser en périodes de mois et d'années plutôt qu'en jours et en semaines. Deux hommes, l'un mendiant professionnel et l'autre alcoolique invétéré, sont maintenant complètement réhabilités, mais cela prit cinq ans pour chacun d'eux.

J'avais très peu d'expérience en psychiatrie – je me servais simplement des outils du bon sens et de la bonté aimante acharnée et cela marchait souvent pour des cas où les professionnels n'avaient pas réussi. De toujours, j'avais éprouvé de la compassion pour les déprimés et les inadaptés, probablement à cause de mes propres faiblesses et je pense que mes patients le sentaient. Ils mettaient leur âme à nu devant moi, et parfois si odieux que soient leurs crimes, je demeurai cependant leur ami. Cela avait une grande importance pour eux.

J'avais la chance d'avoir vingt hectares de terre, la plus grande partie en forêt, et quand j'étais surmené, épuisé en pensée et en esprit, je me retirais dans les bois et faisais un travail de bûcheron. Les pouvoirs apaisants de la nature venaient à mon secours ; après quelques heures, j'avais récupéré. Et souvent, pendant que j'exécutais ce simple travail manuel, un éclair lumineux sur l'essentiel du problème d'une personne me traversait l'esprit comme si l'air l'avait produit.

Il y avait une jeune femme droguée à l'héroïne depuis quatorze ans et qui était aux mains des psychiatres. En trois mois, elle renonça à l'héroïne et travaille maintenant comme assistante sociale qualifiée. Une autre était incarcérée dans un hôpital psychiatrique et avait eu cinq électrochocs. C'est maintenant une infirmière à domicile, diplômée. Le travail était aussi pour moi une bonne thérapeutique. Pendant dix ans je n'avais jamais eu une pensée pour moi-même ; je me projetais simplement dans le service désintéressé des autres en m'y consacrant totalement et, en "donnant", je "recevais".

Cependant au bout de dix ans, j'avais beaucoup vieilli ; le travail se faisait ressentir. J'avais soixante-cinq ans et à contre-cœur je m'arrêtai. Je me fis la main en écrivant des articles. A ma surprise, bien qu'une partie de mon travail fût refusée (et presque invariablement les passages que je pensais être les meilleurs !), la majorité de mes articles furent publiés. Il était satisfaisant de sentir que je partageais avec les autres une certaine sagesse acquise au cours d'une vie pleine et aventureuse tant dans le domaine spirituel que par d'autres voies. Cela semblait être un point final à l'automne de ma vie. Je n'attendais guère davantage. Mais cela ne devait pas être – il y avait un autre sommet dans la montée.

Après la mort de notre médium, j'ai, en fait, perdu l'intérêt pour le spiritisme. Comme tous les mouvements organisés, cela semblait un peu étroit et limitait plutôt qu'élargir la conscience. C'était une étape de valeur sur le chemin mais ce n'était pas *le* chemin. Le spiritisme fit du bon travail en prouvant l'existence d'une après-vie, en secourant et guérissant et, dans des circonstances exceptionnelles, en donnant un bon et solide enseignement spirituel.

Mais j'avais senti que ceux des esprits qui communiquaient n'étaient pas tellement élevés dans la Hiérarchie ; quelquefois, il semblait que les "guides" en savaient moins que les âmes les plus évoluées sur terre. Il y avait aussi beaucoup de pièges. Je lus un petit livre appelé "Les pièges psychiques" par Shaw Desmond (un spirite mais critique sévère de ce mouvement) qui avait passé la moitié de sa vie à travailler et à étudier avec les médiums les plus connus de son temps. Il arrivait à la conclusion que beaucoup de messages pouvaient être colorés par le subconscient du médium, ou même falsifiés par "des habitants du seuil". Il fallait avoir beaucoup de discernement.

La vérité, c'est que je n'avais plus besoin d'appartenir à aucun mouvement ou à aucune religion. J'étais un enfant de Dieu et un citoyen du monde qui croyait que l'Amour est la loi fondamentale du Cosmos. Dieu était Amour. C'était aussi simple que cela. Et j'étais réconforté à la pensée que certains des hommes les plus intelligents de ce monde, après une vie de recherches intellectuelles et philosophiques, en étaient arrivés à la même conclusion – des hommes comme Einstein, Carl Jung et Bertrand Russel.

A ce moment-là, ma femme me parla de Celui qui est actuellement l'incarnation de l'Amour sur terre – Bhagavan Sri Sathya Sai Baba. Tout d'abord, j'en rejetai la possibilité. Je pensais : encore un "Guru" indien de plus. Puis, un jour, je pris en main le livre du Dr Sandweiss : "Sai Baba, le Saint Homme et le Psychiatre"*. J'en lus précisément dix pages et je sus avec certitude que cet homme était un Etre Divin, transcendant. Je le savais avec une sorte de "vue de l'âme". Je suppose que j'étais "prêt" ou comme Swami le dit, j'avais seulement besoin d'un léger coup de marteau.

Pendant dix-huit mois, je ne lus rien d'autre que des livres sur Sai Baba. Je les annotais, les analysais, prenais des notes nombreuses sur les citations. Chaque jour, je me sentais plus sûr et j'avançais en vénération, en crainte respectueuse et en étonnement. Il n'y avait rien, absolument rien, qu'il fasse ou dise ou enseigne qui ne frappât une corde sensible dans ma poitrine. En fait, s'il m'avait été demandé d'imaginer Dieu sur terre, il aurait été la réplique exacte de Swami !

Ici, se trouvait un homme-Dieu qui était l'incarnation de l'Amour-même, à tous égards. Un homme-Dieu qui plaçait l'Amour avant toute chose, avant toutes les techniques sophistiquées de développement spirituel. Un homme-Dieu dont l'enseignement ne proclame aucune règle, ni dogme, excepté "Sathya" (Vérité), "Dharma" (Action Juste), "Shanti" (Paix) et, bien sûr "Prema" (Amour).

Un homme-Dieu dont le concept de sainteté était plus l'intégrité que la piété et la cagoterie de beaucoup de nos ecclésiastiques occidentaux.

* Paru en France, aux Éditions de l'Or du Temps - Grenoble.

Un homme-Dieu qui était si intensément humain et cependant si manifestement divin ; il était notre mère, notre père et notre meilleur ami.

Un homme-Dieu versé aussi bien dans les matières séculières qu'ésotériques – ami des mendiants et des déprimés, inspirateur et conseiller des ministres du Gouvernement, interprète pour les érudits des Vedas !

Un homme-Dieu qui aimait les animaux, avait eu au moins quatorze chiens et avait honoré ses préférés en les enterrant dans son "ashram".

Un homme-Dieu dont le visage était si doux et si intensément aimable avec en quelque sorte, une qualité de "familiarité" divine ; je ne voulais pas que mon Dieu ressemblât à un saint de vitrail, si impalpable qu'il en serait inaccessible aux simples humains !

Le moment arriva où ma femme et moi avons ressenti qu'il nous fallait partir pour l'Inde. Mon épouse avait écrit une douzaine d'articles qui avaient créé un intérêt considérable pour Baba et j'avais fait de mon mieux en prêtant des livres et en parlant avec les personnes intéressées. Cependant, il nous manquait l'expérience de le voir en personne. Spirituellement, nous désirions ardemment y aller ; pourtant, nous redoutions le voyage, la possibilité du manque de confort et la fatigue une fois là-bas. Nous étions vieux. C'était au milieu de l'hiver. Je m'étais claqué le tendon d'Achille et je n'étais pas allé à l'étranger ou monté dans un avion depuis près de vingt ans.

J'ai la conviction que si l'on est sur le point d'adopter une ligne de conduite juste, des Pouvoirs Sombres freinent notre esprit qui trouve alors toutes sortes de raisons plausibles pour ne pas poursuivre son projet. Les gens nous téléphonaient pour nous mettre en garde contre d'affreuses maladies. Avions-nous fait faire les piqûres ? Avions-nous des moustiquaires ? Nous devions nous méfier des pickpockets. Un vieil ami m'avait même dit que le voyage en avion serait un cauchemar...

Par un sombre matin d'hiver, à la mi-janvier, nous partîmes à quatre heures du matin pour l'aéroport d'Heathrow. C'était le pèlerinage final de l'âme. Nous partions confiants. Nous n'avions même pas fait faire les piqûres. Nous n'avions pas pris de moustiquaire ni emporté un seul médicament.

Notre vol fut aussi calme que dans une limousine : 9 000 Km. Notre jumbo jet était aussi stable qu'un roc et aussi spacieux qu'un hôtel flottant. Et une fois arrivés en Inde, le soleil brillait, les couleurs flamboyaient et nous nous sentîmes plus enjoués qu'en Angleterre. Je ne vis pas un seul moustique. Toutefois nous prîmes la précaution de faire bouillir l'eau.

Le dix-sept janvier 1980, notre groupe se retrouva debout au coin du foyer du Collège à Brindavan, attendant le "darshan" de Swami. Soudain, il y eut un silence et la petite silhouette à la robe rouge arriva flottant sur la surface sablée. Je restai cloué. A mon absolue stupéfaction, il vint droit vers moi et dit : "Aimeriez-vous de la "vibhuti" ? Je demeurai interdit. Il fit deux mouvements circulaires de la main et versa un petit tas de la cendre sacrée dans la paume de ma main droite. Je restai bouche bée et incrédule, avec ma paume tendue. Swami dit : "Mangez-la". Dans la stupéfaction complète, je la mangeai. Nous fûmes alors invités à aller à la résidence.

Je marchai sur l'aire de sable avec plus d'appréhension que je n'en avais jamais eue de toute ma vie. Play-boy et flirteur, jouisseur, dilapidateur de fortune, névrosé et dépressif à une époque, et à mon crédit, vrai chercheur malgré mes lumières mal dirigées, fermier qui a réussi, assistant social convaincu et maintenant écrivain mineur, vrai pèlerin ou pénitent névrosé ? Je ne savais pas et je défie quiconque de savoir son vrai statut spirituel. Les premiers seront les derniers et les derniers seront les premiers. Je boitillais avec ma cheville blessée. Je me sentais vieux, marqué par la vie. J'étais chauve, sans dent, portant des vêtements plutôt vieux.

Quand vint mon tour d'être interviewé, je tombai à ses pieds, brisé. Renonçant à l'étiquette, je l'entourai de mes bras tandis que lui me prenait de la même façon. Je levai les yeux vers lui, la figure baignée de larmes, et rencontrai les siens pendant à peine cinq secondes. Jamais je n'avais vu autant d'amour et de tendresse dans les yeux d'un homme. Je pressai ma joue contre sa poitrine. “Je ne peux pas le croire, Swami”, essayai-je de balbutier à travers mes larmes. Je voulais dire que je n'arrivais pas à réaliser l'incomparable bénédiction pour un vieil homme de soixante-sept ans ayant fait un trajet de 10 000 kilomètres, de se trouver maintenant dans les bras de l'“Avatar”. Cela semblait être le dernier parcours du marathon de l'odyssée d'une âme ; comme si j'avais franchi la dernière ligne et que j'arrivais enfin au but !

Il se tourna vers mon épouse et dit : “Cet homme est bon”. J'ai senti qu'il avait vu l'intérieur de mon âme nue. Il répéta : “Cet homme est bon”. Je préfère avoir entendu ces mots plutôt que d'entendre dire que j'étais un second Léonard de Vinci.

Ainsi le vieux bonhomme de Tunbridge Wells, en Angleterre avait rencontré l'“Avatar” du Nouvel Age du Verseau, le fondateur de la religion du monde nouveau, la Religion Sai de l'Amour, embrassant toutes les grandes croyances du monde. Le fait qu'il ait pu prendre dans son sein et toucher de sa grâce un individu comme moi en dit certainement beaucoup sur l'universalité de son amour.

Ma femme m'a dit que j'avais simplement retiré ma vieille casquette de cricket (destinée à prévenir une insolation) juste à temps et qu'une de mes chaussettes était mise à l'envers !

J'avais enfin trouvé Dieu. J'étais rentré à la maison, dans les bras de la mère que je n'avais jamais eue, mais cette fois la Mère Divine. J'avais accompli mon dernier voyage.

2

Les points culminants du voyage

Dans les deux semaines qui suivirent, mon épouse et moi-même eûmes l'incomparable bonheur d'avoir encore trois entretiens (quatre en tout) avec Sai Baba et en plus beaucoup de petites causettes au "darshan". Notre grand ami, Vemu Mukunda, nous a beaucoup aidés – il organisa virtuellement tout pour nous et, avec son énergie presque surhumaine, nous prit en charge à chaque minute de la journée. Il fut réellement pour nous "un ami, un philosophe et un guide".

Par miracle, Swami était arrivé de Puttaparthi (cent quatre vingt km de Bangalore) pour demeurer à Brindavan (distant de vingt-trois km seulement) le lendemain de notre arrivée ; ainsi pouvions-nous rester à Bangalore dans un hôtel assez confortable et très économique et nous rendre chaque jour à l'"ashram" en taxi. Les bénédictions furent telles que je me suis souvent demandé si Baba n'avait pas tout arrangé pour notre bien-être sachant que nous étions un peu vieux pour faire face à l'austérité de l'"ashram" de Puttaparthi.

Le "Darshan" a lieu sous une structure circulaire de tôle ondulée à travers laquelle pousse un grand banyan et, au centre, se trouve une statue de Krishna jouant de la flûte. Près de mille disciples, assis en lotus sur une étendue de sable, attendent que Swami sorte de sa résidence située à cent mètres environ.

Swami apparait alors. Il marche très lentement et flotte plutôt qu'il ne marche avec une grâce et un rythme que je n'avais jamais vus chez un homme.

Pendant le "Darshan", Swami recueille les lettres des disciples qui ont des parents malades ou des problèmes, exprime un mot d'encouragement ici et accorde là un sourire chaleureux ; parfois Il pénètre du regard une personne comme s'il jaugeait son passé, son présent, et son futur ; ou bien il se peut qu'Il guérisse quelqu'un, là sur place.

Et bien sûr Il matérialise de la "vibhuti". Mais Il n'indique jamais la direction qu'il prendra ou par quelle rangée il passera dans la foule.

On dirait qu'Il travaille sans but défini, sans organisation précise, comme s'il avait tout son temps ; cependant, au bout d'un moment, on s'aperçoit que c'est un homme doué d'une conscience presque sans limite qui travaille de mille façons et qui ne manque jamais de voir le moindre vrai besoin en chacun de ceux qui sont là.

Il n'est pas indispensable d'être au premier rang ou près de lui, encore que certaines personnes ignorantes poussent ou se frayent un chemin pour attirer son attention. Du reste, un jour j'étais debout en dehors de l'assemblée du "darshan", appuyé contre le mur de l'"ashram", au fond, et je me suis trouvé invité à me placer devant pour lui parler.

Le jour qui suivit cette première entrevue, moment d'extase, notre groupe fut reçu en audience privée par Swami qui matérialisa pour nous beaucoup d'objets. Ma femme reçut un médaillon et un beau "japamala". Elle était comme magnétisée. Deux matérialisations pour elle au cours de la même entrevue ! Quand vint mon tour, Swami produisit une bague en argent et, se penchant de sa chaise, il la mit au troisième doigt de ma main gauche. Il la poussa légèrement sur l'articulation médiane comme pour dire : "elle ne glissera pas". Il est certain qu'elle ne quittera pas mon doigt jusqu'à ma crémation ! Je ne vendrais pas cette bague pour un million de livres sterling. C'était exactement ce que je voulais et il la plaça sur le doigt que j'espérais.

Il était si affectueux, si doux, si plein d'humour et si humain ! En réalité, il semblait être plus humain que nous "humains" assis autour de lui. La divinité de Swami et son humanité ne co-existent pas : elles fusionnent – la seule manière de les décrire est de dire qu'il est à la fois humainement divin et divinement humain !

Le jour suivant, nous eûmes un autre entretien privé, juste mon épouse et moi. Cela dura longtemps. Nous posâmes beaucoup de questions. Swami nous accorda son entière attention. Enfin ma femme posa la question qui l'embarrassait et l'intriguait depuis longtemps et sur laquelle, récemment, elle avait écrit un article : Jésus est-il mort sur la Croix ?

La réponse fut parfaitement précise et détaillée : Jésus n'était pas mort sur la Croix. La soi-disant Résurrection avait été un rétablissement après la guérison de ses blessures. Il continua ensuite sa mission en Inde et en Malaisie. Il mourut de mort naturelle et fut enterré à Srinagar, capitale du Kashmir.

Nous ne sommes pas entrés dans les détails de Sa "mort". Je suis convaincu qu'Il a pu avoir une mort clinique sur la Croix mais qu'il fut ranimé dans sa tombe par une étincelle de radiation venue de l'Esprit ce qui pourrait expliquer l'imprégnation, sur le Suaire de Turin, de ses blessures et de son visage. Le Suaire est maintenant reconnu comme authentique par le Vatican et les scientifiques. Mais le détail sur lequel Swami insista, était que Jésus avait été guéri dans son corps physique et n'était donc pas une forme matérialisée.

Ainsi ce qui est au cœur de la foi chrétienne, à savoir la Résurrection et non les paroles immortelles du Nazaréen, n'est qu'un mythe. Je l'avais toujours quelque peu soupçonné. Pour moi, c'était seulement son enseignement qui comptait.

Comme les lecteurs peuvent l'imaginer, mon épouse et moi-même sortîmes stupéfaits de cet entretien. Comment deux personnes quelconques de Tunbridge Wells, en Angleterre, avaient-elles reçu une information d'une telle importance ? Pourquoi avions-nous été si incomparablement bénis, reçus trois fois en audience trois jours de suite quand d'autres qui nous semblaient plus méritants avaient pu rester à l'"ashram " pendant des mois, voire des années sans obtenir un seul entretien privé ? J'ignore la réponse ; tout ce que je sais c'est ce qui s'est produit.

Quelques jours plus tard, Maynard Ferguson à la trompette et Vemu Mukunda à la "vina" donnèrent un concert au foyer des étudiants, créant une heureuse rencontre entre musique orientale et musique occidentale. A la dernière minute, je fus invité à y assister. Malheureusement, mon épouse ne put y être admise, le foyer étant interdit aux femmes. L'auditoire était d'environ mille hommes assis en lotus. Avec une grande courtoisie, on m'offrit une chaise à cause de ma cheville endommagée. Je crois que j'étais le seul Européen dans cet auditoire et je me suis senti très privilégié.

Swami y assista. Il me sourit en entrant dans le grand hall. Le concert fut excellent ; à la finil y eut un tonnerre d'applaudissements. Swami semblait apprécier cette rencontre ; il battait des mains en cadence et matérialisa ensuite une bague pour Maynard qui avait soufflé de tout son cœur pour l'"Avatar". Puis Swami chanta pour nous pendant quelques minutes de sa voix douce et mélodieuse et prononça un discours qui dura une heure, sans aucune note. Il ne se sert jamais de notes.

On peut lire une phrase dans le livre du Dr Sandweiss : "Sai Baba, le Saint Homme et le Psychiatre" à propos de "l'infinie capacité de doute dans l'homme", issue bien sûr de son moi inférieur. Je suis arrivé en Inde avec 99 % de certitude que Sai Baba était un "Avatar" et avec 1 % de doute. Quand j'ai regardé en moi-même pendant le discours de Swami, le 1 % de doute disparut. Aucun imposteur ne pourrait tromper un tel auditoire : les étudiants habillés de costumes nets en coton blanc, impeccablement propres, alertes, intelligents, équilibrés et calmes, très intéressés, fervents, inspirés ; (nos étudiants d'Oxford ou de Cambridge ne feraient par le poids à côté d'eux) et de même les professeurs, docteurs, scientifiques, philosophes, poètes, gens de lettres, tous si profondément absorbés par les paroles de Baba. Aucun "guru" n'aurait pu inspirer un tel respect, une telle vénération, un tel amour à un auditoire d'élite comme celui-là. C'était un Homme-Dieu. Pour moi, ce fut la soirée la plus magique de toute ma vie. Mon 1 % de doute n'est jamais revenu. Ce fut l'époque de ma conversion véritable et, depuis ce jour, Sai Baba a entièrement comblé ma vie.

Il arriva ce soir là une autre chose qui peut paraître magique aussi. J'avais été informé de source sûre que Swami avait fait son discours en "Telugu" ; cependant ses paroles me parvenaient en Anglais ! Autant que je le sache, il n'y avait pas d'interprète : un homme se tenait debout non loin de moi ; il paraissait prendre l'allocution en sténographie, mais il ne la traduisait pas. J'observais le mouvement des lèvres de Swami d'où les mots étaient en train de sortir. J'entends encore la phrase : "Le caractère, le caractère, c'est *cela* qui est important dans l'éducation".

Ai-je été mal informé et parlait-il vraiment en Anglais ? Ou bien Swami avait-il accompli un de ses miracles extraordinaires ? Comme le jour où il parlait en Télegu à un petit groupe reçu en audience privée dans son salon et où on lui fit remarquer qu'un des membres ne parlait pas sa langue natale. Swami le toucha sur la tête de la paume de la main et l'homme immédiatement fut capable de comprendre le Télugu. En un instant, il lui avait transmis la faculté de comprendre une langue étrangère !

Etait-ce la même chose qui m'était arrivée en cette soirée mémorable ? Je n'ai jamais pu éclaircir cela de manière satisfaisante.

Nous ne vîmes pas Swami pendant cinq jours. Il quitta Brindavan pour Bombay, disant qu'il reviendrait avant notre départ. Nous décidâmes de rester à Bangalore. Vemu Mukunda fit en sorte que ces cinq jours soient utilement remplis. Notre emploi du temps fut très chargé.

Il nous fit connaître sa famille – son plus jeune frère nous invita chez lui pour une collation ; son frère aîné, médecin, nous offrit un charmant coffret en noisetier qui serait idéal pour contenir les paquets de "vibhuti". Lors d'une rencontre avec Swami, nous fûmes littéralement chargés d'une soixantaine de paquets de cendre sacrée que nous gardâmes en réserve bien précieusement. Nous rendîmes aussi visite à son vieux père âgé de quatre-vingt-six ans. Il était de la génération de ceux qui regrettaient que l'Inde soit devenue indépendante. Il semblait être resté fidèle au duc de Windsor !

Un soir, le Professeur Kasturi vint à notre hôtel et nous passâmes avec lui deux heures extraordinaires. Il a quatre-vingt-quatre ans, c'est un homme extrêmement sympathique plein de sainteté et d'humour ! Il est encore considéré comme un des meilleurs écrivains humoristiques de l'Inde. En fait, il y a trente-trois ans, quand il commença à devenir adepte de Sai Baba, il était éditeur d'une revue analogue à "Punch" qu'il appela "Judy" ; à cette époque, il écrivait d'une manière acerbe et caricaturale sur Sai Baba.

C'est un des plus anciens disciples de Swami et il vient de finir la rédaction du quatrième gros volume de la biographie de Swami. En 1950, quand il voulut commencer le premier volume, Swami lui dit d'attendre encore six ans car à cette époque un tel récit aurait ressemblé aux Contes de Milles et Une Nuits et n'aurait certainement pas paru crédible.

Il nous raconta des histoires fascinantes quand autrefois il n'y avait qu'une poignée de disciples qui dormaient tous dans la même chambre que Swami et osaient à peine fermer les yeux car Swami semblait ne pas dormir du tout et pouvait dire n'importe quand au milieu de la nuit des choses qu'ils ne voulaient surtout pas manquer. Ainsi, dormaient-ils comme des renards avec un œil ouvert. La visite à notre hôtel de ce saint homme, maintenant fragile et vieux fut pour nous un grand honneur.

Un autre soir, nous fûmes conduits chez le Dr Gokak et passâmes deux heures en conversation très intéressante avec cet éminent écrivain, un érudit diplômé d'Oxford et interprète officiel de Swami. Non seulement c'est un intellectuel, mais c'est aussi un savant et un poète.

Il nous parla très simplement de sa conversion seize ans auparavant, quand il suivait l'enseignement de Sri Aurobindo. Cela commença par un rêve très symbolique où une rose (symbole du cœur) se retirait constamment d'un arrangement floral qu'il faisait sur la tombe de ce sage ; à plusieurs reprises (et comme par entêtement) il la remettait encore ; mais rien ne pouvait faire rester la rose à sa place. Il demanda à un ami, qui connaissait l'interprétation des rêves et dont il respectait le jugement, qu'elle pouvait être la signification possible de ce rêve étrange ; et il lui fut répondu qu'il était devenu trop intellectuel et manquait de cœur et d'amour. Il se demanda alors à lui-même : "comment peut-on apprendre à aimer ? Quel livre puis-je acheter ?" Croyez-moi, en seize ans de service pour Swami, il avait appris !

Son histoire est vraiment celle de la conversion d'un intellectuel qui croyait qu'on ne pouvait aller au-delà de la raison et de la logique. C'était une personne difficile – cela lui prit cinq ans. Des doutes l'assaillaient continuellement et c'est seulement quand Swami lui eut expliqué en sanscrit la signification de son incarnation et de celle de Sri Aurobindo qu'il fut totalement convaincu.

Il nous raconta comment, il y a de nombreuses années, un petit groupe de disciples faisait cercle autour de Swami pendant qu'il "écrivait sur le sable" au bord de la rivière à Puttaparthi. (Cela me rappela le Christ écrivant sur le sable, bien que les circonstances soient entièrement différentes.) Pendant deux minutes rien ne se passa puis Swami dit soudain : "Ah ! maintenant, c'est prêt !" Et il fit sortir du sable une statuette de Krishna en or massif haute de soixante centimètres, très sculptée et très belle. Il ajouta en plaisantant : "Si j'avais matérialisé un Krishna vraiment ressemblant, vous auriez été très déçus !" Le Dr Gokak lui demanda comment il avait fait cela et il lui fut répondu : "par la volonté et l'imagination".

Vue d'ensemble de l'ashram.

Le Mausolée des parents de Sathya Sai Baba à Puttuparthi.

Portail extérieur de l'ashram.

Lieu de naissance de l'avatar Saï dans le village de Puttuparthi.

La Mosquée construite sur les ordres de Swami pour les dévots musulmans.

Le sanctuaire de Dattatreya dans le village de Puttuparthi.

L'arbre aux miracles où dans sa jeunesse l'avatar Sai Baba
réalisa de nombreux miracles.

L'Université de Whitefield près de Bangalore.

Le collège des étudiants.

Le portail principal de l'ashram Puttaparthi.

L'arbre de méditation que Sathya Sai Baba consacra en matérialisant un Pantacle qui fut planté dans ses racines afin d'aider les méditants dans leur pratique.

Gita l'éléphante de Sathya Sai Baba au cours d'une procession.

Le portail des avatars juste devant le temple ou Mandir de l'ashram.

Sathya Sai Baba avec ses étudiants près de Mandir.

Au loin le bâtiment administratif vu des logements des résidents de l'ashram.

Shirdi Saï Baba - Première incarnation de l'avatar Saï.

Université de Whitefield près de Bangalore.

Le Temple principal de l'ashram.

L'intérieur de l'ashram avec au centre la grande colonne de l'unité des religions.

Sathya Saï Baba au cours du darshan prenant les lettres des fidèles.

Une partie du grand auditorium de l'ashram.

Le Mandir illuminé au moment de la fête de Noël.

A une autre occasion, nous passâmes une merveilleuse soirée avec M. et Mme Balu. M. Balu est directeur de la Fédération du Café pour l'Inde ; c'est par ailleurs un artiste de grand talent. Avant le dîner, il nous fit monter dans son atelier et, bien que je ne sois pas critique d'art, il m'a semblé voir des peintures faites par un génie méconnu et d'une grande qualité. Un tableau représentait un cheval blanc au grand galop et montrait une puissance et un mouvement exceptionnels ; un autre représentait symboliquement la fusion de la science et de la spiritualité.

Il nous dit que son talent s'était manifesté seulement depuis qu'il était devenu disciple de Sai Baba. Devant un collage grandeur-nature de Swami si étonnamment vivant, nous eûmes un sursaut et fûmes comme magnétisés pendant au moins dix minutes. L'arrière-plan était plein de symboles. Je lui demandai combien de temps il avait mis pour le réaliser. "Oh ! des mois" dit-il. Au fond, dans un coin à droite, on pouvait voir la silhouette de Sai-Gita, l'éléphante de Swami. Je ne remarquai rien d'étrange à son sujet. M. Balu prit une loupe et dit : "regardez dans l'œil". Je le fis et à mon étonnement, découvris un minuscule portrait de Swami. Sans la loupe, ce n'était rien d'autre qu'un œil d'éléphant. Quelle œuvre !

Nous passâmes une soirée charmante. Le fils de M. Balu nous reconduisit à l'hôtel et nous dit : "Je n'ai jamais vu de personnes âgées rayonnant de tant de joie!" Nous en fûmes ravis. C'était l'état constant de félicité de Baba qui transparaissait déjà !

Jusqu'à mon dernier jour je me souviendrai de ces merveilleuses bougainvillées, dégringolant en cascade tout au long de la clôture et autour du balcon de la maison de M. Balu.

Ainsi nos journées étaient bien remplies pendant que Swami était à Bombay. Vemu nous organisa des rendez-vous avec des éditeurs. Au cours du premier rendez-vous, l'éditeur du "Deccan Herald" me dit : "Vous ressemblez au buste de Gladstone". C'était la dernière chose à laquelle j'aurais pensé, édenté et presque chauve comme je l'étais. Et je lui répondis alors : "C'est étrange que vous disiez cela. Mon arrière grand-père, Samuel Laing, faisait partie du cabinet Gladstone et, en 1860, il fut envoyé en Inde pour organiser les tarifications des chemins de fer". L'éditeur fut très étonné.

Il nous présenta à un journaliste qui nous demanda des détails (toutefois vagues) sur nos carrières, nous fit prendre en photo et nous présenta son compte-rendu. Peggy fut priée d'écrire un article. Le second éditeur, rencontré dirigeait une revue plutôt spirituelle et fut très intéressé par ses articles intitulés : "Deux Mondes".

Il se produisit autant de "petites" choses que de "grandes" pendant ces dix-sept jours, nous nous sentions pris par en charge notre destinée. Par exemple, un jour au "darshan", Swami m'appela pour me demander si nous irions à Bombay avec lui. Il est coutume de s'agenouiller et de toucher ses pieds. Comme j'allais le faire, il s'aperçut que j'avais une cheville malade et donc des difficultés pour me baisser. Il fit un geste comme pour dire : "Oh ! non, je vous en prie !" et m'aida doucement à me remettre sur mes pieds. A ce moment-là, mon épouse prit vite une photo et fut très déçue quand elle s'aperçut qu'il n'y avait plus de pellicule. Le lendemain, un inconnu vint vers moi et me dit : "J'ai pris une photo de vous, hier, quand Swami vous aidait à vous relever. Si vous en voulez une copie je vous l'enverrai chez vous à votre retour".

Une autre fois encore, un inconnu s'approcha de moi et me dit : "Aimeriez-vous le nom et l'adresse d'une Anglaise qui habite Londres et dirige un centre où l'on chante des "bhajans en Anglais" ? Pendant un de nos entretiens, j'avais demandé à Swami : "Les vibrations seraient-elles altérées si les "bhajans" étaient chantés en Anglais ?" Il avait répliqué : "Non, les vibrations viennent du cœur !"

Il y eut aussi un incident très amusant. Nous allâmes changer un traveller's chèque. Le directeur indien était d'humeur paresseuse cet après-midi là. Il nous invita dans son bureau et commença à vouloir nous convertir au Christianisme orthodoxe, tandis que nous, avec notre culture chrétienne, essayions de le convertir à la religion de Sai ! Il ne pouvait pas comprendre comment deux personnes âgées avaient pu faire tout ce trajet depuis l'Angleterre pour voir Sathya Sai Baba. (Il était récemment revenu du Kérala à Bangalore.) Notre discussion a dû durer une heure. Il reconnut qu'il n'avait jamais vu Swami. Vers la fin de la conversation, il joua ce qui semblait être de toute évidence sa carte d'atout et dit : "Cet homme n'a jamais ressuscité de mort comme le Christ ressuscita Lazare." Nous ripostâmes immédiatement en citant les documents relatant les deux occasions connues où Swami ressuscita un mort. Nous avions gagné. Le banquier semblait abasourdi. Il dit : "Il faut que j'aille voir cet homme !"

Mais le point culminant de notre voyage, mis à part nos entretiens avec Swami, fut notre visite à Puttaparthi, le lieu de naissance de Sri Sathya Sai Baba et le siège de l'"ashram" principal : Prasanthi Nilayam. C'est à cent soixante dix-sept kilomètres de Bangalore ; nous parcourûmes cette distance deux fois dans la journée. La chaleur était accablante et la route très cahoteuse ; en réalité, la dernière partie, bien qu'améliorée dernièrement, était juste assez bonne pour les troupeaux. Cela nous fit connaître la campagne indienne et, quand nous arrivâmes, c'était comme la dernière chevauchée d'une longue, longue odyssée vers notre vraie demeure spirituelle. Cela valait bien tout cet inconfort.

En tant qu'ancien fermier, je buvais des yeux tout ce que j'apercevais de ces scènes rurales. De nombreux petits lacs irriguaient les rizières qui, malgré un soleil permanent, ne semblaient pas s'assécher. Des paysans étaient en train de planter dans la terre rouge mais je ne pouvais pas toujours reconnaître ces cultures, excepté celles du riz, du maïs, des cocotiers et de la vigne. Du granit des collines, on avait fait des piliers de clôtures et des treillages pour les vignes.

Nous avons dépassé une centaine de chars à bœufs et pas plus d'une demi-douzaine de voitures pendant ces cent quatre-vingt kilomètres. Des singes couraient allègrement de chaque côté de la route. Des vautours nous survolaient. Nous dépassâmes des troupeaux d'ânes et de chèvres. Les vaches indiennes au dos bossu paissaient somnolentes dans les champs qui n'offraient que des tiges fibreuses de foin sec.

De grands immeubles administratifs, des pylônes électriques modernes contrastaient avec les minuscules cahutes primitives en briques grossièrement plâtrées, aux vieux toits faits de foin et de joncs. Cependant, la couleur était partout dans la voûte bleue du ciel, dans le beau sol rouge, dans les montagnes à l'arrière plan, dans les briques des cahutes des villages, sur les cornes des bœufs (peintes pour les fêtes), dans les bougainvillées toujours en fleurs, dans les "saris" aux couleurs gaies des filles des villages marchant avec tant d'allure et de dignité tout en maintenant des corbeilles en équilibre sur leur tête...

Là, nous pouvions sentir l'esprit de l'Inde rurale, son âme, son caractère et nous tombâmes amoureux d'elle. Pendant cette promenade en voiture et dans un état presque méditatif, je devenais convaincu peu à peu que l'Inde, avec son sol fertile et son soleil permanent, était en puissance une "terre de lait et de miel". Elle se relèverait. Les étudiants sortant des universités de Swami formeraient le levain qui relèverait l'Inde de sa dégradation présente. Une fois encore, cette terre de "Bharat"* redeviendrait le "guru" du monde. Son influence convertirait à Dieu la Russie Soviétique et le monde serait sauvé. Cela semblait être une vision mystique.

Et approchant de Puttaparthi, nous vîmes une très grande Université Sai en cours de construction, d'un côté de la route, et un foyer universitaire de même dimension de l'autre côté. A l'arrière-plan, nous pouvions apercevoir l'"ashram gokulam" (étable), et, au loin, Sai Gita. Nous prîmes une rue, encore très primitive, sur le côté, et là, des bœufs assoupis restaient au beau milieu sans bouger, malgré le klaxon frénétique de notre chauffeur. Pas plus que les habitants qui fourmillaient dans la

* Nom sanscrit de l'Inde (N.D.T.).

rue ils ne montraient d'empressement à s'écarter comme s'ils avaient la priorité sur les véhicules !

Le chauffeur manœuvra lentement et habilement à travers la foule bien il eut été plus rapide de marcher. Soudain, nous dûmes faire halte au bord d'une grande étendue de sable. C'était la rivière Chitravati qui avait été asséchée par la construction de barrages, pour créer des réservoirs d'eau en amont. Il restait seulement un petit lac et je suppose qu'il était alimenté par une source car il y avait à peine un filet d'eau dans le lit de la rivière. Les villageois lavaient leur linge sur la rive, plus loin.

Ici, Swami petit garçon avait joué et nagé dans la rivière. Plus tard, marchant le long des bords ensablés avec ses premiers disciples, il accomplit miracle après miracle. La chaîne de montagnes rouges qui encercle et protège le village apparaissait claire et vivante dans l'air pur et le soleil éclatant.

Nous sortîmes de la voiture et décidâmes de patauger dans le lac. Le sable était presque trop chaud pour nos pieds nus. Un gamin assez laid mais étonnant se tenait là, debout, nous souriant à belles dents et répétant : "Sai Ram, Sai Ram". J'observai les villageois essorant l'eau de leur linge en le fouettant contre de grands blocs de pierre au bord de l'eau. Je n'arrivais pas à comprendre la violence de leurs gestes – on aurait dit qu'ils voulaient faire jaillir la lumière du jour de leurs propres vêtements !

Tout à coup, j'entendis derrière mon dos la voix de Vemu. Je perçus seulement ces mots : "le tamarinier". Il précisa : "Vous avez lu au sujet du tamarinier, n'est-ce pas ?" "Oui, bien sûr, j'ai lu" dis-je. Quand, pour la première fois, je lus les miracles de Swami sur le tamarinier, cela m'avait fait une forte impression.

"Eh bien ! le voilà !" dit-il. Il montra, tout près, un monticule rocailleux d'environ soixante mètres de hauteur. C'était un petit coteau que Swami avait escaladé avec ses copains d'école, lui-même souvent en état de lévitation jusqu'au sommet et se tenant debout dans un halo de lumière. Il y avait un petit drapeau rouge, pas beaucoup plus grand qu'une main pour marquer l'endroit sur la cime. Et, là, le tamarinier, un petit arbre rond et toujours vert.

Je ne me lassais pas de regarder. Je n'arrivais pas à y croire, tout simplement, c'est-à-dire au fait que, seulement quelques jours auparavant, j'étais encore à Trunbridge Wells en Angleterre, dans un hiver froid et sombre. Et aujourd'hui, à 9 000 kilomètres de là, sur le lieu de naissance de l'"Avatar" du Nouvel Age, pataugeant dans la rivière où il avait nagé, debout sur le sable qu'il avait foulé des milliers de fois, et contemplant cet arbre sur lequel il avait matérialisé tous ces fruits d'un simple geste de la main, en récompense pour ses compagnons exténués après la course. Cela semblait totalement incroyable ! Et pourtant, j'étais bien là...

Des larmes commencèrent à couler sur mes joues. Le gamin continuait de me sourire en disant "Sai Ram". Il devait se demander pourquoi un Occidental, grand et fort, était ainsi en train de pleurer devant un arbre... Lentement, je me sentis transporté dans l'histoire 2 000 ans en arrière. La campagne que j'avais traversée, avec ses paysans peinant sous le soleil, la petite rue encombrée de Puttaparthi avec ses bœufs somnolents, leurs attelages lents et inchangés et les vastes pistes de sable le long de la rivière sacrée Chitravati, devinrent pour moi l'ancienne terre de Palestine, le petit village de Nazareth et les rives du lac de Galilée. Durant ces moments d'extase et de transcendance, il m'a semblé que Sathyanarayana Raju de Puttaparthi et Jésus, le Christ de Nazareth, étaient une seule et même personne. Je me sentis au comble de la joie et, en quelque sorte, soulagé.

Vemu avait vu tout cela bien des fois auparavant. Il nous pressa de venir. J'aurais pu rester là toute la journée et également le jour suivant...

Je ne raconterai pas notre visite à l'"ashram", ni le reste de la journée, car mon épouse a décrit tout cela parfaitement dans la première partie de ce livre. J'ai regretté seulement deux choses : découvrir que la maison natale de Swami a été démolie et qu'on y a bâti à la place une chapelle. Et aussi que j'aurais tant voulu chanter, au moins une fois, le AUM, à l'aube avec la foule de 35 000 fidèles. Ce son-là doit sûrement monter jusqu'aux sphères célestes.

En rentrant de Bangalore, nous apprîmes que Swami était revenu de Bombay à Brindavan. Nous avions encore deux jours avant notre départ. Secrètement, nous souhaitions une dernière audience pour lui dire adieu et recevoir sa bénédiction, bien qu'acceptant d'avoir été plus que comblés et bénis bien au-delà de nos mérites.

Le lendemain, nous nous rendîmes au "darshan", deux fois ce même jour, matin et soir, mais il ne se passa rien de spécial. En fait, à un de ces "darshans", je commençai à lui demander si nous pourrions avoir un entretien final pour lui dire adieu mais il ignora cela et passa outre. Il a une façon extraordinaire d'ignorer la requête sans causer la moindre offense ; chacun devant réaliser que chaque geste, chaque acte ont une signification cachée.

Quoi qu'il en soit, le soir de notre dernière journée, nous fûmes invités, dans les quartiers privés, aux "bhajans" chantés par les étudiants. C'était un grand honneur. Je ne peux pas chanter, or Swami dit que si quelqu'un ne peut pas chanter, le mieux pendant les "bhajans" c'est qu'il reste silencieux. C'est ce que je fis et, simplement, je battis des mains en cadence. Mais c'était merveilleux d'entendre les étudiants chanter avec un tel plaisir et une telle ferveur ; si seulement les choristes de nos églises pouvaient chanter comme cela !...

A la fin des "bhajans", comme Swami montait l'escalier en spirale pour aller dans ses appartements privés, une grande vague de compassion m'envahit. Cet homme travaille sept jours et sept nuits par semaine pour le genre humain et, sa qualité d'"avatar" ne lui permet pas d'avoir parmi les simples mortels un seul ami totalement dévoué et, encore moins, un seul être qui puisse le comprendre complètement. Il doit se sentir seul parfois, pensais-je. Mais je suppose que c'est ma condition humaine qui le voit ainsi... Swami dit : "Je suis toujours rempli de félicité".

En voiture, pendant le voyage de retour à Bangalore, Vemu put voir notre déception de n'avoir pas reçu un mot d'adieu. Notre avion devait décoller à midi le lendemain. Soudain, il nous dit : "Swami vous joue un tour. Vous verrez ! Nous nous hâterons demain matin pour le "darshan", et nous aurons le temps d'arriver à l'aéroport pour midi".

Nous fîmes nos bagages ce soir-là et payâmes la note d'hôtel. Avec peu d'espoir dans nos cœurs, nous nous exécutâmes. Nous avions accepté de bonne grâce de ne pas avoir ce dernier entretien, mais nous désirions juste jeter un dernier coup d'œil à Swami donnant son "darshan". Nous nous assîmes sous le banyan, résolus à tout accepter quoi qu'il advienne.

Et alors, le miracle se produisit. Juste avant que Swami ne sorte de sa résidence, Vemu traversa l'esplanade de sable, nous faisant frénétiquement signe de la main à Peggy et à moi d'avancer. Je me dépêchai malgré mon tendon raidi, me dirigeant vers Peggy qui se hâtait de sortir de la section des femmes, vers la voûte de la résidence, devant les étudiants alignés de chaque côté comme une "garde d'honneur spirituelle". Et tout cela sous les regards curieux d'un millier de disciples massés sous le banyan et qui sûrement retenaient leur souffle, que Dieu les bénisse, avec un peu d'envie.

Devant l'entrée privée de Swami, nous hésitâmes. Nous ne pouvions croire que nous devions entrer par la véranda. Mais Vemu se retourna et dit : "Venez, venez, Swami attend !" Prenant alors notre courage à deux mains, nous entrâmes. Et là, debout sur le seuil, retardant le "darshan" pour notre arrivée et n'ignorant certainement pas que nous avions un avion à prendre, se tenait Swami avec un grand sourire !

Je tombai à genoux et pleurai de joie. "Non, non, vous ne devez pas", dit-il. Alors, je me suis ressaisi et me suis levé. Swami matérialisa la "vibhuti", ou cendre sacrée, pour chacun d'entre nous. Quelqu'un s'avança avec une feuille de papier. Je mangeai ma part de "vibhuti", mais Peggy en mangea la moitié et mit le reste dans le papier offert pour la garder. Alors, se tournant vers un cercle de gens choisis et, désignant mon épouse, il dit : "C'est un grand écrivain. Ses écrits viennent du *cœur* !" Peggy va, bien sûr, chérir cette remarque pendant le reste de sa vie et cela sera certainement pour elle une nouvelle source d'énergie.

Finalement, il nous emmena dans sa pièce privée pour nous donner sa bénédiction... Il répondit à une question personnelle qui m'avait inquiétée depuis sept ans et demi. (Il avait certainement lu dans mon passé). Et quand nous lui demandâmes si nous pouvions créer un centre Sai en Angleterre, principalement pour les Anglais, il répondit : "Très heureux, très heureux".

La solution de mon problème personnel était une des raisons qui motivait ma visite en Inde, et de même qu'il avait gardé jusqu'à la onzième heure son "coup de grâce", en complimentant ma femme, de même avait-il gardé pour moi, jusqu'à la dernière minute, la réponse à ma question. Ceci est un trait caractéristique de Swami et de sa façon de travailler.

Nous partîmes en état d'hébétude. Je suppose que nous avions réussi le test final de l'acceptation et qu'alors Swami nous avait donné sa dernière et incomparable bénédiction. Vemu nous conduisit en trombe à l'aéroport. Je pense que sa joie était au moins aussi grande que la nôtre. Il se plaça devant sa voiture et avec un large sourire nous dit : "007 appelle. Mission accomplie".

Le voyage de retour nous fit revenir à des choses plus terre à terre. Il y avait un retard d'avion à l'aéroport de Bombay et nous passâmes une nuit blanche de sept heures à attendre le décollage. Nous arrivâmes chez nous tard dans la nuit du premier février. Il nous semblait passer des hautes sphères du Paradis à un plan astral inférieur. Pendant dix-sept jours, nous avions vécu un conte des mille et une nuits, à la différence près que le conte était réel.

Nous avions rencontré l'"Avatar" du Nouvel Age du Verseau et réellement nous croyions avoir rencontré beaucoup plus encore : l'"Avatar" de tous les "Avatars". Nous portions dans nos cœurs un secret qui, je pense, pourrait ébranler les Eglises chrétiennes jusque dans leurs propres fondations : que Jésus de Nazareth n'était pas mort sur la croix !

3

La Seconde Venue est arrivée

J'avais étudié la vie et les enseignements de Sathya Sai Baba pendant deux ans avant ma visite en Inde et j'en étais arrivé à la ferme conclusion qu'une fois encore "le Verbe s'était fait chair", que le Principe Divin s'était incarné – vraiment, qu'un Avatar était vraiment venu pour sauver le monde de la destruction et pour inaugurer le Nouvel Age. En vérité, je l'ai perçu avec une sorte de vue de l'âme, après avoir pris connaissance simplement de dix pages du premier livre que j'ai lu, et j'ai été de plus en plus imprégné par l'impact de ce premier moment magique.

Et je fus frappé également de constater l'extraordinaire similarité de vie, d'enseignement et de personnalité entre Sai Baba et le Christ, non seulement dans ses fondations mais aussi dans certains détails spécifiques des paroles et des discours de chacun des deux. Il n'en est pas de même si vous étudiez les paroles du Bouddha, de Mahommet, ou d'autres fondateurs de religion dans le monde. Naturellement, il est vrai que toutes les religions du monde, à la base, affirment les mêmes vérités, mais il existe une similitude extraordinaire et absolument unique entre Sai Baba et le Christ.

En 1968, Albert Eckhart écrivait : “la différence entre Sai Baba et Jésus-Christ c'est que le premier est vivant et que ses miracles sont confirmés par des êtres vivants, tandis que les miracles de Jésus-Christ sont seulement relatés dans la Bible. Quoi qu'il en soit leur comportement et leurs actes sont souvent pratiquement les mêmes.

Bien sûr, je me réfère à Jésus-Christ et non à l'homme Jésus de Nazareth, mais à l'Etre très Haut et Céleste, le Christ (du mot grec “Christos” voulant dire l'Oint) qui l'adombra et le guida, probablement à partir de son baptême dans le Jourdain. Certains pensent que le Christ est un Etre Cosmique, créateur non seulement de notre système solaire, mais qu'il pourrait être à l'origine de la fondation du Christianisme Orthodoxe : “le Fils Unique”.

Le Christ a dit par Jésus de Nazareth : “Je suis la Voie, la Vérité et la Vie. Le Père et moi, ne sommes qu'un ; personne ne vient au Père si ce n'est par moi”. Cette étonnante affirmation ne peut qu'être, soit vraiment fondée, soit une pure invention du plus grand mégalomane de son temps. Mais comment les enseignements d'un mégalomane pourraient-ils être conservés ainsi depuis deux mille ans ? Une doctrine trompeuse peut demeurer un certain temps mais non pendant des siècles s'il n'y a en elle une base de vérité. Le poète, William Platt, l'expose ainsi : “Ce qui a la vie vivra sûrement à jamais ; meurt seulement ce qui a toujours été mort”. Il n'en demeure pas moins que les enseignements et la vie du Christ ont, à travers l'Histoire, inspiré les saints et les martyrs qui suivirent sa doctrine et son exemple.

Sai Baba a fait des déclarations encore plus étonnantes : “Mon pouvoir est incommensurable, ma vérité est inexplicable, impénétrable. Je suis au-delà de toute recherche et de toute mesure aussi sophistiquées soient-elles . Il n'y a rien que je ne puisse voir, aucun lieu dont je ne connaisse le chemin, aucun problème que je ne puisse résoudre. Je peux remplir toutes les conditions quelles qu'elles soient. Je suis la totalité – le tout dans le tout.”

Mégalomanie ? Et pourtant, en quarante ans seulement, depuis que sa mission a commencé, cet homme a rassemblé autour de lui en Inde cinquante millions de fidèles et il a créé plus de trois mille centres et six universités. Il est connu du monde entier, malgré l'absence de publicité ; il existe, en fait, des centres dans chaque pays du monde occidental et de l'Extrême-Orient. Il est probablement plus connu en Inde que le pape ne l'est en Europe.

A l'occasion de son cinquantième anniversaire, un Indien le Dr Diwaker, homme d'état et lettré déclara : "Autrefois, Swami était un gamin du village. Aujourd'hui, nous nous rassemblons, venus des quatre coins du monde et que trouvons-nous ? Une ville à Puttaparthi (le siège de l'"ashram", auparavant village touché par la misère) avec des logements pour des milliers de personnes – des philosophes, législateurs, éducateurs, scientifiques, techniciens, l'ignorant aussi bien que le savant, le riche aussi bien que le pauvre, de toutes les religions et de toutes les nations... Si cela ne tient pas du merveilleux et du miracle alors je voudrais bien savoir de quoi il s'agit ?"

"C'est à leurs fruits que vous les reconnaîtrez". Jésus-Christ passa sa vie à aimer son prochain et à guérir les malades. Sathya Sai Baba agit de même. Il travaille inlassablement vingt-quatre heures par jour pour le service de l'humanité ; on dit qu'il ne dort pas et qu'il ne mange pas ce qu'il faudrait, pour garder en vie un homme normal. Il a répandu son amour sur des millions d'êtres humains : il en a guéri des milliers. Ainsi qu'il le dit : "Je suis l'incarnation de l'amour ; l'amour est mon instrument." Et comme le Christ il est *l'amour en action*. Le Christ, par sa crucifixion, fonda une religion qui se répandit sur la moitié du globe. Sai Baba au cours de sa vie, suit bien la même voie en ravivant l'âme de toute religion, qui bien qu'enfouie sous les dogmes et la théologie, n'est essentiellement qu'Amour. Il me semble donc que si l'un dit : "Je suis la Voie, la Vérité et la Vie" et l'autre "Je peux remplir toutes les conditions quelles qu'elles soient". Je suis la totalité – le tout dans le tout", tous deux disent la vérité : à savoir qu'ils sont tous les deux des hommes-Dieu, divins et non pas de simples prophètes ou "gurus", mais cette sorte d'"Etres" qui existèrent sur la terre il y a de cela des millénaires.

L'un et l'autre expliquent le but de la vie sur la terre exactement de la même manière. La signification symbolique de la Croix chrétienne est la destruction du petit "moi" – la barre verticale représentant le "je" ou le petit moi, avec lequel nous sommes nés et la barre horizontale, l'effacement de ce petit moi. L'interprétation de Baba est identique : "Votre naissance s'est accomplie dans le but de détruire votre petit moi sur la Croix de la Compassion". Tous deux proclament la Fraternité des Hommes et l'Universalité du Message. "Allez et enseignez à toutes les nations" dit le Christ. "Ma mission va à tout le genre humain" dit Baba. "Tous les hommes sont de la même lignée, d'origine divine. Tous sont les cellules d'un même Organisme Divin. Par conséquent, voyez en chaque être un frère et banissez toute pensée limitée et nuisible. Il n'y a qu'une seule religion : la religion de l'Amour, une seule caste : celle de l'humanité, un seul langage : celui du cœur".

Leur enseignement à tous deux apparait à la fois exotérique et ésotérique. Le Christ parla aux foules par simples paraboles, pourtant il étonna les docteurs et les prêtres du Temple par l'étendue de sa connaissance et la profondeur de sa perception. Baba aussi enseigne par paraboles aux foules et cependant peut expliquer les mystères les plus hermétiques des "Vedas" aux pandits et "Brahmin" érudits.

Tous deux sont des Hommes du Peuple, intensément humains et pleins d'amour, quoique divins et non de saints hommes cloîtrés. Le Christ est ressenti à la fois comme un ami et comme un homme Divin. Il en est de même avec Baba – quand il aide un fidèle en détresse, ou qu'il emprunte un rasoir à son aide fidèle le Dr Gokak, ou bien quand il fait arrêter sa voiture pour donner de l'argent à un vagabond errant au bord de la route, ou encore quand il accomplit soudain un miracle extraordinaire.

Le Christ s'adressa à un auditoire de milliers de gens certainement, lors du Sermon sur la Montagne et dans d'autres lieux, et il fut acclamé, pratiquement par la cité toute entière à son entrée à Jérusalem. Baba parle à une assistance de dizaines de milliers de personnes (jusqu'un quart de million) lors de certaines fêtes ou quand il donne son "darshan", ou encore lors d'une visite éclair dans une grande ville.

Tous deux commencèrent leur mission dès l'enfance. Le Christ enseignait au temple à l'âge de douze ans. Baba accomplissait des miracles quand il avait huit ans et commença sa mission à l'âge de treize ans.

La seule différence que je verrais c'est le nombre d'exorcismes pratiqués par le Christ. Il est continuellement mentionné qu'"il exorcisait les démons". Baba exorcise aussi, mais pas à un tel point. On raconte qu'un jour il donna des instructions détaillées à un fidèle pour contrer les effets d'un rite de magie noire opéré contre lui ; en donnant même la description exacte du lieu où une chèvre avait été sacrifiée et enterrée après ce rituel noir.

Mais, fondamentalement, leurs buts et la doctrine de leur foi sont les mêmes. Le Christ n'avait pas l'intention d'instituer une religion nouvelle. Il vint pour accomplir la "Loi de l' Un" et proclamer une nouvelle Révélation qui se bâtirait sur l'ancienne, afin d'arrêter des pratiques comme le sacrifice des animaux, afin de mettre un terme à la corruption, de montrer les erreurs contenues dans les Ecritures ; afin de transformer l'ancienne loi "œil pour œil, dent pour dent" en ce précepte qui consiste à aimer son ennemi et à tendre l'autre joue.

Sai Baba ne fonde pas non plus une nouvelle religion. Son en-tête de lettre, par les symboles des cinq Fois les plus importantes : hindouiste, bouddhiste, chrétienne, islamique et zoroastrienne, (les enseignements de Zoroastre). Il arrive souvent qu'il redonne de l'énergie à de vieux sanctuaires et qu'il fasse comprendre aux érudits du Vedanta certaines interpolations, suppressions et fausses interprétations des "Vedas". Comme il le dit : "Je suis venu pour réparer l'ancienne grande route vers Dieu". On pourrait dire qu'il n'y a rien de nouveau sous le soleil spirituel.

La croyance en la Loi du "Karma" et en la Réincarnation leur est commune à tous les deux, bien que presque tous les enseignements du Christ aient été effacés après cinq siècles, au concile de Constantinople en 553. Ils sont cependant intacts dans l'Evangile du Verseau. "Un homme récolte ce qu'il sème", dit le Christ. "Quelles que soient les actions d'un homme, bonnes ou mauvaises, elles le suivent", dit Baba. Et il affirme que nos personnalités et nos relations avec autres sont souvent confuses et faussées par les conséquences morales résultant de nombreuses vies passées, que nous ne sommes pas "tout d'une pièce" en quelque sorte. Il lui arrive de ne pas guérir car il connaît le "karma" passé d'une personne et il peut évaluer le degré de souffrance nécessaire pour son ultime salut. Mais s'il refuse, c'est toujours avec un sourire aimant et une petite tape sur l'épaule.

(A une personne éprouvée il expliqua : "Si je vous guéris maintenant, il vous faudra revenir encore.")

"Le Royaume des Cieux est en vous" dit le Christ. "Nous fabriquons nos mondes nous-mêmes." dit Baba. La doctrine de l'"Atma" (Dieu immanent) demeurant en chaque être humain est presque la première priorité chez Baba. Il le répète encore et encore. "Le meilleur "guru" c'est Dieu en vous", déclare-t-il. "Dieu est dans le cœur de chaque être humain ; tirez de Lui courage et inspiration. C'est le "guru" le plus intéressé à vos progrès." A un fidèle qui lui demandait une fois s'il était Dieu, il répliqua : "Vous êtes Dieu ; la seule différence entre nous est que je sais que je le suis et que vous vous ne le savez pas."

Le Christ défendit le rôle des femmes et voulut élever leur condition de simple objet, en un temps où les hommes doutaient qu'elles aient une âme. Il était souvent entouré par des femmes, pas seulement sa mère mais Marie, Marthe, et Marie-Madeleine à qui il était vraiment très attaché. Sai Baba déclare : "La femme est aussi bien équipée que l'homme pour avancer sur le chemin spirituel". Il élève les femmes dans leur rôle vital de mère comme étant les protectrices des générations futures. ("La mère est le premier "guru" de l'enfant"). Sa première Université a été fondée uniquement pour l'éducation des femmes.

Le Christ prêche la Joie et la Vie Abondante : "Je suis venu afin que vous ayez la vie et qu'elle soit plus abondante". Quelle parodie ironique le pratiquant chrétien moyen n'a-t-il pas fait de ces paroles sublimes ! La joie est l'essence véritable de la personnalité de Sai Baba et de son enseignement. Ecoutons ceux qui le connaissent intimement : Howard Murphet, auteur de deux livres sur Baba écrit : "Nous qui nous débattons entre les peines et les joies passagères, voyons (en Sai Baba) l'incarnation de la joie parfaite". Ou encore le Dr Sandweiss auteur de "Sai Baba, le Saint Homme et le Psychiatre"* : "Il paraît être dans un état de félicité constante. Son visage et son corps sont illuminés par une aura d'énergie que je n'ai jamais observée sur aucun autre être humain". Ou bien Baba lui-même qui dit : "Je suis toujours rempli de félicité. Quoi qu'il puisse arriver, rien ne m'empêchera de sourire".

Mais, naturellement, la pierre angulaire de l'enseignement de ces deux Hommes-Dieu peut se traduire par un seul mot : Amour. Aucun néophyte, non conditionné par la théologie, ne pourrait lire les Evangiles, sans être submergé par l'impression écrasante que le principe souverain contenu dans le message est celui de l'Amour. "Aime Dieu et ton prochain comme toi-même. Sur ces deux commandements reposent la Loi et les Prophètes." Vivre cela est la règle d'or , le critère à appliquer pour toute décision et pour tout jugement. Sai Baba aussi est l'incarnation de l'Amour. C'est l'essence de *tout* son enseignement. "Commencez la journée avec amour, emplissez la journée d'amour, finissez la journée avec amour – c'est la voie la plus rapide et la plus directe pour aller à Dieu. La plupart des chemins font des détours mais la route la plus directe c'est l'Amour. Les autres parcours développent la suffisance, sé-

* Éditions de l'Or du Temps - Grenoble.

parent l'homme de l'homme, séparent l'homme de l'animal. Ils freinent et n'aboutissent pas ; ils amenuisent votre perception du Divin. Mon enseignement est "Prema" (Amour), mon activité est "Prema", mon instrument est "Prema", ma façon de vivre est "Prema". Il n'y a rien de plus précieux à saisir que l'amour".

On trouve la même ressemblance dans les détails des enseignements. "Evitez de tuer, de voler, de commettre l'adultère, d'être avide, de vous adonner à la sensualité, à la colère, à l'impatience, à la haine, à l'égoïsme, à l'orgueil." Ces exhortations ne sont-elles pas un appel aux vertus chrétiennes ? Dans les neuf volumes relatant les discours de Baba, on peut trouver, en fait, chaque précepte du Sermon sur la Montagne. Je donne ici quelques-unes des paroles de chacun d'eux :

Jésus : "Heureux ceux qui ont le cœur pur, car ils verront Dieu."

Swami : "Le cœur pur voit au-delà de l'intelligence ; il devient inspiré."

Jésus : "Connais-toi toi même et en toi-même sois vrai."

Swami : "Sois vrai jusqu'au tréfonds de ta nature."

Jésus : "Ne cherche pas la paille dans l'œil de ton voisin, mais regarde la poutre qui est dans le tien."

Swami : "Au lieu de voir les défauts des autres, cherche ceux qui sont en toi."

Jésus : "Ne juge pas pour ne pas être jugé."

Swami : "Ne juge pas les autres car quand un autre est jugé, tu es toi-même condamné."

Jésus : "Ne jette pas de perles aux pourceaux."

Swami : "Ne discute pas de la dévotion avec ceux qui n'en ont pas ; cela diminuerait la tienne."

Jésus : "Aime tes ennemis."

Swami : "Continue même si tu es haï, car ta nature est d'aimer et de pardonner."

Jésus : "Ce n'est pas celui qui dit : "Seigneur, Seigneur", qui entrera dans le Royaume des Cieux, mais celui qui fait la volonté de mon Père."

Swami : "Le secret de la libération ne réside pas dans les formules mystiques et dans les rosaires mais il consiste à avancer dans l'action."

Jésus : "Voilà que je suis avec vous toujours, jusqu'à la consommation des siècles."

Swami : "Ma grâce est toujours disponible pour ceux qui sont solides dans leur amour et dans leur foi."

Jésus : "Vous connaîtrez la vérité et la vérité vous affranchira."

Là, Swami raconte l'histoire d'un singe qui met la patte dans le petit trou d'un récipient contenant de la nourriture ; il en prend plus que ce dont il a besoin et par conséquent n'arrive plus à sortir sa patte ; il ne peut consentir à lâcher le surplus de son besoin ! Cette parabole a une grande portée et veut montrer combien on se sent libéré après s'être débarrassé du "moi", de l'orgueil, de l'estime de soi, du surplus de ses besoins matériels, en devenant conscient de soi et honnête envers soi-même, en ses motivations – en un mot servir la volonté de Dieu plutôt que la sienne.

Jésus : (exhortant ceux qui remettent au lendemain) : "*Maintenant* est l'heure du salut."

Swami : "La spiritualité ne peut attendre : maintenant est le juste moment."

Jésus : "Lève-toi, ta foi t'a sauvé."

Swami : "Sois ferme dans ta foi et je porterai ton fardeau."

Jésus : "Car le mal que tu leur fais, c'est à moi que tu le fais."

Swami : "Je suis dans le plus petit de vous autant que dans le meilleur. Ne calomnie ni n'injurie personne, car tu me calomnies, moi qui suis en lui."

Jésus : (dans la prière du Seigneur) "Car tu es la puissance et la gloire."

Swami : "Aucun homme ne peut revendiquer l'accomplissement, car tous ne sont que des instruments dans les mains de Dieu."

Jésus : "Venez à moi, vous tous qui êtes fatigués et surchargés et je vous donnerai le repos."

Swami : Livrez-moi le tréfonds de votre esprit, qu'il soit grotesque ou ravagé par des doutes et des déceptions cruels et je ne vous rejetterai pas. Je suis votre Mère."

Tout comme pour son enseignement, il en fut de même pour les personnages et les miracles. Il est clair que le Christ avait une transparence rayonnante, un charisme divin, sans nulle trace d'affectation, d'orgueil ni d'ego, qu'il était motivé seulement par l'Amour et que l'Amour rayonnait littéralement de lui. Le choc de la rencontre avec lui devait exalter l'âme. Autrement, comment un homme pourrait-il aller parler à un groupe de pêcheurs illettrés pendant une heure, leur dire : "Suivez-moi" et que ceux-ci le fassent en abandonnant tout ?

Sai Baba a une influence semblable. A sa vue, les êtres changent. Il arrive que des âmes soient instantanément transformées. Il est vrai aussi que parfois c'est le contraire. Le Dr Bhagavantham, physicien nucléaire en renom, fit des investigations pendant cinq ans avant de devenir son fervent disciple et de le proclamer divin et au-delà des lois de la physique et de la chimie !

Baba explique ainsi cette divergence de réactions vis-à-vis de Lui : "Les vieilles âmes sont un rocher qui est déjà presque fendu ; il leur suffit de recevoir un coup léger. Les âmes jeunes sont comme un bloc de ciment qui a besoin de vingt coups de massue !"

Le Dr Sandweiss fut un exemple du premier cas : après sa première et brève vision de Swami, il écrit : "Que me fut-il communiqué pendant ce bref moment ? Le monde entier. Quelque chose s'était brisé en moi. Une partie de l'amour de Baba et de sa joie pénétra mon âme et je me sentis rire comme un enfant. Un certain orgueil et l'attachement égoïste à mes valeurs et mes croyances furent brusquement réduites en poussière... En cette minute éblouissante, incroyable, je me suis senti, en quelque sorte transformé. J'en suis resté sidéré !"

Le Christ, dit-on, avait une aura qui pouvait s'étendre jusqu'à deux kilomètres et les "sensitifs" qui pénétraient dans ce rayon étaient psychiquement conscients de sa présence et faisaient l'expérience d'un état d'élévation de l'âme. L'aura de Sai Baba a été décrite par le Dr Baranowski, de l'Université d'Arizona, un clairvoyant, expert en photographie Kirlian, comme étant presque sans limites. Le blanc (l'énergie) remplissait la pièce tout entière, le rose (l'intensité, l'amour universel) s'étendaient littéralement jusqu'à l'horizon.

Les yeux du Christ, comme des rayons X, pouvaient voir à l'intérieur des êtres et lire instantanément leur pensée et leur caractère. A la femme qui était près du puits et critiquait la justesse de la pratique religieuse, il suggéra qu'elle regarde d'abord l'essentiel et ensuite qu'elle clarifie ses relations avec les différents hommes de sa vie. Quand on demandait à Baba pourquoi il accordait des entrevues à certains et les refusait à d'autres, il disait : "Je vois dans l'esprit et dans le cœur. Je vois celui qui a un problème urgent et qui a besoin d'un entretien qui l'aidera". En vérité ses pouvoirs sont encore plus étendus et il l'a prouvé car Baba peut voir le passé, le présent et le futur de chacun.

Tous deux ont montré qu'ils sont des Etres indulgents et miséricordieux. Le Christ a pardonné à la femme adultère et lui a accordé une grande compassion et une grande douceur. Swami peut être sévère parfois, mais il est toujours plein de bonté. Il a, ce qu'il appelle son "atelier de réparations", où les disciples doivent réparer leurs erreurs : (la sanction ne dépassant pas l'absence de son attention pendant un certain temps), mais quand, repentis, ils ont retrouvé leur chemin, ils sont de nouveau repris affectueusement dans ses bras. Il est l'essence même de l'indulgence et de la pitié. Le visage austère des prétendus saints hommes n'est pas dans sa nature.

Il semble que le Christ ait aimé les gens simples et la vie simple ; il choisit la plupart de ses disciples parmi des hommes simples. Baba, lui, invective souvent les érudits et les pédants qui veulent discuter et s'attribuer des lauriers, se flattant d'être savants. "Soyez simples et sincères" dit-il à ses disciples. Tous deux ont montré leur rejet des pharisiens. Le Christ les appelait des "sépulcres blanchis". Swami les appelle : "Etudiants secs et poussiéreux, exultant dans leurs subtilités excessives et leurs raisonnements habiles."

Par ailleurs, tous deux ont montré clairement leur amour pour les enfants. Le Christ réprimandait ses disciples : "Laissez venir à moi les petits enfants". Baba partage ce même amour. La fille d'un disciple du Centre Sai de Wellingborough accompagnait un groupe d'enfants à Puttaparthi pendant l'été 1978. Les enfants apportèrent avec eux sept grands sacs de cadeaux pour Swami, contenant toutes sortes de choses, d'un ours en peluche jusqu'à une boîte de céréales ! Baba insista pour inspecter personnellement chaque petit objet, exprimant son enchantement selon le degré d'amour avec lequel il sentait que le cadeau avait été fait. Il leur témoigna beaucoup d'affection et passa des heures entières avec eux alors que d'importants fonctionnaires attendaient d'être reçus par lui.

Durant la première nuit, les enfants étaient trop excités pour dormir : Baba se coucha par terre près d'eux et fit semblant de s'endormir avec eux. L'effet fut immédiat – en peu de temps les enfants tombèrent dans un sommeil bienheureux et Baba se faufila au dehors et retourna dans ses quartiers.

Tous deux sont capables d'entrer dans une colère inspirée, c'est-à-dire une juste indignation, ce qui nous est presque impossible à nous les êtres ordinaires qui sommes exposés à laisser apparaître des éléments de colère personnelle dans nos discours même justifiés. Le Christ chassa les marchands du temple avec un fouet. Voici une anecdote au sujet des rares éclats de "colère" de Baba, racontée par un de mes amis, également disciple, et qui fut témoin d'un de ces événements. Un homme, dont le père très riche était entrain de mourir, vint trouver Baba pour lui demander des conseils financiers. Swami se rendit compte que l'homme n'était préoccupé que par son héritage. Baba se fâcha contre lui avec une fureur et une émotion qui étonnèrent mon ami, parce que le fils ne pensait qu'à l'argent alors que son père malade avait besoin de ses soins et il le congédia sans ménagement. Puis il revint à son naturel aimant, habituel, en quelques secondes. La colère n'était qu'un "jeu" nécessaire. J'imagine que ce fut ainsi avec le Christ quand il chassa les marchands du temple. Tous deux ont ainsi démontré comment "haïr le péché mais jamais le pécheur".

Tous deux révèlent aussi des personnalités d'une profonde humilité alliée à une autorité imposante. Les Evangiles ont souvent parlé du Christ comme de "celui qui parle avec autorité", il s'est agenouillé pour laver les pieds de ses disciples. Swami jouera souvent, plaisantera et se comportera comme un enfant, mais si quelqu'un abuse de cela, en un clin d'œil il retourne à son autorité et à sa nature divine.

Un jour où un disciple lui demandait s'il pouvait solliciter une faveur, Baba lui répondit : "Bien sûr, je suis vôtre, je n'ai aucun droit". Par moment, le Serviteur du genre humain, par moment le Maître du Monde.

Naturellement, tous deux ont été calomniés et persécutés. "La calomnie est le lot des grandes âmes, partout, en tout temps. Ce ne serait pas naturel s'il n'en était pas ainsi", dit Baba qu'il ne connait ni la louange ni le blâme. Jésus fut accusé d'être un buveur et de fréquenter les publicains et les pécheurs. Baba a été critiqué parce qu'il permettait à des pécheurs d'entrer dans l'"ashram" de Puttaparthi. A cela ils répondirent de la même façon : "Je suis venu pour appeler les pécheurs au repentir et non les vertueux". Et Baba répliqua ainsi : "Les pécheurs ont plus besoin de moi que vous autres". Le Christ fut accusé de guérir par le pouvoir de Satan (Belzébuth). De Baba, on dit qu'il faisait de la magie noire. On l'a accusé d'avoir des goûts luxueux pour les vêtements. (Il ne porte que de simples robes de coton.) Il répliqua : "Serais-je davantage un saint si j'étais en haillons ?" Je ne serais pas surpris que le Christ ait été accusé en son temps d'avoir eu des rapports physiques avec Marie-Madeleine, une ancienne prostituée.

La similitude est également remarquable en ce qui concerne les miracles et la démonstration du pouvoir divin. Le Christ guérissait les malades. Baba guérit les malades journellement – il existe des milliers de cas qui ont été examinés. Le Christ ressuscita Lazare quand déjà, dit-on, son corps commençait à se décomposer. Il était donc cliniquement mort. Baba a ressuscité des morts deux fois au moins. Le corps de M. V. Radhakrisna était aussi en état de décomposition.

Tous deux ont matérialisé de la nourriture. Le Christ en donnant à manger aux cinq mille personnes ; Baba, à plusieurs occasions où la nourriture vint à manquer au cours d'une grande célébration. J'ai vu aussi, un film sur Sai Baba matérialisant la "vibhuti", la cendre sacrée, par centaines de kilos qu'il faisait sortir d'une urne vide et renversée, d'une contenance de deux litres pas plus. Le Christ changea l'eau en vin. Baba a changé l'eau en essence et en mazout – ainsi qu'un morceau de granit en une statue de Krishna pour le Dr Rao, un géologue d'une Université de Hyderabad. Il conseilla alors au professeur, stupéfait, de la manger, ce qu'il put faire car elle s'était transformée en sucrerie !

Le Christ pouvait commander aux éléments et calmer les mers ; de même Baba fit apparaître un arc-en-ciel et arrêter une inondation. Le Christ pouvait "léviter" et marcher sur les eaux. Baba "lévitait" à l'âge de huit ans.

En fait, Baba a été au-delà du peu que nous savons des miracles du Christ à travers les pâles récits des Evangiles, sans aucun doute, le centième de ce qui s'est produit réellement. Baba est apparu en sage-femme pour accoucher un bébé ; en chirurgien pour faire une opération difficile ; Il s'est "projeté" dans une famille de disciples où il vécut deux jours alors que son corps physique se trouvait dans un autre lieu.

Cependant, il déclare que ses miracles sont la partie la moins importante de sa mission, simplement des “cartes de visite”. “Je vous donne ce que vous voulez afin que vous puissiez désirer ce que je suis venu vous donner” dit-il. Il n’a pas eu à apprendre comme un “yogi”, et ne déploie aucun acte de volonté. Il déclare que, pour lui, accomplir des miracles est dans la perspective de sa nature divine ; c’est une chose aussi facile pour lui que pour vous et moi de nous asseoir dans un fauteuil.

Mais le fait le plus significatif à propos des miracles de Sai Baba c’est qu’il s’est identifié au Christ. Il a fait un récit détaillé de la vie et des voyages du Christ de l’âge de douze ans jusqu’à trente ans qui comble les lacunes des Evangiles. Noël même est considéré comme une fête dans les “ashrams” Sai et célébré avec une grande ferveur – en fait bien plus qu’en Occident où il a pris un visage trop commercial. Baba a souvent des entretiens avec de petits groupes de Chrétiens et leur montre les excisions et les interpolations dans les Evangiles. Pour ceux qui pourraient se sentir infidèles envers le Christianisme, il a souvent fait apparaître une silhouette du Christ au-dessus de sa tête, s’identifiant ainsi aux deux. Il y a aussi ces récits de personnes qui priant devant une statue du Christ la virent se transformer en une image de Sai Baba.

Le Dr John Hislop raconte qu’un jour où il se promenait avec Baba, celui-ci prit deux petites brindilles d’un arbre, les mit en croix, souffla sur elles trois fois et les transforma en une croix de bois portant le corps de Jésus. Puis, il expliqua que c’était la réplique exacte de Jésus tel qu’il était sur la Croix ! Il y avait un petit trou en haut de la branche verticale et quand la question lui fut posée à ce sujet, Baba répondit que la croix sur laquelle Jésus avait été crucifié était suspendue à un mât et non enfoncée dans la terre. La photographie vue à la loupe montre un visage comme celui de Baba, fort de caractère, mais torturé, plein de sueur, de sang et de la marque de l’agonie. Ses côtes sont décharnées à cause du manque de nourriture. On voit le sang couler de son front et, du coin de sa bouche, une salive noire et épaisse. Ses yeux ont une expression d'agonie impressionnante.

Un jour, quelques personnes regardaient ce crucifix chez le Dr Hislop en Californie, quand, soudain, se leva un grand vent et il y eut un coup de tonnerre dans le ciel qui était pourtant tout à fait clair. Ce "Mystère" fut rapporté dans le journal local le "San Diego Tribune", le jour suivant, confirmant que le ciel était bien tout à fait clair. Cela arriva à cinq heures de l'après-midi, heure à laquelle, disent les exégètes, le Christ "rendit l'âme", tandis qu'un coup de tonnerre, semblable, se produisait et que le voile du Temple se déchirait.

Enfin, le jour de Noël 1972, Baba se reporta aux paroles de Jésus : "Celui qui m'a envoyé viendra à nouveau", il fit alors cette déclaration étonnante indiquant que Jésus faisait allusion à lui, Baba. Bien qu'expurgés de la Bible, Baba déclare que les mots de Jésus furent ceux-ci : "Son nom sera Vérité. Il portera une robe rouge. Il sera petit avec une couronne de cheveux." Sathya signifie vérité. Baba porte une robe rouge ; il est petit avec une couronne de cheveux.

Sathya Sai Baba est-il la Seconde Venue ? Ou, plus incroyable encore, puisqu'il déclare qu'il n'est pas adombré, est-il venu avec sa nature divine intacte, est-il le Grand Etre Céleste connu comme le Christ, incarné cette fois en tant que Lui-même sous la forme humaine ?

J'avais écrit ceci en décembre 1979. Un mois plus tard, en janvier 1980, ma femme et moi prenions l'avion pour l'Inde. Le dix-neuf janvier, nous étions conduits dans le cabinet privé de Swami où nous nous assîmes seuls avec lui. Après avoir clarifié certaines questions sur les objets volants non-identifiés (les OVNI), sur la médiumnité, sur la guérison spirituelle, sur le "karma" négatif de l'homme de par sa cruauté envers le règne animal, et, sur la "résurrection" physique de Jésus, je rassemblai tout le courage que j'avais en moi et, me référant aux paroles de Baba le jour de Noël 1972, je lui dis : "Swami, cette omission dans la Bible signifie-t-elle que c'était *Vous* qui aviez envoyé Jésus de Nazareth s'incarner ?

"Oui", répondit-il.

Mon épouse dit que je sursautai alors mais je n'en ai aucun souvenir. Puis suivit la dernière question que je porte au fond de l'âme :

"Dans ce cas, êtes-vous ce que les Chrétiens occidentaux appellent le Christ Cosmique ?

"Oui", dit-il encore.

Il est impossible de transmettre par des mots le ton et l'assurance paisible avec lesquels il fit face à ces deux questions : doucement, affectueusement avec une conviction totale, avec une sorte d'ineffable simplicité, et – peut-être la chose la plus importante de toutes – avec une absence totale d'orgueil de soi impossible chez un être humain ordinaire. Il me regardait droit dans les yeux, qui étaient tout proches des siens, et dit simplement : "Oui". Je sais seulement qu'il était impossible de ne pas le croire.

Comme le lecteur peut se l'imaginer, mon épouse et moi sortîmes de cet entretien comme assommés. Ainsi, Sathya Sai Baba était Celui que Jésus appelait le Père, le Christ, vraiment le Christ Cosmique, le Logos ! La Deuxième Venue s'était produite, il vivait parmi nous depuis cinquante quatre ans et il est probable que seule une poignée de Chrétiens en avait connaissance !... De prime abord, c'était trop prodigieux pour être compris. Cependant, je suis arrivé à le croire et je rapporte donc avec précision ce qui s'est passé.

4

La Résurrection moderne de Lazare

Il doit y avoir beaucoup de gens qui trouvent difficile de croire aux miracles. L'homme a une capacité presque infinie pour le doute. Tellement enfermés dans notre forme physique et dans cette descente involontaire dans la matière, nous ne pouvons plus croire qu'à ce que nos cinq sens peuvent appréhender. Même certains ecclésiastiques d'aujourd'hui sont devenus si matérialistes qu'ils expliquent les miracles du Christ comme étant "symboliques". Cependant, les miracles au sens qu'on leur donne habituellement ne se produisent tout simplement pas. Ils sont seulement le résultat de lois tant physiques que spirituelles que l'homme n'a pas encore découvertes. Dans les siècles à venir, à mesure que nous remonterons la courbe de l'évolution et retournerons à un état proche de notre état d'origine, les enfants de nos enfants seront étonnés qu'au XXe siècle les chirurgiens guérissaient le corps en en coupant des parties avec un couteau ; ceux-là sembleront aussi barbares alors que pour nous les chasseurs de têtes de Nouvelle Guinée !

Il y a cent ans, le fait que le son et les ondes de lumière puissent pénétrer les murs apparemment solides de nos maisons et se projeter sur nos écrans de télévision, aurait semblé miraculeux. Maintenant, nous savons que c'est juste la mise en application de lois physiques. Il en est ainsi avec la loi spirituelle. Le temps viendra où nous pourrons converser en esprit avec nos amis et parents à l'aide de téléphones psychiques.

Personnellement, depuis un certain nombre d'années, je n'ai aucune difficulté à croire aux miracles – en fait depuis que mon épouse et moi-même fûmes assez bénis pour avoir, dans notre cercle intime, Catherine, douée de talents psychiques remarquables. Pendant six années, des manifestations eurent lieu presque chaque jour. Nous communiquions avec nos amis et parents en esprit. Ces phénomènes physiques nous semblaient alors aussi naturels que la nuit succédant au jour et nos amitiés en esprit, plus chaudes et plus proches que nos amitiés sur le plan terrestre. En fait, la vie sur terre devint une sorte de “maya” ou illusion.

Mais, pour ceux qui n'ont pas cette faculté de “sentir” ou qui n'ont pas eu le privilège d'avoir des expériences personnelles convaincantes, cela doit être difficile à croire. Je voudrais forcer leur attention sur les paroles du Professeur Mac heile Dixon : “Je trouve facile de croire aux miracles. On devrait s'y attendre. Le monde des étoiles dans le temps et dans l'espace, le spectacle de la vie, les processus de croissance et de reproduction, l'instinct des animaux, la fécondité d'invention de la Nature – sont tous absolument incroyables, miracles amoncelés sur miracles...” Je voudrais ajouter mes réflexions personnelles : pensez seulement à la structure d'un flocon de neige ; à la naissance d'un chaton ; à l'acte de tomber “amoureux” quand quelqu'un d'anonyme se transforme comme par magie en quelqu'un de très précieux et de très beau ; ou bien quand un minuscule atome, grossi mille millions de fois, apparaît comme un univers en miniature !... Pour moi, la vie toute entière est un miracle.

Pour beaucoup, ce sera, sans aucun doute, une surprise d'apprendre qu'il existe en Inde un être incarné, Sathya Sai

Baba, un “avatar”, qui a pu ramener de la mort à la vie deux hommes dont l’un d’eux, dans une circonstance analogue à celle du Christ pour Lazare alors que son corps commençait à se décomposer.

Ce cas se produisit en 1953. M. V. Radhakrishna, âgé de soixante ans, propriétaire d’une usine et citoyen respecté de Kuppam dans l’état de l’Andhra Pradesh, était sérieusement malade ayant des ulcères à l’estomac avec des complications. C’était un disciple de Sai Baba. Il décida d’aller à l’“ashram” de Puttaparthi dans l’espoir que l’“homme des miracles” le guérirait. Il était accompagné de sa femme et de sa fille. En arrivant à l’“ashram”, il s’alita immédiatement. Baba alla le voir, mais n’essaya pas de le guérir. M. Radakrishna se plaignit en disant qu’il préférerait mourir plutôt que de continuer à souffrir de douleurs si affreuses. Baba sourit, mais ne fit aucune promesse.

Quelques jours après, le malade entra dans le coma et sa femme et sa fille qui étaient à son chevet entendirent le “râle de la mort” sortir de sa gorge. Baba l’examina, mais ne fit rien encore. Une heure plus tard, la respiration de M. Radakrishna cessa. Il devint bleu, puis froid et raide. Un infirmier le déclara mort. Swami l’examina encore. “Ne vous inquiétez pas”, dit-il “tout ira bien”. Mais il ne tenta rien pour le ranimer. La foi de sa femme et de sa fille était ainsi cruellement mise à l’épreuve.

Le jour suivant, elles restèrent fidèlement au chevet du mort attendant avec anxiété tout signe de retour à la vie. Mais il n’y eut aucun signe. Le jour passa. Toutefois, avec ce qui leur restait de foi, les deux femmes se raccrochaient à l’espoir que Swami, à sa manière et à son heure, sauverait le mari. Le matin du troisième jour, le corps était noir, raide et devenait mal odorant. On indiqua à Mme Radhakrishna que le cadavre devait être emporté hors de l’“ashram” mais elle refusa énergiquement de le faire sans l’autorisation de Baba. Son entourage demanda s’il fallait transporter le corps à Kuppam ou si la crémation devait avoir lieu à Puttaparthi. Baba répliqua énigmatique : “Nous verrons”.

Les deux femmes, désespérées, allèrent voir Baba et plaidèrent leur cause auprès de lui. Il leur dit simplement : "N'ayez pas peur. Je suis là". Cependant, il promit de venir examiner le corps plus tard. Une heure passa, puis deux et aucun signe de Baba. Mme Radhakrishna et sa fille perdirent tout espoir. Tout à coup, Swami apparut à la porte de la chambre, calme et souriant. Les deux femmes éclatèrent en sanglots, comme le firent Marie et Marthe, les sœurs de Lazare, pleurant à chaudes larmes devant leur Seigneur qui, pensaient-elles, était venu trop tard.

Gentiment, il leur demanda de quitter la pièce et quand elles furent sorties, il referma la porte derrière elles. Elles ne surent pas – ni personne du reste – ce qui se passa dans cette chambre pendant les quelques minutes suivantes où Sai Baba et le mort restèrent seuls ; mais, quelques minutes plus tard, Baba ouvrit la porte et invita les deux femmes à entrer et à voir leur cher homme assis dans son lit avec le sourire ! La raideur de la mort avait disparu et ses couleurs naturelles revenaient. Baba lui dit : "Parlez-leur, elles sont inquiètes". M. Radhakrishna, avec un regard énigmatique, leur dit : "Pourquoi vous inquiétez-vous ? Je vais bien !" Il était conscient d'avoir été dans le coma mais pas plus. Swami dit alors à sa femme : "Je vous ai rendu votre mari. Maintenant donnez-lui une boisson chaude". Sur ce, il bénit toute la famille et sortit.

Le jour suivant, le malade était assez fort pour marcher. Le troisième jour, il écrivit une lettre de sept pages à un parent en Italie. Quelques jours après, la famille retourna chez elle à Kuppam. Non seulement M. Radhakrishna fut ressuscité, mais les ulcères gastriques et les complications furent complètement guéris. C'était la réitération de la résurrection de Lazare. Dans les deux cas, les femmes les plus proches du mort étaient dans le désespoir.

Lazare souffrait probablement d'un "sommeil du Temple" qui avait mal tourné. C'était la pratique (transmise aux Juifs par les anciens Egyptiens) par laquelle un prêtre mettait un initié dans un état de profonde hypnose, ressemblant à une mort physique, plutôt qu'à une mort de l'esprit, afin qu'il fasse l'expérience de la mort et reçoive la preuve de l'après-vie ; il devait être réanimé avant que la corde d'argent ne se rompe. Ceci est probablement la raison pour laquelle Jésus dit, après avoir appris la mort de Lazare : "Il n'est pas mort, mais endormi". Et pourquoi il est rapporté que Jésus l'appela d'une "voix forte" quand il le ressuscita : "Lazare, lève-toi !" Il était sans doute nécessaire de crier pour faire sortir un homme de cet état hypnotique profond très près de la mort.

Et que penser des cellules du corps qui avaient commencé à se décomposer ? Je ne sais. J'imagine que lorsque le sang circule à nouveau, la capacité de guérison naturelle du corps reprend sa fonction d'animation, comparable à celle d'une plaie infectée quand elle guérit.

5

Armageddon* est : maintenant

Peu de gens mettent en doute le fait que le monde ait atteint un point crucial de son histoire. L'homme est à bout de forces. Il est certain qu'il ne peut se ressaisir par ses propres moyens. Un déclin des mœurs s'est installé, surtout dans le monde occidental, qu'il n'a pas le pouvoir de modifier. Une certaine forme d'intervention divine est nécessaire pour sauver notre planète.

Prenons notre propre pays où, peut-être, les choses sont pires que dans beaucoup d'autres ; est-ce parce que nous avons perdu un empire sans pouvoir retrouver le sens d'une mission dans le monde ? Le matérialisme est effréné. Le but de nos politiciens est d'augmenter sans cesse le niveau de vie matérielle mais jamais celui de la qualité de la vie. Néanmoins, Sai Baba dit : "L'idéal visant un standing de vie matérielle plus élevé a fait des ravages dans la société". Ceci est vrai !...

Je ne pense pas qu'il soit négatif de faire ressortir les faits. De même que la conscience de soi et d'honnêteté envers soi-

* "La Lutte Suprême" "Apocalypse de St Jean. Révélation 16 : 16.

même sont des conditions "sine qua non" pour la croissance spirituelle d'un individu, il en est de même pour une nation. Il faut connaître l'ennemi pour être entièrement conscient de ce qui arrive. Ce qui est négatif, c'est de s'installer dans les malheurs du monde. Chacun devrait essayer de les transformer par la prière, par les pensées positives et par l'évocation de la lumière. Transformer est le mot clé. Le fait est que tout ce que veulent les gens, c'est : une belle maison, une plus belle voiture, une plus belle cuisine, de plus belles vacances, plus d'argent pour moins de travail. Travailler dur est presque devenu injurieux. Karl Marx rattache la religion à l'opium du peuple ; l'opium moderne du peuple c'est de faire des achats !

Dans les mouvements syndicalistes, le nouveau commandement c'est : crucifiez l'innocent ; cela paie. Ainsi, pendant un certain hiver de mécontentement, nous avons vu des piquets de grève refuser des médicaments essentiels pour des malades cancéreux. (Et même des piquets de grève dans les cimetières empêchant les gens d'enterrer leurs morts.) Un de ces minables piquets de grève aux portes d'un hospice de vieillards nommé "Cheshire home", avait annoncé à la presse que son but était : "de faire "puer" le nom de Leonard Cheshire".* Le colonel de l'Armée de l'Air Cheshire, décoré de la Victoria Cross !...** Sans de tels hommes, ce piquet de grève serait ou mort, ou ayant à faire face à un nouveau Moyen Age, mille années en arrière, qu'aurait créé le nazisme.

Puis il y a les Destructeurs, les communistes, dont le but n'est pas seulement de détruire le régime capitaliste (dans lequel il y a, admettons-le, du pour et du contre) mais de détruire la démocratie et les institutions valables qui ont été créées assidûment au cours des huit cents ans écoulés depuis Magna Carta, la Grande Charte de 1215 en Angleterre et qui ont fait de nous la nation la plus évoluée sur le plan politique.

* Héros anglais de la dernière guerre.

** Croix de Victoria (la plus haute décoration militaire).

De plus, ils se sont infiltrés dans l'ensemble de notre vie nationale – les syndicats, les Universités, les professions de l'enseignement, la Sécurité Sociale, le Parlement, les Affaires Etrangères, la radio, la télévision.

Et n'allez pas croire qu'ils travaillent uniquement au grand jour. Il y a des cellules secrètes dans les plus hauts postes qui projettent des ombres noires sur les valeurs de toute la nation car le déclin moral est une nécessité préalable à la chute.

La pornographie et la perversion, abondantes au cœur de nos cités, s'étendent jusqu'à nos villes de province. Et pas seulement la pornographie pour adultes, mais la pornographie pour enfants. Aussi incroyable que cela puisse paraître, il y a une sorte de mafia en Amérique qui essaie maintenant d'introduire la pornographie pour "bébés" – c'est-à-dire avec des tous petits de deux ou trois ans. Il est connu que le K.G.B. considère comme faisant partie de sa tâche l'exploitation de tous les accès à la dégradation morale, de manière à saper la force de ses ennemis.

La criminalité a augmenté de 1 000 % depuis la guerre. Il y a maintenant 12 000 cambriolages par jour au Royaume-Uni, avec moins de 10 % des coupables appréhendés. Pour des milliers de gens à qui le travail fait peur, le vol a été un moyen de vivre. On estime que, maintenant, une personne sur trois vole à l'étalage. Tous les jours, des vieilles dames sont attaquées, faits inconnus il y a vingt ans. Il se trouve probablement un million de vieilles âmes qui n'osent pas sortir le soir. Les attaques à main armée et les enlèvements, pratiquement inconnus il y a vingt ans, se renouvellent fréquemment, surtout en Italie. Le vandalisme coûte à notre pays un million de livres sterling par an (dix millions de francs).

A la télévision, c'est un courant presque ininterrompu de violence et de brutalité au point que les jeunes grandissent avec la croyance erronée que la violence est dans l'ordre naturel des choses. Ainsi des groupes de jeunes vont à sa recherche. Pire encore, les adultes qui devraient savoir mieux, se désensibilisent et se déshumanisent à cause d'elle. Cela est d'autant plus triste que la télévision devrait et pourrait être un moyen d'élévation morale.

Le bruit est devenu presque une intoxication nationale. Il y a la musique "punk" avec ses vibrations terribles. Je soupçonne qu'on juge cette musique pop sur la quantité de bruit fait par l'orchestre et les bouffonneries frénétiques accomplies par les exécutants, plutôt que sur les mérites de la musique elle-même.

Dans la rue calme, bordée d'arbres, dans laquelle nous vivons, ma femme et moi, le silence relatif est quelquefois violé par des jeunes sur des motocyclettes ronflantes, roulant à cent, cent-dix, cent-vingt kilomètres à l'heure, ébranlant les nerfs, tel un violent coup de tonnerre, comme s'ils avaient l'intention perverse de faire le maximum de vacarme juste pour un "malin plaisir". Et les aide-jardiniers vont au travail avec des transistors, comme s'ils avaient peur des bruits harmonieux de la nature.

Je me souviens, alors que je travaillais pour les Samaritains* et devais un jour discuter sur les conséquences de la vie et de la mort avec un homme à tendance suicidaire, que la télévision fonctionnait à vous casser les oreilles et quand je demandai qu'on éteigne, la seule réponse fut qu'on diminua légèrement le bruit.

Le silence, cette chose inestimable sans laquelle il est impossible de communier avec son Dieu, est devenu quelque chose dont on a presque peur.

Il y a un demi-million d'alcooliques dans ce pays. Et, chose plus alarmante encore – une famille sur cinq, dans toute l'étendue du pays peut s'attendre à voir un de ses membres enfermé dans un hôpital psychiatrique, du vivant de cette famille.

Les femmes abandonnent de plus en plus leur rôle sacré de mères. La moitié des mères vont travailler au-dehors, et laissent de jeunes enfants à la maison. Et 50 % des couples

* Association semblable à S.O.S. Amitié.

mariés admettent qu'ils considèrent leur plaisir matériel plus important que d'élever leurs enfants ou de leur procurer du bien-être. Un enfant sur huit est issu d'une famille désunie. Il y a en a trois-quarts de million dans le pays.

A l'échelle mondiale, selon les estimations modérées, cent millions d'animaux sont torturés et tués chaque année pour des expérimentations et souvent pour des tests sans intérêt, sans aucun sens. Par exemple, pour fabriquer des teintures pour cheveux et des cosmétiques, ou pour éprouver la résistance d'un animal en le faisant nager jusqu'à ce qu'il se noie. Et, souvenez-vous, ce ne sont pas seulement des rats, des souris, de cochons d'Inde sur lesquels on expérimente, mais sur des chats, des chevaux, des singes et des chiens. Le chien reconnu depuis des siècles comme le meilleur ami de l'homme !

Quelle sorte de scientifique monstrueux est celui qui peut trancher la tête d'un chien pour la transplanter sur un autre ? Ou bien qui enlève un singe nouveau-né à sa mère et le garde de cinq à huit *ans* pour tester les effets de la peur dans la "privation d'amour". Ou qui délibérément aveugle des singes pour voir comment ils se débrouillent par eux-mêmes dans la jungle ?

A l'époque présente, le monde dépense 300 000 000 de francs par minute pour les armements. On estime qu'une grosse bombe au mégatonne tombant sur New-York tuerait dix millions de personnes. Je suppose que si une douzaine de ces bombes tombaient sur le Royaume-Uni, de larges étendues de notre île se trouveraient sous la mer. Pourtant, il existe 16 000 bombes au mégatonne assez pour tuer tous les hommes, femmes et enfants de la planète, plusieurs fois.

Certains disent qu'un holocauste nucléaire s'est déjà produit dans l'univers, que la ceinture astéroïde était un jour la planète Maldek (les Russes l'appellent Vulcan) qui éclata par une fission nucléaire et qui est maintenant formée de gigantesques morceaux de matière pour toujours sur orbite dans l'espace.

Cela me rappelle la remarque que fit le Dr Robert Oppenheimer quand il observa la première bombe atomique expérimentale qui explosa en Amérique. Il resta silencieux et pensif pendant un moment et alors, citant la "Bhagavad Gita", il dit : "Je suis devenu le Destructeur des Mondes !" J'ai regardé à la télévision sa dernière apparition avant sa mort. Pauvre homme ! Il apparaissait comme un demi moine et un demi fou, ce qu'il était devenu en fait, j'ose le dire.

Il y a l'histoire vraie de deux criminels américains condamnés à perpétuité. Après dix ans, ils firent une prise de conscience et commencèrent à regarder en eux-mêmes. L'un était de race noire, l'autre de race blanche. L'homme noir dit à l'homme blanc : "Tu sais, Joe, s'il y a un Dieu, Il doit être Amour ; sinon Il ne laisserait pas ceux comme toi et moi continuer à vivre !"

Peut-on assurer, en toute certitude que le même critère ne s'applique pas au genre humain tout entier dans son état présent ? Je sais que mon épouse et moi trouvons de plus en plus difficile de supporter le fardeau de continuer à vivre sur cette planète. Il y a des moments où nous nous retirons dans un coin tranquille et pleurons. Nous pleurons réellement pour Dieu. A notre manière, toute petite, nous savons ce que le Nazaréen a du ressentir quand, debout sur un tertre surplombant Jérusalem : "Il regarda la ville et pleura", comme le disent les Ecritures.

Bien sûr, individuellement, l'homme ordinaire se sent impuissant dans le déroulement des événements. Mais nous devrions nous rappeler que tout réformateur a commencé en étant le seul de son opinion. Et il y a des choses pour lesquelles nous pouvons faire un tant soit peu. Par exemple : le crime et la pornographie. Des mesures plus strictes seraient certainement prises si le Gouvernement avait à faire face à davantage de pression.

Je pense que nous pourrions nous poser à nous-mêmes la question : cela est-il vrai que les vertus passées du peuple anglais – la tolérance, la lenteur à se mettre en colère et le génie pour trouver des compromis – soient devenues leurs vices, et que nous ayons permis la liberté pour qu'elle conduise à la licence ? Avons-nous oublié l'axiome : "pour que les méchants triomphent, il suffit que les bons ne fassent rien" ? Combien de temps la majorité silencieuse sera-t-elle silencieuse ?

Nos valeurs n'ont-elles pas basculé quand un détenu, pilleur de trains, échappé de prison fut traité en héros par la presse populaire, alors qu'un vrai héros, agent de police, pendant le siège de l'Ambassade d'Iran fût chassé de sa maison, ses enfants insultés en classe et la peinture de sa voiture rayée de mots obscènes, comme s'il s'agissait d'un fou, ou d'un bandit ou d'un affront vivant face à une conscience pervertie ? Ou bien quand on lit dans l'indifférence que les plus importantes sociétés de films admettent maintenant de distribuer, en plus des salaires exagérés, des "fonds de charité" s'élevant à £ 200 000 (2 000 000 de francs) qui permettront à leurs stars de s'approvisionner en cocaïne et en héroïne ?

Le Royaume-Uni n'est pas une exception. L'Inde le pays qui était un jour le "guru du monde", est aussi perverti et même davantage sous certains aspects. Je vais citer Sai Baba :

"L'avidité et l'égoïsme qui affectent ce pays sont tragiques pour l'humanité, car l'Inde doit guider et conduire l'homme vers le but qui est la réalisation de soi. La jeunesse grandit en Inde dans les serres chaudes de la faction, de la passion et non, comme au temps passé, dans les frais berceaux de la révérence et de l'humilité. Les aînés montrent trop d'indulgence pour les batailles, les vengeances litigieuses, les moyens corrompus de gagner de l'argent et pour la compétition qui peut aller jusqu'au meurtre. Ils se comportent bassement à la maison, dans le village, dans les réunions, dans le corps civique, dans la législature, dans toutes les positions sociales, montrant ainsi cette ligne de conduite aux jeunes."

A Calcutta, il arrive souvent à Mère Térésa de trouver un bébé jeté vivant dans les poubelles comme s'il s'agissait d'un cafard. Et si vous marchez dans la rue principale où se trouvent les boutiques de n'importe quelle grande ville indienne, vous trouverez des êtres pathétiques, geignants, qui ont été mutilés intentionnellement à la naissance, soit qu'on les ait rendus aveugles, soit qu'on leur ait coupé les bras et laissé avec d'affreux moignons, afin de les faire travailler comme mendiants pour des organisations diaboliques. Que l'homme puisse tomber dans ce degré d'avilissement et d'inhumanité dépasse toute imagination !

Evidemment il y a un côté créditeur, une lutte positive menée par une minorité d'âmes évoluées. Il se peut que le monde soit dans un vide spirituel, entre deux âges : les Poissons et le Verseau, qu'un ensemble de valeurs meure et que le nouvel ensemble ne se soit pas encore cristallisé ni implanté. Il se peut que nous souffrions les douleurs de l'enfantement et qu'un bouleversement à l'échelle mondiale ait lieu avant l'introduction d'une nouvelle et meilleure distribution. Quelle ironie que le bien vienne si souvent du mal !

Il est positif qu'il y ait un sens plus grand des relations internationales. Le monde est devenu plus petit. Ceci grâce au développement des communications modernes mais attribuons ce crédit à la conscience morale du monde. S'il y a une famine, une épidémie, un tremblement de terre sur une partie du globe, même dans un endroit reculé, les secours habituellement disponibles sont apportés par des organisations comme l'O.N.U. ou Oxfam, ou la Croix Rouge et beaucoup d'autres, bien qu'ils soient parfois trop lents et sur une trop petite échelle. Il y a un demi-siècle auparavant, j'imagine que les "Boat People" vietnamiens auraient été abandonnés à leur sort. A peu près à cette époque, alors que, jeune homme, je voyageais en Chine, il arrivait souvent que l'on attribue au "destin" le fait que plusieurs millions de Chinois meurent de faim, d'épidémie ou d'inondation et ces nouvelles n'attiraient même pas l'attention de la presse mondiale.

Des expériences sont tentées en créant des sociétés multiraciales comme par exemple le Zimbabwe et le Royaume-Uni ; sur une plus grande échelle dans la coopération économique et politique à travers la C.E.E. Après s'être combattues pendant trois guerres (deux sur une échelle énorme et horrible) en moins d'un siècle, la France et l'Allemagne sont enfin arrivées à s'entendre et à former le noyau d'un groupe de nations européennes qui consentent à coopérer plutôt qu'à conquérir par contrainte ou par pouvoir politique. Cela pourrait-il être le premier pas, embryonnaire, vers le futur Gouvernement Mondial ?

En dépit du matérialisme dans le monde, on peut y sentir une faim spirituelle, ou au moins parmi une minorité d'âmes orientées. On peut sentir cela même derrière le Rideau de fer. Il semble qu'une grande scission soit en train de se former ; le blé se sépare de l'ivraie. Une petite minorité se rapproche de Dieu, tandis que la majorité devient de plus en plus matérialiste.

Dans notre propre pays, des foyers de lumière spirituelle se sont répandus pendant les dernières décennies. Findhorn, Wrekin Trust, White Eagle Lodges et naturellement les Théosophes en sont des exemples.

Il y a aussi beaucoup, beaucoup de petits groupes inconnus qui ne font pas de publicité – quelquefois, une douzaine de personnes, pas plus, se rassemblent dans leurs différentes maisons pour prier, méditer et invoquer la Lumière. Nous savons par le monde spirituel que les effets bénéfiques sont hors de proportion avec ce qui semble un petit effort.

A tout prendre, je fais aussi confiance à la jeunesse. Les jeunes sont plus mûrs pour leur âge, avec un caractère plus structuré, que ceux de ma génération. Leurs relations garçons-filles sont plus naturelles. Il y a beaucoup moins de promiscuité sexuelle que la plupart des gens ne le supposent ; les clubs de strip-tease de Soho ne sont pas fréquentés par les jeunes mais par des gens entre deux âges.

Ils grandissent avec cette intégrité de la remise en question, le désir d'abandonner les anciens mots d'ordre désuets et d'aller par eux-mêmes à la recherche de la vérité. En Amérique, les voyages lointains vers l'Orient sont de plus en plus nombreux, dans la recherche d'une meilleure manière de vivre. Ils ne pensent plus à la “grande société” américaine. Dans notre pays, il y a des marginaux qui ne sont pas nécessairement des irresponsables, des jeunes qui se sont exclus du monde du travail mais beaucoup, je le crois, sont de vieilles âmes qui se sont incarnées dans une société malade et ont perdu leur chemin.

Les hippies des années soixante, touchants mais tragiquement naïfs, étaient dans le vrai – se révolter et essayer de faire de l'Amour un thème central de leurs vies. La pièce de théâtre "Jésus-Christ Superstar" fut une tentative héroïque de la jeunesse pour redécouvrir le Christ d'origine par opposition à celui de la théologie.

La spiritualité, sous des formes diverses, a fait des progrès. Il y a cinquante ans, le mouvement spiritualiste était illégal. Maintenant il y a une église spiritualiste dans presque toutes les villes du Royaume-Uni et un journal hebdomadaire dont le tirage dépasse 100 000 exemplaires. Il y a un intérêt grandissant pour la protection des animaux – des sociétés contre la vivisection se sont développées et beaucoup d'autres organisations telles que : "Compassion dans le monde fermier" et "Beauté sans Cruauté". Beaucoup de gens sont aussi très concernés par la pollution. Des groupes se sont développés pour l'écologie.

L'éducation orientée vers la religion a beaucoup avancé. Les écoles Rudolf Steiner – une simple poignée avant la guerre – ont grandi en nombre jusqu'à plus de quatre cents dans les pays non-communistes.

Politiquement, nous avons créé dans ce pays un Etat providence et le service de santé de la Sécurité Sociale. Il n'y a plus de vraie pauvreté au Royaume-Uni. Les plus pauvres de nos citoyens sont riches par rapport aux niveaux de l'Asie et de l'Afrique.

Et cependant la somme totale du côté créditeur (et, naturellement il y a beaucoup à ajouter à ce que j'ai brièvement énoncé) semble être une faible contribution au combat contre les méfaits dans le monde. Cela paraît être une lutte entre David et Goliath. Le monde gronde comme les pourceaux de Gadarene au bord de la falaise. On ressent la menace d'un destin tragique, presque inévitable. Les choses deviennent pires plutôt que meilleures d'année en année. La violence augmente, le malaise augmente, le banditisme augmente, les assassinats augmentent ainsi que les tentatives criminelles. Cette année, le Pape, le Président des Etats-Unis. L'année prochaine la famille Royale ? Cela était impensable il y a dix ans...

Evidemment, beaucoup d'éléments contribuent à cela. Le déclin de l'orthodoxie des religions a eu un effet certain. Aller à l'église était un aspect normal de la vie et, bien que cela fût pour beaucoup une coutume sociale plutôt qu'un acte vrai de piété, l'Eglise exerçait une autorité morale considérable sur l'entière structure de la société. Cela n'est plus.

La révolution industrielle et la croissance des grandes villes ont eu également une influence. Quand l'homme abandonne la nature, il abandonne l'environnement naturel dont il fait partie et ainsi il perd un élément essentiel à son bien-être spirituel. L'âge de la Science a aussi son influence, Dieu est en quelque sorte démodé et la Science, un jour, expliquera tout. Rien n'est plus loin de la vérité depuis que la Science explore le monde physique. La Science a été indûment couronnée.

Je pense que les psychiatres freudiens ont causé un dommage immense à notre société. Dans les années cinquante, soixante, il n'y avait, pour ainsi dire, pas un programme sérieux à la télévision sans un conseiller psychiatre de service. Ils étaient les Grands Prêtres de la Société. Heureusement, maintenant, ils sont détrônés, mais le dommage a été fait ; la licence des mœurs se posant en libéralisme progressif exerce un grand attrait sur ceux qui sont par inhérence immoraux ou agressifs et cela est donc difficile à rectifier.

Après tout, si vous développez une science sur l'affirmation que l'homme est un corps sans un esprit plutôt qu'un esprit avec un corps, tout votre édifice est basé sur un faux principe. Vous encouragez le développement de votre petit "moi" plutôt que sa sublimation et son extirpation éventuelle de préjugés. "Laissez-vous aller complètement" dans l'intérêt de "l'expression de vous-même" : c'est encourager l'homme à retourner à sa nature animale, à nier sa double personnalité qui est divine aussi bien qu'animale. C'est en fait un refus de l'objectif véritable de la vie qui est de réaliser notre moi divin le plus élevé. Pensons au dommage que peut causer une telle doctrine dans l'éducation des enfants ; cela, en fait, est une désapprobation de toute moralité et discipline de soi. Cela se manifeste dans le manque de respect et même dans la violence qui se montre maintenant dans les salles de classe.

Je crois que ces pseudo-scientifiques ont influencé tout le climat d'opinion dans notre pays depuis la guerre. Ils ont endoctriné la pensée du corps enseignant, des services sociaux et même judiciaires ; il est possible, dans les circonstances présentes, pour un homme qui a commis un crime grave, comme un viol, de ne recevoir qu'une peine avec sursis.

Il y a aussi la théorie selon laquelle notre planète reçoit des énergies cosmiques de l'espace qui sont supposées avoir un effet stimulant et remontant. Sur les plus évolués, ces énergies encouragent à atteindre des buts plus élevés, mais sur les moins évolués, elles paraissent avoir l'effet contraire, particulièrement sur les jeunes, ce qui peut, en partie, être la cause de certains récents phénomènes comme le "hooliganisme" du football, le vandalisme et le comportement presque fou des étudiants au Moyen-Orient.

J'ai la conviction que la cause majeure de la condition actuelle du monde est cosmique – le dernier lancement désespéré des dés par les Pouvoirs des Ténèbres pour séparer l'homme de Dieu et le garder dans l'abîme du matérialisme où il est descendu. Il est dit que "la Guerre dans le Ciel est déjà engagée et gagnée", mais en vertu du principe que : "tout ce qui est en haut est aussi en bas", elle doit être gagnée ici aussi bien.

Je pense que jadis, il y a des millénaires, bien avant l'Histoire, l'homme était presque exclusivement un être psychique avec ce que les ésotériques appellent une "enveloppe de peau". Dans cette condition, il était entièrement conscient de son origine et de sa destinée spirituelle – en fait en contact avec Dieu le Père. Mais il n'a pas évolué. Il avait tendance à voir son séjour sur le demi-plan physique de la terre comme un temps d'attente avant de retourner dans la demeure naturelle de l'Esprit.

En conséquence, la Hiérarchie a décrété qu'il devrait descendre plus loin dans la matière pour s'incarner de plus en plus et s'identifier avec la forme et le sens physiques, afin qu'il développe son intellect et les ressources de la Terre. Je crois que cette descente en la matière plus dense dans le cercle de l'involution a été mise en place il y a des millions d'années et, pendant ce temps, l'homme, enfermé de plus en plus dans sa forme physique, a perdu ses qualités psychiques et sa perception de Dieu. Il en est venu à regarder le monde physique et son corps physique comme les seules réalités, au lieu de ce qui n'est que "maya". Il en est aussi à considérer l'intelligence et la logique comme les seuls critères de la vérité.

Il se peut que les Aborigènes d'Australie, supposés être les plus vieux du continent, soient des survivants de ces jours anciens. Ils sont hautement développés psychiquement et sous-développés intellectuellement. Ils se servent peu de leurs possibilités de vie si ce n'est en chassant pour se nourrir.

La destinée de l'homme est de traverser la dépression du matérialisme dans laquelle il est descendu et de remonter la courbe de l'évolution en pleine conscience, c'est-à-dire avec son intelligence développée et ses facultés psychiques éveillées à nouveau et ainsi de se fondre enfin dans le Divin.

Mais tandis que l'homme est dans cet abîme, dans le "Kali Yuga", l'âge des Ténèbres, pourrait-il y avoir un moment meilleur pour les Pouvoirs Obscurs, pour l'attaquer et s'efforcer de le garder, séparé de Dieu à jamais ?

Rudolf Steiner, regardé en son temps comme le plus grand mystique d'Europe, affirmait qu'il y avait une Trinité du Mal, tout comme la religion nous dit qu'il y a une Trinité du Bien. En termes chrétiens c'est le Père, le Fils et le Saint-Esprit ; dans la terminologie hindoue c'est Brahma, Vishnu et Shiva.

Le premier aspect de la Trinité du Mal se rapporte souvent à Lucifer. Sa besogne est de trouver l'instrument à utiliser pour conquérir. Le second aspect selon Steiner est Ahriman dont le travail est d'amollir la foule en se servant d'abord de l'instrument de Lucifer pour encourager la vie matérialiste et pour entretenir le déclin moral, à travers une survalorisation des sens physiques.

J'ai la conviction que Lucifer a choisi le communisme athée comme instrument et que Ahriman a préparé le chemin avec un remarquable succès. Qui peut nier que nous, occidentaux, sommes devenus de plus en plus matérialistes et recherchons de plus en plus le plaisir et le sybaritisme ? Nous recherchons les rythmes de la jungle pendant que nous travaillons, les clubs de striptease quand nous nous relaxons et, à en juger par les étalages des librairies, beaucoup d'entre nous achètent des magazines avec des photos de femmes ou des magazines carrément pornographiques. Sept publicités sur dix à la télévision concernent les aliments et les boissons et presque invariablement avec une connotation sexuelle. Les jeans collants sont symptomatiques de la flagrante identification du corps physique avec la partie du dessous de la ceinture. Nous recherchons un soulagement instantané pour la douleur la plus légère.

Notre nature a été sapée au point que nous manquons de volonté pour nous défendre. Nos dirigeants de l'Otan considèrent que nous ne pourrions résister à une attaque soviétique plus de quatre jours avec nos armes conventionnelles. Notre écroulement serait aussi rapide que celui de la France en 1940. Nous comptons pour notre défense sur le bouclier nucléaire américain.

Naturellement la majorité des communistes n'est pas consciente du rôle qu'elle joue – elle est une innocente dupe. Ceux qui forment le cadre d'acier du Kremlin, versés dans les doctrines de Karl Marx (qui était selon certains un "Sataniste" secret) sont très bien informés de cela. Je ne pense pas qu'ils reculeraient pour commettre n'importe quel crime afin de conquérir le monde.

Les présages sont vraiment lourds de menaces. Un empire s'est-il jamais agrandi avec une telle rapidité ? Pendant à peine un demi-siècle, les Soviétiques ont subjugué la moitié de l'Asie, la moitié de l'Europe et sont bien en train de conquérir l'âme de l'Afrique. Une arme a-t-elle jamais été inventée, fabriquée et mise en réserve qui n'ait pas été employée ultérieurement ? Les gaz asphyxiants ont été utilisés dans la première guerre mondiale, la bombe atomique dans la seconde. Il n'est pas étonnant que le monde se tienne dans la peur et dans la crainte...

Armageddon est à portée de la main. C'est un combat pour l'âme et l'esprit de l'homme, une confrontation finale entre les pouvoirs des Ténèbres et les pouvoirs de la Lumière. D'un côté se tiennent les athées du Kremlin, implacables, brutaux, rusés, ivres de pouvoir et de succès, au caractère inhumain* ; et de l'autre se trouve l'Occident décadent avec tous ses défauts et ses faiblesses, qui soutient encore la liberté et, en hésitant, l'existence de Dieu. Comme l'a dit à Berlin le président Kennedy : “Au moins, nous n'avons pas à construire un mur pour y garder nos populations”.

Logiquement, étant données les expériences passées de l'Histoire, un holocauste doit arriver. Et cependant, je ne pense pas qu'il vienne. Je crois qu'un miracle planètaire se produira. L'“Avatar” de l'Age s'est incarné sur Terre avec le dessein déclaré d'empêcher cela. Il a dit : “Je suis venu pour réparer l'ancienne grande voie vers Dieu... Les “Avatars” ne peuvent ni réussir ni échouer : ce qu'ils veulent doit arriver, ce qu'ils ont projeté doit avoir lieu”.

Sa triple incarnation, embrassant presque deux cent cinquante années, était prévue dans les Upanishads il y a 5 600 ans. Il a été prophétisé qu'il y aurait un Age de la Machine qui pourrait produire une destruction totale. Sa tâche est de restaurer le “Dharma” (l'Action Juste) dans le genre humain ; il a promis qu'il ne faillirait pas. Il a dit : “Je suis venu pour inscrire un nouveau chapitre dans l'Histoire de l'Humanité, où

* Ce texte a été rédigé antérieurement aux récents événements intervenus en Europe de l'Est (Note de l'Éditeur français).

le mensonge échouera, la vérité triomphera et la vertu règnera La force de caractère conférera alors le pouvoir mais pas le savoir, ni l'habileté inventive, ni la richesse. La sagesse sera couronnée dans les Conseils des nations."

Comment peut-il avoir la possibilité de réussir en face de telles forces écrasantes ? Avec notre conscience humaine il est difficile d'établir des conjectures sur les capacités d'un "Avatar". Il pourrait stimuler les esprits des scientifiques russes, qui font de plus en plus de recherches dans le nouveau champ de la parapsychologie pour prouver l'existence de Dieu afin de convaincre leurs maîtres politiques, pour que toute l'idéologie communiste puisse être réduite en miettes. Il pourrait aussi provoquer l'effondrement du système capitaliste en Amérique. Il pourrait permettre qu'une catastrophe mineure se produise pour susciter l'inauguration d'un ordre nouveau et d'un Nouvel Age d'Or. Ceci pourrait arriver au Moyen-Orient en accord avec les Prophéties des Pyramides. Il a récemment matérialisé une carte du monde tel qu'il sera. Il a dit qu'il y aurait des ajustements à la surface de la planète et une certaine clarification de la population. Il pourrait invoquer l'aide du Peuple de l'Espace. S'il y a assez de prières et de bonne volonté, il pourrait transcender ou partiellement transcender, le "karma" accumulé du passé en se servant de son "Sankalpa" (volonté divine). Les moyens d'un "Avatar" sont tout simplement incompréhensibles pour nos esprits humains.

En attendant, dans les chapitres suivants, je vais essayer d'esquisser quelques-uns des moyens par lesquels Sai Baba établit son entreprise de transformation de l'humanité par la seule voie possible : "allumer la Lampe d'Amour dans nos cœurs". L'ironie de la situation du monde dans cette impasse, c'est que les gens simples du monde entier y compris ceux de derrière le rideau de Fer, désirent uniquement la paix mais ne sont pas encore prêts à payer le prix en adoptant cette simple panacée : *introniser l'amour dans leurs cœurs.* C'est aussi simple que cela.

6

Les miracles de Sathya Sai Baba

Je ne doute pas que les miracles de Sathya Sai Baba exigeraient un grand nombre de volumes pour être relatés. Nous sommes convaincus, Howard Murphet (auteur de : “Sai Baba, homme de miracles”) et moi, que seule une petite proportion de ses miracles a été consignée par écrit ou même est connue seulement par des bénéficiaires de sa grâce. La vaste majorité de l’Inde, grouillante de millions d’habitants, est faite d’humbles paysans illettrés. Ils ne pourraient avoir accès à la publicité. Or, le plus grand nombre des miracles de Baba n’est pas accompli en public ; ils sont faits par suggestion mentale, par manipulation de circonstances, par le biais d’un rêve donné à une personne avec une signification symbolique, ou par une apparition, soit dans son corps éthérique, soit en projetant sa forme physique actuelle, pour guérir, pour sauver d’un danger, ou pour réconforter un mourant dont le séjour terrestre touche à sa fin.

Néanmoins, en dépit de ceci, le Dr Bhagavatham (ancien conseiller scientifique au ministère Indien de la Défense et Président de l’Institut des Sciences pour toute l’Inde) parle ainsi à propos des miracles de Sai Baba : “Aucun homme de miracles n'a jamais été observé ni approuvé par une telle armée d'hommes professionnels, comme l'est Sai Baba."

Dans ce chapitre, je vais donner de simples exemples de ce que je crois être une petite fraction de ses miracles. La question suivante pourrait bien être posée : combien de miracles Baba accomplit-il par jour ? Je pense que la vraie réponse serait que sa vie entière est une continuelle succession de miracles. Il s'engage très rarement dans des bavardages : on dit qu'il ne dort pas (et il l'a confirmé). En fait, il travaille au service de l'humanité, vingt-quatre heures sur vingt-quatre. Même des mots ou des actions qui paraissent être sans importance pour des disciples ou futurs disciples ont leur signification soit présente soit à long terme.

Je suppose qu'il y a parfois des périodes où il se repose, mais elles sont rares et espacées. Jamais un jour ne se passe sans qu'il me matérialise de la "vibhuti". Jamais un jour ne se passe sans que l'âme d'un nouveau venu ne soit touchée au "darshan" par sa simple présence. Jamais une nuit ne se passe sans qu'il ne lise à travers des centaines de lettres, ou plutôt, touche les enveloppes, en diagnostiquant psychiquement le contenu et décide de l'action à entreprendre. Et jamais un jour ou une nuit ne se passe sans qu'il ne sorte de son corps (et probablement de nombreuses fois) pour aider un fidèle ou même un étranger qui fait appel à Dieu sous un nom différent.

Quand le Dr Gokak fit une tournée de conférences en Amérique sur l'ordre de Swami, son énergie spirituelle était renouvelée et, comme il le traduit : "le rendait conscient de la vraie gloire de Baba" en étant constamment témoin de la "vibhuti" et de l'"amrita" (liquide sucré, collant, rapporté comme étant le nectar de l'immortalité) se matérialisant sur ses portraits dans les chapelles de ses disciples en cette terre lointaine.

Le Dr Gokak était devenu un peu blasé et moins sensible à la divinité de Baba en vivant jour après jour avec un être qui avait pris la forme humaine et qui, parfois, agissait en véritable humain.

J'ai, moi-même, été témoin d'un de ces phénomènes miraculeux dans la chapelle d'un de mes amis à Londres. Après avoir chanté des “bhajans” avec une ferveur et une joie particulières, quelques-uns d'entre nous remarquèrent soudain deux coulées parallèles de ce liquide opaque coulant goutte à goutte, comme la pluie sur une vitre, de la bouche de Swami sur un grand portrait de lui, jusqu'à un point proche de son cœur où la coulée s'arrêta. Nous regardâmes, absolument ébahis. Sans aucun doute, ce don de sa “carte de visite” – il nomme ainsi ces phénomènes – était le moyen de nous montrer son omniprésence et de nous indiquer son approbation pour la dévotion exprimée dans les chants.

Peu de nous réalisent que, lorsque nous parlons de Sai Baba, nous parlons au sens profane du plus grand phénomène du XXe siècle et, au sens spirituel, du premier “Avatar” majeur depuis Krishna, c'est-à-dire depuis cinq mille ans. Sai Baba dit que Bouddha, Mahommet et Jésus de Nazareth avaient un certain degré de vision divine, mais que seuls lui et Krishna avaient la vision divine totale.

Quand Swami était un tout petit enfant, son vieux grand-père Kondamna Raju (qui vécut jusqu'à cent-dix ans) l'appelait le “Petit Maître”. A quatre ans, il a commencé à nourrir les mendiants en vidant le garde-manger de la famille et, comme punition, il devait se passer de nourriture pendant quatre ou cinq jours. Il sembla ne pas en souffrir d'un iota. A cinq ans, à l'étonnement de ses parents, on le vit monté dans un char à bœufs fleuri lors d'une procession rituelle et, quand les parents demandèrent pourquoi leur enfant avait été mis à cette place d'honneur, il leur fut répondu par les aînés et les sages du village qui suivaient à pied qu'il était leur “guru” !

A six ans, il commençait à matérialiser de la nourriture pour ses camarades d'école, la sortant d'un panier vide, en leur disant qu'il avait un ange ami qui lui apportait ces choses, ainsi que des crayons, des gommes, des cahiers, etc... si bien que, lorsque les autorités responsables de la fourniture de ces accessoires venaient pour les remplacer et trouvaient d'amples réserves, ils soupçonnaient les instituteurs du village de ne pas bien faire leur travail !

Si quelque chose était perdu, on venait toujours chercher Swami et invariablement il savait où était la chose manquante.

Les comptes-rendus varient sur l'époque où Baba commença à matérialiser des fruits sur le tamarinier qui pousse toujours au sommet de la colline attenant à Puttaparthi mais on sait qu'il était encore enfant. Souvent les fruits étaient hors de saison ou inconnus dans la région.

A l'âge de dix ans, Swami sembla passer par une période différente qui dura six mois. Il disparaissait des jours entiers sur la montagne. Quelquefois, il était silencieux, même un peu morose et, d'autres fois il riait ou pleurait sans raison apparente. On le trouvait récitant de longs versets en Sanscrit qu'il n'avait jamais appris. On peut se demander si un "avatar", en prenant forme humaine, doit passer un test, une initiation, pour se perfectionner avant de commencer sa mission. Il y a des références dans les Evangiles, quant au Christ transporté sur "une très haute montagne" pour être "tenté par le démon".

Les parents de Baba étaient inquiets et se demandaient si le garçon n'était pas possédé. Un exorciste local d'un village voisin fut appelé. C'était semble-t-il un charlatan sadique. Le Professeur Kasturi le décrit comme "un géant, avec des yeux injectés de sang et des manières rustres". Il rasa la tête de Swami, l'enterra dans le sable jusqu'au cou et appliqua un tisonnier rougi au feu pour entailler le cuir chevelu jusqu'au front, en versant de l'acide dans les trous. Le garçon sourit simplement et sembla ne sentir aucune souffrance.

Puis cette brute d'homme le battit sur les articulations avec un lourd bâton. Finalement, il appliqua sur ses yeux une mixture qui lui fit enfler la tête à tel point qu'il fut méconnaissable. Swami simplement indiqua à ses parents un remède qu'il connaissait et immédiatement ses yeux s'ouvrirent grands et l'enflure disparut. Plusieurs années après, il annonça à ses parents et à ses disciples qu'il avait "voulu" que toutes ces choses arrivent. "Je voulais faire savoir que j'étais divin, inaccessible à la souffrance et à la douleur" dit-il.

A douze-ans, il fut admis au collège de Uravakonda où son frère aîné était professeur de Telugu. Là, il acquit la réputation d'écrivain raffiné, de bon musicien, de danseur talentueux, d'étudiant plus savant que ses professeurs, et d'un être capable de lire dans le passé et dans le futur. Ses professeurs rivalisaient entre eux pour l'instruire. Le proviseur le saluait avec respect. C'est lui qui dirigeait le groupe de prière, inspirant étudiants et professeurs ; il était la vie et l'âme des cours d'art dramatique – écrivant, dirigeant et jouant les pièces de théâtre – et il menait le jeu dans l'équipe d'athlétisme, car il était un coureur très rapide.

Malgré tout cela, son frère Seshama, doutait encore de ses pouvoirs. Sa conversion finale eut lieu quand il emmena son jeune frère avec lui au temple de Virupaksha, près de Hospet. Il y eut un office auquel Seshama assista mais Swami insista pour rester dehors. Quand le prêtre alluma la flamme sur l'autel pour éclairer l'intérieur de la chapelle, on pouvait y voir Sathya Sai droit, debout et souriant. Tout à fait surpris, Seshama se précipita dehors et trouva alors Swami debout contre le mur où il l'avait quitté !

La conversion de la famille se produisit à peu près à cette même époque. Le Père, Pedda Raju, avoua des années plus tard à Kasturi qu'à cette époque, il jugeait son fils comme coupable d'exécuter des tours de prestidigitation. Souvent il se mettait en colère contre lui devant son insistance à dire qu'il était la réincarnation de Sai Baba de Shirdi.

Un jour, alors que toute la famille était réunie, le père exigea de son fils qu'il leur offrit une preuve. Baba matérialisa de la "vibhuti" et lança la cendre à la volée dans toutes les directions où ils se tenaient. Puis, prenant un bouquet de fleurs, il lança celles-ci négligemment sur le sol et, à l'étonnement de la famille, elles tombèrent en formant un dessin où était épelé "Sai Baba" en Telugu, comme si un aimant divin les avait arrangées ainsi ! Le père en conclut que ni tricherie ou ni dextérité n'auraient pu accomplir un exploit comme celui-ci.

Un an plus tard, à l'âge de treize ans, Baba délaissa ses livres et quitta l'école. Il dit à son frère : "Je pars, je ne suis pas des vôtres, "maya" (l'illusion) s'est dissipée. Mes fidèles m'appellent. J'ai ma tâche à accomplir." Comme le Christ dans le temple de Jérusalem quand il renia sa propre famille et presque exactement au même âge. Il lui fut donné une formidable démonstration d'amitié par le collège et par un défilé de gens de la ville. A treize ans, juste avant son anniversaire, en novembre 1940, il était virtuellement proclamé "avatar".

Il retourna à Puttaparthi, mais ne vécut plus avec sa famille. Il organisa une sorte de camp dans le jardin de l'agent comptable du village qui lui bâtit un abri, servant aussi de salle de prières. Celui-ci dut être agrandi très vite car les pèlerins commencèrent à affluer. C'est à cette époque qu'il matérialisa des quantités de nourriture. Il cassa deux noix de coco, versa le jus dans des récipients vides et il y eut alors de quoi manger pour tous ceux qui étaient présents.

La femme du comptable, Subbamma, devint une fervente disciple. En fait, elle mit sa maison à la disposition de Baba et de ses disciples dont le nombre croissait rapidement. Certains jours, elle faisait la cuisine pendant huit heures. Quand, quelques années plus tard, elle fut étendue, mourante, Swami accomplit un long voyage pour venir à son chevet mais il arriva trop tard : elle était déjà morte et allait être incinérée.

Il s'assit près d'elle et miraculeusement lui rendit la vie en l'appelant doucement deux fois par son prénom. Sur quoi, elle ouvrit les yeux et étreignit sa main avec joie. Alors, lui parlant doucement, affectueusement et matérialisant des gouttes d'eau du Gange de ses doigts sur ses lèvres, il lui permit de s'éteindre dans un état de béatitude. Depuis ce jour, Swami parle de Subbamma avec une grande affection.

Le temps arriva où la maison du comptable et le jardin (dans lequel des tentes avaient été dressées sur chaque mètre disponible) devinrent trop petits pour recevoir la foule grandissante des disciples de Baba ; un petit "ashram" fut alors construit. Sa chambre, dans ce premier "ashram", mesurait juste deux mètres sur trois. Maintenant, quelques quarante ans plus tard, l'"ashram" à Puttaparthi peut recevoir dix mille visiteurs !

Pendant son adolescence, Baba était si enjoué que parfois les miracles qu'il accomplissait étaient de véritables farces. Il n'a jamais été un homme triste ! La première occasion se présenta alors qu'il était encore enfant à l'école. A cause d'un manque d'attention, on lui avait donné l'ordre de se mettre debout sur une chaise. A la fin de la leçon un autre maître entra dans la classe pour donner le cours suivant ; mais il fut surpris de voir son collègue rester assis. Il y eut une conversation à voix basse pendant laquelle le premier maître expliqua que lorsqu'il voulait se lever de sa chaise celle-ci restait collée à son postérieur. Le second maître, une âme éclairée qui avait connaissance des pouvoirs magiques de Swami, suggéra que l'enfant fût dégagé de sa punition. Aussitôt que cela fût fait, le maître embarrassé put quitter la classe sans la chaise collée à son postérieur.

A une autre occasion, pendant un voyage en char à bœufs avec plusieurs véhicules dans le convoi, il se transforma en une petite fille abandonnée qui demandait à être montée sur un char, ayant matérialisé des habits féminins, etc. Le convoi fit monter la petite fille, mais alors, à leur consternation, ils découvrirent que Swami manquait. Après de fiévreuses recherches, il fut retrouvé mais la fillette avait disparu. Les disciples réprimandèrent gentiment leur guide de leur avoir causé tant d'inquiétude mais Swami rit simplement de bon cœur. Durant toute sa vie, il s'est efforcé de ne créer aucune barrière entre l'"avatar" et le simple humain, grâce à son sens de l'humour et à son sens de la gaieté. Il est en quelque sorte divinement humain.

A la fin de son adolescence, Baba commença sa mission avec une grande ardeur. Il exécuta sa première opération à Bangalore pour un ulcère au duodénum, matérialisant ses propres instruments dans l'air. Il commença à exorciser les démons et débuta sa mission pour guérir et conseiller.

Il semble que, pour les miracles de guérison, la "vibhuti" reste le tout premier remède à beaucoup de maux. J'ai la conviction qu'il ne matérialise pas toujours cette cendre, mais que parfois elle émane de son corps par un point situé à deux centimètres du bout de ses doigts. A trois reprises, il matérialisa pour moi de la "vibhuti" pendant mon séjour en janvier 1980 et elle me sembla couler de ses doigts quand il la versa dans mes paumes. J'ai aussi observé de très près des photographies.

Kasturi a calculé que jusqu'en 1970, Baba a sûrement produit cinq tonnes de "vibhuti" pendant cette période de sa vie. Ce chiffre peut facilement être doublé à ce jour. La cendre varie de forme, de goût, d'odeur et de couleur. Elle peut être un cube dur ou une poudre fine, sucrée ou sans goût, odorante ou piquante, blanche, grise ou alors brune. Mais le plus souvent, c'est une fine poudre grise à l'odeur et à la saveur douces. Elle se forme parfois sur son sourcil, sur ses yeux et ses joues et quand il quitte son corps : sur sa bouche, sur ses pouces, ses orteils et son front.

Voici un petit éventail de guérisons réalisées par le seul usage de la "vibhuti". Le père d'un disciple à Puttaparthi eut une congestion cérébrale. Baba donna à son fils un paquet de "vibhuti" et lui dit de rentrer à la maison et de le placer sur le front de son père. Mais après le départ du fils, Swami réalisa que le train qu'il avait pris était trop lent et qu'il arriverait trop tard ; il sortit alors de son corps et plaça lui-même la cendre sur le front du père. Quand le fils arriva, il fut transporté de joie de voir la guérison de son père, mais fut perplexe lorsqu'il ouvrit le paquet de "vibhuti", de le trouver vide. Baba avait "téléporté" la cendre lui-même lors de sa visite hors de son corps.

Le Dr D.S. Chander, chirurgien-dentiste à Bangalore, souffrait de calculs biliaires. Il fut guéri en buvant tous les jours une boisson à base de "vibhuti". De même un homme qui avait un blocage des voies urinaires, sur le point de subir une opération, fut soulagé en buvant de l'eau avec de la cendre.

Un parachutiste qui ne pouvait avoir d'enfant absorba de la "vibhuti" sur le conseil de Baba, fut guéri et engendra une famille.

Le Dr Bannerjee, professeur de chimie à l'Institut Indien des Sciences à Bangalore, avait une nièce atteinte d'un cancer virulent. Elle fut guérie par l'usage seul de la "vibhuti". Un jour, Siva Kumar souffrait d'une méningite cérébro-spinale avec une paralysie latérale accompagnée de la perte de la vue et de la parole. Il était à demi-conscient et son visage devenait bleu mais il eut la possibilité de faire comprendre par de faibles signes qu'il voulait prendre un bain de "vibhuti". Il fut étonné lui-même de constater qu'il pouvait sortir du lit et marcher sans aide jusqu'au sanctuaire de la famille où il médita pendant deux heures, après quoi il recouvra la vue et la parole. Dans ce cas, le simple désir de "vibhuti" sans même son application semble avoir produit la guérison.

Parfois, Baba se sert de "vibhuti" comme anesthésique. Le fils du Maharaja de Venkatagiri fut opéré par Swami d'une appendicite, de cette façon. Le garçon ne sentit aucune douleur et la blessure guérit immédiatement en formant une très petite cicatrice.

Mais sans doute la guérison la plus remarquable avec de la "vibhuti" fut celle d'un homme de trente-six ans qui avait eu la poliomyélite à l'âge de douze ans et se trouvait paralysé depuis vingt-quatre ans. Sa mère l'amena au "darshan" de Bombay à Dharmakshetra, en le portant dans ses bras et le confia à M. S.A. Pather de Durban, en Afrique du Sud, puisque la coutume veut que les hommes et les femmes s'assoient dans différentes sections pour le "darshan". Swami remarqua l'invalide, matérialisa de la "vibhuti" et en frotta la main droite de l'homme. Puis il prit la main gauche, la frotta sur la main droite et partit. Presque aussitôt, l'homme sentit la sensibilité revenir dans ses hanches, ses bras et ses jambes. Alors, avec appréhension, il se leva, remuant une jambe après l'autre. Bien vite, il se mit à danser littéralement de joie en sautant dans tous les sens avec des larmes qui ruisselaient sur son visage. Il avait recouvré le plein usage de ses bras, de ses mains, de ses jambes après vingt-quatre ans d'immobilité. En plus de M. Pather, ceci fut évidemment observé par des centaines de personnes qui assistaient à ce "darshan".

De toute façon, Baba ne se sert pas toujours de "vibhuti" pour guérir. A l'hôpital de Puttaparthi, il matérialise des pilules, des poudres, des pommades, des sirops, des huiles, des fruits. M. P. Parathasarathy, un homme d'affaires de Madras, fut guéri de l'arthrite en mangeant une pomme que Swami avait matérialisée pour lui. La mère de ce même homme fut guérie d'une cécité intégrale avec des feuilles de jasmin. Le cousin d'un de mes proches amis indiens qui souffrait d'une aphrodisie extrême fut complètement guéri de son obsession en frottant ses organes génitaux avec une huile spéciale que Swami avait matérialisée. Il mène maintenant une vie conjugale honorable et heureuse.

Le Dr Sitaramiah, médecin responsable de l'hôpital de Puttaparthi, ne se sentait pas capable de prendre cette charge jusqu'au jour où Swami lui assura qu'il s'occuperait de sa guérison ! Baba lui-même opère souvent, matérialisant n'importe quel instrument nécessaire manquant et quand il ne le fait pas, il supervise l'opération et guide la main du chirurgien.

Le Dr Rao, chirurgien à Bangalore, est si conscient que Swami le supervise lors de ses opérations que l'on a vu sa blouse blanche tourner à la couleur safran et redevenir blanche une fois l'opération finie...

Les dossiers dans les hôpitaux de l'"ahsram" sont pleins de cas de guérisons totalement inexplicables sur le plan scientifique et souvent des cas qui se sont révélés difficiles à guérir en Occident tels que cancer, polyarthrite chronique évolutive, etc.

Naturellement, de nombreuses guérisons eurent lieu dans les salles d'interview des deux "ashrams". Même si une guérison physique ne se produit pas immédiatement, il est fort probable que la graine d'une guérison future ait été semée pour la transformation du caractère, conduisant à la très importante guérison de l'âme.

Comme le dit le professeur Kasturi : "Il est rare qu'une personne quitte la salle d'interview avec un œil sec". Swami donne à chacun espoir et courage, assurance et soulagement. Là se révèlent son omniscience et son omniprésence. Il annonce au visiteur ce que celui-ci a dit, fait, ou senti, à qui il a parlé et sur quel sujet, ce dont il a peur, ce qu'il a projeté ou subi, ou bien les rêves qu'il a faits...

Pour citer un fidèle : "Les paroles de Baba, non seulement consolent, mais élèvent la conscience à un plus haut niveau, révèlent des forces cachées et la bonté de notre nature. Le chercheur devient capable, par sa grâce, de se connaître lui-même, de concevoir plus clairement ses obligations, ses responsabilités et ses imperfections. Tout cela, il le fait de la façon la plus naturelle, avec une tape affectueuse dans le dos, les yeux pétillants de gaieté. On reste muet devant sa perception miraculeuse des problèmes de chacun et de ses besoins."

Baba souvent guérit, secourt ou console soit dans sa forme éthérique soit en se projetant dans sa présence physique. Un homme d'affaires parmi ses fidèles était sérieusement malade dans un hôpital de Hong-Kong. On lui avait fait des transfusions sanguines dans les deux bras. Soudain, il vit Swami apparaître à travers le mur et lui parler. Incrédule et croyant avoir des hallucinations, il dit "Swami, est-ce vraiment vous ? Voulez-vous me toucher ?" Baba lui prit la main : elle lui sembla assez solide. N'étant pas encore entièrement rassuré, il demanda à Baba de le soulever et de le transporter dans un autre lit, ce que Baba exécuta, avec tout le matériel. Après avoir jeté de la "vibhuti" sur le lit du malade, Baba disparut à nouveau à travers le mur. Quand l'équipe soignante de l'hôpital revint, tous furent complètement stupéfaits car un si grand malade ne pouvait bouger en aucun cas de cette façon. Quand le patient raconta son histoire, ils ne pouvaient absolument pas le croire, jusqu'au moment où un médecin indien qui travaillait dans cet hôpital arriva et le crut sur le champ.

L'homme guérit et retourna en Inde pour remercier Baba. Il était assis au "darshan", attendant une opportunité ; Swami le reconnut, lui sourit et dit : "Bonjour, Hong-Kong !" Normalement Baba ne pouvait pas savoir qu'il avait été pour affaires à Hong-Kong et qu'il était malade.

M. Radhakrishna, un fidèle âgé, tomba dans un puits large et profond. Ne sachant pas nager, il fut étonné de se trouver suspendu dans l'eau jusqu'à la taille. Finalement, après une grande panique, l'opération fut faite avec une corde et un panier et le vieil homme fut remonté sain et sauf, ce qui ne fut pas le moindre dans son épreuve. Lui aussi se rendit à Puttaparthi le matin suivant pour remercier Baba mais, comme l'homme d'affaires de Hong-Kong, il fut devancé. Il était assis sur le sable attendant le "darshan", quand Swami sortit sur le balcon de sa résidence, le vit, s'inclina et lui cria : "Mes épaules me font encore mal de vous avoir soutenu si longtemps l'autre nuit !"

En juin 1949, le température de Baba monta jusqu'à quarante degrés et puis, tout à coup, baissa jusqu'à la normale. Au dîner, ce soir là, il dit à un jeune disciple de conseiller fortement à sa mère d'être plus prudente avec le feu. Par un appel téléphonique à sa mère pour Madras, Mme Venkatamuni confirma que son "sari" avait pris feu dans sa chambre à prières. Elle parla avec Baba qui lui demanda si ses mains étaient brûlées ; elle répondit en riant : "Non, mais tout à coup je me suis sentie fiévreuse pendant un court moment".

Durant les premières années, des fidèles témoignent que lorsque Baba quittait son corps, sa forme molle faisait des gestes comme traîner, tirer, lever, mettre un bandage, etc. Il expliqua plus tard qu'il sauvait quelqu'un qui se noyait ou se brûlait, ou allait être renversé ou écrasé. Un jour, il était en train de parler à un groupe de gens à Muthukur ; il sortit de son corps pour tirer quelqu'un d'une jeep qui s'était renversée sur lui. A une autre occasion, inconsciemment, il commença à battre ses propres fidèles qui étaient autour de lui. Il expliqua plus tard qu'il avait eu à faire cela pour sauver la vie d'un fidèle pendant une grave émeute à Hyderabad.

Ils ont aussi déclaré qu'il leur était apparu sous toutes sortes de formes, soit déguisé en mendiant, soi en "sadhu", en ouvrier, en cobra et même en chien. (Sai Baba de Shirdi lui aussi pouvait prendre la forme d'animaux.)

Une de ses apparences, en tant qu'électricien, fut particulièrement remarquable. Le Dr Ramakrishna Rao, à ce moment-là gouverneur de deux états indiens, voyageait avec sa femme dans un train sans couloir, pendant la nuit. Soudain, le ventilateur électrique prit feu et ceci pouvait s'étendre à tout le wagon. Le Dr Rao envoya un S.O.S. à Baba. A son complet étonnement, un électricien entra dans le compartiment du côté de la voie ferrée pendant que le train était en transit, éteignit le feu, répara le ventilateur, sortit finalement du côté de la voie ferrée et disparut dans la nuit en demandant au Dr Rao de fermer la porte derrière lui.

Le jour suivant, le Dr Rao et sa femme prirent un avion et, de nouveau, une catastrophe menaça. Au moment où l'avion allait atterrir, les roues du train d'atterrissage se bloquèrent et le pilote se préparait à faire un atterrissage brutal. Mais un fidèle à bord qui portait une bague que Baba lui avait matérialisée, se sentit poussé à aller dans le cockpit et tira un levier qui libéra miraculeusement les roues. A l'aéroport, le Dr Rao téléphona à Baba et pendant qu'il relatait l'histoire de leur sauvetage de l'accident d'avion, Swami l'interrompit et dit : "Mais vous n'avez pas mentionné le ventilateur électrique du train !"

Une méthode de guérison pratiquée parfois par Swami est de prendre réellement sur lui la maladie, ou le "karma" passé négatif d'un fidèle. Le cas le plus connu est probablement celui du disciple qui souffrait d'une grave crise cardiaque (dont Swami déclara plus tard qu'il n'aurait pas pu guérir). C'était juste avant une fête religieuse. Tout le côté gauche du corps de Baba se paralysa, y compris son œil gauche ; il avait du mal à parler également. Il fit comprendre qu'il serait guéri dans cinq jours au moment où la fête aurait lieu ; il devait y faire une conférence. Mais alors que les jours passaient, son état paraissait empirer. A certains moments, il perdait conscience et gémissait ; sa bouche était très déformée et il se traînait par terre pour aller aux toilettes. C'était une sévère épreuve de foi même pour ceux qui étaient les plus proches de lui. Certains doutaient vraiment de son rétablissement et le suppliaient de voir un médecin mais il refusait catégoriquement.

Le matin de la fête, une grande foule était rassemblée ; Baba exigea alors qu'on le transporte dehors sur l'estrade et qu'on l'asseoit sur une chaise. Une sorte d'immense émanation de murmures plaintifs, de gémissements, de pleurs s'éleva quand la foule vit son maître bien-aimé dans ce piteux état. Cela empira quand il fit une faible tentative pour parler devant un microphone et qu'il ne put y réussir. Cela semblait être le désastre ultime.

Alors, faisant signe qu'il voulait un bol d'eau, il y trempa sa main droite et aspergea de quelques gouttes sa jambe gauche. Au bout de quelques instants, il put redresser sa jambe, soulever son pied, se mettre debout et il plaça alors le micro en bonne position et fit un discours parfaitement normal. La foule était en émoi ! Cette fois là, cette fête se déroula dans une sorte de tumulte et il fallut calmer ceux qui avaient presque perdu le contrôle d'eux-mêmes.

A part les attaques et les crises cardiaques, il est connu que Baba a attrapé les oreillons, la typhoïde, qu'il a ressenti les douleurs de l'accouchement et de sévères brûlures pour ses fidèles. Il y a un ou deux cas de guérisons étranges et extraordinaires. Une fois, un disciple avait une grande fièvre. Swami aperçut un bourdon et l'attrapa dans sa main. Il le donna au fidèle et quand le bourdon s'envola la fièvre aussi disparut. Etait-ce un miracle ? Ou bien, fait inconnu de la science, le bourdon porte-t-il en lui quelques propriétés curatives ?

A une autre occasion, un disciple n'avait pas assez de perles noires nécessaires pour embellir l'autel de son saint vénéré et vint voir Swami. Il y avait justement une fourmi noire qui courait sur son pied nu. Swami la prit, la posa gentiment dans la main de l'homme, et aussitôt, au lieu de la fourmi, la main fut soudain pleine de perles noires !

Il y eut deux tentatives pour empoisonner Swami. A chaque fois, comme on peut le supposer, il le savait d'avance. Lors de la première tentative, il sourit simplement, mangea délibérément deux portions de la nourriture empoisonnée et alors sortit puis vomit et ne subit aucun effet nocif. Un prélèvement de cette nourriture après une analyse en laboratoire, révéla qu'elle contenait un poison virulent.

Lors de la seconde tentative, il décida de digérer la nourriture pour prouver à celui qui aurait pu être un assassin qu'il pouvait se guérir lui-même. Après être passé par les symptômes d'un sévère empoisonnement, il se guérit en effet lui-même.

Il n'apparaît pas nécessaire d'être un fidèle de Sai Baba pour être guéri ou secouru. On cite le cas d'un "yogi" qui n'était pas intéressé par Baba mais qui fut sauvé d'une noyade pendant qu'il nageait en descendant le Gange. Swami entendit son appel de détresse pendant qu'il séjournait à Rishikesh.

Le professeur Kasturi dit qu'il y a deux conditions essentielles : soit de porter un objet matérialisé (qui semble agir comme une sorte d'appareil transmetteur) soit d'appeler Dieu, par n'importe quel nom, avec tout son cœur et toute son âme.

La distance non plus ne fait aucune différence. A part la "vibhuti" qui se matérialise sur les photos de Baba dans le monde entier, il y eut le cas de M. et Mme Venkatamuni qui perdirent leurs travellers chèques à Paris. Ils étaient désespérés et envoyèrent un "cri de cœur" à Swami. Le lendemain, Mme Venkatamuni trouva les chèques dans son sac à main qu'elle avait vidé un douzaine de fois pendant la recherche.

Pour prouver à quel point le facteur temps ne joue pas et comment la patience peut être récompensée, il y a l'exemple du vieux sage de quatre-vingt-sept ans qui vint voir Swami. Lorsqu'il avait sept ans, il avait le grand désir d'avoir une vision du dieu à tête d'éléphant, Ganesh. Pendant quarante et un jours consécutifs, le petit garçon avait récité un "mantra" spécial qui, disait-on, donnait cette vision, mais rien ne se produisit. Swami lui rappela la persistance méritoire de sa “sadhana” (prière) et voulut le récompenser en lui donnant une vision de son dieu bien-aimé, Ganesh. Ainsi, ce vieil homme avait dû attendre quatre-vingts ans pour être exaucé dans ses prières.

On a vu Baba entrer dans une cour de justice pour influencer les décisions de la Cour. Une fois, il sortit de son corps pendant douze heures pour sauver un pilote innocent, accusé à tort de détournement de fonds. J’imagine que cette durée était due à la lenteur de la procédure de la Justice car il n’y avait pas de preuve et, bien qu’il ne soit pas précisé si Baba était visible ou invisible, on peut dire qu’il a manipulé l’esprit du juge et des avocats. Le verdict rendu fut : non coupable.

Je puis moi-même témoigner d’un cas similaire où Swami paraît avoir influencé la décision de la Cour, bien qu’il soit impossible d’en donner la preuve absolue. Pendant un entretien de groupe auquel j’étais présent à Brindavan, un américain de mes amis qui est musicien demanda à Swami de l’aider pour un procès en attente dans lequel il était incriminé pour diffamation et devait payer une grosse somme d’argent. Il avait “insulté” le plaignant au cours d’une émission en direct à la télévision. Baba diagnostiqua instantanément le cas et dit : “Oui, je vais vous aider. Cet homme n’est pas en train de défendre son honneur, ce qu’il veut c’est vous soutirer de l’argent.” Plus tard, pendant l’interview, Baba demanda à mon ami le nom du “plaignant”.

Des mois se passèrent pendant lesquels mon ami et sa femme furent très inquiets. S’ils perdaient le procès ils seraient financièrement ruinés. La veille au soir du procès, le plaignant proposa un règlement à l’amiable pour une partie de la somme exigée.

Mon ami fut cruellement tenté d’accepter. C’était une grande mise à l’épreuve de sa foi en la promesse de Swami. Il resta loyal et dans cette circonstance le juge rejeta la demande – le plaignant ne reçut pas un seul sou !

Il y a une grande quantité de ce que j'appellerais des variétés de miracles et de guérisons. Un jour, une voiture précédant celle de Swami, dans laquelle voyageaient des fidèles, renversa un petit garçon qui fut gravement blessé. Swami sortit de sa voiture et toucha l'enfant qui fut immédiatement guéri.

A une autre occasion, sa voiture tomba en panne d'essence pendant qu'il voyageait de nuit. Il dit au chauffeur de prendre un récipient et d'aller chercher de l'eau dans une mare proche. Remuant l'eau avec ses doigts, il la changea en essence.

De même, au cours d'une célébration où se produisit une panne de lumière car le générateur manquait de mazout. Swami prit de l'eau et, cette fois, la changea en mazout.

A Trichinopoly, où il parlait lors d'un rassemblement, il diagnostiqua dans l'auditoire un homme qui était sourd-muet. Il le fit venir, le guérit et ensuite le fit parler au micro !

Le Dr Bannerjee rapporte que Swami provoqua chez lui la "possession" par Krishna, afin de corriger sa mauvaise impression sur cet "Avatar". Apparemment, il avait une idée fausse de Krishna qu'il croyait être un viveur et un libertin. Soudain il éprouva la sensation d'être pur et saint. Après un court moment, Baba plaça la main sur sa tête et le "déposséda" – ceci est un cas de "dépossession" d'un "Avatar" et non d'un démon et le Dr Bannerjee se sentit de nouveau normal.

Un jour, ce même docteur toucha la robe de Swami au "darshan" et, à son grand étonnement découvrit que son doigt blessé qui l'avait fait extrêmement souffrir était immédiatement guéri. Ceci ressemble à l'histoire de la femme de l'Evangile guérie en touchant la robe de Jésus, qui "sentant que le pouvoir était sorti de lui", se tourna vers elle et lui dit : "Femme, ta foi t'a sauvée".

En de rares occasions, il semble que Baba se serve de son "sankalpa" (volonté) pour guérir ou influencer directement les événements. Il a déclaré qu'en cas de nécessité implacable, il peut dominer la Loi du "Karma" et intervenir directement contre la nature ; il affirme, en effet, que les catastrophes naturelles telles que les inondations, les tremblements de terre, etc… sont dues à l'inhumanité de l'homme envers l'homme. Il y eut une période où la rivière Chitravati débordait tellement que le village était en danger. Il "ordonna" simplement aux eaux de baisser et, en dépit du fait que les pluies continuaient, le niveau de l'eau commença immédiatement à descendre. Pareillement, il ordonna un jour à un orage de cesser lors d'une fête, ce qui s'accomplit.

Une dame américaine, infirme depuis des années et souffrant d'arthrite, arriva à l'"ashram" dans un fauteuil roulant. Elle eut l'effronterie de dire : "Je ne crois pas en vous, Baba, je ne crois pas que vous puissiez me guérir". Baba répliqua : "Il m'est égal que vous croyiez en moi ou non – levez-vous et marchez". Il y avait tant d'autorité dans sa voix qu'elle se sentit obligée d'essayer. Elle se leva et marcha, fut complètement guérie après des années d'immobilité et laissa son fauteuil roulant en Inde.

A un niveau plus terre à terre, un jeune étudiant souffrait d'une dysenterie chronique qui ne cessait pas. Baba commanda au corps d'"arrêter la purgation !" – et le corps obéit.

A part la résurrection des morts, le phénomène peut-être le plus significatif chez Sai Baba c'est la formation dans son estomac de "lingams", qu'il fait sortir par la bouche à l'occasion de la fête annuelle de Shivaratri. Je constate qu'il a, maintenant, cessé cette pratique ; mais pendant des années ce fut un événement qui causa une énorme agitation et exaltation spirituelle parmi ses fidèles, particulièrement les plus évolués.

Ce "lingam" a la forme d'une ellipse et mesure environ quatre centimètres de longueur. Il est en cristal de quartz ou bien en or ou en argent. Le nombre produit varie de un à neuf. Il symbolise le principe de polarité primaire des forces positives et négatives, le principe des opposés sur lequel tout le cosmos est fondé.

Pour citer Sai Baba lui-même, "Le "lingam" est le symbole de non-commencement et de non-fin, ou de l'Infini… Cela en qui tous les noms et toutes les formes se fondent… et Cela de qui toutes les manifestations proviennent. C'est le symbole parfait du Seigneur omnipotent, omniscient et omniprésent. Toutes choses viennent de lui et toutes choses vont à lui"*.

Ceci me semble expliquer l'origine des opposés, des forces positives et négatives, du "bien" et du "mal" qui, peut-être un jour, seront réharmonisées en un tout et ne seront plus ce qu'elles semblent être.

Puisque le "lingam" représente la base du principe et du pouvoir de création, il est considéré par les Hindous comme étant l'objet de vénération le plus élevé sur le plan physique. Il est aussi affirmé que sa forme elliptique crée un canal entre Dieu et ses adorateurs, raison pour laquelle cette miraculeuse production par Sai Baba à la fête annuelle de Shivaratri cause une telle exaltation spirituelle chez ses disciples.

Les objets de toutes sortes matérialisés par Baba durant sa vie sont légion et peuvent maintenant se compter par dizaines de milliers. Des images sculptées en bois de santal, des icônes en argent, des sandales en argent, des figurines en ivoire, des emblèmes de Shiva en topaze, en saphir ont été de temps à autre matérialisés et donnés, ainsi que des bagues, des médaillons, des rosaires à profusion. Ces derniers ne sont pas, comme l'insinuent quelques critiques, des breloques bon marché. Les éléments qui les composent ont, dit-on, des qualités curatives et on dit aussi qu'elles écartent les mauvais esprits.

Comme on peut l'imaginer, ces objets établissent aussi un lien plus étroit entre celui qui les porte et Baba, lien aussi bien physique que spirituel. Ainsi qu'il le dit : "Je vous donne ce que vous voulez de façon à ce que vous puissiez désirer ce que je suis venu vous donner". Je peux témoigner personnellement que de porter un objet matérialisé établit ce lien.

Pendant l'été 1980, je fus sauvé d'un grave accident. Je travaillais sur un échafaudage quand l'échelle sur laquelle je me tenais glissa en arrière comme un cheval qui se cabre. Il semblait inévitable que je sois projeté sur le sol en ciment et que je me fasse très mal. Pris de panique, je criai le nom de Swami

* Vision of the Divine par le Dr Fanibunda, page 55.

et embrassai sa bague. Pendant une seconde, peut-être deux, je ne sais ce qui se passa, mais je ne perdis pas conscience. Je sais seulement que je me suis retrouvé les deux pieds bien plantés sur une haute marche à quelque distance du bas de l'échelle et la tenant à deux mains à trente centimètres au-dessus du sol.

En revoyant la scène d'en bas, il est évident que cela ne pouvait pas se produire étant donné la force de la pesanteur. Je suis sûr que Swami m'a sauvé.

Le sable paraît être une matière avec laquelle Swami peut aisément matérialiser des objets, ainsi qu'accomplir des miracles par alchimie. D'innombrables miracles ont eu lieu aux abords sablonneux de la rivière Chitravati à Puttaparthi, ou sur la plage. En fait, ses disciples essayent parfois de l'entraîner vers les sables, car ils savent que des miracles se produiront. Il prendra une poignée de sable et la donnera à un disciple comme une poignée de bonbons, ou un morceau de sucre candi. Il peut matérialiser une image de lui ou de Sai Baba de Shirdi. Un jour, alors qu'il marchait sur le sable, cent-huit perles (symbolisant les cent-huit attributs de Dieu incarné) tombèrent à chacun de ses pas et furent ramassées par les fidèles qui l'entouraient pour former un rosaire. Il a produit des transcriptions de la "Bhagavad-Gita" sur les sables, parfois en langues différentes et une fois en gros caractères pour un disciple qui avait une mauvaise vue.

A l'occasion des anniversaires de Rama et de Krishna, invariablement, il s'asseoit dans le sable avec un groupe de disciples autour de lui et il produit des images de ces deux "Avatars", qu'il donne à quelqu'un de présent pour sa salle de prières. Je connais personnellement une dame à qui il fut donné une statue en or de Krishna de cette façon et qui l'a placée dans sa "puja".

Le Professeur Kasturi donne une longue liste de rivières et de rivages où Swami a accompli des miracles semblables. Une fois, à Masulipatam, il marcha directement dans la mer, on le vit sur le dos d'un serpent de mer et, quand il revint sur la plage, ses vêtements étaient tout à fait secs !

Voici un exemple montrant que Baba, pendant toute sa vie, n'a jamais matérialisé quoi que ce soit pour lui-même. Une fois, à la nuit tombante, alors qu'il rentrait d'une longue randonnée avec un petit groupe de disciples, un cobra qui traversait la route le piqua à la jambe. Baba tomba et de l'écume vint à sa bouche. Il s'arrangea pour atteindre le disciple le plus proche et lui demanda de faire trois ou quatre cercles de la main ; quand celui-ci les fit, il sentit soudain à son complet étonnement, ce que Kasturi décrit comme "une sorte de talisman" dans sa paume de main. Ceci fut appliqué sur la morsure du serpent ; Swami se leva et se sentit parfaitement bien cinq minutes après.

Ainsi, même affrontant le danger du venin mortel d'un serpent, Baba a voulu transmettre à quelqu'un d'autre le pouvoir de matérialiser plutôt que de produire un remède pour lui-même.

Il lui fut souvent difficile de persuader d'anciens disciples de Sai Baba de Shirdi qu'il est une réincarnation du vieux saint musulman. Pour faire obstacle à cela, il lève quelquefois les deux mains où apparaissent dans l'une une vision de lui et dans l'autre une vision de Sai Baba de Shirdi. Il a matérialisé de nombreuses photographies du précédent Sai Baba, souvent pour corriger de fausses impressions.

Un jour, étant enfant, il entraîna sa sœur dans une pièce de la maison familiale et lui fit avoir une vision, non seulement de Sai Baba de Shirdi, mais aussi de toute la scène de l'endroit où il vivait. Il donna les moindres détails des seize premières années de la vie du vieux saint, sur lesquelles il n'existe aucun témoignage.

Un jour, adolescent, il fut invité au palais de la Rani (Princesse indienne) de Chincholi dont le mari, le Rajah, était mort. Ils avaient été des disciples fidèles du Saint de Shirdi et la Princesse était intéressée de voir ce garçon qui prétendait être sa réincarnation. En arrivant au palais, Baba montra tous les changements qui eurent lieu depuis son incarnation à Shirdi – un arbre qui avait été abattu, un puits qui avait été comblé, une nouvelle rangée de boutiques qui avaient été construites. Puis il demanda à la Princesse où se trouvait un certain portrait de Kirshna que Sai Baba de Shirdi avait donné à son mari. Elle n'avait jamais eu connaissance de ce cadeau ; Baba suggéra alors que l'on fasse une recherche sérieuse dans le palais. Au grand étonnement de la Princesse, le portrait fut retrouvé. Elle fut convaincue.

Une fois, il se rendit à Delhi, hors de son corps, pour convaincre un homme, Chidambara Iyer, qui hésitait entre les deux. Il prit physiquement l'aspect d'un cycliste et engagea la conversation avec cet homme qui rentrait de son travail en bicyclette. Tous deux s'arrêtèrent pendant quelques instants et allèrent dans une chapelle. Là Baba fit son geste habituel de lever les deux mains en donnant une vision de Sai Baba de Shirdi et de lui-même sur chacune des paumes. Puis il partit à bicyclette et, à l'étonnement de l'homme qui le regardait, il disparut soudainement dans l'air !

Baba a souvent reconnu de vieux disciples de sa précédente incarnation et, à leur surprise, il leur donna des comptes-rendus de son association avec eux dans cette vie antérieure. Plusieurs d'entre eux qui ont connu les deux disent qu'il y a une identité certaine de mission et de message. Un de ceux-là est le Yogi Suddananda Bharathiar de Madras. Kasturi, lui aussi, dit qu'il y a une extraordinaire similitude dans la parole, le style, l'attitude, l'apparence et les enseignements.

Dans la vaste majorité des cas, Sai Baba matérialise des objets, mais aussi parfois il les "téléporte". Pour la première visite de Howard Murphet, il fit les deux – il changea une fleur en diamant ; mais pour l'anniversaire de Murphet il lui "téléporta" une vieille pièce de monnaie américaine où était gravée la date de la naissance de Murphet.

Quand meurt un disciple et qu'il n'y a personne dans la famille pour apprécier l'objet précieux, Swami dit que celui-ci lui revient. Quand un objet matérialisé est perdu ou volé il est "re-téléporté". C. M. Padma reçut une fois un second rosaire de Baba et quand il lui demanda pourquoi, Swami dit : "le vôtre a été volé la nuit dernière. Le voici." Il s'aperçut que cela était vrai quand il rentra chez lui. Sa maison avait été cambriolée et la boite en argent dans laquelle il gardait son rosaire avait été prise.

Une fois, par inadvertance, un disciple dépensa un billet d'une roupie sur lequel figurait la signature d'un ami très cher. Swami le lui "re-téléporta".

Une dame, propriétaire d'une plantation de café, perdit une bague avec un solitaire qui avait pour elle une grande valeur sentimentale. Des mois plus tard, quand Swami lui rendit visite chez elle, il remarqua qu'elle se lamentait encore sur la perte de cette bague, il la téléporta alors à l'endroit où elle se trouvait et, avec surprise et ravissement la dame reconnut sa bague.

Il y eut même des cas où Baba s'est téléporté à lui-même un objet en retour, quand le récipiendaire avait donné la preuve qu'il n'en était pas digne. Un musicien manquant d'argent avait accepté l'idée de vendre un rosaire matérialisé pour lui par Swami. Celui-ci disparut immédiatement. Repentant, le musicien retourna à l'"ashram" et Swami plein d'indulgence lui rendit le collier qu'il reconnut être le même.

Le cas le plus remarquable fut sans doute celui d'une dame qui avait perdu son "japamala" depuis environ quatre ans. Un jour où elle marchait au bord de la rivière à Puttaparthi avec Swami, il creusa soudain le sable et sortit le même collier qu'elle reconnut immédiatement ; il le lui tendit en disant : "Vous l'avez perdu à Bangalore il y a quatre ans".

Parmi d'autres exemples de matérialisations actuelles, on peut citer celui d'une dame qui cassa ses lunettes au "darshan". Swami matérialisa une nouvelle paire dont les verres étaient identiques aux premiers.

Une fois, dans ses quartiers privés, avec un groupe de fidèles, il matérialisa une photographie de la pièce où ils se tenaient et quand les disciples se plaignirent que le fond était un peu sombre, que sa coiffure était en désordre et qu'il ne s'était pas rasé, il répliqua : "Mes chers amis, ceci est une photographie de moi et les choses dans cette pièce sont exactement comme elles sont en ce moment !"

Durant une discussion sur les différentes théories des origines de l'homme, Baba dit un jour que les humains étaient en relation plus étroite avec la variété des singes grimpeurs qu'avec celle des singes marcheurs. Un professeur d'anthropologie était présent et voulut en savoir davantage. Swami matérialisa alors un singe grimpeur en miniature, sans queue, sans cheveux. Ce travail artistique de valeur scientifique est maintenant au musée d'histoire naturelle à Brindavan. Serait-ce une miniature du "lien manquant" ?

Pour conclure, je voudrais décrire deux des miracles les plus remarquables accomplis par Baba, mis à part la résurrection des morts. Le premier eut lieu entre 1948 et 1950, quand l'ashram de Puttaparthi fut agrandi. L'auditorium Purnachandra mesure quarante-six mètres de large et ne comporte pas de colonnes centrales. La toiture est soutenue par de gigantesques piliers. Il était impossible de les transporter par camion car la dernière section de la route pour Puttaparthi était à peine plus large qu'un chemin pour chars à bœufs, avec des conduites d'eau cassées, des tas de boues et ainsi de suite. Les camions s'enfonçaient jusqu'au moyeu de la roue et s'y trouvaient bloqués.

L'ingénieur en chef entendit parler d'une grue mobile utilisée pour la construction d'un barrage et qui avait été abandonnée car elle nécessitait des réparations. Il consulta Baba. Swami lui donna plusieurs paquets de "vibhuti" et lui dit d'en asperger le moteur. Il le fit et, à son grand étonnement, le moteur toussa puis se mit en route !

Le résultat fut que la dernière étape du transport des piliers réussit grâce à l'usage d'une vieille grue rouillée mise en marche par la "vibhuti" et conduite comme un tank à travers les cours d'eau, les marais, les tuyaux cassés jusqu'aux abords de Puttaparthi où Swami lui-même prit le volant et déposa les monstres d'acier à l'endroit précis où on en avait besoin.

L'ingénieur grogna même parce qu'il n'avait pas l'équipement nécessaire pour soulever les piliers dans la bonne position. Déterminé, Swami lui donna les instructions pour utiliser d'une façon primitive un assemblage de cordes et de poulies qui paraissait totalement inadéquat ; pendant ce temps, il rassembla autour de lui cinq cents disciples environ et leur apprit à crier les mots : "Jai Sai Ram" d'une manière très spéciale.

Quand le travail de soulever et de tirer commença, un cri puissant de "Jai Sai Ram" s'éleva et, à l'étonnement de chacun, les piliers aussi s'élevèrent et furent mis en place comme s'ils étaient aussi légers que l'aluminium. C'est ce qui se passa probablement à Stonehenge et pendant la construction des pyramides, où le pouvoir du son fut utilisé (Swami affirme qu'au temps de Krishna, des petites machines volantes existaient qui étaient "nourries" par le son d'un "mantra"). Cela dut avoir lieu pour l'armée de Josué au siège de Jéricho ; seulement, cette fois, le pouvoir du son fut utilisé pour construire au lieu de détruire.

En 1957, le sage Satchidananda assista à un dédoublement de Baba. Peu de temps avant d'entrer en transe, il cria d'une voix forte : "Ne tirez pas", en Telegu*. Un officiel du Gouvernement avait été congédié quand eut lieu la réorganisation des états de l'Inde et il était sur le point de se tuer avec un revolver quand un grand coup fut frappé à sa porte. Vite, il cacha le revolver sous les draps de son lit et alla ouvrir la porte pour y voir un vieil ami de collège accompagné de sa femme et d'un porteur. Ils eurent deux heures de conversation pendant lesquelles l'ami et sa femme distrayèrent le fonctionnaire afin qu'il ne pense plus à se suicider. A aucun moment il ne vit quelque chose d'étrange dans ces visiteurs qui parlèrent des anciens moments vécus ensemble.

Il les invita à passer la nuit, mais à son regret, ils refusèrent et partirent. Il alla alors dans sa chambre pour prendre le revolver avec l'intention de le mettre en sécurité et découvrit qu'il avait disparu. En sortant de cette transe, Baba lui fit im-

* Langage utilisé par les Dravidiens au Sud-Est de l'Inde (N.D.T.).

médiatement envoyer un télégramme : “Ne vous inquiétez pas, l’instrument est avec moi”.

Entre temps, le fonctionnaire, pensant à quelque miracle extraordinaire, enquêta auprès de ses fidèles amis en allant les voir chez eux, très loin ; il découvrit qu’ils n’étaient nullement venus dans sa localité lui rendre visite.

Ainsi, Baba avait non seulement téléporté le revolver jusqu’à lui-même mais il s’était transformé avec les détails les plus corrects et les plus minutieux de l’apparence, de la voix, de l’attitude, des gestes, de l’idiome et racontant même des événements passés quand les deux amis étaient ensemble au collège.

Swami Satchidananda maintient qu’il n’existe rien sur la totalité des écrits de l’Inde qui puisse être comparé à cet incroyable phénomène.

Et pourtant Sathya Sai Baba nous dit que ses miracles sont la partie la moins importante de sa mission et cela, en effet, est exact. Sa mission est de sauver l’humanité par une transformation spirituelle du monde.

7

Le travail d'assistance de Sathya Sai Baba

"Vous les reconnaîtrez à leurs fruits."

J'ai écrit combien les miracles de matérialisation et de guérison de Sathya Sai Baba étaient faits sur une grande échelle. Bien moins connu est son travail d'éducation et d'assistance qu'il regarde comme étant de beaucoup plus important que les miracles. J'écris sur ces aspects de sa mission, en partie parce qu'ils doivent être connus et en partie pour désarmer ces gens critiques qui demandent pourquoi il ne matérialise pas de la nourriture plutôt que de la cendre (vibhuti) dans un monde où il y a tant d'affamés et pourquoi, s'il est un "avatar", il permet les tremblements de terre, la famine et les épidémies.

La réponse est, qu'à l'occasion, il matérialise de la nourriture pour ceux qui ont faim et il y a eu des moments où par l'utilisation de son "sankalpa" (volonté) il a transcendé le "karma" (destin) négatif de l'homme en allégeant les conséquences des catastrophes qui semblent naturelles et qui, en fait, sont causées par l'égoïsme de l'homme et sa cupidité.

Mais en faire une généralité briserait la loi sacrée du karma sur laquelle toute la Création est basée. Le devoir de Baba est de transformer l'esprit humain afin que ces calamités n'aient pas lieu ; devrait-il créer une sorte de paradis artificiel avant que nous ne soyons prêts à le supporter ? Nous retournerions en arrière en moins d'un siècle pour retrouver les mêmes conditions qui prévalent dans le monde d'aujourd'hui.

Pendant ce temps, il s'est engagé dans un programme d'éducation et d'assistance dont les possibilités et la conception n'ont jamais été envisagées par aucun "avatar". L'échelle en est vraiment gigantesque. "Ma vie est mon message" dit-il. Quand Baba proclame qu'il est l'Incarnation de l'Amour, avec l'Amour comme instrument, que personne ne pense qu'il ne met pas en pratique ce qu'il dit ! Il n'est pas un saint cloîtré ni un gardien d'"ashram" !

On reste perplexe, lorsqu'on saisit l'envergure de l'assistance réalisée par Sai Baba dans toute l'Inde. La plus grande partie du travail est faite par l'organisation Seva Dal que Baba a créée, comprenant vingt mille membres, tous entraînés. L'instruction est donnée aux volontaires, dans cette organisation, pour les spécialisations hospitalières, les transfusions sanguines, la dentisterie, l'ophtalmologie, etc. Les aptitudes sont mises en valeur par l'enseignement d'une grande variété de travaux techniques. En plus des travaux manuels de plomberie, de charpente et de maçonnerie, on apprend aussi à remonter un moteur, à dépanner un scooter ou une automobile, un réfrigérateur, à manœuvrer un projecteur et aussi à dépanner l'équipement agrico-industriel (c'est-à-dire : les machines agricoles, les bulldozers, les grues ou autres engins qui servent à la construction des routes et des barrages).

Les femmes apprennent à tricoter, à faire de la poudre de savon, de la couture, de la broderie, de la cuisine, de la fabrication de confitures, de la décoration intérieure et des travaux similaires.

En fait, ces volontaires sont aptes à faire presque tout. Ils sont pleins d'initiative et d'ingéniosité. Dès qu'il y a nécessité, ils s'organisent avec efficacité. Et dans un pays comme l'Inde, avec son immense population, son retard par rapport à l'Occident et son absence d'assistance sociale nationale, les besoins semblent être sans limite. Les volontaires du Seva Dal peuvent être vus faisant n'importe quoi, depuis enlever de grosses pierres pour rendre le chemin accessible à un char à bœufs allant d'un village isolé au crématorium, afin de donner aux défunts une certaine dignité pour leur dernier voyage, jusqu'à organiser un hôpital dans un champ où cent médecins pourront donner des soins.

Ils ramassent des livres de classe usagés pour les enfants dont les parents sont trop pauvres et les réparent. Ils apprennent le Braille aux élèves aveugles et ils sont leurs "scribes" pour les examens. Ils fabriquent des béquilles pour les estropiés et on les appelle "les soutiens de Sai". Ils offrent leur service dans les hôpitaux comme donneurs de sang et lèguent leur yeux par testament. Un ophtalmologiste de Madras a déjà reçu quatre cents yeux des volontaires du Seva Dal. Un hospice de vieillards à Monegar Chouldry est exclusivement dirigé et servi par eux.

Chaque année en Décembre a lieu "La journée du Service Médical" où sont faits des dons tels que des bouteilles à oxygène, des fauteuils roulants, des livres en caractères Braille et autres équipements pour les institutions qui en ont besoin.

Prenons par exemple un état, celui du Tamil Nadu où se situe Madras. Dans Madras seul, cinquante mille malades par an bénéficient des centres d'urgence qui ont été créés. On procède à des examens médicaux gratuits ; des radiographies y sont faites et il y a des dispensaires gratuits pour les médicaments. Les médicaments sont récoltés chez les gens aisés de la ville qui ont des surplus (les ordonnances surchargées sont communes à tous les pays) ou bien dans des laboratoires pharmaceutiques dont les directeurs sont des disciples de Sai ; ils distribuent des exemplaires gratuits ; les médecins donnent également des échantillons gratuits. Dans les dispensaires de Madurai, Ramanathapuram, Coimbatore et Kallamadi il y a en moyenne cent patients par jour dans chaque centre.

Naturellement, on recherche la coopération et celle-ci est accordée volontiers aux services existants. Par exemple, l'aide médicale des personnes d'âge mûr, sans famille, est appréciée dans les hôpitaux. Cela est appelé l'"adoption". Des séances montrant des films sur Sai Baba sont données dans les services et l'on prête des cassettes de chants dévotionnels ou "bhajan". Des réserves de sang sont envoyées par les centres de donneurs aux hôpitaux et l'on obtient quelquefois du sang appartenant à un groupe rare. Des enfants orphelins ou attardés mentaux dans des Institutions, trouvent des parents adoptifs. Sai Baba lui-même adopta des centaines d'enfants devenus orphelins après une catastrophe.

Mais la plus grande partie du travail de Sai Baba est faite dans l'esprit d'une entreprise privée. Le Gouvernement indien l'encourage avec gratitude et enthousiasme. Dans certaines régions, où se trouvent de nombreux groupes de volontaires du Seva Dal, des villages entiers sont "adoptés" et les besoins sociaux urgents sont pris en charge. Récemment, des villageois furent étonnés de voir des jeunes filles, éduquées dans des Universités féminines, creuser un long canal pour l'écoulement des eaux et travailler sous un soleil brûlant, maniant pelles et pioches ; ils vinrent volontiers se joindre à elles dans leur tâche. De même, elles retiraient la boue séchée des puits et les creusaient jusqu'au nouveau jaillissement de l'eau.

Il y a une équipe de volontaires pour faire les visites médicales dans les écoles et les orphelinats de la province. De la sorte, environ cinquante mille enfants ont été examinés et suivis par un service qui distribue les médicaments, les toniques, les vitamines, ainsi que les lunettes et les appareils acoustiques.

Les hôpitaux mobiles sont généralement montés dans des endroits reculés de la campagne où médecins et hôpitaux sont difficilement accessibles. En 1979, plus de trente mille patients, (des paysans pour la plupart), furent soignés dans onze camps placés dans les lieux reculés de la province. Des équipes de cinquante à quatre-vingt médecins et deux cents aides paramédicaux qui offraient leurs services bénévolement étaient équipés pour soigner la tuberculose, pour opérer les yeux, pour les soins gynécologiques et d'autres conditions spécifiques. Des malades graves furent transportés dans un service spécialisé à Madras pour être soignés et, après traitement, reconduits chez eux dans leurs quartiers à la limite de la province.

Peut-être est-il indiscret de mentionner le nom d'un médecin, mais le docteur Modi, chirurgien ophtalmologiste, a offert gratuitement ses services à Swami pendant les vingt-cinq dernières années. Il visite les hôpitaux mobiles dans toute l'Inde et, jusqu'à ce jour, on estime qu'il a pratiqué cent mille opérations de la cataracte avec un taux de succès de plus de 90 %.

De grands efforts sont faits pour nourrir ceux qui ont faim. (Il est demandé à chaque volontaire de Sai Seva de mettre de côté une poignée de riz par jour, celui-ci étant recueilli tous les mois). Dans les endroits les plus éloignés, la liste des vieillards et des nécessiteux est enregistrée et tous les jours il leur est apporté de la nourriture. Quatre-vingts de ces centres existent rien que dans la province du Tamil Nadu. Des rations de nourriture sont également fournies aux enfants les plus pauvres de Madras qui n'ont pas les moyens de manger à la demi-pension de l'école.

En 1976, il y eut une sévère sécheresse dans le district de Coimbatore. Un millier de paysans dans les villages furent approvisionnés en nourriture et en eau potable pendant six semaines en attendant la relève du Gouvernement.

Et l'année suivante une opération de secours vraiment gigantesque fut organisée par le Seva Dal. Un terrible cyclone frappa la côte de l'Andra Pradesh. Un puissant raz de marée avec des vagues de huit mètres pénétra jusqu'à soixante-cinq kilomètres à l'intérieur des terres, causant une énorme dévastation. Des milliers de gens moururent, des villages entiers disparurent, des centaines de bovins et les stocks furent noyés. Les épidémies se propagèrent rapidement.

Cela arriva à l'époque de la célébration de l'anniversaire de Swami, alors qu'une conférence pour le Seva Dal de toute l'Inde et les trois mille quatre cents centres Sai devait aussi avoir lieu. Swami décommanda le tout et envoya les membres du Seva Dal à l'action.

Le premier travail fut de patauger dans la boue et la saleté, les vapeurs nauséabondes et malsaines, de ramasser les cadavres pourrissants entassés les uns sur les autres et de les transporter dans les endroits de crémation ou d'enterrement. Quelques-uns furent trouvés enroulés autour des arbres tombés sur lesquels ils avaient grimpé en vain pour essayer d'éviter les eaux montantes. Les cadavres des vaches durent aussi être enlevés.

Près d'un million de roupies affluèrent en quelques jours pour venir en aide, données par les disciples Sai. Quatre camps de secours furent montés avec une pleine équipe de médecins et de volontaires du Seva Dal. Des camions de nourriture, de vêtements, de couvertures, de tentes et de médicaments furent rapidement envoyés aussi près que possible des campements, sur une terre ferme, et ensuite portés sur la tête par des adeptes.

Ainsi, cinq mille hommes et femmes désespérés, sans abris, qui avaient par quelque moyen réussi à s'échapper, furent pris en charge, soignés et sauvés. Des petits groupes qui avaient trouvé refuge autre part furent rejoints à travers la boue et l'eau et approvisionnés en nourriture. Mais il est douteux que les secours du Gouvernement aient pu arriver à temps si la présence, le courage et toutes les ressources du Seva Dal n'avaient été présents.

Ils travaillèrent littéralement jour et nuit pendant quatre semaines dans les conditions les plus repoussantes et quand les eaux se retirèrent, ils érigèrent des huttes primitives qu'ils équipèrent aussi bien qu'ils le purent avec des ustensiles de cuisine, des matelas et des tapis de jonc tout en chantant des "bhajans" pour redonner du courage aux survivants prostrés et désolés, et ils arrivèrent à les persuader de reprendre leurs vies de pêcheurs ou de fermiers.

Ce fut vraiment une opération héroïque qui mit à l'épreuve les volontaires du Seva Dal à la limite du possible et leur fit donner le meilleur d'eux-mêmes. Beaucoup s'évanouissaient à cause des puanteurs nauséabondes et ils étaient près de l'épuisement total après quatre semaines sans sommeil et sans nourriture. Je ne pense pas que cela eût été possible sans l'inspiration de Sai Baba.

En des temps plus normaux, aux "ashrams" de Puttaparthi et de Brindavan où les mendiants ont tendance à s'agglomérer, Swami veille à ce qu'ils soient tous convenablement nourris. A la conférence mondiale de novembre 1980, il demanda instamment à chacune des familles de fidèles d'économiser assez pour nourrir un nécessiteux chaque jour de l'année.

Quand il dispose de fonds, Swami bâtit des rangées de petites maisons dans les régions particulièrement pauvres. Il favorise spécialement les "Harijans" (le peuple de Dieu) appelés les "intouchables", de façon à jouer son rôle pour libérer le pays du préjugé des castes.

On peut dire que presque chaque besoin convenable est pourvu, bien que ce soit sur une échelle limitée dans un pays aussi surpeuplé et aussi pauvre. Même des mariages en groupes sont organisés pour ceux qui sont trop pauvres pour avoir le leur. On leur donne de la nourriture spéciale ; des vêtements sont fournis gratuitement aux couples de mariés et pour chaque couple jusqu'à vingt personnes de la famille et des amis sont invitées.

Je peux dire honnêtement que je n'ai pas relaté la moitié de l'étendue du travail humanitaire d'assistance qui est entrepris dans ce seul état du Tamil Nadu – et qui est répété dans d'autres régions, car je ne pense pas que ce soit une exception. Autant que je sache, la même chose a lieu dans chaque Etat de l'Inde. Au total cela représente un prodigieux effort.

Sans aucun doute les besoins varient d'un Etat à l'autre. Dans les deux Etats où sont situés les "ashrams", par exemple, des cours sont donnés aux villageois dans les fermes laitières modèles des "ashrams". A Bombay, où il y a un nombre considérable de chômeurs, j'ai visité, au Dharmakshetra de Swami, des ateliers bien équipés pour apprendre aux jeunes chômeurs des métiers variés. Il est certain que la même émulation a lieu dans les principaux centres Sai des grandes villes. Dharmakshetra possède aussi une grande bibliothèque où l'on prête des livres et une salle de classe pour aider les retardataires. Swami a aussi une école polytechnique pour l'agriculture et des écoles techniques à Puttaparthi, Bombay, Calcutta, etc.

On peut affirmer, sans se tromper, que les deux préoccupations prioritaires des volontaires du Seva Dal sont la faim et la maladie. Swami aussi y participe personnellement, compte tenu qu'il inspira et mit en œuvre l'entière organisation. Il aime nourrir le nécessiteux. Il faisait cela à l'âge de trois ans ! Au festival de Dassehra, pendant le jour consacré à nourrir les pauvres, il insiste pour distribuer personnellement la nourriture à environ quinze mille personnes, aidé des volontaires et, chaque année, un “sari” est donné à chaque femme et un “dhoti” à chaque homme.

Il visite fréquemment les prisons et les maisons de correction. Sa présence et ses encouragements ont un effet miraculeux. Beaucoup de cellules de prison sont devenues des petites chapelles et beaucoup de délinquants, des disciples. Ami des ambassadeurs, des ministres, des scientifiques, des philosophes, il est bien davantage encore l'ami des malfaiteurs, des estropiés, des aveugles, des invalides et des malades. Comme il le dit lui-même : “Je suis le plus heureux quand je suis avec ceux qui en ont le plus besoin”. Sai Baba donne le réconfort, l'espoir et l'élévation spirituelle partout où il va, mais il n'oublie pas nos besoins physiques.

Et les sages de l'Orient disent : “Dieu même hésite à offrir à ceux qui ont faim autre chose que du pain”.

8

Le travail éducatif de Sathya Sai Baba

"Je suis moins intéressé par les notes d'un étudiant au collège que je ne le suis par les appréciations de son caractère."

Sai Baba

La vision "avatarique" de réparer l'ancienne grande voie qui conduit à Dieu se réalise à présent à travers l'éducation. La période des miracles qui prouve les miracles de Sai Baba est, dit-on, en train de diminuer et la nouvelle ère du développement de l'éducation retient de plus en plus son attention.

Il dit : "La discipline qui devrait éclairer le chemin vers le savoir n'est maintenant qu'une lanterne primitive. Les vertus comme le désintéressement, l'intégrité, la justice et la droiture devraient être les attributs naturels de l'homme mais on ne peut les trouver dans nos écoles. Deux idéaux nobles qui devraient inspirer nos étudiants : l'amour spontané du devoir et le désir passionné de placer les bonnes relations humaines avant toute autre chose, sont manquants. Au lieu de cela, ils sont obsédés par l'imitation aveugle de chefs de partis sans scrupules, par l'exhibitionnisme, par la recherche excessive des plaisirs et par un désir malsain de confort grandissant."

Pendant les dix dernières années, Sai Baba a introduit dans des centaines d'écoles à travers l'Inde la priorité à la formation du caractère et à la spiritualité universelle. En premier lieu viennent les "Bal Vikas" (enseignement primaire des valeurs humaines) : cours donnés pendant les week ends pour les très jeunes. Puis les écoles à plein temps, les "Vidyas Viharas" (enseignement élémentaire par la joie d'apprendre) pour les jeunes adolescents. Là sont pratiqués : sadhana (discipline), yoga, service social, méditation et chants dévotionnels. Swami a aussi créé en beaucoup d'endroits des Ecoles élémentaires du caractère (sadhana) et dans le service social. Enfin viennent les collèges qui ont maintenant atteint le statut d'Université.

A Puttaparthi, il y a une école élémentaire, une école secondaire, une école préparatoire et un collège ou Université ; ainsi les enfants peuvent commencer et finir toute leur éducation, avec une entière continuité s'accordant avec les principes Sai. Ce système est même meilleur que celui de Rudolf Steiner en Occident où les étudiants finissent leur éducation à dix-huit ans et, s'ils veulent aller à l'Université, ils doivent y suivre l'enseignement orthodoxe ; or, à cet âge vulnérable, ils s'habituent aux méthodes indésirables.

Il y a deux mille écoles "Bal Vikas" en Inde où quarante mille enfants sont pensionnaires, le nombre augmentant de six mille chaque année. A la conférence mondiale de 1980, Swami décréta que chaque Centre Sai affilié, y compris ceux qui se trouvent à l'étranger, devrait créer une école Bal Vikas deux ans après sa formation.

Dans ces jardins d'enfants sont enseignés les rudiments de toutes les religions ; et le sens moral n'est pas prêché mais mis en évidence à travers les histoires racontées, des pièces de théâtre jouées et des chants. Ceci est un bien meilleur moyen d'instiller la noblesse de l'intention, l'oubli de soi et le courage dans l'esprit d'un enfant plutôt que de faire des discours de morale affectés et ennuyeux.

Cette méthode a beaucoup de choses en commun avec le système Rudolf Steiner. Alors que mon fils, éduqué dans une école Steiner, avait à peu près dix ans, un inspecteur visitant la classe demanda aux enfants quel était leur sujet préféré ? A sa grande consternation un cri enthousiaste et unanime répondit : "la Religion !" Ceci parce que la religion n'était pas apprise comme "l'enseignement religieux" mais avec des dessins et des histoires détaillées des héros de tous les temps. Les enfants aiment écouter les récits qui font appel à leur imagination et à leur fantaisie.

Une certaine fois, le maître d'école avait des difficultés à se faire obéir par un petit groupe de chahuteurs ; il y a en général de ces éléments dans chaque classe, bien qu'ils soient beaucoup moins nombreux dans les écoles Steiner. Aucun essai de persuasion, de réprimande ou de punition ne produisait l'effet désiré ; il lui vint un jour l'idée de raconter à toute la classe une histoire avec une morale qu'il inventa. C'était l'histoire d'un mousse en mer dont la vie était rendue si misérable par les brutalités de ses compagnons marins que finalement il se jeta par-dessus bord et se noya. L'histoire était racontée avec des dessins et force détails si bien que les enfants étaient tout oreilles, curieux d'entendre la fin.

Il y eut alors un grand silence. Le maître n'avait fait aucune conclusion morale ni aucune allusion aux chahuteurs brutaux pour qui l'histoire avait été dite, mais depuis ce jour il n'y eut plus de brutalités dans la classe ! Les coupables se sentirent honteux grâce à l'appel fait à leur imagination plutôt qu'à leur sens peu développé de la moralité. Il y a une analogie pour l'acquisition de la sagesse – on devient plus sage à travers l'expérience de la vie que par l'intellectualisme et l'érudition académique.

Il en est ainsi avec les "Bal Vikas" – il n'y a pas d'enseignement didactique. Comme Swami le dit : les prédications morales n'apprennent pas ou ne montrent pas à un enfant quelle sorte d'homme il devrait devenir et pourquoi. Cela consiste seulement à lui imposer des règles – arbitraires, confuses, contradictoires et le plus souvent incompréhensibles. L'enfant grandit avec seulement le ressentiment et la peur de tout concept moral. L'éthique lui apparaît seulement comme un épouvantail fantomatique du triste devoir accompli.

Sai Baba a déjà organisé cinq collèges en Inde : à Puttaparthi (lequel a déjà reçu le statut d'Université), Brindavan, Bhopal, Jaipur et Anantapur, avec un sixième à Jamnagar qui doit être en activité maintenant. Lui-même agit comme une sorte de protecteur-ange gardien directeur dans tous. Il connaît personnellement presque tous les étudiants. Il existe un projet directeur de bâtir deux Universités dans chacun des Etats de l'Inde avec le soutien enthousiaste et reconnaissant du présent Gouvernement indien.

Ce ne sont pas, à proprement parler, des collèges de théologie. Ils sont appelés les Collèges Sri Sathya Sai pour les Arts, les Sciences et le Commerce. Swami a dit : "L'éducation sans la formation du caractère, la science sans humanité, le commerce sans moralité sont inutiles et dangereux". Il essaye de rectifier l'actuel courant des affaires en Inde, et finalement dans le monde, en éduquant des générations de jeunes hommes et de jeunes femmes qui deviendront les leaders de l'Inde future, dans tous les domaines et introduiront ainsi la spiritualité dans tout le domaine laïque. Bien plus, il a dit que ces étudiants fourniraient les véhicules physiques pour l'incarnation de "vieilles âmes" afin qu'ainsi la propagation des hommes justes fasse boule de neige.

J'ai pu en avoir un exemple avec les étudiants de Brindavan et de ma vie, je n'ai jamais vu un meilleur groupe de jeunes gens. Ils avaient de bonnes manières ; ils étaient soignés, pleins de respect, heureux, bien adaptés, actifs et intelligents, pieux et inspirés – vraiment l'élite de l'élite. Et cependant ce n'étaient pas des fils de riches ; plus de la moitié venaient de la campagne.

En quittant Swami, après notre dernièr entretien privé en janvier 1980, dans l'émotion du moment, mon épouse avait oublié son sac ; un jeune étudiant qui était là pour aider ramassa le sac et le lui tendit. Son visage exprimait une compassion compréhensive vis-à-vis de l'état d'extase de ma femme, attitude plus commune chez un homme de cinquante ans que chez un adolescent.

Bien que la formation du caractère et la spiritualité prédominent sur les distinctions académiques dans ces collèges, paradoxalement les étudiants de Swami obtiennent les meilleures qualifications et peut-être est-ce justement à cause de l'emphase particulière mise sur ces qualités fondamentales.

Les femmes ont une part prépondérante dans l'ordre des priorités de Sai Baba. Il regarde le rôle sacré de la mère comme étant presque le rôle le plus important de la vie. Les femmes sont les gardiennes de la civilisation future. Trois des cinq premiers collèges créés sont réservés aux femmes seulement.

C'est un triste reflet de notre société qu'en Grande Bretagne les récentes statistiques montrent que 50 % des couples mariés considèrent leur propre plaisir personnel comme plus important que d'élever leurs enfants. Je me suis senti réconforté en parlant récemment avec la femme d'un de mes amis qui avait à faire face à l'entretien d'une grande maison en élevant sans aide une nombreuse famille dont les âges s'échelonnaient de un mois à quinze ans. Je lui fis remarquer qu'elle avait les bras chargés. Elle me répliqua joyeusement : "Oh ! mais les enfants vous le rendent si bien !" Si vous mettez votre cœur et votre âme dans une tâche avec sincérité, vous recevez ainsi votre récompense. Je suppose que seules les femmes qui n'agissent pas ainsi trouvent que d'élever des enfants n'est pas intéressant.

Afin d'effacer toute survivance de l'ancien esprit de caste en Inde, les étudiants font des travaux manuels. Ils traient les vaches dans les fermes de l'"ashram" de Puttaparthi et Swami dit que l'amour et le soin avec lesquels chaque brique a été posée ont, en grande partie, créé les vibrations justes pour que les guérisons aient lieu dans son enceinte.

Dans un sens, il est en train de ressusciter l'héritage et l'atmosphère des Universités de l'Inde ancienne en les adaptant aux besoins modernes. Il nous dit que, dans les millénaires passés, les Universités de l'ancienne Bharat étaient situées dans des endroits sylvestres, dans une forêt tranquille, au bord d'une rivière où règnaient la paix, l'harmonie, l'équilibre. L'"atma"* était reconnue en chaque être humain et le fils d'un paysan s'asseyait près du fils d'un roi. En ces temps, l'agriculture était une profession consacrée.

Une expérience fut faite récemment dans une école-pension à temps complet à Ootacamund (Ooty), dans l'ancienne résidence du Gouverneur-Général, Lord Dalhousie. (Les écoles indiennes, à l'inverse des collèges, n'ont pas de pensionnaires.) Fondée en 1978 avec un petit groupe de trente enfants, dès 1980 il y avait déjà cent vingt élèves venant du monde entier.

Au sommet de la souveraineté, les anciens murs de l'école britannique qui furent témoins de pompes de cérémonies, des festivités maintenant résonnent du son AUM et du chant des "bhajans". L'expérience est, sans aucun doute, un succès et la liste d'attente est importante.

Swami reconnaît la supériorité de certains aspects de l'éducation occidentale. Par exemple, les parents indiens ont tendance à transmettre des peurs inutiles à leurs enfants quand ils leur parlent de fantômes et du danger de nager ou de grimper aux arbres, activités qui sont pourtant amusantes pour atteindre des buts sans grand risque. Il essaie de rectifier ces erreurs à travers les associations de parents d'élèves.

Des cours d'été sont donnés chaque année à Brindavan pendant les vacances du collège. Ils sont créés, en premier lieu, pour implanter dans les cerveaux jeunes et sensibles une vue des choses dans le monde et une compréhension de la religion en général, ainsi que pour leur inspirer la détermination de mener une vie noble dans un monde plein d'agitation, d'agir comme un levain, même s'ils ne sont qu'une faible minorité. Cependant les cours attirent des directeurs d'écoles, des professeurs d'Universités, des psychologues et des éducateurs du monde entier.

* Réalité divine (N.D.T.).

La matière du sujet peut avoir pour but direct l'éducation, ou être un cours sur la "Bhagavad-Gita" ou sur le "Ramayana" dans les interprétations véridiques et lumineuses de Baba. Il donne une conférence par jour, quelquefois deux, et tient des sessions de demandes et réponses. Le message vise toujours l'universalité essentielle de l'héritage spirituel de l'Inde.

Ces cours ont fait preuve d'un grand succès et un nombre croissant de gens éminents viennent les écouter : juges, scientifiques, politiciens. Je vais mentionner ce que dit une femme occidentale, qui suivit les cours d'été : "C'était plein à craquer, émouvant, chaud, sensationnel, inconfortable, pure essence, inspirant, prenant, béni, catalytique, revitalisant, transformant, beau. J'ai trouvé une réponse complète à chacune des questions que je me suis toujours posées."

En 1978, l'état de l'Andhra Pradesh renouvela complètement le système des classes élémentaires, donnant la priorité à la prière, la musique, la danse, la peinture, le modelage et aux associations parents-enseignants. Six cents parents et soixante-cinq enseignants reçurent des cours intensifs pendant six semaines à Brindavan sur l'éducation Sai. Pendant ce court laps de temps, beaucoup virent leur vie complètement transformée et étaient en larmes quand ils durent partir. Ils avaient trouvé une vraie vocation au lieu d'un travail quelconque. Ainsi, tout le système des classes élémentaires d'un état entier a intégré les idéaux de Sai.

Plus tard, en 1979, Le Ministre de l'Education organisa un groupe d'études à Bangalore pour étendre le système à toute l'Inde.

Comment, peut-on se demander, cette éducation Sai peut-elle toucher un nouvel élève pendant son premier trimestre au collège ? En quoi la vie dans un collège Sai diffère-t-elle de celle d'un collège orthodoxe ? Il y a un chapitre très intéressant dans le livre de M. V. Balu : The Glory of Puttaparthi (La gloire de Puttaparthi) où il questionne un groupe d'étudiants sur ces deux points.

Quelques-uns venaient d'opulentes familles dans des villes influencées par l'Occident. Ils avaient l'habitude de vivre pour les plaisirs et la facilité dans de grandes maisons avec de nombreux serviteurs. Brindavan a causé un radical changement de leur caractère et créé une nouvelle échelle de valeurs. Vivant en dortoirs, ils ont dû apprendre à partager, à tenir compte des autres, à se défaire de leur "moi" et même à prendre plaisir à effectuer les travaux domestiques tels que faire les lits, éplucher les pommes de terre, etc. Le régime strict qui consiste à se lever à 4 h. 45 du matin, lever suivi d'une douche rapide, du chant des "bhajans", d'un pas de course bref et d'une heure et demie d'étude, tout cela avant le petit déjeuner, bien que ce soit un effort au début, a instillé en eux la discipline et fait grandir le respect de soi. Les nouveaux étudiants disent qu'ils "attrapent" l'esprit du lieu comme une heureuse infection venant des anciens.

D'autres qui avaient été précédemment dans des collèges ordinaires, où leur temps de loisir se passait en fumant, buvant, jouant et lisant des journaux pornographiques, trouvèrent qu'à Brindavan toute l'atmosphère de la formation du caractère, de la spiritualité et des loisirs créatifs extirpait leurs tendances et les aidait à les sublimer. Un des garçons dit qu'il avait arrêté de fumer et de boire parce qu'il trouvait la spiritualité bien plus enivrante et satisfaisante.

Ils parlèrent du désordre et même de la saleté qui régnaient dans d'autres foyers où tout le monde se moquait de tout ; mais parce que le foyer de Brindavan donnait à chacun le sentiment qu'il lui appartenait, ils avaient la fierté de le garder impeccable. Quand ces quelques étudiants furent interrogés, sur les raisons de leur entrée au collège de Sai Baba, il a semblé évident que Swami les avait "tirés" vers lui, en réalité Il les avait choisis. Certains dirent qu'ils avaient eu une impulsion soudaine, d'autres avaient fait un rêve significatif et d'autres avaient senti une "attirance" (sans pouvoir l'analyser) quand, pour la première fois, ils avaient aperçu Baba au "darshan". Aucun d'eux ne semblait être là par "hasard".

Naturellement, le collège est sous l'irrésistible influence de Swami lui-même. Non pas à cause de ses miracles – les miracles semblent tout naturels en Inde – mais à cause de son charisme divin et de son pouvoir de rendre meilleurs les étudiants. Il met entièrement en pratique ce qu'il prêche. La jeunesse l'accepte comme guide et le vénère. L'abîme entre les générations n'existe pas. Chacun se sent très proche de lui et le plus important au monde. Ses paroles vont droit au cœur. Il est générateur d'un pouvoir intérieur, le pouvoir de l'âme.

Ils disent que le fonctionnement du collège n'est pas différent, que Swami soit présent ou absent. Son autorité dérive de son amour plutôt que des moyens classiques de direction. Ils sentent sa présence spirituelle quand il est absent. L'un d'eux a dit : "Même quand il est loin, sa dimension spirituelle travaille merveilleusement en nous". Je me hasarde à croire qu'elle fait même plus que sa présence physique.

Dans les collèges Sai Baba, la relation maître-élève est très proche, basée sur le vrai sens de l'attention à l'autre. Les maîtres vivent dans les foyers avec les étudiants et appliquent un haut niveau de qualité de vie – ils ont des goûts modestes, ils ne fument pas, ne boivent pas. Si un étudiant a des difficultés, ils lui donnent des cours supplémentaires pendant leur temps libre sans le faire payer. Ils partagent les problèmes des étudiants comme des parents aimants. Dans les travaux sociaux, ils s'octroient ceux qui sont les moins agréables comme par exemple : déboucher les égouts dans les villages. Ils créent une atmosphère familiale. Un invisible lien affectueux les unit. Le résultat c'est que le respect des étudiants pour leurs maîtres est sincère et non superficiel ; aucun élève n'est négligé...

Le travail social entrepris pendant le temps des loisirs aide les étudiants à éliminer l'ego, à effacer les restes de préjugés de caste et se pénétrer de l'esprit de service. Certains arrivent à Brindavan en pensant que le travail social et manuel est dégradant or ils en viennent à l'aimer. L'un dit qu'il se sentirait comme un jeune inutile s'il ne le faisait pas ; un autre dit qu'avoir fraternisé avec les paysans lui a appris la réalité de l'"atma" (divinité) dans tous les êtres humains ; et un autre encore qui avait précédemment adopté une attitude supérieure en aidant les pauvres et les humbles en est arrivé à regarder le fait de servir comme un privilège. Un étudiant qui venait d'une famille très riche préférait avant tout : traire les vaches de la ferme de l'"ashram".

Ils expliquèrent tous les moyens de leur changement. Certains étaient arrivés agnostiques, mais étaient venus à Dieu par Swami. Non pas par une conversion d'un jour à l'autre mais lentement, comme le résultat de l'effet de sa personnalité et de la vie au collège en général. Certains, arrivés en aimant la viande étaient devenus végétariens par respect pour les animaux. Beaucoup parlèrent de la façon dont ils avaient appris à contrôler la colère et la jalousie. L'habitude des étudiants de vouloir trop parler et d'avoir des discussions agressives n'existait plus. Ils avaient appris la valeur du silence. Les bagarres et les conflits violents étaient presque inexistants. L'ennui était chose incompréhensible pour eux ; il y avait beaucoup trop d'activités créatives et enthousiasmantes. Ils avaient appris à vivre frugalement et simplement, sans accessoires. Et, plus important que tout : ils respectaient la foi de chacun et comprenaient qu'il n'y a qu'un Dieu.

Au Festival de Dassehra en 1979, les étudiants du Collège de Brindavan revêtirent leurs habits de cérémonies et parlèrent en public de leur foi personnelle. Il y avait un Sikh de Delhi, un Zoroastrien de Bombay, un Chrétien de Hawaï, un Musulman de Libye, un Bouddhiste de Sikkim et un Hindouiste d'Afghanistan. Ils se réunirent ensuite en groupe autour de Baba.

Le fait le plus significatif qui ressortit de l'enquête de M. Balu ce fut quand il demanda à chaque étudiant s'il pensait pouvoir se laisser corrompre à son retour dans le monde. La réponse unanime fut : "Non !" Ils suivaient le "chemin de l'âme" et les moyens du monde n'avaient plus d'attrait pour eux. Ils sentaient que Swami s'était implanté fermement dans leur cœur et qu'il les guiderait pour le reste de leur vie.

Peut-être étaient-ils un peu trop optimistes ; quelques-uns, sans doute, dévieront du chemin. Mais on croit, en Inde, que ceux à qui cela peut arriver reviendront comme des enfants prodigues.

Quels sont alors les principes de l'éducation Sai ? Naturellement celle-ci est la base des quatre piliers de son enseignement : “Sathya”, (la vérité), “Dharma” (l'Action Juste), “Shanti” (la paix) et “Prema” (l'amour). Mais, en dernière analyse, je pense que Baba, avec sa merveilleuse ouverture et sa simplicité, l'a résumée dans une phrase immortelle :

“L'Education devrait apprendre à vivre plutôt qu'apprendre à gagner sa vie”.

9

Les principes de vie de Sathya Sai Baba

"Les riches doivent sacrifier leurs désirs afin que les pauvres puissent assurer leurs besoins".

Sai Baba

Autant que je puisse le savoir, aucun "Avatar", dans l'histoire de l'Humanité ne s'est engagé aussi intensément dans le travail d'assistance comme le fait Sathya Sai Baba en Inde. Il est vrai que le Christ a dit : "Il est plus difficile pour un homme riche d'entrer dans le Royaume des Cieux que pour un chameau (corde) de passer par le trou d'une aiguille", et c'est pourquoi, je suppose, les communistes faussement optimistes et d'autres, se réclament de lui comme du premier de leurs leaders révolutionnaires. D'autres répondraient qu'il a montré peu d'intérêt aux affaires de ce monde, se consacrant à guérir et à prêcher et que sa crucifixion est attribuable aux grands prêtres qui voyaient en lui une menace envers leur autorité spirituelle plutôt qu'aux Romains qui le considérèrent comme un agitateur. En somme, on pourrait aller plus loin et démontrer que son oncle, Joseph d'Arimathie, à qui Jésus était très attaché, était un homme très riche, propriétaire de fermes et d'une flotte marchande.

Les Eglises chrétiennes d'aujourd'hui ne font pas grand cas de ce qui concerne notre vie de tous les jours ; on pourrait dire, en effet, qu'elles professent une religion d'un jour par semaine sans intérêt pour les affaires laïques.

L'Inde est aujourd'hui une terre où la pauvreté contraste tellement avec la richesse ! Peut-être est-ce pour cela que Sathya Sai Baba attache autant d'importance au relèvement matériel et social qu'à celui de la spiritualité. Ses collèges s'appellent : "les Collèges Sathya Sai Baba pour les Arts, les Sciences et le Commerce". Ce ne sont pas des écoles de théologie. Le but est de spiritualiser toute la laïcité. Comme il le dit, il doit y avoir une fusion des aspects spirituels et matériels de la vie. Il veut être "donneur de sang spirituel" à tout ce qui concerne les affaires de ce monde.

Pendant une visite éclair dans la capitale de l'Inde, Baba, non seulement donne le "darshan" à un quart au moins de million de fidèles, guérissant, réconfortant, rassasiant la faim spirituelle des masses mais encore il est assailli de demandes d'entrevues par des ministres du Gouvernement, des ambassadeurs, des directeurs de collèges, des représentants des arts et des sciences, des chefs d'entreprises. Il ne lui est pas inhabituel alors de faire en sorte d'accorder en un seul jour une douzaine ou plus d'entretiens à tous ces dignitaires.

A son "ashram" à Brindavan il y a souvent un groupe d'hommes d'affaires, de financiers, ingénieurs, etc. qui attendent patiemment que le "darshan" se déroule pour obtenir son accord et sa bénédiction pour un projet, tel que la création d'une nouvelle usine ou la construction d'un barrage hydroélectrique. Souvent, ils ont à attendre des heures jusqu'à ce que les malades soient soignés et les nécessiteux réconfortés. Mais la réputation de Baba et son charisme divin sont tels qu'ils attendent volontiers et de bonne grâce.

Le principe qu'il applique dans son contact avec les gens est l'absolue égalité de tous les hommes devant Dieu. Tous les hommes sont égaux aux yeux de Dieu : la fraternité de l'homme sous la paternité de Dieu. Il provoque la compréhension de ce concept et encourage son application dans tous les domaines que l'homme veut atteindre. Mais ce changement doit venir volontairement à travers la croissance spirituelle de chaque individu et il doit comprendre que son cœur doit s'agrandir. Le Dr Gokak a décrit ce procédé comme : "la révolution de toutes les révolutions" parce qu'elle n'est pas basée sur une idéologie, mais veut transformer la société en transformant le cœur de chaque individu.

Baba dit : "Aucune société ne peut trouver son accomplissement tant que l'esprit de l'homme ne s'est pas épanoui. L'"atman" (l'absolu) dans l'homme doit être réalisé. L'"atman" est la subsistance, la source de chaque être et de chaque organisation d'êtres. Il est la seule et unique source. L'"atman" c'est Dieu, pas moins. Pour cette raison, reconnaissons, dans chaque être, un frère, un enfant de Dieu et bannissons toute pensée limitée et tout préjugé basé sur la couleur, la position sociale, la classe. La vraie fonction de la société est de permettre à chacun de réaliser la vision "atmique" (la réalité divine qui se cache derrière l'apparence)". Ainsi, dans cette vie, le riche doit sacrifier ses désirs pour que le pauvre puisse assurer ses besoins.

Relativement à la richesse, il dit : "L'idée d'un haut niveau de vie matérielle a été désastreuse dans la société. Les désirs ne peuvent jamais être satisfaits. Ils conduisent à la multiplication des besoins et, par conséquent, aux ennuis et aux frustrations. Nous avons besoin de moralité, d'humilité, de détachement, de compassion, afin que l'insatiable avidité de luxe et l'attrait de la consommation soient détruits".

Cependant, Swami n'est pas contre le progrès de la technologie, (il voyage en voiture et en avion) ni contre la création de richesses. Mais la richesse dépassant les besoins essentiels raisonnables devrait être, quand elle existe, organisée en associations pour promouvoir la fraternité de l'homme et non pas être regardée comme appartenant à un seul.

Une équitable répartition des richesses ne peut pas non plus être imposée par des décrets législatifs. "Ceci peut se faire seulement en transformant celui qui donne et celui qui reçoit. Aucun système politique ne peut transformer le receveur et stimuler le donneur malgré les plus grands efforts envers l'égalité. Il n'y a pas l'attrait ni le pouvoir de soutenir. L'égalité établie sera hantée par une ombre, l'ombre de "l'ego". L'évolution doit venir par le cœur. Tous les essais matérialistes de changement ont échoué. Seule la transformation de l'esprit peut provoquer la révolution dans la conscience humaine, qui produira les changements désirés."

Un jour, Baba accorda une entrevue à l'éditeur marxiste d'un journal indien. Il passa deux heures et demie avec lui et le persuada de son erreur. Le marxiste le questionna sur la méthode employée par son genre de "révolution" et Baba répondit qu'il n'en n'avait aucune qui soit acceptable dans le sens habituel d'organisation. Sa méthode, toute simple, consiste à transformer l'individu profond par l'amour et la "machinerie" utilisée est la coopération et la fraternité produites par cette sorte d'amour.

L'éditeur demanda alors pourquoi il ne guérissait pas les malades dans le monde par la "sankalpa" (volonté divine). A cela Swami répondit, comme on peut s'y attendre, que cette sorte de solution instantanée – sans une transformation spirituelle préalable – ne réussirait pas : le monde retournerait vite vers le chaos actuel. Il expliqua aussi que tout le drame de la Création avec sa loi "karmique" (de cause à effet) s'effondrerait.

Pressé par l'éditeur sur les difficultés de persuader les riches d'accepter une telle philosophie de la vie, Swami répondit : "Le riche ne peut venir à moi que sur la base d'une absolue égalité. Voilà pourquoi, à l'"ashram", riche et pauvre travaillent ensemble, mangent, prient et dorment ensemble, font les travaux domestiques ensemble et partagent les austérités communes de l'"ashram". Il n'y a absolument aucune distinction. Malgré cela cependant, l'opulent vient à moi pour assurer la paix de son esprit que le confort matériel et la puissance n'ont pu lui procurer. Je convertis les esprits et les cœurs aux valeurs spirituelles vraies".

Les riches ne peuvent s'assurer la grâce s'ils n'abandonnent leur attitude matérialiste et leurs attachements égoïstes. Il leur dit : "l'ego" vit en obtenant et en oubliant ; l'amour vit en donnant et en pardonnant". Il change leurs attitudes mentales. Il insiste sur la nécessité de vivre une vie sans désirs, une absence de désirs basée sur l'élévation de pensée et sur une vie frugale, plutôt que sur un niveau matériel élevé. Il leur montre que la richesse provoque des tentations fatales qui sont la source et la cause de toutes les contraintes humaines.

"Réduisez vos bagages dit-il, se servant d'une de ses paraboles, vous voyagerez plus léger".

Ce n'est pas la satisfaction matérielle, mais la satisfaction spirituelle qui finalement fait que la vie vaut d'être vécue. Et il fait remarquer que souvent le pauvre est spirituellement riche et que le riche est souvent spirituellement pauvre.

Pendant son court séjour à Puttaparthi, le journaliste marxiste découvrit, à son étonnement, que la femme qui balayait la cour était une maharani (princesse), que celui qui le servait personnellement était un ancien magistrat et que l'interprète si patient lors de son entrevue était auparavant un des grands hommes de science de l'Inde : le Dr S. Bhagavantham !

Il en est de même pour les étudiants des collèges de Sai qui doivent faire un travail manuel en plus de leurs études. Un jour, pendant ma visite à Brindavan, j'observais un groupe d'étudiants qui creusaient des tranchées pour des passages cimentés conduisant à de nouveaux lavabos pour les visiteurs. Sous une couche de quelques centimètres de sable se trouvait de la pierre solide. Pour creuser assez profondément, il fallait se servir de pics et de barres de fer. Bien qu'ils fussent inhabitués à ce dur travail manuel, j'ai constaté qu'aucun d'eux ne ralentissait ses efforts même pendant un instant.

En plus de son travail immense d'assistance et d'éducation, Swami exprime ses principes spirituels de mille petites manières personnelles qui inspirent l'affection de ses fidèles. Souvent, voyageant en voiture, Sai dit à son chauffeur de s'arrêter quand il voit un vieux vagabond sur le côté de la route, sort et lui donne de l'argent ou un médicament, ou de la "vibhuti" ou un autre cadeau qu'il produit dans l'instant.

Une fois, voulant acquérir une terre de ferme pour construire, il paya trois fois le prix demandé par le fermier afin de permettre à celui-ci d'apprendre un nouveau métier pour gagner sa vie. Lors de la fête de Dassehra qui dure dix jours, le jour le plus heureux pour lui est celui qui est consacré à nourrir les pauvres.

Certains jours de fête, juché sur un véhicule orné de fleurs, il se penche parfois pour prendre une poignée de pétales et les lançant sur les foules alignées sur son passage, il les matérialise en l'air, sous forme de bonbons. En semblable occasion, alors que son cœur débordait, il transforma les pétales qui devinrent des pièces de monnaie en tombant. Imaginez les pétales de fleurs portés par la brise et par une vague due à la puissance d'une main, descendant sur la terre en pièces de monnaie rondes et brillantes. Cela paraît une fabuleuse légende mais le Professeur Kasturi lui-même en a été témoin, ainsi que de nombreuses autres personnes.

Baba déteste le gaspillage et souvent il réprimande ses fidèles pour l'embellissement ostentatoire de leur chambre de prière. "C'est une pure perte d'argent dit-il, soyez simples et sincères". Pareillement, à des groupes de fidèles qui déclarent avoir besoin d'un hall de prière : "Pourquoi avez-vous besoin d'un hall ? Faites de votre maison un sanctuaire ; impressionnez les autres par votre humilité, vos paroles, votre amour, votre foi et votre sincérité. Vous rassemblerez ainsi plus de croyants que dans n'importe quel hall".

Dans le fond de son cœur, il désapprouve les célébrations extravagantes qui sont données pour son anniversaire mais ses disciples insistent. C'est leur manière d'aimer. "Célébrez votre propre anniversaire", leur dit-il, "quand vous êtes nés à la vérité".

Tels sont donc les principes de vie de Sai Baba basés sur la volonté d'un changement graduel et individuel plutôt que forcé, instantané ou collectif. Cela doit venir du plus profond de l'être intérieur de l'homme, afin que lui-même ne puisse douter de sa vérité. Il n'y a aucune politique ou aucun raisonnement dans le monde qui soit aussi persuasif que l'expérience personnelle de la vérité intérieure. Voilà pourquoi dans le monde de Sai toutes les déclarations politiques n'ont pas la moindre importance. La perspective est universelle, hors du temps et l'idée que la politique puisse améliorer la condition humaine devient irrecevable. L'Inde est un pays dit socialiste mais puisque les fidèles de Sai Baba viennent de tous les pays du monde, ils appartiennent aussi à un grand éventail politique. Après avoir accepté d'être guidés par lui, leur perspective personnelle s'élargit lentement mais sûrement, en réponse à leur expérience intérieure. Parmi les fidèles de Baba, il y a des communistes loyaux, de très grands capitalistes qui ont réussi et des socialistes innombrables. Qu'ils le veuillent ou non, leur attitude prouve que les plaisirs mondains occupent désormais une place secondaire et sont de plus en plus hors de propos dans leur vie.

Ce n'est pas une philosophie méthodique ou politique. Baba dit que le seul moyen de transformer la société est de transformer l'individu par l'amour, la réalisation de l'"atma" (l'absolu) dans l'homme et dans tous les règnes de la nature. Et grâce à cette méthode, il a promis que le Nouvel Age reviendrait. Alors, levons nos cœurs et travaillons avec lui pour introduire ce Nouvel Age et ainsi contrecarrer les prophéties de destruction. Nous avons vraiment de la chance de vivre à cette époque. Nous-mêmes ne verrons pas les fruits de son travail mais nos arrière-petits enfants les verront et peut-être même nos petits enfants.

L'ambition éventuelle, quand, par notre transformation spirituelle, nous aurons appris à maîtriser nos sens et à travailler sans égoïsme et plus fort que sous l'aiguillon de la compétition, doit être une société construite sur l'amour et la coopération plutôt que sur la compétition. Il l'a dit très clairement. Il n'y a rien de mauvais dans le slogan communiste : "De chacun selon sa capacité, à chacun selon ses besoins". Le seul élément vital manquant est Dieu. Avec Dieu au centre, l'individu reste plus important que l'Etat et tout le concept communiste de société s'effondre alors.

Le jour viendra où les paroles du poète écossais trouveront leur vraie signification : "Tout gain est vain : la victoire du vainqueur, les lauriers du poète ne signifient rien, tant qu'un seul pauvre combattant est écrasé dans cette course frénétique".

10

Les enseignements de Sathya Sai Baba

"Le chemin le plus rapide et le plus direct vers Dieu c'est de remplir la journée d'amour."

Sai Baba.

PREMIERE PARTIE

Les trois principaux principes dans l'enseignement de Sathya Sai Baba sont :

1. L'universalité de toutes les religions ;

2. L'"atma" ou la divine étincelle est présente en chaque être humain ; elle est la base de la Fraternité de l'Homme et de la Paternité de Dieu ;

3. Dieu est amour et le chemin le plus rapide et le plus direct vers Lui passe par l'amour en action ou le service désintéressé.

Il dit : "Laissez vivre les Fois différentes ; laissez-les s'épanouir et laissez la gloire de Dieu se chanter dans tous les langages et sur les tons les plus variés. Respectez les différences entre les Fois et reconnaissez-les comme valables aussi longtemps qu'elles n'éteignent pas la flamme de l'unité".

De toute façon, le fait historique démontre que si une religion a projeté d'étendre son influence, sa tendance est de faire ressortir la vilenie des autres et d'exagérer son excellence propre, ce qui conduit au séparatisme et en dernier ressort à la tragique situation que nous connaissons en Irlande.

Pour cette raison, Baba a adopté comme emblème les symboles des cinq religions majeures : hindoue, chrétienne, bouddhiste, musulmane, zoroastrienne et, à la base du "seul" monument dédié à ces religions, aussi bien à Puttaparthi qu'à Dharmakshetra à Bombay, des inscriptions évoquent chacune d'elles.

Sous la croix chrétienne on peut lire les mots : "Coupez le sentiment du "je" nettement en travers et laissez votre "ego" mourir sur la croix pour vous assurer l'Eternité".

Le symbole du Feu pour les Zoroastriens (appelés Parsis en Inde) est une invitation à jeter au feu les impulsions et les instincts bas. L'inscription dit : "Offrez toute amertume au Feu Sacré et émergez Grands, Nobles et Pieux".

La Roue de la Foi bouddhiste est un rappel de la roue des renaissances à laquelle nous sommes soumis et de la roue de la droiture qui peut nous délivrer. L'inscription dit : "Souvenez-vous de la roue de cause et d'effet, d'action et de destinée, et de la roue du "Dharma" (Action Juste) qui les redresse tous".

Pour l'Etoile et le Croissant de l'Islam, les mots sont les suivants : "Soyez comme l'Etoile qui jamais ne s'éloigne du Croissant mais qui est fermement fixe dans sa foi".

Et pour le "AUM" symbole des Hindous, l'inscription porte : "Ecoutez le "Pranava" (son) Primordial résonner dans votre cœur, aussi bien que dans celui de l'Univers".

Ces inscriptions n'indiquent pas des différences mais des degrés d'intensité sur le chemin vers Dieu. Pour cette raison, Swami ne nous demande jamais d'abandonner notre religion, il nous encourage plutôt à adhérer à notre foi particulière. Il dit même que si nous nous y consacrons nous-mêmes avec une ferme dévotion et faisons l'effort de redécouvrir la forme primitive, la signification profonde de notre religion, nous nous rapprochons de lui, car la religion Sai est l'essence de toutes les religions et de toutes les Fois. "Il n'y a qu'une seule religion : la Religion de l'amour ; il n'y a qu'une seule caste : la caste de l'humanité ; il n'y a qu'un seul langage : le langage du cœur".

Amour est le mot clé. "Bénis soient ceux qui ont le cœur pur, car ils verront Dieu" dit le Christ. "Le cœur pur devient inspiré, il voit au-delà de l'intellect et de la raison" dit Baba. Je crois que le "chakra" (centre de force dans le corps vital) est de toute importance comme centre de perception et possède la même relation avec l'esprit que celle du soleil avec les planètes de notre système solaire. Il illumine et apporte la lumière.

J'ai remarqué dans ma vie que les gens simples avec un cœur pur, comme les vieux jardiniers, ont souvent un degré de sagesse bien plus élevé que leur savoir intellectuel. A l'autre bout de l'échelle, j'ai aussi remarqué que les hommes les plus intelligents comme Albert Einstein, Carl Jung, Robert Oppenheimer et Bertrand Russel, après de longs et compliqués circuits intellectuels et philosophiques, sont arrivés aux mêmes conclusions, à savoir qu'il est certain que la vérité est à la fois simple et profonde. Si nous ne devenons pas comme des petits enfants, nous n'entrerons pas dans le Royaume des Cieux. Devenus vieux, ces hommes atteignirent un degré d'humilité et de simplicité qui n'existait pas dans leurs plus jeunes années, alors qu'ils étaient imbus de l'arrogance intellectuelle de la jeunesse. En vieillissant, leur ego avait disparu et leur cœur s'était ouvert.

Sai Baba dit : "La motivation, derrière la formation et la propagation de toutes les différentes croyances, fut la même. Tous les fondateurs étaient des personnes pleines d'amour et de sagesse. Leur but était le même. Nul n'avait le dessein de diviser, de créer du désordre, de détruire. Ils essayèrent de juguler les passions et les émotions, de maîtriser les impulsions et de diriger la faculté de raisonner sur des voies bénéfiques pour l'individu et la société". Ce sont les dogmes et la théologie qui ont apporté la confusion dans ces vérités fondamentales et provoqué séparatisme et schisme.

Comme exemple de cette unité dissimulée, le Dr Fanibunda, un savant Parsi et un fidèle dévoué de Sai Baba, fait ressortir avec une grande érudition dans son livre, "Vision of the Divine", la signification profonde des enseignements de Zoroastre et montre qu'ils sont virtuellement identiques à ceux de Sai Baba.

Moi-même, humblement, après deux années d'études, je devins de plus en plus conscient de la similarité des enseignements, des miracles, des personnalités de Sai Baba et de Jésus de Nazareth. J'ai essayé de faire la même chose dans un article paru dans un volume de 1980 du "Nouvel Age" que j'ai inclus au chapitre trois.

Le lecteur voudra bien me pardonner une courte digression... J'avais emporté avec moi cet article en Inde en janvier 1980 pour le montrer à Swami. Comme il commençait à le lire, j'observais ses yeux qui, du centre de la première page, glissèrent vers le haut où figurait mon nom de plume. Avec son regard perdu dans le lointain, il murmura d'un ton pensif comme s'il se souvenait : "Laing ?... Ron Laing ?"

Je me remémorais cela pendant plusieurs jours et alors soudain, un éclair jaillit dans mon esprit. Il se fait que mon arrière-grand-père, Samuel Laing, était un politicien. En 1860, il fut nommé ministre des finances en Inde et y résida dans cette fonction difficile après la mutinerie du Bengale en 1857-58. C'était aussi un écrivain connu par des livres qui traitaient des religions du monde, critiquant fortement les dogmes. En 1887, il publia : "Un moderne zoroastrien" (A modern zoroastrian) sur le même thème que celui du Dr Fanibunda, à la différence qu'il comparait la similarité du Christianisme primitif avec l'enseignement de Zoroastre.

Se pourrait-il, me demandai-je, que Swami se souvînt de sa vie précédente, étant Sai Baba de Shirdi dans laquelle il eut pû rencontrer mon arrière-grand-père ou bien, lire son livre : "A modern zoroastrian" ? L'époque, le lieu, l'intérêt et l'étendue de la vision auraient pu rendre cela possible. En 1860-65, Sai Baba de Shirdi aurait eu plus de vingt ans et en 1887 quand le livre fut publié il approchait des cinquante ans.

Pour retourner à notre sujet, il est aussi un fait que Sai Baba proclame qu'il est un "purna avatar" (incarnation pleinement divine) avec les seize "kalas" (attributs) divins inhérents à son être. Il n'y a donc aucun aspect de n'importe quelle religion dans sa forme primitive qui ne soit contenu dans la religion mondiale d'Amour "Sai".

Le second principe de son enseignement est que l'"atma", l'étincelle divine, inhérente à tous les êtres humains est prééminente. Baba le redit encore et encore avec insistance : "Conversez avec Dieu qui est *en vous*" dit-il, "Puisez en lui courage et inspiration. Il est le plus intéressé des "guru" par vos progrès. Chacun arrivera en son temps, à sa juste place, selon son besoin intérieur, sur le chemin que Dieu lui révèlera comme étant le sien."

Cependant, tant de gens vont d'un "guru" à l'autre, d'un mouvement à l'autre, lisent un livre après l'autre, se précipitent d'une conférence à l'autre presque comme s'ils étaient poussés par quelque démon pour "être dans tout". Mais le savoir n'a pas de valeur en lui-même. Il doit y avoir un équilibre entre savoir, faire et être.

En fin de compte, ces gens sont dans une telle confusion qu'ils deviennent, je suppose, agnostiques. Je me souviens des vers de Omar Khayyam :

"J'ai envoyé mon âme dans l'Invisible.
Dans le lieu de repos de l'après-vie.
Et lentement mon âme m'est revenue.
Et répondit : "Je suis moi-même le Ciel et l'Enfer".

Cherchez dans votre cœur et écoutez la voix intérieure. Ayez l'âme tranquille et sachez que Dieu demeure en vous.

Je suppose que la majorité de ceux qui suivent les enseignements orthodoxes d'une religion ont tendance à penser à Dieu comme vaguement anthropomorphique, c'est-à-dire à quelque Etre Suprême qui demeure dans une partie inconnue de l'Univers et qui est en réalité au-delà de notre compréhension. Ceci peut être la raison pour laquelle il y a un tel écart entre la théorie et la pratique de la religion, deux formes vraiment distinctes : Si Dieu nous sourit seulement de loin quand nous sommes dans un lieu de culte, il est moins nécessaire de mener nos vies de tous les jours en accord avec Ses préceptes par opposition à nos moments de prières. Mais si nous sommes conscients que l'étincelle divine réside en nous, dans nos cœurs, éveillés et endormis, du berceau au tombeau, alors cela est une autre affaire.

En vérité il n'y a rien d'autre que Dieu. Toutes formes, animées et inanimées, sont son Esprit en manifestation et par conséquent reliées entre elles. D'où découle la nécessité de respecter toute vie y compris les règnes végétal et animal.

Swami enseigne que nous avons évolué du minéral à la plante, de la plante à l'animal et de l'animal à l'homme, état dans lequel nous avons conscience de nous-même et liberté d'agir.

Il dit que la seule raison de notre incarnation sur terre c'est de sacrifier notre "ego" le plus vil sur l'autel de la compassion afin de réaliser notre "moi" supérieur. Ceci aussi est le sens symbolique de la Croix chrétienne. Si nous réussissons, nous devenons, en terminologie chrétienne un "Christ" ou selon les termes de Swami "l'atma" (l'absolu dans l'homme) qui se fond dans le "Paramatma" (le Soi Suprême), ou la goutte d'eau dans l'océan.

A présent, la Divinité chez la plupart d'entre nous est comme une bougie vacillante. Plus nous réussirons à nous débarrasser de notre petit "moi", plus il y aura de chance que la bougie s'enflamme.

Nous sommes par conséquent comme des dieux en puissance. Un jour où un fidèle demanda à Swami s'il était Dieu, il répondit : "Vous êtes Dieu ; la seule différence entre nous est que je le sais et que vous ne le savez pas."

Comment pouvons-nous le mieux grandir pour réaliser notre "moi" supérieur et atteindre la libération du cycle des renaissances ? L'enseignement de Baba s'appuie sur quatre piliers : "Sathya (vérité), "Dharma" (Action Juste), "Shanti" (paix intérieure), et "Prema" (amour). Tous sont reliés entre eux et le fil d'or de l'amour les traverse tous.

"Sathya" – vérité. L'aspect le plus important de "Sathya" est la sincérité, c'est-à-dire la conscience de soi et l'honnêteté d'être soi-même. Alors, combien parmi nous sont conscients d'eux-mêmes et honnêtes avec eux-mêmes ? Il y a tellement plus d'orgueil et d'égoïsme en la plupart de nous que nous ne voulons l'admettre ou bien que nous ne sommes pas capables de voir ! Et j'en ai peur, ceci quelquefois s'applique aux spiritualistes, aux chefs de groupes religieux et sectaires, responsables exaltés. En atteignant la quarantaine, j'étais moi-même, d'une façon poignante, entièrement conscient de cela ; j'avais eu une vie mouvementée et j'avais fait beaucoup d'erreurs. Je décidai d'écrire une autobiographie spirituelle et psychologique pour des raisons thérapeutiques. J'ai fait mention de cela au chapitre premier et je n'éprouve aucun regret en m'y référant encore.

J'ai écrit au moins un demi-million de mots et il se peut que, dans mon zèle, j'aie exagéré. Il fut un temps où j'écrivais dix mille mots par jour et il y eut d'autres journées où il me fallait une heure pour écrire une phrase : les jours où je faisais de laborieuses recherches en moi-même. Ce fut, en réalité, une période de méditation prolongée et intensive, en écrivant plutôt qu'en pensant, car Baba dit que les trois-quarts du temps de la méditation devraient être pour l'investigation de soi-même.

Mon ambition était de me désendoctriner du conditionnement de mon enfance, religieux et sociologique, dans une tentative de me rapprocher aussi près que possible de l'identité donnée par Dieu et de voir plus clairement les poutres dans mes yeux et la vraie motivation de mes actions passées.

Ce fut, certainement, un exercice thérapeutique. A la fin, je me suis senti soulagé, libre de croire ce que je croyais et non pas croire ce que je croyais croire et il y a une différence. Mais la chose intéressante se passa après avoir écrit la première partie : je voulus tout recommencer car je réalisai que ce que j'avais écrit au début n'était pas vrai. C'était comme un processus continuel de suppression de bandes sur mes yeux.

Ceci est alors, pour moi, ce que veut dire "Sathya" – conscience de soi et sincérité. Baba dit que nous sommes trois personnes : celle que nous croyons être, celle que les autres croient que nous sommes, et celle que nous sommes vraiment... A moins que nous ne découvrions que celle que nous sommes vraiment, je ne pense pas que nous puissions faire beaucoup de vrais progrès en spiritualité car l'âme est uniquement individuelle et nous devons avoir le courage d'être vrais envers nous-même, aussi basse et dégradante qu'ait pu être notre ligne de conduite : l'orgueil, l'égocentrisme, la culpabilité et en particulier l'ignorance relative à ces traits dans notre moi inférieur et qui sont les obstacles.

"Dharma" – vie droite et pensée juste, pensée positive, afin que la loi de cause et d'effet travaille pour notre bien ; la conscience de Dieu, en voyant la Divinité en toutes choses, même chez les méchants car il est impossible d'éteindre l'étincelle divine. Swami dit qu'il est possible d'être entièrement bon, mais il n'est pas possible d'être entièrement mauvais – même Hitler pleura quand son canari mourut.

Manger bien (végétarisme total) et comme Swami le dit, les animaux n'ont pas été créés pour être tués et mangés par l'homme mais pour suivre leur propre évolution.

Une bonne attitude pour travailler, car "travailler c'est prier", tout travail incluant balayer les rues et laver la vaisselle. Faire ces travaux ennuyeux pour Dieu. "Le secret du bonheur n'est pas de faire ce que l'on aime mais d'apprendre à aimer ce que l'on doit faire".

"Shanti" – la paix intérieure par le détachement et l'absence de désir, excepté naturellement le désir de servir Dieu. Cela ne veut pas dire renoncer au monde mais vivre dans le monde sans être du monde.

Baba n'a pas d'objection à voir les jeunes trouver leur place dans la vie, gagner de l'argent, créer une fortune, pourvu que le surplus de leurs besoins soit versé à des associations pour Dieu et non utilisé pour la poursuite de privilèges et de plaisirs matériels.

En mûrissant, nous devons avancer sur le chemin de l'âme afin de préparer l'esprit à se libérer. Chacun doit perdre de plus en plus le sentiment d'identification avec le corps physique et les sens physiques. "Laissons l'œil voir les empreintes de Dieu dans les étoiles et les pétales de roses, l'oreille entendre la voix de Dieu dans la gorge des oiseaux et dans les coups de tonnerre, le sens du toucher se réjouir de serrer la main du désespéré et du misérable !"

"Shanti" veut dire la maîtrise de la sensibilité des sens physiques. Cela veut dire aussi devenir indifférent à la louange ou à la calomnie et, dans sa forme sublime, au plaisir et à la douleur. On doit être prêt à être comblé par Dieu ou à être dépouillé. "Shanti" veut dire "abandon".

Finalement "Prema". C'est la pierre angulaire de tout l'enseignement de Baba. "Je suis l'incarnation de l'amour" dit-il. "L'amour est mon instrument. Mon message est "prema", mon activité est "prema", mon enseignement est "prema", ma ligne de vie est "prema". Il n'y a rien de plus précieux que l'amour dans la conception humaine".

"Commencez la journée avec amour, emplissez la journée avec amour, finissez la journée avec amour : ceci est le chemin le plus rapide et le plus direct vers Dieu. D'autres chemins développent la vanité, séparent l'homme de l'homme et l'homme de la bête. Ils rapetissent, ils n'aboutissent pas, ils rétrécissent votre conscience du Divin".

Cela ne veut pas dire que Baba méconnaisse d'autres voies comme la méditation, le "yoga" ou la renonciation au monde pour certains mais cela occupe de beaucoup la seconde place dans son enseignement. Son conseil est toujours personnel et individuel. Il conseillera très rarement à une personne du type ermite de se retirer dans la forêt ou sur la montagne et de passer sa vie en méditation. Il fut ainsi indiqué à un homme âgé de l'"ashram" qu'il répandrait plus de lumière de cette manière qu'en vivant dans la communauté. Mais dans la majorité des cas, particulièrement pour les Occidentaux, il nous conseille de continuer notre travail, avec toutefois un changement d'attitude.

Pour moi, la voie de la méditation c'est comme contourner une montagne en en faisant le tour. C'est un voyage long et indirect. La Voie de l'Amour c'est comme creuser un tunnel par explosion jusqu'au centre et arriver de l'autre côté en moitié moins de temps.

Quand il parle d'amour, il veut dire l'amour en action, en servant. "C'est seulement en aimant que l'on devient l'incarnation de l'Amour". – Nous devons aimer afin de devenir l'amour. Cela est vraiment très simple. Dieu est amour, nous ne pouvons donc L'atteindre que par l'amour du service. Baba dit une fois que deux jours de service en aimant nous feront plus de bien que deux mois de méditation. Il nous dit de servir parce que nous ne trouverons pas la paix tant que nous ne servirons pas. "C'est un besoin intérieur de faire l'expérience d'un sentiment de parenté avec tout le genre humain, avec toute vie". Mais nous devons servir sans le sens du devoir. "Le devoir sans amour est déplorable ; le devoir avec amour est bon ; l'amour sans "devoir" est divin". Les discours de Swami sont, par essence, une continuelle exhortation à aimer et à servir.

Et aussi, hélas, une continuelle mise en garde contre les embûches dont nous sommes victimes : l'égocentrisme et l'orgueil, le bavardage, la friction et la jalousie dans les groupes, la recherche du pouvoir et le désir de dominer ; trop de paroles et pas assez d'écoute, trop de prières en chapelle et pas assez d'amour en action.

On peut se demander parfois s'il n'a pas plus de difficultés avec ses disciples qu'avec ceux qui ne portent pas d'étiquette mais qui veulent aider chaque fois qu'ils le peuvent. Mais il en a été toujours ainsi avec les Fondateurs. Les disciples du Christ ne se disputaient-ils pas entre eux pour savoir celui qui serait assis à sa droite dans le Royaume des Cieux ?

Enfin à ceux qui sont dans la misère, aux déprimés, à ceux qui sont seuls, il déclare : "Faites un pas vers moi, j'en ferai cent vers vous. Versez seulement une larme, j'en essuierai cent de vos yeux. Apportez-moi les profondeurs de vos esprits. Qu'ils soient grotesques ou ravagés par les doutes ou les déceptions cela importe peu. Je ne vous rejetterai pas. Je suis votre Mère."

A ceux, qui, un jour, auront le privilège d'un entretien avec Baba, je voudrais dire ceci : si vous avez des dons psychiques, vous pourriez bien être submergés par les vibrations d'amour et d'énergie qui émanent de cet homme-Dieu. Si vous n'avez pas ces dons psychiques, comme moi-même, vous pourriez bien faire comme moi, c'est-à-dire tomber à ses pieds, vous effondrer et pleurer, l'entourer de vos bras et que lui aussi vous entoure des siens. Vous saurez alors qu'il est vraiment votre mère, votre père et votre meilleur ami – en fait le seul vrai ami que vous aurez jamais car l'amitié humaine peut se briser mais l'amitié de Baba ne le peut pas. Et vous aurez aussi l'incomparable bénédiction et le réconfort de savoir qu'il y a une personne en ce monde qui vous connaît jusqu'au plus profond de votre âme et qui vous aime en dépit de vos fautes et de vos faiblesses. Si votre loyauté est sincère, sa grâce sera toujours avec vous.

DEUXIEME PARTIE

L'Avatar qui déborde de dévotion parfaite pour l'humanité.

Sathya Sai Baba est entré dans cette incarnation avec un savoir illimité. Il ne lit aucun livre, ni ne médite et il n'a jamais eu de "guru" ou maître spirituel. Il était inattentif en classe. Cependant, en dehors des innombrables miracles qu'il a accomplis, de l'abondance des matérialisations allant d'un diamant à une peau de daim, et des guérisons de presque toutes les maladies connues de l'homme, il est aussi la Sagesse incarnée – poète, érudit, linguiste, éducateur, artiste, mystique.

Il fait des citations de la Bible, du Coran, de Socrate, de Johnson, d'Herbert Spencer, de Kant, de Karl Marx, parmi tant d'autres. Il cite toutes les Ecritures sacrées Hindoues et apporte une lumière nouvelle aux anciennes interprétations.

Un jour, à Brindavan, il parla pendant quinze soirées consécutives devant cinq mille étudiants et érudits sur les "Vedas", en donnant des références spéciales sur le tissu d'inexactitudes et d'erreurs de conception qui se sont produites au cours des siècles. Il pourrait en faire autant, je pense, avec la Bible...

Il y a quelques années, le professeur Kasturi, l'éditeur du "Sanathana Sarathi", le magazine mensuel de l'"ashram", publia une série d'articles écrits par Baba sur les dix volumes des "Upanishads". Quand le dixième article sur la dernière et la plus importante des "Upanishads" dut être écrit, le vieil homme vint le chercher et s'aperçut que Swami n'avait pas fait son travail.

L'article devait être imprimé le jour même ; Baba alors s'assit, l'écrivit, apparemment sans effort et sans réflexion, et le tendit au professeur stupéfait. L'article avait dix pages sans la moindre correction ou rature. Cela demanda juste le temps que prit la plume de Baba pour parcourir les pages. Maintenant, Kasturi est certain que Baba n'a jamais lu les "Upanishads".

La même chose arriva au Dr Sandweiss quand il apporta à Swami le manuscrit de "Sai Baba the Holy Man and the Psychiatrist" (Sai Baba, le Saint Homme et le Psychiatre) pour qu'il le bénisse. Après avoir fait des remarques sur quelques passages et en particulier sur ceux qui se rapportaient à l'abjecte pauvreté de l'Inde (lui expliquant que la terre bien-aimée de Bharat était aussi riche que celle de l'Occident jusqu'au moment où elle fut dépouillée par les peuples de l'Occident), Baba donna au livre sa bénédiction et alors, avec un clin d'œil, lui dit qu'il ne l'avait même pas lu !

Ou bien cet homme-Dieu possède quelque faculté divine incompréhensible pour la conscience humaine, ou bien il a un accès immédiat aux dossiers "akashiques", ou bien aux salles d'étude du monde de l'esprit, je l'ignore. Je sais seulement que, lorsque je l'observais au "darshan", j'avais l'étrange sentiment que je voyais un homme doté de mille intelligences et qui travaillait de mille façons différentes. C'est comme s'il voyait tout le contenu d'un livre et l'essence de sa vérité en un éclair, comme s'il regardait le parcours à l'envers du passé et voyait le futur sur un écran de télévision.

Il existe une montagne de preuves de cette extraordinaire omniscience, son esprit est en dehors du temps et de l'espace. Baba a dit et répété qu'aucune conscience humaine ne pouvait le comprendre et qu'il était inutile d'essayer ; il faut en faire *l'expérience vécue.* "Chacun doit M'approcher et *Me vivre dans son expérience.* Il ne suffit pas qu'on vous montre une pierre en vous disant que la montagne est un million de fois plus grosse que la pierre. Il faut que vous puissiez voir la montagne tout entière.

Swami a affirmé que tous les scientifiques du monde réunis avec tout l'équipement possible ne pourraient l'analyser. "La science mesure la forme extérieure des objets, seul le "Vedanta" peut aller au cœur de la réalité des êtres qui est Dieu". Il a souri quelquefois quand des érudits en science "védique" l'ont approché en le prenant pour un simple pandit, sans réaliser que la source même qui jaillit dans les "Vedas" est vivante ici parmi eux.

Un autre don merveilleux de Sai Baba c'est son extraordinaire facilité à transformer la difficulté en simplicité. Je crois que la vérité est à la fois simple et profonde ; des hommes d'une intelligence supérieure comme Einstein et Jung l'ont découvert à la fin de leur vie. Baba possède le génie d'exposer avec clarté les énigmes théologiques les plus compliquées.

Beaucoup de pandits indiens sont sortis d'un entretien avec un éclairage et une clarification immédiats sur des problèmes qui les maintenaient perplexes depuis des années.

Il en était de même avec les lettres personnelles qu'il avait l'habitude d'écrire à ses disciples jusqu'à ce que leur nombre atteigne des millions et qu'il soit obligé d'adopter d'autres méthodes de communication, comme celle de leur donner des rêves symboliques, de modifier certaines circonstances de leur vie en se servant de son "sankalpa" (pouvoir de volonté), ou bien de leur rendre visite sous son aspect physique ou dans son corps éthérique. Son style est simple tout en étant magique et poétique ; il écrit d'une manière personnelle, intense et touchante et du plus profond de son cœur. Ses mots écrits semblent agir comme un catalyseur pour provoquer un état de vision intérieure ou bien de conscience semi-transcendantale dans laquelle des éclaircissements se produisent comme aucune prose érudite ne pourrait le faire. Il semble parler ou écrire le langage des dieux.

Le plus important dans son enseignement est transmis en simples paraboles, avec concision, puissance, familiarité même, par aphorismes. Par exemple, si une personne est trop attachée à ses possessions matérielles, il lui dira : "délestez vos bagages, vous voyagerez plus légèrement", ou "les biens ne sont pas les véritables attaches" (jeu de mots en anglais : "properties are not properties). Ou bien, si on lui demande pourquoi le Divin se montre sous une forme humaine plutôt que dans une traînée nuageuse de gloire, il dira : "si vous voulez sauver quelqu'un qui se noie, vous devez plonger dans l'eau. Si j'étais venu avec quatre bras, vous m'auriez mis dans un musée".

Il me semble donc important de présenter les éléments de son enseignement qui s'adresse à des gens ordinaires, vivant des vies ordinaires, en présentant des citations similaires à celles énoncées plus haut afin que les âmes les plus simples y aient accès.

La pierre angulaire de l'enseignement de Baba est l'AMOUR. C'est le mot clé de toutes ses paroles et de tous ses actes. Faire l'expérience d'une entrevue avec Swami, c'est l'aimer instantanément. C'est une expérience inoubliable. Voici un être sous la forme humaine, dont on n'a encore jamais vu la pareille ; sans une trace d'orgueil, ni d'ego ni de supériorité "karmique", qui rayonne d'une dévotion totale pour tout le genre humain et pour toute forme de vie. Il est réellement "l'amour marchant sur deux pieds".

Son amour intensément personnel se montre cependant universel également. Il n'a pas de favoris : le pécheur est accueilli en son bercail tout autant que le saint. Pour une âme sensible, "prête" à le rencontrer, une transformation s'opère ; la vie se divise en deux moitiés : avant Baba, après Baba. Après cela, il emplit complètement la vie.

"Je suis l'incarnation de l'Amour" proclame-t-il simplement sans modestie ni orgueil. "L'Amour est mon instrument". Réellement il l'est. Swami dit que si l'on doit se souvenir de lui par une des facettes de sa divinité, il aimerait que ce fût celle de "Prema" (amour). "Mon message est "prema", mon chemin de vie est "prema" ; il n'y a rien de plus précieux à comprendre pour un homme que l'amour".

"Il y a ceux qui prêchent les raccourcis pour arriver à la libération. Mais l'Amour seul peut vous libérer. La grâce de Dieu ne peut être obtenue par les gymnastiques du raisonnement, les contorsions du "yoga" ou le refus de l'ascétisme. L'Amour seul peut la gagner ; l'Amour qui n'a pas besoin de récompense, l'Amour qui ne connaît pas de marchandage, l'Amour qui est payé joyeusement, comme un tribut au Tout-Amour, l'Amour qui ne se dément jamais."

"L'Amour seul peut triompher des obstacles aussi nombreux et puissants qu'ils puissent être. Il n'y a pas de force plus efficace pas de félicité plus satisfaisante, pas de joie plus réconfortante. Et pourquoi ? Parce que Dieu est Amour – C'est aussi simple que cela."

"Ma vie est mon message" dit Baba. Et quelle est sa vie ? Etre au service aimant du genre humain vingt-quatre heures par jour, sept jours par semaine, sur une échelle dont la grandeur consiste à accomplir des miracles, à guérir les malades, à transformer les âmes, à éduquer la jeunesse ; et dans le domaine de l'assistance sociale et du travail humanitaire, aucun "Avatar" de Dieu n'a fait mieux dans l'histoire de l'Humanité. On dit qu'il ne dort pas et il l'a confirmé. On lui a demandé une fois s'il avait besoin de repos et il a répliqué : "Si j'avais besoin de repos, je ne me serais pas incarné !"

Ecoutez ce que déclara le Dr Diwaker, un érudit indien également homme d'Etat, à l'occasion du cinquantième anniversaire de Sai Baba : "Autrefois, Swami était un gamin de village, sans instruction, mal aimé, délaissé. Maintenant, pour son cinquantième anniversaire, nous nous rassemblons, venus des quatre coins du globe, et qui trouvons nous ? Des politiciens, des philosophes, des éducateurs, des législateurs, des scientifiques, des technologues, le savant tout autant que l'ignorant, le riche comme le pauvre ; de toutes les nations et de toutes les religions. Si ceci n'est pas une merveille et un miracle vivant, je voudrais savoir alors ce que c'est."

En quarante ans, ce petit villageois est devenu la plus puissante influence sur le plan laïque aussi bien que religieux et ce, à travers le continent indien ! Et tout cela, par le seul pouvoir de l'Amour...

Je voudrais hasarder une conjecture : c'est que dans deux ou trois décades, Sai Baba aura la plus puissante influence dans le monde entier. Sa vie n'a que ce seul but. Il a déclaré : "Je suis venu pour réparer la grande voie vers Dieu... Je ne suis pas venu au nom de n'importe quelle secte, croyance ou religion. Je suis venu pour allumer la Lampe de l'Amour dans les cœurs de toute l'Humanité".

Et, envisageant la possibilité d'un holocauste nucléaire : "La calamité qui est arrivée sur le genre humain sera détournée. Un Nouvel Age reviendra. Je ne faillirai pas : faillir n'est pas dans la nature des Avatars." Celui pour lequel nous languissons tous est venu. Il n'y aura pas d'holocauste nucléaire.

Que se passe-t-il donc chez ceux qui ne reçoivent pas ce choc profond de Baba et qui se demandent alors pourquoi ?

Swami l'explique ainsi : "Les vieilles âmes ont besoin d'un léger coup de marteau ; les âmes jeunes ont besoin de vingt coups de marteau de forgeron !"

Pourtant, des vieilles âmes peuvent être des gens simples et humbles ; point n'est besoin d'érudition ou de titres honorifiques. C'est le cœur qui compte. Il réprimande souvent ceux qui parlent du riche et du pauvre quand il comprend qu'ils l'entendent dans le sens matériel. Le riche est souvent pauvre en esprit et le pauvre riche.

Le lecteur pourrait demander : qui est cet homme-Dieu Sai Baba ? Eh bien ! C'est une question de foi et c'est l'affaire de chacun de juger et de se faire sa propre opinion. Mais ce que je voudrais exposer c'est qu'il n'existe aucun homme sur terre qui accomplisse autant pour l'humanité et sur une si grande échelle ; et, ne serait-ce que pour cela, il est alors digne d'intérêt et d'attention.

"Vous les reconnaîtrez à leurs fruits". Et les fruits de Sai Baba sont véritablement prodigieux !

Ses pouvoirs qui semblent illimités ne sont pas le résultat d'un développement de "yogi". Il s'est incarné avec son pouvoir divin (daivie sankalpa) intact. Etant enfant, il accomplissait des miracles. On peut dire seulement que ce qu'il veut arrive ! Comme le dit le Dr Bhagavantam : "Il transcende les lois de la physique et de la chimie. Par conséquent, je dois déclarer que cet homme est un être transcendant, divin." Et ces paroles ont été prononcées par le plus important scientifique indien en physique nucléaire.

Swami lui-même, à plusieurs reprises, a fait part de sa nature. Je vais écrire seulement deux de ses citations : "Quand je suis avec un homme, je suis un homme; quand je suis avec une femme, je suis une femme ; quand je suis avec un enfant, je suis un enfant et quand je suis seul, je suis Dieu".

Et encore, de la manière simple qui lui est propre : "Quand il y a une petite agitation locale, il suffit d'un agent de police pour la juguler. Quand les troubles menacent de devenir sérieux, un inspecteur de police est envoyé ; quand cela devient une émeute, le commissaire de police lui-même doit la réprimer ; mais quand, comme maintenant, toute l'humanité est menacée par la ruine morale, l'Inspecteur Général descend : c'est le Seigneur."

Une triple incarnation embrassant deux cent cinquante ans ou plus (d'abord Sai Baba de Shirdi maintenant décédé ; actuellement Sathya Sai Baba, puis dans le futur au XXIe siècle Prema Sai) a été prévue par les "Upanishads" depuis plus de cinq mille ans. Il y était prophétisé qu'il y aurait un Age de la Machine d'où émergerait une manière de vivre matérialiste avec des moyens techniques capables de détruire la planète et que cette triple incarnation déploierait lentement son influence et sauverait le monde de la destruction en restaurant l'Action Juste parmi les hommes. C'est au lecteur de juger. La vie de Prema Sai ne se terminera pas avant le XXIIe siècle, ainsi il reste encore cent vingt ans ou plus à Swami pour atteindre son but.

Malgré ses cinquante millions de fidèles, avec des centres dans soixante pays occidentaux, il dit parfois : "Mon travail est à peine commencé".

Soyons reconnaissants à l'enseignement de Swami d'être à livre ouvert ; il n'y a pas d'abracadabra ni de rite initiatique habituel dans l'ésotérisme. C'est pour toute l'humanité, le riche aussi bien que le pauvre, le savant comme l'ignorant. La seule condition "sine qua non" c'est le cœur pur.

Sai Baba nous apprend l'évolution et la réalité de l'"atma" (l'absolu) dans l'homme. Comme il le dit, nous sommes arrivés de l'"animalité" à l'"humanité" et la prochaine étape est la "divinité". Par Dieu demeurant en nous ou "atma", (l'étincelle divine) nous sommes potentiellement des dieux. Nous devons nous débarrasser du "je" afin de réaliser notre nature la plus élevée. "Le seul propos de votre incarnation est de sacrifier l'Ego sur l'autel de la compassion," dit-il.

"Le but de la vie c'est de grandir dans l'amour, de répandre cet amour, de se perdre en Dieu qui est Amour et c'est en servant que ceci s'accomplit le mieux." "Il n'y a pas de discipline meilleure que le service pour extirper l'ego."

"La réalité de l'homme c'est l'"atma". Toutes les autres choses sont sans importance : nous les partageons avec les oiseaux et les bêtes. Ceci est l'unique privilège de l'homme. Il a gravi tous les échelons de l'évolution sur terre pour hériter de cette haute destinée. S'il gaspille ici-bas en cherchant seulement nourriture et abri, confort et plaisir, comme les animaux, l'homme se condamne lui-même à une nouvelle sentence de vie (une autre incarnation) ! "En fait, dans notre vraie nature, la plupart d'entre nous détestent une vie ennuyeuse passée seulement à manger, boire et dormir. Au cœur de notre être, nous cherchons à nous libérer du futile et du temporaire."

"L'"atma" est la sustentation, la source de chaque être et de chaque organisation d'êtres. C'est la seule source. L'"atma" est Dieu, pas moins. Par conséquent, reconnaissons en chaque être, un frère, un enfant de Dieu et bannissons toutes pensées et préjugés basés sur la couleur, le rang social et l'esprit de classe".

Dans le langage de tous les jours, cela signifie que la même "parcelle du Divin" existe en vous comme en moi, ce qui fait que tous les hommes et toutes les femmes sont frères et sœurs. Il est vrai aussi que nous sommes tous les cellules d'un vaste organisme appelé le genre humain. En conséquence, faire du tort à l'autre, c'est se faire du tort à soi-même. Voilà une pensée salutaire !

Sai Baba ne nous encourage pas à abandonner notre propre religion, car toutes les religions ont le même but et prêchent la même chose dans leur forme première. "Accueillez toutes les religions comme des amis et des parents", dit-il. "Les "Vedas" sont le grand-père, le Bouddhisme est le fils, le Christianisme est le petit-fils et l'Islam est l'arrière-petit-fils. S'il y a quelque incompréhension entre eux, c'est simplement une affaire de famille. La propriété ancestrale dont ils sont tous héritiers est la même".

Toutes les rivières se jettent dans le même océan et les vaches, bien qu'elles aient des couleurs différentes, donnent le même lait. Pratiquement, si on découvre la forme primitive de sa propre religion, on se rapproche de Baba. “Suivez votre religion à vous dit-il. Vous trouverez que vous vous rapprochez de Moi, car tous les Noms et toutes les Formes sont Miens.”

La citation que je préfère sur l’universalité de toutes les religions est celle-ci : “Il n’y a qu’une seule religion, la Religion de l’Amour ; il n’y a qu’une seule caste, la Caste de l’Humanité ; il n’y a qu’un seul langage, le Langage du Cœur.”

Je suppose qu’une des premières questions posées par un aspirant, nouveau sur le chemin spirituel, devrait être la suivante : Comment trouver Dieu et la Vérité ? Il a tendance à chercher et à trouver un “gourou”. Swami dit : “Il n’est pas nécessaire de se rendre dans quelque endroit que ce soit pour chercher la vérité ; elle est l’étincelle divine en vous mais elle doit devenir une flamme.”

Il en est de même avec les livres. Un ami m’a dit un jour : “Vous n’apprenez rien dans les livres. Vous reconnaissez seulement ce que vous savez déjà”. Il y a un élément de vérité dans cela.

Baba dit que si nous cherchons des “gourous” dans le monde, nous courrons de l’un à l’autre. “Dieu est votre meilleur “Gourou” et Il réside dans votre cœur.” Ne cherchez pas des “gourous” dans les ermitages et les soi-disant lieux saints. Il y a aujourd’hui, de nombreux faux “gourous” qui prêchent “l’état d’être sans désirs” et cependant sont eux-mêmes criblés de désirs personnels. Ils préfèrent la publicité à la pratique.

Le Dr Frank Baranowski, l’expert en photographie Kirlian, découvrit cela pendant un voyage d’étude sur les saints hommes de l’Inde, jusqu’au jour où il est venu à Puttaparthi et où il a vu l’aura de Swami ; il l’a décrite comme “n’étant pas celle d’un être humain”. J’ai moi-même hélas fait cette expérience : beaucoup de “gourous” et de guides de groupes pseudo-religieux sont imbus d’eux-mêmes et d’orgueil spirituel et ne sont souvent que des sortes de mercenaires.

Baba dit avec ironie : “L’Homme loue Dieu parce qu’il est omniscient, omniprésent et omnipotent et pourtant il ignore Sa présence en lui-même !" "Dieu réside dans le cœur de chaque être humain..."

"Pour chaque cœur, il y a un chemin vers Dieu. Chacun viendra en son temps, selon sa propre impulsion intérieure, en suivant le chemin que Dieu lui révèlera comme étant le sien." Nul besoin de se précipiter ni d'agir impulsivement. La croissance spirituelle est lente. Elle devrait être comme celle d'un chêne plutôt que comme celle d'un mélèze japonais. Comme le dit Swami : "Partez tôt, conduisez lentement, arrivez sûrement".

Il exhorte aussi la spécialisation : "Plutôt que de creuser quatre mètres dans dix endroits, creusez quarante mètres dans un seul. Concentrez-vous sur le chemin choisi." En d'autres termes, devenez un spécialiste plutôt qu'un touche-à-tout (tout en gardant un esprit ouvert).

Pourtant, combien de gens connaissons-nous, critiques pointilleux et écrivains orgueilleux de leur savoir étendu et de leur érudition sur des détails hors de propos, qui semblent ne jamais vouloir sortir de leur réserve et ne veulent se compromettre en rien. Ils sont comme des pataugeurs dans des eaux basses, ils manquent de courage pour plonger dans l'océan profond où se trouvent les perles. Ils sont plus intéressés par quelque événement qui est ou n'est pas arrivé il y a deux mille ans, que par ce fait qu'il existe de nos jours un "purna avatar" incarné qui essaie de sauver le monde d'un holocauste nucléaire !

Quant à la Vérité Absolue, pouvons-nous vraiment espérer la trouver avec notre conscience humaine ? Ceux qui l'espèrent sont poussés, je le crains, par l'anxiété ; ils veulent la vérité enveloppée dans un paquet bien ficelé. Tout ce que nous pouvons faire c'est aimer et servir pour recevoir peu à peu la Lumière. Nous devons apprendre à flotter à travers la vie, dans la foi et la confiance, nous souvenant toujours que Dieu réside dans notre cœur et qu'il est notre meilleur "gourou". "Notre propre expérience est pour nous la meilleure garantie de vérité", dit Swami.

Nous ne devrions pas non plus avoir peur du changement. Le changement est une qualité de la vie elle-même. Toute chose suit un processus de croissance ou de déclin. Pourtant, presque tous, nous résistons au changement. Nous nous enracinons et bâtissons une sécurité matérielle autour de nous comme une barrière. Il n'y a rien de mal à construire un chez-soi et à l'aimer. Mais si nous nous "attachons" trop, nous trouvons difficile de faire face à un bouleversement et à une réorganisation. Nous devons avoir le courage de changer, d'accomplir notre destinée selon les voies de Dieu, n'importe où elles peuvent conduire. C'est cela le moyen de croître. Comme Swami le dit : "La vie est un pont sur la mer du changement ; passez dessus, mais n'y construisez pas une maison".

TROISIEME PARTIE

"Les mains qui aident sont plus saintes que les lèvres qui prient."
Sai Baba.

Il n'est pas rare que Sai Baba fasse fi des cérémonies dévotes et des méthodes formalistes, incluant la méditation et le "yoga", par lesquelles les aspirants à la spiritualité s'efforcent de se perfectionner, à moins que ces méthodes ne soient accompagnées de dévotion pure. Aucune somme d'hymnes chantés, de vœux de jeûnes, d'offrandes de fleurs, de prières ne feront le moindre bien si tout cela n'est pas motivé par un amour sincère. Le développement de soi-même dans un intérêt égoïste est nul et non avenu.

"Ce n'est pas celui qui dit : "Seigneur, Seigneur !" mais celui qui fait la volonté de mon Père qui est dans les Cieux," dit le Christ. Swami confirme et amplifie cela : "Le simple culte de pure forme, la répétition des hymnes, ou l'exécution mécanique et routinière des rituels ne peuvent amener Dieu à résider dans votre cœur, dit-il. La libération ne se trouve pas dans les formules mystiques ou dans les rosaires, mais en marchant avec entrain dans l'action."

On ne peut s'empêcher de penser au nombre de "Je vous salue Marie" supposé vous élever vers le ciel, qui est récité dans le monde, lequel en fait ne vous élève nulle part. Souvent aussi, il reproche vertement leur pompe et leur pédanterie aux prêtres – "secs comme des savants poussiéreux" comme il les appelle.

Il dit souvent quand il parle de la religion : "La dévotion n'est pas un uniforme à porter seulement les jours de célébration et à mettre ensuite à "l'écart". Cela devrait être un encouragement pour une attitude permanente". Un jour qu'il était, je présume un peu lassé de ce que j'appelle la bigoterie, Swami dit : "L'homme de cœur qui ne professe pas de religion du tout est vraiment un homme religieux."

Et encore : "Il est bon de naître dans une religion mais il n'est pas bon de mourir dans une seule. Grandissez et délivrez-vous vous-même des limites, des règles et des doctrines qui clôturent votre liberté de pensée, des cérémonies et des rites qui vous restreignent et vous dirigent. Atteignez le point où les Eglises n'ont pas d'importance, où toutes les routes finissent à l'endroit où toutes les routes commencent".

Ceci naturellement veut dire que les enfants ont besoin d'un fond de spiritualité ; mais en adhérant pendant toute sa vie à quelque secte ou credo étroit, enfermé dans des convictions et des dogmes, on empêche la conscience de se développer.

Hélas ! Rares sont ceux qui ont le courage de n'appartenir à aucune religion : nous ressentons le besoin de la tribu. Pourtant nous devrions avoir la certitude en nous-même que nous sommes les enfants d'un Seul Dieu qui est Amour et être sûrs, vraiment, de ce que nous croyons, plutôt que de permettre à des "spécialistes" de penser à notre place, car il est notoire que les spécialistes se trompent ; les arbres les empêchent de voir la forêt. Et cela n'a jamais été plus vrai en ce qui concerne les théologiens. Ainsi, même si nous nous trompons, nous adhérons au moins à un des principes fondamentaux de la vie : en toi-même, sois vrai.

Sur les formes variées du “yoga”, Sai Baba s’exprime ainsi : “Elles peuvent calmer temporairement l’agitation du mental, ou peuvent améliorer la santé et prolonger la vie de quelques années, c’est tout. Que voulez-vous accomplir avec ce corps pendant ces années supplémentaires ? Presque tout le monde, y compris la profession médicale, semble croire que l’objectif de la vie est seulement celui de vivre le plus longtemps possible.

Je ne dis pas que Swami dénigre le “yoga” et la méditation en toutes circonstances. Il a justement écrit un livre sur la méditation appelé “Dhyana Vahini”, mais celle-ci tient de beaucoup la seconde place dans l’ordre des priorités. C’est une aide et non une fin. La première priorité est toujours : le Service ou l’Amour en action. Je peux l’assurer au lecteur car ceci est mis en évidence dans tous ses enseignements ; de plus, il me l’a confirmé en entretien privé.

“Personne ne peut former l’autre à la méditation” dit-il (et il pense aux classes de méditation qui existent dans le monde !) Il est possible d’enseigner l’attitude, la posture, la respiration. Mais la méditation est une fonction de l’homme intérieur ; elle implique un subjectivisme profond et calme, un mental déchargé, et la pénétration en soi-même de la Lumière qui émerge de la divine étincelle en nous. Aucun livre ou aucun maître ne peut enseigner cela. “Purifiez vos émotions, clarifiez vos impulsions, cultivez l’amour. Alors seulement vous deviendrez maître de vous-même.” Et si cela peut se faire quand vous êtes allongé dans votre baignoire et que vous réfléchissez, alors c’est bien ainsi ! On pourrait dire que la Seconde Guerre Mondiale fut gagnée de cette façon, car Winston Churchill avait cette habitude.

J’admets que j’ai des préjugés sur la méditation, probablement parce que je n’ai jamais été capable de faire beaucoup de progrès dans cette voie. Baba dit qu’elle doit accroître la connaissance de soi et l’honnêteté de soi-même. Je trouve, pour ma part, que l’examen de moi-même en écrivant mon journal me réussit mieux.

Il dit aussi que le produit final de la méditation devrait être une communion tout au long de la journée. (Suis-je conscient de Dieu, voyant Dieu en tout, car il n'est rien qui ne soit pas Dieu ; toute vie est Dieu sous des formes différentes… ? Mes pensées sont-elles positives ou négatives ? Suis-je en train de papoter ? Est-ce que je parle trop et n'écoute pas assez ? En agissant, suis-je motivé par mon ego ou par Dieu ?)

A sa manière simple et merveilleuse, il nous rappelle que tous, nous portons une montre (watch en anglais)*. Cela s'épelle W.A.T.C.H.

W est pour veiller à vos paroles (words) !
A est pour veiller à vos actes (actions) !
T est pour veiller à vos pensées (thoughts) !
C est pour veiller à votre conduite (conduct) !
H est pour veiller à votre cœur (heart) !

J'espère que les observations ci-dessus seront de quelque réconfort pour ceux qui trouvent la méditation difficile et le "yoga" physique impraticable. Ou même pour ceux qui se sentent aussi coupables que moi – quand ils voient quelque aspirant barbu assis en lotus pendant des heures, avec l'air d'un grand saint – parce qu'ils n'ont pas rempli les hautes conditions spirituelles permettant une telle attitude.

Swami a affirmé encore et encore, que le service est la meilleure discipline pour nous déraciner de l'ego et que ceci doit être notre seul but pendant notre séjour sur la Terre. Rien n'est plus simple ni plus catégorique que cela.

Aussi, prenez courage, tous ceux d'entre vous qui passez beaucoup de temps à la cuisine, à changer les couches, ou à balayer les rues, car "travailler c'est prier" – et cela est vrai, pour tout travail, même pour les corvées les plus basses. Si vous faites ces choses pour Dieu, je vous assure que cela sera très différent.

* Watch veut dire aussi : veiller. Jeu de mots possible en anglais seulement (N.D.T.).

Et qui peut dire qu'une forme de service est plus élevée qu'une autre dans le grand Plan divin ? Ne l'oublions pas : il est mieux d'être un bon plombier qu'un mauvais premier ministre.

Nombreux sont ceux qui trouvent difficile d'équilibrer une manière de vivre à la fois matérielle et spirituelle, de vivre dans le monde et cependant de n'être pas du monde. Souvent des décisions difficiles doivent être prises. Swami ne voit aucune objection à ce que la jeunesse avance pour trouver son potentiel. "Pendant les jeunes années, un désir de s'accomplir dans le monde peut être bon ; il est mauvais seulement dans les années d'âge avancé. Aimez, dans le monde, les choses légitimes et pas plus dit-il. Saisissez Dieu de la main droite et le monde de la main gauche. Peu à peu, la gauche desserrera son étreinte". (Laquelle, dit Baba est peut-être nommée gauche parce qu'elle est laissée derrière "à gauche" !*

Baba n'est pas un puritain austère. Il est profondément humain avec un inaltérable sens de l'humour. Il préfère le mot "erreur" à celui de "péché". "Ne vous appelez pas vous-mêmes les héritiers du péché ; vous êtes les enfants de l'immortalité". Il n'est pas non plus un rabat-joie – Un jour il s'exprima ainsi aux étudiantes de son Collège pour femmes d'Anantapur : "Soyez des foyers d'amour, de compassion, de service, de tolérance mutuelle et soyez heureuses, très, très heureuses".

Néanmoins, sur l'énigme de la souffrance, il dit des choses apparemment dures. Je dis "apparemment", parce que nous devons envisager le fait que la vie, à notre stade actuel d'évolution, est une école souvent difficile, où notre croissance et le retranchement de l'ego se produisent en grande partie à cause de nos erreurs et de notre souffrance, et toute cette souffrance est aussi d'origine "karmique".

Swami dit que Dieu a décrété la peine car sans elle l'homme n'adhérerait pas à Dieu. Sur la douleur, il dit : "Abandonnez-

* Left : Jeu de mot car left signifie "gauche" et le verbe to leave au passé (left) signifie "quitté" ou "laissé" (N.D.T.).

vous ; acceptez d'être un invalide permanent ou de guérir, comme Dieu le veut, mais laissez les conclusions en suspens. Ouvrez votre cœur à la douleur car, faite pour votre bien, elle est la volonté de Dieu. Son plan est de dissoudre l'ego. Accueillez-la comme un défi. Tournez-vous vers l'intérieur et tirez-en la force de supporter et d'en tirer profit".

Je peux dire honnêtement que cela a été mon cas. A une époque, j'ai souffert pendant deux ans d'une profonde dépression. J'ai connu un sentiment d'abandon qui atteignit la désolation. Je me sentais vivre dans un monde où Dieu et la chaleur humaine n'existaient pas – une sorte d'existence Orwellienne.*

La volonté m'avait déserté – c'était une victoire de sortir du lit chaque matin. Pendant cette période, je fus hospitalisé deux fois et faillis mourir à chacune de ces occasions. J'ai fait l'expérience de l'agonie physique. La seconde fois, j'ai failli mourir brûlé. J'étais terriblement défiguré. Je devins aveugle et perdis la voix pendant un certain temps.

Je fus guéri mentalement et physiquement et, avec une sagesse rétrospective, je suis reconnaissant envers la souffrance. Mon âme s'était raffermie, ma foi s'était renforcée, ma compassion s'était "levée" et j'avais développé des qualités psychiques au départ faibles.

Sur la souffrance en général, Swami dit : "Pourquoi vous inquiéter quand Dieu, pour faire de vous un beau joyau, chauffe et fond, taille, sculpte, et dissout vos impuretés dans le creuset de la souffrance ?"

A ses fidèles : "Je remue, je pétris, je cuis, je vous inonde de chagrin. Je suis venu pour vous transformer, pour vous transmuer".

Sur la loi du "Karma" : "Vous Me voyez peut-être aujourd'hui pour la première fois, mais vous êtes tous pour Moi de vieilles connaissances ; je connais le fond et le tréfonds de

* George Orwell écrivain satirique anglais 1903-1950.

vous-mêmes. Je sais pourquoi vous souffrez, combien de temps vous souffrirez et quand finira votre souffrance". Il y eut de nombreuses fois, pendant le darshan, où il dut passer près de deux mains suppliantes, faisant une pause cependant, avec un regard plein de compassion, quelques mots de consolation et une petite tape gentille sur l'épaule.

Certaines fois, débordant de compassion, il efface le "karma" négatif d'un fidèle en le prenant sur lui-même, par exemple une congestion cérébrale ou une crise cardiaque ; il souffre alors le temps nécessaire puis il se guérit lui-même. En dernière analyse il dit : "La plus grande joie jaillit du plus grand sacrifice".

Le poète dit : "Un homme gelé à son poste de garde, une mère mourant de faim pour ses enfants, Socrate buvant la ciguë et Jésus mourant sur la Croix, des millions d'êtres qui, humbles et sans nom, piétinent sur le droit chemin difficile : certains appellent cela Consécration et d'autres l'appellent Dieu".

Deux fois, à mon humble manière, j'ai voulu suivre ce chemin. La seconde fois, j'avais éprouvé une grande dévotion pour un autre être humain, proche, je crois, de celle que j'atteindrai quand je serai incarné dans le pur amour de Dieu. Les deux fois, j'ai fait d'ultimes sacrifices qui furent regardés par mes amis comme irréfléchis, dignes de Don Quichotte, voire même déments. Ceux-ci l'étaient vraiment, mais les impulsions les plus profondes et les actions les plus courageuses sont souvent considérées comme des folies dans un monde standardisé.

Ce fut, à chaque fois, ce que le monde appellerait un désastre total. Mais j'ai survécu, reconstruit ma vie et, regardant le passé, j'ai réalisé la vérité de cette grande parole de Sai Baba : "La plus grande joie jaillit du plus grand sacrifice". C'est en donnant que nous recevons ou, selon le poète : "Je possède ce que j'ai donné".

Ainsi, je revois ces deux épisodes avec gratitude pour l'épuration de l'ego et pour l'accroissement de la compassion.

Lorsque mon séjour terrestre se terminera, je crois que je serai aspiré par deux petites étoiles à cinq branches illuminant les parties les plus sombres de la trame de mon dossier “akashique”.

Ils doivent être des milliers ceux qui ont fait l’ultime sacrifice dans le combat et, en dépit de leur souffrance, ont ressenti un sens de la joie plus grand que le mien. Je suis sûr que Rupert Brooke fut de ceux-là.

Pour l’homme ordinaire, la mort devrait tout naturellement être la bienvenue quand le moment est arrivé ; elle fait partie intégrale de la vie, elle est une aventure identique à la naissance. Pourtant, comme Swami le dit : “L’homme circule comme si la mort était une calamité lointaine”. Le plus souvent, c’est un soulagement pour le fatigué, un refuge pour le persécuté, une borne finale pour le pèlerin, et le Paradis pour le croyant. Elle peut aussi être une leçon pour le rebelle. Mais elle ne devrait pas être crainte ; c’est un don, un droit de naissance.

Sai Baba est plein de compassion pour les opprimés et pour ceux qui sont désespérés. “Je suis très heureux quand un passant vient à moi, lourdement chargé de misère, et qu’il a le plus grand besoin de ce que j’ai à donner”. “Je vous demande seulement de vous tourner vers moi quand le chagrin et le désespoir vous accablent.” Il leur démontre le fait que si leurs prières sont suffisamment angoissées, sincères et persévérantes, il n’est pas dans sa nature de ne pas y répondre. Il dit un jour à un de mes amis : “Même Dieu succombe à l’amour”. Ceci équivaut à dire que si nous l’aiguillonnons assez avec un état d’esprit vrai et un besoin réel, il répondra à nos prières ! Certains appelleraient cela la loi spirituelle de cause à effet, mais c’est la même chose.

En même temps, il nous fait remarquer que nous créons nous-mêmes notre monde, que le bonheur repose en nous et que l’esprit est en potentialité tout puissant. Il a quelquefois cité le vieil adage anglais : “Where there’s a will there’s a way” équivalent au nôtre : “Quand on veut, on peut”.

Le succès ou l'échec sont des termes trompeurs. C'est l'effort qui compte. "Je recherche la qualité de l'effort spirituel, non la quantité". Il est quelquefois meilleur d'échouer après s'être efforcé que de réussir trop facilement.

Swami vénère toute vie et nous demande de faire de même : "Dieu est en tout ce qui existe. Il est l'intelligence de l'insecte, la fidélité du chien, l'énergie latente du rocher." Quand le Dr Hislop lui demanda si les choses inanimées pouvaient sentir, il répliqua : "Il n'y a aucune chose au monde qui n'ait pas de cœur, qui ne soit pas capable de sentir la joie ou la peine".

Ou encore : "Il n'y a rien qui n'ait une âme" et ceci comprend les règnes animal, végétal et même minéral. Dans ma maison précédente, dans le Sussex, il y avait un cours d'eau naturel qui traversait le jardin. J'avais décidé de construire un barrage et de faire une piscine avec un bassin pour les nénuphars. Un jour, alors que le maçon était en train de poser les pierres pour faire le mur de soutènement, il s'arrêta, se gratta la tête et dit : "Drôle de matière, la pierre. C'est vivant !" Il l'avait travaillée pendant toute sa vie, il savait...

Ainsi, j'essaie de révérer toute vie. Je conduis ma voiture comme si elle était humaine et mes voitures ont invariablement duré plus longtemps que celles de mes amis, forts en mécanique qui bricolent leurs véhicules pendant chaque weekend. Je parle aux oiseaux. Quelquefois, j'ai un élan vers les conifères touffus de mon petit jardin, je les étreins et je sens presque toujours les vibrations bienfaisantes qu'ils me renvoient.

Le seul animal dont j'ai peur est le crapaud. Cela vient de ma petite enfance. J'étais attaché dans un petit lit et déposé dans un pavillon de jardin dont le sol en terre battue était le lieu favori des crapauds. J'ai de vagues souvenirs de mon frère aîné, qui me haïssait, les prenant par la peau du dos et les braquant devant mon visage. J'avais horreur de leurs ventres jaunes. Mais dernièrement je suis arrivé à un accord avec ma phobie ; si je vois un crapaud dans ma serre, j'apprends à vivre avec lui.

Toutes les formes de vie sont intimement liées. Habitant la campagne, je n'ai jamais eu de difficulté à accepter cela ; même l'humble ver de terre a son utilité qui à voir je pense, avec notre santé, même d'une manière infime ; la nourriture qui nous sustente pousse dans une terre qui, depuis des siècles, est passée à travers son corps. Quand un homme se détourne de la nature et habite dans une grande ville, son équilibre est ébranlé ; il a besoin de ses bruits, de sa nourriture naturelle et de son rythme lent de changement.

Sai Baba vénère les femmes et leur rôle dans la vie. "La femme est aussi bien équipée que l'homme pour suivre le chemin de la spiritualité. Aucune nation ne peut s'affirmer forte et stable sans la culture spirituelle de ses femmes." Il insiste, encore et encore, sur le rôle sacré de la mère. "La mère est le premier "guru" de l'enfant" dit-il. Mais il désapprouve fortement la tendance de la femme moderne à essayer d'élever une famille tout en voulant faire une carrière.

Voici quelques exemples divers de citations de Swami :

"La paix à la maison est le premier pas vers la paix dans le monde." En d'autres termes, la première des priorités est de mettre de l'ordre dans notre propre maison.

"La foi se transmet d'un esprit à l'autre" ce qui est une autre manière de dire "la religion se ressent mais ne s'apprend pas". Pour cette raison, laissez votre lumière briller. L'exemple est meilleur que la dissension ; en fait, il est mieux parfois de laisser tomber un débat.

"Conversez avec Dieu qui est en vous – c'est le "guru" le plus intéressé par vos progrès". Les "gurus" temporels sont faillibles, Dieu ne l'est pas – Il est sans changement, immuable. Un "guru" peut aider sur le chemin mais il ne doit jamais devenir un mentor. L'âme est unique, elle est le résultat de beaucoup de vies ; aucun de nos semblables ne peut en sonder les profondeurs. En dernier ressort nous sommes seuls avec Dieu.

"L'objectif de la vie est de tuer "l'ego". "Bienvenue aux difficultés car elles seules apportent douceur à l'esprit."

"Quand les autres crient, répondez à voix basse ; donnez vous-même le ton."

"Gaspiller, c'est gaspiller Dieu." je pourrais me hasarder à dire que tout ce qui remplit les poubelles de l'Occident nourrirait les affamés du monde entier.

"Soyez simple et humble. Ne soyez pas orgueilleux de votre position sociale ou de votre classe. Dites-vous toujours à vous-même : Ce n'est pas moi, mais Lui. Il est la force, je ne suis que l'instrument." La tentation est en effet très grande de laisser l'ego se glisserdans nos réussites, même parfois chez les spiritualistes et les guérisseurs.

"Les mains qui aident sont plus saintes que les lèvres qui prient." L'action est meilleure que l'adoration. Swami le répète encore et encore. On ne saurait trop fortement insister sur ce point.

Et Il dit ceci : "Deux jours de services rendus feront plus de bien que deux mois de méditation".

Et à celui qui est tourmenté par l'anxiété ou au déprimé : "Pourquoi avoir peur puisque je suis là ?" Ou encore : "Souvenez-vous constamment de moi et luttez".

Sur notre divinité en puissance : "Je suis vous et vous êtes Moi. Vous êtes les vagues, je suis l'océan. Sachez cela et soyez libres, soyez divins".

Pour encourager : "Suivre le Maître, faire face au démon, lutter jusqu'au bout, finir la partie !"

Je terminerai là où j'ai commencé, sur le thème qui revient sans cesse : l'Amour. C'est un mot qui est compris dans un contexte trop limité. Il contient la gamme entière de l'expérience humaine, du banal au sublime : de la fille et du garçon sur le banc du parc jusqu'à l'entente avec sa voisine difficile, du nettoyage des lits souillés dans un service de gériatrie jusqu'au chien qui se noie pour sauver son maître, du frère qui sacrifie ses mains d'artiste pour permettre à Albrecht Dürer de devenir un peintre célèbre jusqu'au prêtre polonais de ce camp de concentration qui est allé volontairement à l'exécution pour sauver la vie de son compatriote.

Dans la vie sur Terre, comme le dit St Paul : “L’Amour supporte longtemps avec bonté ; l’Amour n’envie pas ; l’Amour ne se vante pas lui-même, n’est pas gonflé d’orgueil... L’Amour porte tout, croit tout, espère tout, endure tout”.

Quand l’Amour caresse, la confusion et le désordre disparaissent ; l’ennui – le grand vice – fond, l’inertie meurt, le désaccord disparaît, les vieilles peurs s’évanouissent, les vieilles blessures sont guéries, ne laissant pas de cicatrices, les ressentiments et les rancœurs sont impossibles, les vains bavardages et les indignations disparaissent. La joie et la santé s’installent, la vie devient contentement, optimisme et bon vouloir, les souffrances des autres sont partagées et soulagées. L’Amour donne la liberté à tous sans permettre à cette liberté de devenir licence.

L’Amour ne cueille pas une âme prématurément. Il est content d’aider au processus de maturation et de l’encourager au bon moment et à la bonne époque. L’Amour attend que l’homme rentre en lui-même, qu’il soit lassé de son obstination volontaire, futile, de son arrogance, de sa souffrance, qu’il soit fatigué de cette obscurité à laquelle il se condamne lui-même ainsi que les générations à venir. L’Amour attend et reconnaît les opportunités pour agir. Le manquement de la créature est la chance de l’Amour.

L’Amour ne cherche pas non plus à s’amender avec la raison, la logique, le bon sens. L’Amour est la raison suprême, la logique incomparable, le bon sens robuste. L’Amour rend extraordinaires les choses ordinaires, rares les choses communes, fortes les choses faibles, immenses les choses petites, élevées les choses basses.

L’Amour est Réalité ; le libérateur, le faiseur de miracles.

Sathya Sai Baba encourage toutes les religions du monde à se joindre à la seule religion Sai, d’Amour. Il dit que chaque religion parle d’une seule partie de Dieu et affirme alors que cette partie est entière et totale. Il revendique les seize “kalas” (attributs) de la pleine Divinité. Et ce qui suit est l’essence de son simple message : “Commence la journée avec Amour, emplis la journée d'Amour, finis la journée avec Amour – voilà le chemin le plus court et le plus direct vers Dieu".

"L'incarnation de l'Amour ne peut être gagnée que par l'Amour. Ici la science n'est pas nécessaire ; en fait, le savoir est une entrave car il pourvoit au culte du moi et fait naître des doutes et des désirs dans des controverses sur l'attribution des lauriers de la victoire à ceux qui s'enorgueillissent de leur savoir." Nous devons aller dans le monde, aimer jusqu'à ce que nous devenions l'AMOUR et fusionner avec Dieu qui EST Amour. C'est aussi simple que cela. Et si quelques-uns trouvent que c'est trop simple, je leur recommanderai de lire les conclusions auxquelles sont arrivés des hommes parmi les plus intelligents de ce monde, comme Albert Einstein, Carl Jung, Bertrand Russel et le Dr Robert Oppenheimer – à savoir que l'Amour est la loi fondamentale du cosmos.

"Si tu fais un pas vers moi, j'en ferai cent vers toi. Verse seulement une larme, j'en essuierai cent de tes yeux". Demandez simplement avec un cœur pur. Vous n'avez pas à aller en Inde : Sai Baba est omniprésent. Tout ce dont vous avez besoin, c'est d'une petite photographie de lui sur votre table de nuit et de l'implorer avec un cœur pur et une aspiration réelle de l'âme.

Pour terminer voici, la plus simple et la plus considérable, en réalité la plus bouleversante de toutes les recommandations de Sai Baba :

"Si vous développez l'amour, vous n'avez pas besoin de développer quoi que ce soit d'autre."

Pensez aux ramifications de cela ! Pensez aux mères de famille qui ont une grande progéniture d'enfants chahuteurs, qui n'ont pas le temps de méditer ou de pratiquer le "yoga", de lire ou d'aller à des conférences. Pensez aux âmes simples dans le monde qui savent à peine lire et écrire et à la majorité de la population du monde qui comprend des âmes simples, si l'on envisage les millions de gens qui grouillent en Inde, en Chine et dans l'immensité de l'Afrique. Et je répète encore : "Si vous développez l'Amour, vous n'avez pas besoin de développer quoi que ce soit d'autre".

L'Amour est le moyen par lequel travaille le Principe créateur. Il emplit l'espace et sans lui, rien ne peut survivre. Les atomes ne pourraient se tenir ensemble, les planètes ne tourneraient plus, les insectes ne volèteraient plus ni les plantes ne pousseraient. Rien ne pourrait naître et rien ne pourrait renaître. C'est la seule force intégrante dans le monde. Et c'est le seul espoir pour le monde. Voila pourquoi Sathya Sai Baba est le seul phénomène significatif pour le monde. Personne ni rien d'autre n'a vraiment d'importance.

11

La pratique de l'Amour

LES PETITS MOYENS

Les petites choses mènent aux grandes choses. Un vieux proverbe chinois dit : si vous voulez rétablir les choses dans le monde, vous devez en premier commencer par vous-même, mettre de l'ordre dans votre maison, puis dans votre famille, puis avec vos voisins, puis dans votre ville, puis dans votre pays et ensuite dans le monde. Cependant, combien de leaders de groupes supposés religieux ou spirituels et de "gurus" improvisés connaissons-nous qui s'enorgueillissent de leur statut spirituel et de leur érudition et qui sont en fait, quand nous les connaissons intimement, pleins d'ego et d'orgueil spirituel.

Même en Inde, les soi-disant saints hommes ne sont pas exempts de blâme, comme l'a découvert pendant son voyage en Inde, le Dr Baranowski, expert en photographie Kirlian, quand il photographia les auras de cent "saints hommes" de ce pays. Il ne trouva rien de particulièrement étonnant dans aucun d'eux ; beaucoup par contre, ont une bonne quantité d'égoïsme, d'orgueil spirituel et s'intéressent en priorité à leur propre réputation et à la préservation financière de leurs “ashrams”, plutôt qu’à la santé spirituelle de ceux qu’ils sont sensés guider et conseiller.

Il y a quelques années, j’avais regardé à la télévision une émission sur un prétendu saint homme. Il tenait à la main, sur ses genoux, un bouquet de fleurs blanches. Tout en parlant, il effeuillait un par un les pétales et les laissait tomber à terre. Je suppose que telle était sa façon de paraître détaché mais pour moi cela mit fin à la valeur que je lui reconnaissais. Il s’était trahi par ce “petit” geste.

Mise à part la sagesse d’apprendre à marcher avant d’essayer de courir, la plupart d’entre nous, êtres ordinaires menant des vies ordinaires, ne deviendrons ni des saints ni des héros. Beaucoup d’entre nous n’aurons pas le temps d’étudier la philosophie, ni de lire en profondeur la “Bhagavad-Gita”, le “Coran” ou la “Bible”. Ce dont beaucoup d’entre nous avons besoin c’est d’une imagination bien ouverte afin de pouvoir exprimer l’amour par des moyens petits et simples dans nos vies quelque peu banales.

D’abord dans le travail. Swami fait ressortir encore et encore le fait que le travail est une prière. Si nous faisons notre travail, même modeste, pour Dieu, notre attitude toute entière changera envers les tâches les plus humbles et les plus monotones. Dans un livre remarquable intitulé : “Release” (Libération) écrit par un Américain, criminel endurci, qui passa en prison trente ans de sa vie d’adulte et qui aux deux-tiers de la durée de sa peine se convertit au Christianisme, l’auteur relate comment cette attitude changea son approche tout entière vis-à-vis du travail dans la prison. Il apprit à aimer la vieille machine à coudre avec laquelle il cousait les sacs pour le courrier. Il atteint un haut degré d’habileté et fit ce travail comme un artiste.

Mieux vaut faire une semaine de travail dans cet état d’esprit que d’aller dans une église une fois par semaine pendant toute une vie à y répéter ses prières sans y mettre son cœur. Il y a, pour faire toute chose, une manière bonne ou mauvaise, même pour soulever un sac. Développez donc adresse et fierté dans votre travail, même si vous êtes un éboueur. Faites la vaisselle et changez les couches pour Dieu.

Cela ne veut pas dire qu'il ne faut pas prier. Le pouvoir de la prière est beaucoup plus grand que beaucoup de gens ne le réalisent. Les pensées représentent quelque chose et ont souvent plus d'effet que les actions physiques ; en fait, c'est la pensée massive du monde autant que son égoïsme qui l'ont conduit à la crise actuelle. Mais ne priez pas d'une manière stéréotypée ou seulement à des moments déterminés. Priez quand l'esprit est ouvert et avec le cœur plutôt qu'avec la tête.

Avant de rendre visite à une âme en difficulté, alors que je travaillais pour les Samaritains (organisation comme S.O.S. Amitié), j'avais coutume d'arrêter ma voiture et de prier pendant cinq minutes. Je disais quelque chose comme ceci : "Esprit tout puissant, notre Dieu Père et Mère, libère-moi de tout ce qui n'est pas Toi, de tout ego, de tout orgueil. Emplis-moi d'un esprit de vraie humilité, pour me disposer à trouver le courage de dire ce qu'il y a à dire si les circonstances le demandent. Que Ta lumière divine brille à travers moi. Pas moi, Père, mais Toi à travers moi". Cela réussissait invariablement.

Souvent, pendant un entretien, je me trouvais bloqué, ignorant comment continuer. Alors, soudain, la conversation prenait un autre tournant et un nouveau rapport s'établissait sur un sujet différent ou sur un autre niveau de conscience. Je m'en allais, sentant qu'une personne malheureuse était réconfortée, reconnaissante et moi transporté de la joie d'avoir eu la chance de pouvoir servir.

Si vous ne vous sentez pas attiré par ce genre de travail et si un ami dans un état de détresse vient vous voir et que le problème semble vous dépasser, essayez de le regarder droit dans les yeux avec un pur amour. Il est probable que cela lui fera plus de bien que des heures de discussions et de tentatives de conseils. Cela peut même faire plus de bien qu'un psychiatre ne le ferait car vous rayonnerez du pouvoir de guérison de l'Amour. Dans tous les cas, si vous voulez donner un conseil, soyez certain que vous faites bien quand vous dites : "Si j'étais vous, je ferais telle et telle chose". "Si j'étais *vous* et non : "si vous étiez *moi* !" Vous devez vous projeter vous-même dans la mentalité de votre ami.

Apprenons à écouter. La majorité d'entre nous parlent beaucoup trop et écoutent beaucoup trop peu. Frank Buchman, le fondateur du mouvement "Le réarmement moral" expose cette idée d'une manière très simple. Il dit : "L'homme a deux oreilles et une bouche – pourquoi ne pas écouter deux fois plus que vous ne parlez ?" Parmi toutes les personnes que j'ai connues, c'est un prêtre jésuite qui savait le mieux écouter. C'était un homme extrêmement intelligent, mais, en société, il ne parlait presque jamais. Pourtant rien ne lui échappait. Après une demi-heure de conversation, son regard se dirigeait vers la personne à qui il voulait faire une remarque ; il s'adressait à elle d'une voix douce et aimable. C'était toujours en peu de mots et merveilleusement appropriés aux besoins de cette personne à ce moment précis. Pas un mot n'était superflu.

Essayons de devenir conscients de Dieu. De voir Dieu en toute chose qui est bonne et belle – dans la structure d'un flocon de neige, dans la splendeur d'un chêne, dans la naissance d'un chaton, dans ce miracle qu'est le printemps. Essayons de retrouver l'étonnement d'un enfant pour qui tout est magique et prodigieux et souvenons-nous que c'est seulement ce que le poète Shelley appelait : "La manifestation lente du monde" qui nous habitue au miracle absolu de la vie. Nous apprécions l'air que nous respirons, seulement quand nous sommes sur le point de mourir étouffé.

Et voyons Dieu aussi dans ce qui n'est pas bon, car il n'y a pas une chose, (rien)* qui ne soit Dieu. Toute forme est Dieu en manifestation. Comme Sir James Jeans le dit : "L'univers est une "pensée" de Dieu". Cherchons et accrochons-nous à la particularité qui rachète, même chez le plus affreux criminel, car il y en a une, toujours. Quand on demandait à Mère Térésa

* En anglais no thing – nothing.

de Calcutta comment elle voyait un fuyard apeuré ou un vieux mendiant débauché, elle répondait : “Je le vois comme Dieu qui aurait attrapé un léger rhume !”

Vous pouvez dire que certains êtres humains ont atteint une telle déchéance, que leur conduite a tellement dépassé les limites de l’acceptable, qu’il est difficile de ne pas les haïr. Eh bien ! Je suis aidé par une phrase que j’ai lue il y a de nombreuses années dans un livre écrit par Bruce Marshall dont le titre est : “All Glorious within” (Tous glorieux à l’intérieur). Je ne me souviens pas en termes précis mais la teneur était à peu près celle-ci : “Que nous soyons saint ou pécheur, capitaliste ou communiste, criminel ou citoyen respectueux de la loi, à la fin de la journée, tous nous nous couchons et dormons, tous nous ronflons et tous nous avons des nombrils !” Cela nous réduit à un dénominateur commun et en quelque sorte évoque la condition humaine d’une façon tout à fait pathétique. Il est plus facile de pardonner que de juger.

Cultivons la patience. Il n’y a pas de meilleur moyen pour y parvenir que la maternité ou le travail social. Un de mes premiers cas, quand je fis du travail social, fut celui d’un voleur professionnel.

Sa mère était grecque, catholique, et son père était un Juif violoniste tzigane, il était aussi communiste et anarchiste. A sa naissance, il fut, paraît-il, jeté dans les docks de Marseille et tiré de l’eau par des prostituées au bord des quais. Il vivait, quand je l’ai connu avec une fille qui faisait le trottoir ; c’était un drogué et un trafiquant de drogue ; il avait eu une douzaine d’enfants, dispersés dans le pays, avec des femmes différentes ; il s’était marié avec certaines, pas avec d’autres, mais de toute façon ne se sentait aucune responsabilité. C’était aussi, à ce moment-là, un homme à l’aspect repoussant.

Ma première rencontre avec lui dura treize heures au cours desquelles il ne cessa jamais de parler. Nous prîmes deux repas pendant tout ce temps et il continuait de parler même quand il avait la bouche pleine. Je doute fort d’avoir prononcé cent mots pendant tout l’entretien. La conversation commença à onze heures du matin et finit à une heure du matin du jour suivant. Quand je rentrai à la maison, j'avais de la fièvre et ma température était montée à cause de mon épuisement mental.

Je me suis accroché à lui pendant cinq ans. Après tout ce temps, il devint non seulement un homme réhabilité mais il s'est aussi axé sur une recherche spirituelle. J'ai sans doute passé mille heures auprès de lui et parlé avec lui par téléphone au moins mille autres heures. Il m'a appris la patience.

La croissance est lente par le haut et lente aussi par le bas. Cela prend du temps pour tomber dans les bas-fonds, et plus de temps encore pour atteindre les étoiles. On doit "continuer de continuer". Le "succès" et l'"échec" sont des termes trompeurs. Aucun effort consciencieux n'est jamais perdu. On ne sait jamais... On sème des graines dans une pensée, celles-ci peuvent germer dix ou vingt ans après. Peut-être ne germeront-elles que lorsque la personne aura atteint le monde spirituel ? On doit réfléchir en fonction des vies très nombreuses.

Essayons d'éviter de penser négativement. Nous sommes nombreux à nous en rendre coupables sans le savoir. Cela peut devenir une habitude dont nous sommes à peine conscients. C'est la raison profonde, je suppose, pour laquelle les média appellent les informations "nouvelles", quand elles sont mauvaises ; comme si, en fait, nous préférions lire les propos sur les désastres, les tragédies et les scandales. Cela ne devrait pas être. Nous devrions faire de notre mieux pour repousser les pensées mauvaises et, si nous réussissons, faire un pas de plus en avant et les transformer. Les pensées mauvaises repoussées s'écoulent simplement dans le courant de la conscience, mais les pensées transformées sont, pour ainsi dire, converties. Nous pourrions faire de même quand nos amis tempêtent ou fulminent, non seulement en les écoutant avec tranquillité, mais en essayant de prendre le poison en nous-mêmes et de le transformer. C'est cela la différence entre s'impliquer et se tenir à l'écart. Cela peut être fatigant, mais nous aurons la satisfaction d'avoir neutralisé les mauvaises vibrations. Un saint homme déclara un jour : "Je suis maintenu au Paradis par l'énergie du péché. Le Seigneur m'envoie des pécheurs. Je m'assois près d'eux et je ne fais rien d'autre que de les aimer et d'écouter leurs difficultés. Ils sont pleins d'énergie négative qu'ils déversent sur moi. Mon amour transforme cette énergie dès qu'ils la laissent sortir. Bientôt ils sont libérés. La paix s'installe. A cause de leurs ennuis, chacun de nous a trouvé la paix sur la terre. Tous les deux nous avons servi ; le pécheur ayant servi le plus".

Il y a ici une analogie avec l'exorcisme. Une entité chassée d'un esprit peut bien revenir pour tourmenter la victime ou bien s'attacher à une pauvre âme qui a une faible "aura" psychique. Ceci, en début de siècle, a donné une grande valeur au travail du Dr Carl Wickland. Il travaillait avec sa femme qui avait des dons de médium. Quand il exorcisait un patient possédé du démon, elle permettait à ce démon d'entrer en elle. Ainsi, à travers elle, son mari pouvait parler à l'entité. De cette manière, il persuadait souvent l'intrus d'abandonner son action malfaisante et de retourner à sa juste place dans le monde des esprits.

Naturellement ces faits sont d'un haut niveau que peu d'entre nous peuvent atteindre. Par exemple, mon épouse et moi-même fûmes dévalisés de la plus grande partie de l'argenterie de famille. Cela nous arrivait pour la première fois. Nous ressentîmes un sentiment d'outrage et d'humiliation et en outre de répulsion pour la souillure de l'atmosphère de notre maison. Néanmoins, dans la soirée du même jour, nous parvînmes à prier pour les coupables. Cela n'aurait pas dû nous demander une journée entière !

Trop de lecture et de savoir peut être un obstacle plutôt qu'une fin. Le savoir a de la valeur dans la mesure où il nous permet de servir et d'aimer plus intelligemment. Mais il doit y avoir un équilibre entre SAVOIR et ETRE. C'est tellement facile de perdre cet équilibre, d'augmenter notre savoir plutôt que de savoir ce que nous sommes et, finalement, de devenir un intellectuel stérile ! Un bon livre, avec des passages qui nous touchent, devrait être "absorbé" par notre être intérieur afin qu'un "changement" même minime résulte de cette lecture dans notre conduite journalière.

Pourtant, beaucoup d'entre nous lisent livre après livre, assistent à une conférence après l'autre et nos vies quotidiennes demeurent à peu près inchangées. Je crains bien que de nombreux "gurus" et directeurs d'associations culturelles ne soient coupables de cela. D'une certaine façon, c'est vraiment leur ego qui fait un voyage spirituel. Mieux vaut la sagesse d'un vieux jardinier que le savoir aride d'un pédant qui ne met pas l'amour en pratique.

Les petits moyens d'aimer sont si nombreux dans nos vies de tous les jours ! Essayons de faire la cuisine avec amour. La nourriture sera imbibée de nos vibrations et plus volontiers ingérée si elle est cuisinée avec amour. C'est un fait connu que, dans les prisons, les maux d'estomac sont ceux dont on se plaint le plus, non pas à cause de la mauvaise nourriture, mais parce qu'elle a été cuite sans bonne intention.

Parlez avec amour aux fleurs et aux légumes de votre jardin. C'est un fait établi ; ils répondent. Un de mes amis qui vit dans un village isolé au pays de Galles joue pour ses légumes une musique harmonieuse sur son transistor. Les villageois du coin sont étonnés devant l'abondance de ses récoltes.

Répondons au téléphone avec chaleur et courtoisie plutôt qu'avec un "allô" cassant et brusque ou une énumération des chiffres de votre numéro. Un ami m'a dit un jour : "Vous répondez même au téléphone avec amour !" Cela détermine le ton de la conversation mieux que ne le fait le paragraphe d'introduction d'un roman.

Pluie ou soleil, froid ou chaleur, disons ou pensons quelque chose de positif à propos du temps, car il ne se passera guere de jours dans notre vie (sous notre climat !) sans que nous n'ayons à faire une remarque. S'il pleut et que l'on fasse la récrimination habituelle, répondons : "Mais Dieu nourrit Son royaume végétal !" Il se peut que ce soit un piètre réconfort pour neuf personnes sur dix mais peut-être que la dixième dira "Je n'ai jamais pensé à cela..." Et qu'avons-nous fait ? Nous avons probablement planté une graine d'accroissement de la conscience chez cette personne.

S'il fait froid et qu'il gèle pendant l'hiver, pensons au plaisir de nourrir les oiseaux, même si c'est sur le rebord de la fenêtre de l'appartement. Pensons aux germes et aux virus qui sont détruits. Pensons au bien que cela fait à la terre, à toutes les larves d'insectes malfaisants qui ne survivront pas à l'hiver et ne détruiront pas les récoltes des fermiers.

Quand les nouvelles sont mauvaises à la télévision, ne soyons pas trop consternés ou déprimés ou pire encore, ne perdons pas notre bon sens en perdant notre temps à les répéter. Si c'est un crime, envoyons immédiatement une pensée d'amour à la victime et à sa famille et ensuite un rayon de lumière au coupable. Cultivons cette habitude ; ce n'est pas difficile et cela évitera la méchanceté.

Si nous attendons des invités, disons une petite prière avant leur arrivée afin d'être pour eux une source de joie et de lumière. Prenons la résolution d'écouter plutôt que de parler. J'ai connu un hôte qui prenait la peine de se renseigner sur les sujets préférés de ses invités et se documentait alors afin d'être un interlocuteur plus intéressant. N'ayons pas peur de montrer de l'affection. Si nous aimons beaucoup quelqu'un, serrons-le dans nos bras et embrassons-le ou la, même si c'est un étranger avec lequel nous venons de lier connaissance. Abandonnons la réserve anglaise. Un homme me raconta un jour que, pendant des années, il avait été bourré de remords après le suicide d'un ami, parce que le soir de la tragédie, il s'était senti trop inhibé pour l'entourer de ses bras. Il pensait que cela aurait suffi pour faire pencher la balance de l'autre côté.

Quand nous souhaitons une bonne nuit à nos invités, souhaitons-leur amour et lumière. Mon épouse et moi-même, pour abréger, nous l'appelons L.L (Love and Light). Cela amène un sourire sur leur visage et cette petite habitude s'est répandue de façon étonnante.

Enfin, Sai Baba donne cette simple recette du bonheur :

Quatre tasses d'amour,

Deux tasses de loyauté,

Trois tasses de pardon,
Une tasse d'amitié,
Deux cuillerées de tendresse,
Quatre litres de foi,
Un tonneau de rire,
Prendre l'amour et la loyauté,
Les travailler à fond avec la foi,
Les mélanger avec la bonté,
La tendresse et la compréhension,
Ajouter l'amitié et l'amour,
Saupoudrer abondamment de rire,
Cuire avec les rayons du soleil,
Servir tous les jours
En parts généreuses !

LES GRANDS MOYENS

"Le plus grand amour est celui qui donne sa vie pour un autre."

Jésus fut le suprême exemple de cela en s'offrant lui-même à la crucifixion alors qu'il aurait pu si facilement l'éviter. Il n'a offert aucune résistance ; en réalité, il semblait la désirer. Il aurait pu élever ses vibrations et se rendre invisible : il est évident qu'il l'a fait parfois. Mais après l'agonie de Gethsémanie, il choisit délibérément le sacrifice.

Sathya Sai Baba, à maintes occasions, s'est chargé du karma négatif de fidèles qu'il savait incapables de supporter une agonie physique ; il a souffert le temps nécessaire et puis s'est guéri lui-même.

Nous autres simples mortels, il est clair que nous ne pouvons pas imiter ces exemples. Cependant, quelques hommes et quelques femmes, surtout les femmes, manifestent l'amour avec un extraordinaire degré de patience et d'oubli de soi dans leur vie de tous les jours. Par exemple, ces personnes qui renoncent à leur bonheur, afin de pouvoir soigner des parents malades et vieux, ou bien qui travaillent avec des enfants inadaptés, ou encore dans les services gériatriques et dans les hôpitaux psychiatriques. Il est vrai, aussi, que quelques hommes et femmes qui paraissent très insignifiants montrent l'héroïsme le plus étonnant quand ils sont confrontés à une urgence soudaine, jusqu'au point de risquer leur vie. Il semble que l'esprit de Dieu repose en nous, dormant jusqu'à ce qu'une crise le ramène à la surface.

Je n'ai pas la prétention d'être un héros et je me demande si je pourrais travailler dans un service de gériatrie, mais je soumets au lecteur, en toute humilité l'histoire suivante, vraie, de la rédemption d'un alcoolique invétéré, perverti sexuel ; c'est un exemple d'amour soutenu et qui pourrait démontrer "les grands moyens de l'amour".

Quand, pour la première fois, j'ai rencontré Harry, il approchait de la soixantaine. Il avait été alcoolique pendant vingt-cinq ans, depuis la mort de sa femme très aimée, Marie. Pendant ce temps, il avait fait appel à des organisations différentes comme les Alcooliques Anonymes, S.O.S. Amitiés... etc, mais cela n'avait pas été très efficace. Quand je l'ai rencontré, il était enfermé dans un hôpital psychiatrique depuis deux ans et c'était plus ou moins devenu pour lui une véritable institution. Dans l'ensemble, il n'était pas malheureux à l'hôpital. Il s'était fait quelques copains, il ne s'entendait pas mal avec le personnel qui lui permettait d'aller au "pub" (café) de temps en temps. Il était ami avec le jardinier en chef et travaillait dans les serres, ce qu'il aimait bien. Et naturellement il n'avait aucun souci financier.

Mais la pression exercée sur les autorités par le manque de lits ne laissa aucune alternative que de le relâcher dans le vaste monde. C'était trop pour lui après cette longue période de vie organisée – il ne pouvait pas se débrouiller ni avec lui-même, ni avec la vie ; il se remit à boire beaucoup. A ce moment-là, les services sociaux locaux me demandèrent de faire ce que je pouvais pour l'aider. Ils lui avaient trouvé une petite chambre meublée et un travail de porteur dans un supermarché d'une petite ville voisine.

J'acceptai de faire ce que je pourrais. Je dirigeais, à ce moment là, un groupe d'aide sociale à peu près semblable à celui des Samaritains, si ce n'est que ma femme et moi, quand les circonstances le demandaient, nous faisions vivre avec nous ceux que nous voulions aider plutôt que de leur faire de simples visites. Notre principe était "de faire beaucoup pour un petit nombre et non de faire peu pour un grand nombre". C'était le seul moyen d'aider les vrais clochards.

J'entrai en contact avec le médecin d'Harry ; celui-ci me dit qu'il ne pouvait se souvenir du nombre de tentatives de suicide qu'Harry avait faites pendant ces années passées. Il pensait qu'il y en avait une vingtaine, bien qu'elles n'aient jamais été vraiment graves. Il voulait simplement attirer l'attention sur lui et être pris en charge pendant quelques jours. Une fois, il était encore en train de parler au téléphone avec les Samaritains quand l'ambulance arriva – ils avaient fait vite !

Lors de notre première rencontre, je l'emmenai à notre café voisin. Il but quatre demis de bière pendant que, pour lui tenir compagnie, je bus à petites gorgées la moitié d'un demi, une boisson que je n'aime pas. Il me parla un peu de sa vie. Quand je lui dis bonsoir, avec un peu d'appréhension, il me demanda : "J'espère que je vous reverrai ?..." "Oui", répondis-je brièvement et je partis en voiture. Je ne me faisais pas l'illusion de croire que j'avais fait impression sur lui. A ce stade, j'en suis sûr, il estimait tout simplement que c'était une bonne affaire de trouver un bénévole qui acceptait de lui payer quatre demis de bière !

Cela peut sembler étrange que j'aie pu amener un alcoolique dans un café. Mais pendant dix ans de travail social, je n'ai jamais employé le mot "devrait" ou suggéré que quelqu'un ne fasse pas ce que manifestement il voulait faire. Je ne mentionnais jamais la religion. Mon mobile principal n'était pas de convertir, mais d'aider. Je voulais donner l'exemple et manifester autant d'amour et de lumière que possible. Mes outils étaient le bon sens et une bonté acharnée, mais il fallait que cette bonté soit acharnée. Cette manière pourrait, quelquefois, éveiller l'intérêt d'une personne dans la spiritualité ; elle pourrait alors me demander ce qui m'avait "fait tilt" et je lui parlerais de ma foi. L'exemple vaut beaucoup mieux qu'un discours.

Harry allait mal. Il trouvait de plus en plus difficile de venir à bout de sa journée de travail de porteur, bien qu'il fût "soutenu" par un camarade au bon cœur. Il passait ses soirées, assis dans un café, à broyer du noir et à boire. Pour manger, il s'achetait un sandwich ou quelquefois du poisson avec des frites. Certains jours, il ne mangeait absolument rien. Son estomac était si lourdement imbibé d'alcool que la nourriture le faisait vomir. Il était évident qu'il ne pouvait continuer à agir de cette façon.

Je le persuadai de me laisser le conduire dans un hôpital psychiatrique pour y être "désintoxiqué". Il connaissait les "ficelles" pour être passé de nombreuses fois par le même processus. On lui administra un succédané d'alcool pour calmer son besoin maladif et il dut rester dans une salle fermée.

Au bout du troisième jour il prit un peu de nourriture. A la fin d'une semaine, il mangeait normalement et se sentait beaucoup mieux. Après deux semaines, il fut renvoyé. La rapidité avec laquelle il se rétablit était étonnante.

Je vins le chercher à l'hôpital. Pendant ces deux semaines, j'avais réfléchi. J'avais fait la connaissance de deux jeunes femmes qui partageaient une chambre au-dessus de celle de Harry et les interrogeai, leur demandant si elles pouvaient m'aider. Elles étaient enjouées, bonnes, âgées d'environ vingt-cinq ans ; elles acceptèrent volontiers.

Elles firent à fond un vrai nettoyage de printemps, accrochèrent un tableau au-dessus de sa cheminée, installèrent une petite table de cuisine près du réchaud à gaz qui n'avait jamais servi et donnèrent un aspect nouveau à la chambre. Quand Harry rentra, il pouvait à peine en croire ses yeux.

Tous les trois devinrent vite des amis. Les jeunes femmes commencèrent à le dorloter. Elles cuisinèrent pour lui des repas spéciaux avec des légumes verts, elles lavèrent son linge et venaient le voir presque tous les jours pour bavarder avec lui pendant une demi-heure. Quant à moi, je lui achetai un assortiment d'outils de jardin et l'incitai à rénover, derrière l'immeuble un petit terrain, jardin autrefois, devenu maintenant un amas de détritus.

Il ne montra d'abord ni intérêt, ni enthousiasme ; pourtant je savais qu'une fois, il avait été un bon jardinier. Mais je suppose qu'il se sentait dans une sorte d'obligation envers moi à cause des instruments que j'avais achetés. Un jour, alors que le soleil brillait, il rassembla toute sa volonté et essaya... Le premier pas avait été fait.

A la fin du mois, il avait nettoyé le terrain et semé les graines. Les jeunes femmes l'aidaient. Au milieu de l'été, il avait un petit jardin potager florissant à souhait – il n'y avait pas une mauvaise herbe ! Il me le montra avec une grande fierté. Mais la chose vraiment la plus importante fut que, depuis son départ de l'hôpital, il ne toucha plus à une goutte d'alcool.

Il devint plus lucide et l'embryon d'un regain de vie germa en lui. Il abandonna son travail de porteur au supermarché et obtint, dans un hospice de vieillards du voisinage, un poste de chef de la restauration, son ancien métier. Son salaire s'en trouva doublé et on lui attribua un agréable appartement moderne équipé de toutes les choses nécessaires. L'hospice possédait un grand jardin ; il proposa de le cultiver pendant son temps libre.

Il acheta un chaton pour lui tenir compagnie. Harry aimait les animaux – c'était une de ses qualités qui rachetait ses défauts. Et de plus, il commença à écrire des nouvelles sur les animaux. Ses écrits venaient du cœur et bien que simples, ses histoires étaient touchantes. Cet été-là, il écrivit et publia quatre nouvelles au sujet des animaux qu'il avait eus chez lui. Issu de la classe ouvrière, élevé avant la guerre dans les quartiers pauvres du Nord-Est, quasiment sans éducation, il était naturel qu'il fût plein d'émotion et de fierté en voyant son nom imprimé en majuscules.

J'allai le voir régulièrement et arrivai à le connaître intimement. Il me fit entièrement confiance et je devins son confident. Pauvre homme, il avait beaucoup de défauts et de faiblesses. Il était bisexuel ; quand il avait été déprimé, il s'était prêté à de nombreuses et sordides petites affaires. Et à des moments de misère noire, il avait même eu recours à la prostitution mâle. Mais il était coupable du penchant le plus odieux, vraiment criminel, même pire que cela, et pour lequel des camarades prisonniers avaient isolé un des leurs : il s'était livré à des violences sexuelles sur des enfants.

Harry avait été élevé dans une région houillère extrêmement pauvre. L'homosexualité était répandue parmi les mineurs. Il semble que ce ne soit pas rare dans les lieux où les hommes travaillent en proche camaraderie, aussi bien sous la terre que sur les mers. Lui-même avait été violenté quand il était enfant.

Son père avait abandonné sa mère qui devint prostituée. La famille vivait dans une toute petite maison. Les enfants allaient à l'école sans chaussures. Il y avait une seule pièce et un seul lit pour Harry et ses trois sœurs. Comment s'étonner, dans ces conditions, que les enfants s'adonnent à l'inceste et trouvent cela tout naturel ?

D'une manière ou d'une autre, ma femme et moi parvenions à lui montrer de la compassion. Nous sentions qu'un homme qui aimait les animaux et les jardins ne pouvait être entièrement mauvais. Cela faisait pour lui une énorme différence. Il lui restait encore deux amis, même quand le dernier voile était levé.

Avant l'âge de vingt ans, il entra dans l'Armée et apprit le métier de chef de cuisine. Juste après ses vingt ans, il tomba très amoureux et épousa sa première femme, Mary. Pendant la guerre il servit dans les Chars de Combat et prit part aux opérations du Débarquement. Après la guerre, dans la vie civile, il se débrouilla assez bien. D'abord, il occupa le poste de premier chef de la restauration pour un collège d'Oxford, organisant des repas pour quatre cents personnes.

Pendant quinze années, Harry et Mary furent profondément amoureux l'un de l'autre et très heureux. Il y avait entre eux une très grande affinité psychique. Peut-être même avait-il trouvé, ce qui est très rare sur terre, son âme sœur. Ils étaient inséparables. Mary était le pivot central de sa vie, sa raison de vivre. Il y avait entre eux une télépathie comme celle des jumeaux.

Il arriva alors qu'elle mourut soudainement et tragiquement, à trente-cinq ans d'une crise cardiaque. Il en eut réellement le cœur déchiré et métaphoriquement parlant, il mourut aussi. En vérité, depuis vingt-cinq ans, l'esprit du pauvre homme était brisé, il ne s'était jamais remis. Il avait essayé de reconstruire sa vie et de vivre à nouveau, mais loin, en profondeur, il sentait qu'il "existait" seulement. Personne ne pouvait remplacer son âme sœur.

Il commença à boire après la mort de Mary, quoique, pendant des années, il ait pu se contrôler ou plutôt Mary contrôlait pour lui, car Harry avait des dons de médium et était constamment conscient de sa présence spirituelle. Quand il en avait eu "tout son saoul", il avait la sensation de recevoir une petite "tape sur l'épaule". Il obéissait alors à cette admonition de l'esprit et se rendait du café à la maison. Mais, malgré ses dons naturels, ce n'était pas une âme très évoluée. La présence spirituelle de Mary servait seulement à rendre plus pénible son absence physique et rendait son angoisse plus intolérable encore.

Il était resté avec deux enfants, une fille et un garçon. Pendant quinze ans, avec l'aide d'une femme de ménage, il les éleva jusqu'à ce qu'ils se marient et quittent la maison. C'est pendant cette période, qu'il tomba lourdement en "disgrâce".

A l'âge de dix ans, sa fille était l'image de sa mère. Harry commença des relations incestueuses avec l'enfant, qui continuèrent jusqu'à ce qu'elle se marie. Il me donna des détails laids et pénibles, mais cependant il ne fit jamais de mal à l'enfant. On peut se demander comment il me fut possible de garder amitié et compassion pour un tel homme ? Je répondrai que, dans la période des cinq années pendant lesquelles je me suis occupé de Harry, maintes et maintes fois, sûrement plus de douze, je l'ai vu se balancer d'avant en arrière sur sa chaise, tenant sa tête dans ses mains, les larmes coulant sur ses joues, dans une agonie de remords et de condamnation de lui-même telle que je n'en avais jamais rencontré dans une autre âme.

Tandis que je le regardais, songeant à son enfance, à sa perte cruelle et à l'effet redoutable que peut avoir l'alcool sur un homme aux instincts sexuels pervers, je ne pouvais que ressentir de la peine et de la compassion. Certaines fois, je ne faisais rien d'autre que de pleurer avec lui.

Quand les enfants quittèrent la maison, la femme de ménage partit aussi et Harry se retrouva seul au monde. Il se sentait désespérément solitaire. Dans un moment de faiblesse, il se remaria, espérant une amitié, avec une femme qui cherchait la sécurité. Il n'y avait pas d'amour entre eux. Le mariage fut un échec. Sa seconde femme sentit vite qu'elle n'était pas la préférée et qu'elle vivait avec une invisible rivale qu'elle ne pouvait combattre. Harry trouva peu de soulagement dans sa solitude. Hélas ! ils n'avaient qu'une seule chose en commun - une prédilection pour la perversion sexuelle. Harry commença à boire de plus en plus et, cette fois, d'une manière incontrôlable. Mary l'avait abandonné, semble-t-il. A partir du jour où il s'était remarié, il ne pouvait plus communiquer en esprit avec elle. Il regardait cela comme sa trahison envers son unique grand amour.

Naturellement, il n'en était rien. Quand meurent ceux que nous aimons, ils sont trop heureux si nous trouvons un autre partenaire. En réalité, ils nous encouragent souvent à le faire. Mary s'était retirée pour donner sa chance au second mariage de Harry. Mais il ne le voyait pas comme cela. Il se voyait comme un traître et cela aggravait les choses.

C'est alors qu'il s'adonna à la prostitution mâle. Il était incapable de gagner sa vie par d'autres moyens. Sa femme l'encourageait activement, mettant la main avec avidité sur ses gains mal acquis. Ils en vinrent à se haïr. Les choses allèrent de mal en pis jusqu'à ce que Harry soit emmené dans un hôpital psychiatrique. Durant son séjour à l'hôpital, sa femme obtint le divorce. Il n'était pas en état de contester même s'il l'avait voulu.

Telle était l'histoire de sa vie. Ce ne fut que tard dans ce premier été de mon volontariat, au moment où il faisait des progrès, que la pleine force de son amour pour Mary me fut révélée. Un jour, je me "sentis poussé" à l'emmener voir un jardin d'une grande beauté appartenant au National Trust (Caisse Nationale des Monuments Historiques et des Sites). Il y avait une terrasse avec une suite de quatre lacs, où une énorme quantité de poissons nageaient en suivant les méandres autour des nénuphars géants de couleur cramoisie, et où des canards colverts s'ébattaient à nos pieds (avec au printemps une flottille de canetons en procession). Sur les talus poussaient des montagnes de rhododendrons de six mètres de haut et des camélias presque pareils vieux de deux cents ans peut-être ; au printemps fleurissaient de vastes étendues de jonquilles et de jacinthes sauvages. A l'arrière plan, on pouvait admirer le plus beau paysage de toute l'Angleterre avec des arbres indigènes et exotiques.

C'était vraiment un spectacle impressionnant quand on le voyait pour la première fois. La paix, quand il n'y a pas trop de visiteurs, vous transporte dans un été paradisiaque ! J'avais pensé que cela remonterait le moral de Harry mais je ne m'étais jamais autant trompé !

La chose la plus étrange se produisit. En arrivant près du premier lac, Harry soudain me quitta, courut en pleine déroute jusqu'au bord de l'eau et se jeta à terre dans un transport d'angoisse et de larmes. Son corps se tordait et ses mains battaient l'herbe comme celles d'un dément. Je n'en revenais pas et en savais que faire. Pendant un moment, j'ai cru qu'il avait l'esprit dérangé.

Il se remit et nous continuâmes notre chemin, mais il ne daigna pas me donner d'explication sur sa conduite. Cent mètres plus loin, il refit la même chose. Cette fois-ci, je marchai vers lui et essayai de le réconforter. Il me regarda avec haine.

“Vous ne pouviez pas faire une chose plus cruelle, Ron, que de m’amener ici”, dit-il d’une voix angoissée.

Il ajouta quelques mots qui me mirent sur la voie. Il y avait plus de trente ans, à l’approche du jour du débarquement, le corps de division auquel Harry appartenait s’était réfugié sous les arbres de ce parc attendant l’ordre fatal d’Eisenhower. Pendant son temps de permission, lui et Mary s’étaient promenés aux bords de ces lacs. A l’endroit où il s’était jeté sur l’herbe, ils avaient fait l’amour pendant la nuit, les vieux pins et les séquoias géants montant la garde, comme de vieilles sentinelles, sur l’eau scintillante sous la lumière de la lune.

Je me mis à réfléchir rapidement. Je le fis se relever et lui dis avec force : “Tenez bon, Harry, tenez bon.” Il se produit un traumatisme quand nous sommes confrontés à une expérience qui nous est trop pénible à vivre comme la mort subite d’un être aimé ; mais si vraiment nous nous rendons à l’évidence et si nous le supportons, même après les séquelles, le blocage mental est écarté et, quoique attristés, nous ressentons un certain soulagement.

Mais cela ne marcha pas. J’avais dû renoncer et le reconduisis à la voiture. La beauté même de l’endroit le déprimait. Depuis la mort de Mary, il en était arrivé à assimiler la beauté à la tristesse. Un parterre de jonquilles au printemps attristait son cœur d’une manière insupportable et lui faisait penser à elle.

Dans la voiture, nous nous assîmes en silence. Il se calma un peu. Puis il dit, résigné : “Peut-être avez-vous bien fait, Ron”. Quoi qu’il en soit, depuis ce jour, Mary est revenue dans sa vie. Une fois encore, il prit conscience de sa présence spirituelle. Peut-être avais-je créé la bonne “incitation” ?...

Ses progrès, cette première année, durèrent neuf mois pendant lesquels il perdit l’habitude de boire. Puis, le jour de Noël, il y eut une fête pour le personnel de l’Hospice. Naturellement la directrice l’invita à se joindre aux festivités. Malheureusement, il n’avait jamais révélé qu’il était un ancien alcoolique. On lui offrit à boire. D’abord il refusa, mais plus tard il succomba. Juste un verre – mais ce fut assez pour déclencher le syndrome.

Mais cette fois, par son médecin, je connaissais le syndrome. Habituellement, cela durait six semaines. Durant cette période, il refusait toute aide et devenait très difficile. C'était en partie le plaisir doux-amer d'une orgie de boissons dont il ne voulait pas être privé. Mais c'était aussi la rébellion de son ego qui ne voulait pas admettre qu'il avait besoin d'être aidé. Un homme n'aime pas accepter le fait qu'il manque de volonté pour vaincre un vice particulier.

Il n'y avait rien à faire d'autre que d'attendre patiemment et de lui venir en aide jusqu'à ce qu'il soit prêt à être désintoxiqué. Ce fut une période épuisante. Il me fallait rester assis dans les cafés et écouter pendant des heures d'affilée des monologues larmoyants. Dans un tel état, il pouvait être très négatif. Il me dit un jour : "J'admire votre patience. D'où la tenez-vous ?"

Je réfléchis un moment. Puis je répondis : "Vous l'apprenez en la pratiquant avec la détermination de ne jamais lâcher, en envisageant l'éternité plutôt que les mois et les années. Après tout, la durée d'une vie est seulement d'une fraction de seconde dans le battement du pouls de l'éternité". Il me regarda, n'y comprenant rien.

Cependant, j'eus la défaillance. Il s'était mis en tête que sa fin était proche. Il avait eu un avertissement de son médecin. Il souffrait d'une maladie de foie avancée. Il avait aussi une bronchite chronique et une mauvaise circulation du sang. Il s'apitoyait sur lui-même en larmoyant sur sa fin prochaine imaginaire.

Un jour, il ressassait cela encore et encore, heure après heure. Il ne faisait cas de rien de ce que je disais et chaque petit rayon de lumière que j'essayais de projeter était transformé en un monologue sombre, lassant et pervers, jusqu'à ce que les vibrations de la pièce où nous étions assis semblent devenues aussi noires que celles du bas-astral. Je trouvais malsain de le laisser continuer. Il me fallait protester pour pouvoir changer le courant.

Je me levai et dis : “Si vous mourez bientôt, Harry, je dirai seulement merci, mon Dieu ! vous serez plus près de Mary. Ce sera la Grande Aventure et le Grand Soulagement pour vous”. Je levai les bras, criant presque : “Alléluia !” Puis je m'avançai près de l'endroit où il était assis et dis : “Puisque nous crions fort, faites quelque chose de positif. Maintenant, levez-vous ! Levez les bras et dites “Alléluia !” Et, à mon étonnement, il le fit. Nous formions un couple comique, un travailleur social presque brisé de fatigue et le pauvre vieux Harry paumé, tous les deux debout, les bras en l'air et criant à tue-tête ; “Alléluia, Alléluia !” à la perspective de l'approche de sa mort. Mais cela interrompit la séquence et le courant négatif cessa pendant une demi-heure environ.

Durant cette orgie prolongée, il se confia totalement à moi. Souvent, dans ce travail, je me trouvais dans le rôle du Père Confesseur. Certains êtres veulent que vous sachiez d'eux le pire tout en sentant que vous demeurez quand même leur ami. Il me montra la déclaration qu'avait faite sa femme pour obtenir le divorce.

Nous nous sommes habitués, dans le service bénévole, à ne nous choquer de rien. Mais à cette occasion, je fus choqué tout en faisant en sorte de ne pas le montrer. Je lus le papier, le visage sans expression. Puis, paraissant sincère, je dis : “J'ai vu pire que cela, Harry !” Je mentais. C'était, je crois, le document le plus ignoble que j'aie jamais lu de ma vie.

Vers la fin de ce syndrome d'alcoolisme, il y eut une crise sérieuse. Harry annonça qu'il s'était organisé pour aller sur l'île de Wight faire une visite à sa fille mariée. Elle devait se rendre à l'hôpital pour une petite opération. Il trouvait que c'était là une bonne occasion de voir un peu ses petits enfants et plus particulièrement sa petite fille de onze ans ; il pourrait s'occuper d'eux pendant l'absence de leur mère. Son mari était loin de la maison en contrat de travail ; ainsi Harry aurait seul la charge des enfants.

Cette idée me mettait mal à l'aise. Y avait-il quelque chose de bizarre dans sa motivation, particulièrement en cette période présente de crise de boisson ? Le jour du départ, il devait s'être passé en lui un grand conflit. Il descendit du train à mi-chemin vers Southampton et m'appela d'un téléphone public. Il tergiversa pendant un moment. Puis il dit juste ces quatre mots : "Vous *me* connaissez, Ron ?"

Je sus instantanément que mes suspicions étaient bien fondées. Je pense que j'aurais dû monter dans ma voiture et le reconduire chez lui, mais j'étais occupé ce jour-là. Je le pressai, avec toute l'autorité possible, de prendre le train suivant pour rentrer à la maison. Mais quand je raccrochai, je gardais peu d'espoir.

Le lendemain, à huit heures du matin, sa fille m'appelait. Son père était arrivé et elle était au désespoir. Elle disait : "Je dois aller à l'hôpital. J'attends depuis des mois qu'on puisse m'opérer. Malgré tout, je ne peux pas laisser les enfants à mon père. Je connais le danger. Que dois-je faire ?"

Elle pleurait au téléphone. Il fallait agir immédiatement. Elle devait partir pour l'hôpital deux heures plus tard. Je lui dis : "Vous devez prendre vous-même la décision, mais je pense qu'il ne vous reste pas d'autre alternative que celle de téléphoner à la Police".

Vingt minutes après, la Police m'appelait. Je les adressai au médecin de Harry. Une heure plus tard, il était emmené – il était encore couché – escorté jusqu'à Southampton et déposé dans le train qui le rapatria dans la ville où il vivait. La Police avait agi très rapidement. Tard dans la nuit, il me téléphona. Il dit simplement : "Ron" et se tut. Je n'arrivais pas à le faire parler. Finalement il sortit ces quelques mots. Il dit d'une voix angoissée : "Toi aussi, Brutus" et il raccrocha. Il pleurait.

Je pense que ces émotions s'entrechoquaient – mélange contradictoire de colère, d'humiliation et de gratitude. Blessure, par ce qu'il considérait comme une trahison de son seul ami ; de colère, pour avoir été privé, à la dernière heure, de son terrible penchant ; humiliation par la Police et enfin gratitude par le peu qu'il lui restait de son "moi" supérieur. Mais cela ne changea rien à nos relations futures ; tout simplement, nous ne sommes plus jamais revenus sur ce sujet.

La fin de la crise approchait rapidement. Il ne mangeait rien depuis des jours. Enfin, par pure fatigue physique et malaise général, il consentit à se faire désintoxiquer. J'organisai tout et il fut admis à l'hôpital psychiatrique.

Le psychiatre l'interrogea et l'assigna dans un service. Pendant que nous attendions dans un couloir, j'allai aux toilettes. A mon retour, je le vis cacher en hâte une bouteille de whisky dans la poche de son pardessus. Il avait pris une lampée rapide. Je ne dis rien.

Nous marchâmes sur l'asphalte d'une cour pour trouver le service. On lui donna un box pour lui tout seul. Un jeune infirmier pakistanais alla chercher sa valise et ses effets personnels. Il parut satisfait et j'étais sur le point de partir quand eut lieu la conversation suivante :

"Allez, "mon vieux" donnez-moi votre médicament" lui dis-je.

"Qu'est-ce que vous voulez dire ?"

"Votre médicament, la bouteille de Scotch. Je vous ai vu la cacher dans la poche de votre manteau."

Il joua merveilleusement bien la comédie et protesta énergiquement contre cette accusation.

"Sérieusement, Ron" dit-il "pensez-vous vraiment que je viendrais dans un endroit comme celui-ci pour être guéri de l'habitude de boire ce poison d'alcool, en apportant ce "truc" là avec moi ?"

Gentiment et souriant malgré moi, je lui répondis : "Oui, mon vieux, c'est précisément ce que je crois que vous feriez !"

Il commença presque à sourire aussi. Je pense qu'il aurait donné le "truc" s'il n'avait pas eu peur de perdre la face devant l'infirmier pakistanais. Comme il restait inflexible, je ne pouvais rien faire de plus. Je dis un mot à l'infirmier de service avant de partir.

Comme d'habitude, Harry se rétablit rapidement. Avec l'aide des succédanés de l'alcool et de son internement, il se sentit bien de nouveau et fut libéré au bout de dix jours. Il fut renvoyé de l'hospice de vieillards ; mais, avec l'aide de bonnes références qui venaient de moi (qui étaient vraies en fait), il obtint le même poste de chef-restaurateur dans un autre hospice, plus proche cette fois de mon centre d'entraide.

Pendant neuf mois encore, il ne toucha pas à l'alcool. Il travailla fort, s'entendit bien avec le personnel et mit de l'argent de côté. L'alcool mis à part, ses goûts étaient frugaux. J'allais le voir régulièrement et restais avec lui pendant cinq ou six heures. Je le connaissais assez alors pour ne pas mâcher mes mots et lui dire quelques vérités. Je lui donnais à réfléchir. Il boudait un peu, mais, j'étais toujours le bienvenu à la visite suivante. Je ne ménageais pas l'adversaire ; s'il parlait trop je l'interrompais simplement, lui disant : "Taisez-vous !" Il disait qu'il acceptait de moi des choses qu'il ne tolèrerait jamais d'un autre être humain.

Parfois, il venait passer le week-end avec nous dans notre maison où nous avions un beau jardin.

Il aimait ce jardin. Je l'avais créé à partir de rien. Sur une parcelle de terrain nu, de deux mille cinq cents mètres carrés, j'avais mis des plantes adultes et, à l'aide d'un tracteur et d'un levier hydraulique, planté des conifères hauts de six mètres. J'avais aussi endigué un ruisseau qui coulait à travers le terrain pour construire, en grès, une piscine arrondie et un bassin avec des nénuphars que surplombaient des saules pleureurs.

J'avais mis une douzaine de petites truites, lesquelles me surprirent en prospérant et en devenant de gros poissons ; il y avait une ample réserve de larves d'insectes et de nourriture naturelle. Les moments y étaient vraiment charmants, quand les soirs d'été, debout près de la piscine on pouvait observer les truites sauter à la surface pour attraper les mouches, et les hirondelles s'ébattre en trempant leurs ventres blancs dans l'eau brillante.

Il semblait qu'en deux ans, j'avais créé l'atmosphère d'il y a un siècle. Nous étions bénis par nos amis spirituels. Là, tout poussait à profusion et particulièrement les nénuphars rouges dans le bassin, qui paraissaient être des fleurs de lotus. Beaucoup étaient des "rejets" de petites branches d'arbustes à fleurs que nous avions reçus mon épouse et moi, au cours des douze années où nous avions vécu là. Harry insistait pour coucher sur un lit de camp dans le petit “Sanctuaire” qui donnait sur ce jardin. Il se sentait là en sécurité et protégé, et j’ose le dire, il l’était !

A cette époque, il commença à s’intéresser à la spiritualité. Jamais je ne lui avais parlé de religion mais il semblait qu’il avait “attrapé” quelque chose de mon épouse et de moi-même. Il avait un “ami de plume” ecclésiastique à la retraite, qu’il avait rencontré une fois dans sa vie ; celui-ci lui écrivait régulièrement et lui citait des textes de la Bible. Harry cultivait cette amitié parce que le vieil homme le fournissait en tabac gratuitement, mais, les lettres, il les jetait à la poubelle !

Peut-être étaient-ce les vibrations créées par nos amis en spiritualité, dans la maison et le jardin, qui contribuaient à élever son âme ?... Il n’associait plus la beauté avec la tristesse quand il regardait le jardin par la fenêtre du “sanctuaire”. Il avait enfin accepté la mort de Mary.

Il commença à s’intéresser aux communications médiumniques enregistrées sur bandes magnétiques. Il prit le double d’une ou deux de ses préférées pour les écouter dans sa chambre à l’hospice. Nous lui prêtâmes quelques livres. Il lut quelques articles écrits par mon épouse dans le magazine “Two Worlds” (Deux Mondes). Et il ne ressentait plus la même angoisse physique quand il percevait sur un plan subtil la présence de son âme sœur bien-aimée. Je commençais à espérer qu’il allait s’en tirer et être définitivement guéri. Hélas ! une dernière fois encore, la grâce l’abandonna. Cela n’était pas vraiment de sa faute. Son ex-femme, ayant eu vent de son apparente guérison et présumant qu’il devait avoir des économies, le retrouva. Il y eut des paroles de réconciliation. Je frémis en entendant les nouvelles. J’avais l’intuition que cela finirait en désastre.

Son médecin et moi fîmes tout pour le dissuader. Pendant des semaines, la question resta en suspens, précaire, car Harry faisait traîner les choses. En définitive, il me fallut respecter sa liberté de décision. Il y avait une limite à la pression que je pouvais décemment exercer. Il prit sa décision. Il quitta son travail et partit dans le Nord où son ex-femme avait un appartement. La réunion dura un mois. Cette horrible femme lui prit la plus grande partie de ses économies (£ 300) (3 000 francs) puis le chassa de chez elle.

Il fallait s'y attendre ; il tomba au bout de la rue. Il fit une orgie finale et désespérée. Je ne connais pas les détails, il était parti loin, au Nord, et j'avais perdu sa trace à ce moment-là. Mais je sais qu'il réussit presque, cette fois-là, un vrai suicide. Quand plus tard, je lui demandai pourquoi il ne s'était pas suicidé, il réfléchit un long moment. Puis il dit : "Dans un éclair de lucidité, Ron, j'ai simplement pensé que je ne pouvais pas vous laisser tomber, vous et mon docteur !...

Entre nous, il avait été pris au piège de l'amour.

Pendant toute une année, je croyais que cela serait la fin de l'histoire. Harry était devenu vieux – ces années avaient pesé. Tout en faisant un petit travail de jardinage, il vivait de la sécurité sociale. Il trouva un logement avec un communiste assez âgé et malgré les déclarations idéologiques du vieil homme qui lui portaient un peu sur les nerfs, il se prit d'amitié pour cet être bienveillant et trouva en lui un compagnon sincère. Il avait aussi dans le Sud deux amis de longue date, mon épouse et moi-même, qui lui écrivaient régulièrement, lui envoyaient du tabac presque chaque semaine et une petite aide financière de temps en temps.

Je savais qu'à l'occasion il prenait encore un verre de bière, mais je savais aussi qu'il ne faisait plus d'orgies prolongées. Il était sur le point de croire à une après-vie, à l'existence du "Un" qu'il appelait quelque peu irrévérencieusement "le Vieux d'en Haut" ainsi qu'à son éventuelle réunion avec Mary. Il avait réalisé une sorte de paix intérieure et il n'avait pas peur de la mort ; en fait, il semblait simplement "attendre". Sa santé était précaire et je ne le voyais pas vivre encore très longtemps.

Je ne pouvais pas me tromper davantage dans l'ensemble de mes appréciations. J'avais oublié le "Faiseur de Miracles"..

Une année plus tard, il m'écrivit un jour qu'il avait fait l'acquisition d'une maison jumelée abandonnée sur un terrain marécageux pour la somme ridiculement basse de 1 100 livres sterling (environ 11 000 francs), en obtenant un prêt hypothécaire du Conseil Municipal et une subvention de 500 livres sterling (environ 5 000 francs) pour travaux d'améliorations. J'avais peine à le croire !

Il y eut des difficultés légales et des retards administratifs ; quelquefois il désespérait et renonçait presque, mais mon épouse et moi-même lui écrivions régulièrement et je pense que nos constants encouragements ont pu faire pencher la balance ; il s'obstina dans son projet et l'affaire fut conclue.

Alors, il travailla plus dur qu'il ne l'avait jamais fait dans sa vie, se servant des méthodes "faites-le vous-même" et de toutes l'ingéniosité qu'il avait apprise dans sa condition de pauvre gamin misérable du Nord-Est de l'Angleterre. A la fin de cette période, il avait une maison avec trois chambres à coucher que les autorités avaient reconnues convenables pour les étudiants de l'Université locale. Il avait également trouvé le courage et l'énergie de créer un jardin dans ce terrain marécageux. Il loua deux chambres à des étudiants de l'Université et remboursa l'hypothèque rapidement. Il avait maintenant un capital et il était propriétaire ! Le "Faiseur de Miracles" lui avait certainement donné un regain de vie !

En outre, pendant ce temps, il reprit des relations normales avec plusieurs membres de sa famille, son fils, sa fille sur l'Ile de Wight et trois sœurs ; tous le tenaient depuis longtemps pour une âme perdue. Sa petite fille qui avait quinze ans alla le voir seule sans que sa mère ait la moindre appréhension.

Il n'avait même pas bu un verre de bière depuis trois ans. Ses lettres montraient une sensibilité spirituelle croissante et orientée, même souvent un profond discernement qui nous prouvait que son rachat était bien entier et solide. Il écrivait alors : "Enfin, je peux regarder mes semblables en face !!"

Il y a quelques mois, il passa une nuit avec nous à la maison. En plaisantant, je lui demandai ce qu'il avait fait de cette bouteille de whisky à l'hôpital. "L'aviez-vous cachée dans le réservoir de la chasse d'eau des "W.-C." ? lui demandai-je. "Mon Dieu ! Non !" répliqua-t-il. "C'est le premier endroit où ils vont chercher. Je l'avais mise en haut du placard, bien en vue là où ils ne pensent jamais à regarder !"

Le vieil ecclésiastique "ami de plume" déborde de joie en pensant que les textes bibliques qu'il envoyait à Harry ont contribué à sa "rédemption"! Peut-être... ? Mais je ne le crois pas. Cependant je ne voudrais pas "briser le bâton sur lequel il s'appuie, ni le priver des rêves qui moissonnent la joie". Il peut avoir aidé. Je pense que ce fut le "Faiseur de Miracles", l'amour en action qui, dans toutes les circonstances aussi terribles qu'elles aient pu être au cours de cette période de cinq ans, produisit ce miracle.

12

Qui est Sai Baba ?

Sathya Sai Baba est pour le moins un phénomène mondial ; j'ai la conviction qu'il est un phénomène cosmique. Il m'a toujours semblé étrange, plutôt providentiel, que ses parents, Pedda et Easwaramma Raju, lui aient donné le nom de Sathyanarayana ; Sathya signifie vérité et Narayana veut dire Dieu résidant dans nos cœurs, car la vérité et la réalité "atmique" de l'homme – ou Dieu immanent – sont les deux principes fondamentaux de son enseignement.

On dit que tout bébé il était "charmant au-delà de toute description". A l'âge de trois ans, son vieux grand-père, Kondamma Raju, le nommait "le petit Maître". A cinq ans, il était surnommé "Brahmajnani" (celui qui ayant acquis la sagesse révèle la réalité intérieure), dans le village reculé de Puttaparthi où il est né. Puttaparthi, est réputé pour avoir été le lieu de naissance de nombreux saints indiens. A ce même âge tendre, les anciens du village se soumettaient à lui, le reconnaissant comme leur "guru". A six ans, il accomplissait des miracles et matérialisait de la nourriture dans un panier vide pour ses camarades de classe. Il avait déjà des dons extraordinaires pour la danse ; son rythme et ses mouvements faisaient penser à ceux qui le regardaient qu'il venait des sphères célestes.

A cet âge là, il avait l'habitude de faire la course avec ses petits camarades en courant sur la colline aboutissant au village, colline qui partait de la rivière sacrée Chitravati (un tertre escarpé de six cent mètres environ parsemé de gros galets). Immanquablement, à la moitié du trajet, il s'élevait par lévitation jusqu'au sommet et gagnait ainsi la course. Un jour de son adolescence, il parait qu'il fit cela en un instant et, debout au sommet, avant même que ses amis n'aient commencé à courir, il leur cria d'en haut : "Regardez ! Je vous donne le "darshan" de la flamme", alors, une grande boule de feu comme un soleil apparut près de lui, d'un éclat si brillant que quatre de ses amis s'évanouirent.

A dix ans, il instruisait les pandits indiens sur les "Vedas", interprétant des passages hermétiques et signalant les coupures et les interpolations ; bien qu'il n'ait jamais lu les "Vedas". A douze ans, il confiait à un camarade de classe du lycée de Uravakonda où il avait été promu, qu'il redresserait le monde et instaurerait la Vérité sur toute la terre.

On raconte une charmante anecdote sur sa vie au lycée de Uravakonda. Comme il était le plus brillant élève de la classe, il avait la responsabilité d'administrer des punitions à ses camarades en leur donnant autant de gifles que la fantaisie et le vouloir du professeur de classe l'exigeaient. Swami ne pouvait se résoudre à agir de la sorte ; au lieu de cela, il leur donnait de gentilles petites tapes de la paume de la main ; le résultat fut qu'il reçut du maître autant de coups de canne sur l'oreille qu'il aurait dû en donner à ses camarades ! Il ne portait en lui aucune trace de malice.

A treize ans, il laissa de côté ses livres de classe et annonça que sa mission avait commencé. A vrai dire, il le déclara du haut de l'estrade, dans la chapelle de l'Ecole, pendant la prière du matin. Il dit qu'il ne pouvait plus "prétendre" être étudiant, ni même membre de sa propre famille. Alors, descendant de l'estrade et suivi de tous les étudiants, il marcha jusqu'à la maison du percepteur local qui était un des fidèles de ce garçon miraculeux. Il n'entra pas dans sa maison mais il s'assit dehors sur un gros rocher et développa le thème qui initiait sa mission d'"Avatar". Sur l'emplacement du rocher, on a construit un centre d'assistance sociale : c'est un endroit considéré comme sacré. Le percepteur dit avoir eu une vision montrant le parcours du lycée jusqu'au rocher, et il l'interprète comme le début d'une révolution dans le monde.

Ainsi, un peu avant son treizième anniversaire en Novembre 1940, il était pratiquement proclamé "Avatar" dans toute la région. La ville entière se déchaîna. Quelques années plus tard, en 1947, quand il commença à voyager, toute l'Inde reconnut qu'un homme-Dieu était né à Puttaparthi. A cette époque, un Ganapathi Sastri (fervent de Ganapathi) déclara : "Celui-ci est une Incarnation de Dieu".

Je suis loin d'ignorer qu'essayer de donner des explications, c'est tenter l'impossible – de limiter le sans limite, de comprendre la conscience divine avec ma conscience humaine et que cela ne peut qu'échouer. Cependant, je me sens poussé à cette tentation. Sai Baba a répété encore et encore que comprendre son incarnation est au-dessus de la compréhension humaine. Les remous de "Maya" rendent la reconnaissance de l'"Avatar" presque impossible.

Comment, par exemple, peut-on comprendre ce qui suit ? "Mon pouvoir est incommensurable. Ma vérité inexplicable, insondable... Je suis au-delà de toute recherche même la plus approfondie et de toute mesure même la plus sophistiquée. Il n'est rien que je ne puisse voir, aucun lieu dont je ne connaisse le chemin, je "suffis" à tout inconditionnellement. Je suis la totalité, le tout dans le tout... Seuls ceux qui ont reconnu Mon amour et vécu l'expérience de cet amour peuvent affirmer qu'ils ont entrevu Ma réalité". Ceux qui n'ont pas rencontré Baba sont des critiques en chambre.

Nombreux sont ceux qui ont essayé de traduire en mots l'effet produit par sa rencontre, le choc véritable ressenti en se trouvant face à face avec le UN qui est vraiment l'Incarnation de l'Amour. Le Dr Sandweiss, auteur de Sai Baba, the Holy Man and the Psychiatrist (Sai Baba le Saint Homme et le

Psychiatre) dit : “Il est capable d’emplir votre coupe jusqu’au débordement, jusqu’à ce que vous ne puissiez plus la tenir, et malgré cela il continue de donner”. Je puis dire sincèrement que ce fut ainsi dans ma propre expérience. Son amour a été décrit comme surpassant l’amour de toutes les mères du monde. Quand, pour la première fois, Baba regarda le Dr Sandweiss droit dans les yeux, le docteur décrivit cela ainsi : “Qu’est-ce qui me fut communiqué dans ce bref moment ? Le monde ! Quelque chose se brisa en moi. Un peu de l’amour et de la joie de Baba pénétra mon âme et je me sentis rire comme un enfant... ma surestimation de moi-même, mes attachements égoïstes à tout un ensemble de valeurs et de croyances, semblèrent se briser en éclats dans la poussière, cédant la place à une sensation de crainte respectueuse et de mystère. En un instant éblouissant, incroyable, je me sentis transformé. J’en restai bouche bée.”

Howard Murphet, auteur de trois livres sur Baba, écrit : “Le torrent d’affection qui coule de lui à flots, est comme un océan d’amour. Dans cet océan, le corps physique semble disparaître, et tous nos problèmes de solitude, d’anxiété, de soucis, de peur profonde, disparaissent complètement. Pendant ces moments d’extase, on touche aux rives de l’infini et on en ressent toute la joie.”

Le professeur Kasturi écrit : “Chaque miracle de Baba est une grâce. Ce peut être une pincée de cendre sacrée (vibhuti), un bonbon, une image créée devant nous. Ce peut être un déluge de cendre, ou l’apparition de “kumkum” ou de santal parfumé ou du nectar sur une image. Un AUM écrit avec de la cendre sur le sol (par un visiteur invisible), un flot continu de nectar ou “amrita” sur un “lingam” ou un médaillon. Cela peut être une série de feuilles de papier (matérialisées dans votre maison) sur lesquelles des conseils ou des avertissements sont écrits dans la langue qui est la vôtre. Cela peut vous être donné quand vous êtes éveillé, endormi ou dans vos rêves, ou arriver comme un livre par la poste, que vous n’avez jamais commandé (et qui n’a jamais été posté). Cela peut être une vision de Lui, éthérée ou solide, passagère ou durable, mais c'est toujours un signe de son amour et de sa majesté. Plus vous voulez, plus il donne ; plus il donne, plus vous grandissez ; plus vous vous approchez de lui, mieux vous l'évaluez".

Ma plume ne peut égaler ces mots. Quand je rencontrai Baba, je tombai à ses pieds et fondis en larmes comme un enfant. Je l'étreignis dans mes bras et m'accrochai à lui. Je savais qu'il était ma mère et mon père et aussi mon meilleur ami – en vérité le seul ami que je puisse jamais avoir dans cette vallée de larmes. Quand il me regarda dans les yeux, je savais qu'il me connaissait jusqu'au plus profond de moi-même, non seulement dans cette vie mais dans toutes mes vies et que, en dépit de mes faiblesses et de mes fautes, il m'aimait quand même. Je déposai mon fardeau à ses pieds et il l'accepta ; je fis l'expérience d'une libération totale. Il s'adressa à moi d'une façon si "personnelle" et que je n'ai jamais rencontrée chez un être humain ; comme si à ce moment là, j'étais la seule personne qui existait au monde. Je n'avais plus aucune peur. J'éprouvais vraiment le sentiment d'être en parfaite harmonie. C'était comme une petite goutte d'eau qui se perdait un instant dans l'océan.

Je finirai par le témoignage d'un dame américaine qui assista à la matérialisation par Baba d'un collier "japamala" pour Maynard Ferguson, un des trompettistes les plus importants d'Amérique. Après un concert à Brindavan où Maynard avait "soufflé son cœur" pour Swami, il reçut un "japamala" en récompense. Cette dame écrit : "Pourquoi était-ce si beau ? Peut-être parce que, à ce moment-là, nous savions tous ce que nous avions su dès notre enfance et que depuis nous avions oublié. Il y a une partie en nous tous, au plus profond de notre être, qui veut croire aux anges, qui veut croire que le "bien" triomphe du "mal", que Jésus marcha sur les eaux et que Moïse sépara la Mer Rouge. Voilà pourquoi c'était si beau. Le collier fut fabriqué pour nous tous. Ce n'était pas une ruse de magicien. Ce fut ainsi pour que nous sachions, une fois pour toutes, que "cela est comme il est écrit". Pour moi ces mots sont magiques.

Quarante ans après la déclaration historique, au lycée de Uravakonda, Sai Baba a rassemblé autour de lui cinquante millions de fidèles, avec des centres dans soixante pays pour le seul Monde Occidental. Lors du dernier congrès mondial à Puttaparthi ils étaient 12 500 représentants avec des délégations, à part celles de l'Inde, venant des pays suivants : Canada, Etats-Unis, Mexique, Pérou, Guatémala, Vénézuela, Trinidad, Islande, Royaume-Uni, Suède, Allemagne, Espagne, Italie, Grèce, Etats d'Afrique du Nord, de l'Est, du Sud, de l'Ouest, la plupart des pays du Moyen Orient, les états voisins de l'Inde, Malaisie, Philippines, Fiji, Hong Kong, Japon, Australie et Nouvelle Zélande, et même la Russie Soviétique qui y envoya une délégation ! Durant les célébrations de l'anniversaire il y eut 350 000 fidèles logés sur un campus ne couvrant pas moins de cinquante hectares.

Ses miracles, ses guérisons, ses matérialisations, ses projections, et autres manifestations se comptent par milliers. Il n'est pas question de mythe ou d'exagération. Comme le dit le Dr Gokak : "Aucun "Avatar" n'a été reconnu par autant de grandes personnalités". Des médecins, des scientifiques, philosophes, chercheurs en parapsychologie du monde entier, sont venus l'examiner. Et le nombre de ses miracles inconnus se chiffre donc par millions. Autour de moi par exemple, dans ce petit coin du globe, pendant les dix-huit mois qui suivirent ma visite en Inde, j'entendis le récit des miracles qui sont arrivés à des fidèles amis, à des correspondants et à ceux à qui j'ai donné de la "vibhuti" ; on en remplirait la moitié d'un livre et pourtant aucun de ces miracles n'a été consigné nulle part. Le professeur Kasturi insiste sur ce fait : "Dans la pièce où Baba donne ses entretiens privés, il prend en charge, avec une profonde sympathie, nos affaires de famille personnelles et compliquées, si bien que ce qui arrive souvent alors – les conseils qu'il donne, le courage qu'il insuffle, les dissensions auxquelles il met fin, le désespoir qu'il anéantit, le symbole de grâce qu'il personnifie, les révélations qu'il apporte et les doutes qu'il dissipe – ne peut être évalué immédiatement dans ces rapports". Et bien sûr, les miracles innombrables pour les paysans indiens ne sont jamais proclamés.

Son travail éducatif, en fondant des jardins d'enfants pour l'instruction spirituelle (Bal Vikas) maintenant au nombre d'au moins 10 000 en Inde et dans le monde, l'inauguration des écoles élémentaires et secondaires et la construction d'Universités dans toute l'Inde, est tel que le ministre de l'Education de l'Inde veut faire une restructuration du système d'éducation en y incorporant les principes d'éducation Sai.

Son travail d'assistance, ses secours humanitaires, sont également prodigieux. 20 000 bénévoles compétents (le Seva Dal) dont la tâche est d'organiser des hôpitaux de campagne, des camps de donneurs de sang, des centres d'urgence dans les villes, des distributions de vivres dans les villages miséreux, se sont engagés pour venir en aide en cas de cyclone, d'inondation, de famine ou de toute autre catastrophe.

Mise à part la transformation de l'humanité qui est son objectif principal ouvertement déclaré, on peut affirmer qu'aucune entité sur cette planète ne fait plus pour l'humanité que Sai Baba dans les domaines de l'assistance et de l'éducation. Les dirigeants indiens viennent le consulter – le Président de l'Inde, le Premier Ministre, l'ancien Premier Ministre, la plupart des membres du Parlement Indien. Ambassadeurs, pédagogues, scientifiques et philosophes du monde entier viennent aussi prendre son conseil. Beaucoup d'entre eux suivent les cours d'été à Brindavan. Les sages les plus respectés et les plus révérés l'acceptent. En quarante ans, Sai Baba est devenu l'autorité la plus influente du sub-continent indien. Je suis persuadé qu'au début du XXIe siècle, il sera l'autorité la plus influente dans le monde.

Peut-être le lecteur pourra-t-il mieux voir Sai Baba dans sa vraie perspective, si je cite le Dr Diwaker, érudit et homme d'état indien, qui s'exprima ainsi lors du cinquantième anniversaire de Baba en 1975 :

"Autrefois, Swami était un gamin de village, simple, délaissé, mal aimé. Aujourd'hui, pour son cinquantième anniversaire, nous nous rassemblons, des quatre coins du monde et que trouvons-nous ? Des philosophes et des politiciens, des éducateurs et des législateurs, des scientifiques et des techniciens, le savant aussi bien que l'ignorant, le riche aussi bien que le pauvre et de toutes les nations, de toutes les religions. Si cela n'est pas un merveilleux miracle vivant, je voudrais savoir ce que c'est !" Et ceci, en dépit des austérités d'un climat différent, d'une culture étrangère et des risques considérables de maladies.

Quelle est la source de ce succès phénoménal ? Eh bien ! Les nombreuses facettes de la personnalité de Baba y contribuent. Son savoir est prodigieux. Le professeur Kasturi le décrit ainsi : "Sans culture pédagogique, il connait sur le bout du doigt les formules atomiques, les hymnes "Védiques", les termes médicaux, les "mantras tantriques". Et il poursuit : "On le voit comme un magnifique administrateur, un médecin comme un maître en diagnostic et en habileté, un ingénieur devient humble devant ses corrections, un musicien le voit comme la source de la mélodie et de l'harmonie, un poète comme le poète des poètes, un philosophe comme celui qui élucide avec simplicité...

"Dans son style fleuri, poétique (qui contient néanmoins l'essence de la vérité), continue le vieil homme, il est l'éducateur primordial de notre époque, chaque mot est un "mantra", chaque discours une "Upanishad", chaque exhortation une "Bhagavad-Gita", chaque chant un Chant Sacré".

Sai Baba a le pouvoir de réussir, ce qui est sans doute son "sankalpa" (volonté divine). Je ne puis imaginer qu'il ait jamais lancé un projet sans que celui-ci ne réussisse ou soit jamais abandonné. Il peut mettre longtemps à se décider (du moins, nous humains le voyons ainsi, en réalité il dose (son temps), mais quand le temps est venu, il agit comme un éclair. Les constructions montent à une vitesse incroyable. Dharmakshetra, le "mandir" ("ashram") de Bombay, qui est un bijou d'architecture plein de symboles cosmiques, fut bâti en cent-huit jours (juste le nombre des cent-huit attributs divins).

Sa patience est littéralement sans limite il dit qu'elle est le signe certain de sa divinité, plus encore que les miracles, les matérialisations et toutes les autres choses. C'est la qualité qui m'inspire le plus d'admiration respectueuse et c'est sans doute en partie parce que j'en manque. Pendant une entrevue privée, il me réprimanda de "ne pas pouvoir supporter les imbéciles". C'est un défaut que j'essaie de corriger. Disons que, maintenant, je peux appréhender une millième partie de la réalité et de la gloire de Sai Baba. Ceux qui m'écrivent et viennent me poser des questions, même s'ils sont des gens estimables et sincères, me font vite pressentir, par ces questions souvent peu judicieuses ou élémentaires, qu'ils ne savent que la centième partie de ce que je sais. Comment alors répondre à leurs demandes ? Je désire ardemment leur donner une réponse compréhensible mais je deviens muet quand je vois la longue perspective de travail nécessaire, non seulement pour eux mais aussi pour moi. Sai Baba, lui, est aussi bienveillant et patient avec un paysan ignorant qu'avec un érudit des textes védiques. Un jour, il chanta un poème en télugu dont les deux dernières lignes disaient ceci :

"Seul, je connais la douleur atroce

De vous enseigner chaque pas de Danse". Cela rend sa patience sans limite, plus sublime encore.

Mais la source réelle de son succès incroyable, c'est tout simplement son AMOUR et sa LUMIERE. Dans son essence cosmique, cette lumière doit être "la lumière de mille soleils". Même dans sa forme mortelle, le rose de son aura (à cause de son amour total sans ego) s'étend "littéralement jusqu'à l'horizon" comme l'affirme le Dr Baranowski, expert en photographie Kirlian. Ce sont sa lumière et sa volonté qui attirent les gens du monde entier. Baba dit que personne ne vient à Puttaparthi sans que lui ne l'ait voulu. Il exerce une attraction envers les hommes de chaque pays du monde, soit qu'il ait besoin d'eux soit qu'ils aient besoin de lui.

Les talents linguistiques de Sai Baba restent pour moi une de ses qualités les plus énigmatiques. Il parle couramment trois ou quatre dialectes indiens et quelques autres un peu moins bien. Mais son anglais, tout en n'étant pas parfait, est parlé avec un minimum de mots, comme s'il envoyait un télégramme ! Cependant, quand son interprète officiel, le Dr Bhagavantham, traduit ses discours du télugu en anglais, Baba souvent l'interrompt et le corrige en donnant le "mot juste" en anglais. Il semble qu'il puisse, s'il le souhaite, parler n'importe quelle langue sans l'apprendre, car on l'a entendu parler un dialecte chinois ; et il parla leur langue maternelle à un groupe de réfugiés iraniens. Il dit que "Quand le cœur communique avec le cœur, le langage est une entrave plutôt qu'un moyen". Peut-être est-ce là que réside, en quelque sorte, la réponse à ma situation embarrassante.

Ai-je réussi à convaincre le lecteur que Sai Baba est un "avatar" ? Ma conviction c'est qu'il est en plus un "purna avatar", (une totale et intégrale incarnation), le premier depuis Krishna il y a 5 500 ans, car il a dit que les "avatars" majeurs ne pouvaient s'incarner qu'en Inde, et ceci je peux le croire aisément. L'Inde fut le "guru" du monde, il y a des millénaires, à l'époque où nous, Britanniques, nous nous badigeonnions la figure de bleu et courions à l'état sauvage dans les forêts. Il a dit aussi que Bouddha, Mahommet et Jésus de Nazareth possédaient un certain degré de vision divine, mais pas une nature entièrement divine. Ils ne se sont pas incarnés, comme lui, avec tous les pouvoirs divins, intacts. Ils n'ont pas accompli des miracles à l'âge de six ans. Ils ont eu à apprendre. Sai Baba dit : "Je ne me suis obligé à aucun ascétisme. Je n'ai jamais médité sur aucun sujet. Je n'étudie pas. Je ne suis ni un candidat, ni un chercheur, ni un étudiant, ni un sage".

Swami fait remarquer qu'aucun "avatar" n'a été reconnu comme tel de son vivant. La divinité de Sai Baba a été tenue pour vraie dans le monde au cours de son incarnation actuelle et c'est donc la 1ère fois. Cela ne s'était jamais produit même pas pour Krishna. Il est vrai que Sai Baba bénéficie de ce double avantage que sont les médias et les moyens de communication modernes. Il est vrai aussi que Jésus de Nazareth ressuscita les morts, matérialisa de la nourriture et contrôla les éléments. Quant à Sai Baba il a ressuscité au moins deux morts (Walter Cowan et Radhakrishna), et il a guéri, en fait, toutes les maladies connues de l'homme ; il a soulevé des poutres d'acier par le pouvoir du son et il est apparu dans trois corps différents en même temps (se faisant passer pour les amis du fonctionnaire suicidaire qui allait se tuer) ; il s'est "projeté" lui-même, physiquement aussi, chez un fidèle et sa famille, y habitant pendant deux jours, mangeant, parlant et dormant alors qu'il était virtuellement présent à neuf cent kilomètres de là, en train d'accomplir sa mission.

Ce dernier fait a été relaté en Inde comme étant la plus longue "projection" jamais racontée dans les Ecritures Saintes du monde entier.

Il matérialisa pour le Dr Hislop un crucifix fait de deux baguettes de bois portant un Christ en argent ; il le tendit à Hislop pour qu'il l'examine, en ajoutant qu'il avait eu quelques difficultés pour "trouver la quantité suffisante du bois d'origine". Hislop l'emporta et de retour en Amérique, fit examiner et analyser cette croix par des experts qui en conclurent que le bois avec lequel elle était faite datait vraiment de deux mille ans !

Ayant analysé Sai Baba pendant trois ans à travers de nombreux livres et – plus important encore – ayant eu l'incomparable bénédiction de vivre l'expérience de cinq entrevues privées, je suis convaincu qu'il surpasse tous les fondateurs des religions du monde. Je suis sûr que Jésus de Nazareth était une âme hautement évoluée, un maître, qui a acquis des pouvoirs miraculeux par un développement "yogique" plutôt que par "sankalpa" (la volonté divine inhérente) et qu'il a du faire l'apprentissage de cet "état Christique" en Inde pendant ces dix-huit ans inconnus, entre sa treizième et sa trentième année : grâce aux Jaïns, son respect pour toute vie et sa réprobation à l'égard des sacrifices d'animaux ; grâce aux Hindous, son enseignement sur la réincarnation (supprimé de la Bible) ; grâce aux Bouddhistes, son amour et son intérêt pour les pauvres et les malades.

Là vient alors la valeur finale à la question : "Qui est Sai Baba ?" Est-il un "purna avatar" de l'envergure de Rama et de Krishna ? Non. Je pense qu'il est plus que cela. Au risque d'être accusé de me laisser emporter par mon imagination, je crois que c'est un être cosmique plutôt qu'un être solaire.

Que dit Sai Baba sur sa nature et sur les limites qu'il peut ou ne peut pas s'être imposées en prenant forme humaine ? Il semble n'y avoir aucune limite. Il revendique la conscience divine autant que la conscience humaine. Il dit : "Le Seigneur est venu sous une forme humaine pour se mouvoir parmi les hommes afin qu'il puisse être écouté, aimé, révéré et obéi. Il doit parler le langage des hommes et se conduire comme les êtres humains." Pourtant son omniscience, son omniprésence, son omnipotence ont été prouvées mille et mille fois. Celui qui prend la peine de lire les quatre volumes de la biographie de Baba par Kasturi reconnaîtra cela.

"Je n'ai aucune caractéristique ; je ne suis pas soumis à la loi de cause à effet. Je ne suis ni homme, ni femme, ni vieux, ni jeune. Je suis tout cela.. Je suis partout en même temps. Je n'ai pas besoin d'aller ou de venir... Je peux aller en arrière et en avant en même temps et je sais tout ce que je souhaite savoir. Le temps et l'espace ne m'imposent aucune limitation... Les lois de la physique ne permettent pas de créer quelque chose à partir de rien mais ces lois n'ont pas de valeur pour moi."

"Je suis avec vous, toujours ; votre cœur est mon foyer... Le monde est ma résidence ; même ceux qui me rejettent sont miens ; appelez-moi par n'importe quel nom, je répondrai ; imaginez-moi sous n'importe quelle forme, je me présenterai ainsi devant vous. Je suis dans le plus petit d'entre vous comme dans le meilleur. Ne calomniez, ni n'outragez aucun être, car vous me calomniez moi qui suis en lui."

Comme on lui demandait s'il pouvait transformer une montagne ; il répondit : "Oui, mais pourquoi devrais-je interférer dans la nature ?" Et pourquoi il agitait le doigt pendant le "darshan" ; il dit : "J'ai l'air parfois d'écrire dans l'air. Je communique avec des gens que vous ne voyez pas. Je suis engagé dans des tâches que vous ne pouvez pas comprendre. J'écris des réponses à des questions posées par quelqu'un qui est loin. J'aide mille personnes en même temps".

Naturellement, son corps n'est soumis à aucune accumulation "karmique" – il a simplement pris un corps. Il n'est pas non plus influencé par les gens ou les événements. Dat Pathe décrit ce point d'une manière pittoresque. Il dit : "Quand deux individus se rencontrent, ce qui se rencontre vraiment ce sont deux caractères psychologiques, chacun se présentant à l'autre avec un ensemble d'expériences, de souvenirs accumulés, d'attachements sentimentaux, influencé par des dispositions favorables ou défavorables envers différents sujets et situations et d'innombrables particularités. Ceux-ci forment l'arrière-plan et la source d'où viennent les mots dont ils se servent pendant la conversation. Mais quand parle Baba, on est frappé de découvrir que pour lui il n'y a aucune cause". C'est "La Toute Connaissance" qui n'a pas eu à apprendre et qui n'est pas impressionnée par l'expérience.

Au sens spirituel, Sai Baba se voit comme répondant à tous les noms et toutes les formes du Seul Dieu. "Appelez-moi par tous les noms – Krishna, Allah, le Christ. Ne me reconnaissez-vous pas dans toutes les formes ? Continuez d'adorer votre Dieu choisi sous les traits qui vous sont déjà familiers et vous trouverez que vous vous approchez toujours plus près de moi, car tous les noms, toutes les formes sont miens."

"Dans cette forme humaine de Sai, chaque entité divine, chaque principe divin attribués à Dieu par l'homme sont manifestes". Cette affirmation tout à fait phénoménale fut faite à la conférence mondiale de 1968 à Bombay devant 25 000 personnes et a été répétée maintes fois. La même année, pendant une tournée de conférences au Kenya et en Ouganda, il matérialisa une statue de Dattrayeda (le symbole incarnant la trinité hindoue de Brahma, Vishnu, et Shiva) mais en créant sa propre image pour les trois. Ceci indiquant, en termes Chrétiens, qu'il est le Père, le Fils et le Saint-Esprit en UN.

Que pensent ceux qui l'entourent ? Dès 1960, Swami Abhedananda, un disciple du grand Ramana Maharshi, reprocha au Professeur Kasturi de parler de Baba comme d'un "avatar", dans le premier volume de sa biographie. Il estimait qu'un "avatar" était juste une facette du "Brahma" Suprême. Sai Baba était le "Brahman" Suprême ou Dieu. Swami Satchidananda le nomme, lui, "le résident intérieur de tous les êtres, omniscient, la supraconscience elle-même". Le Dr Gokak l'appelle le "Visiteur Cosmique". A la conférence de Bombay en 1968, il dit : "Au commencement était le Verbe, le Verbe est Sai Baba". Kasturi, après avoir vécu près de Baba pendant trente-quatre ans a développé sa perception. Après avoir fait référence à lui comme à un "avatar", en 1960, il le qualifie d'"avatar aux multiples facettes" dans le troisième volume de sa biographie – c'est-à-dire : Rama, Krishna, le Christ, Bouddha, Zoroastre et d'autres en un seul ; et finalement, dans le volume quatre, il le voit comme le "Purna Brahman", l'Absolu Universel et comme le "Sanathana Sarathi", l'Eternel Conducteur de Char, l'Absolu Universel qui est la motivation intérieure de tous les temps.

Naturellement, même ceux qui sont constamment avec Baba ne peuvent pas garder cette façon de voir d'une manière continue. Dans notre confusion de mortels, nous ne pouvons vivre en permanence dans l'atmosphère pure des sommets. Quelquefois même le Dr Gokak "oublie", particulièrement quand Swami vient dans sa chambre lui emprunter son rasoir ! Il écrit : "Baba est profondément humain et cependant il est si divin... C'est surtout quand je le quitte pour aller en Amérique et que je vois là-bas comment il se manifeste, que je suis pénétré de la plus grande admiration respectueuse. Quand je suis avec lui, j'ai tendance à oublier qu'il est divin. Quand je voyage et que je vois la "vibhuti" jaillissant sur les photographies, des images qui sortent du néant et des gens qui tombent en extase en répétant son nom, j'en viens à dire : "Oui, ceci est la Forme Cosmique." Un jour, Gokak demanda à Swami quand il consentirait à se montrer dans sa vraie

Forme Cosmique. Baba répliqua : "Si je le faisais, vous souhaiteriez vite que je me retrouve comme je suis !"

Indulal Shah, président de la Commission de Baba, eut une expérience similaire d'"oubli". C'était à Bombay alors que la pluie menaçait de perturber un "darshan". Shah supplia Swami de le décommander. Baba, tout simplement, se dirigea vers la fenêtre, leva la main et dispersa les nuages. Et en se retournant, il lui dit avec un pétillement dans les yeux : "Vous aviez oublié, n'est-ce pas ?"

Mais de toutes les évidences et de toutes les déclarations des sages, rien n'est plus convaincant pour moi que la création de "lingams" (symbole de la création abstraite en forme d'œuf) dans son corps même. Bien que, maintenant, il ait renoncé à cette coutume, du moins en public, il avait l'habitude de créer un "lingam" ou parfois plusieurs, au Festival de Mahashivaratri, (La Nuit du Grand Shiva) chaque année. C'était une expérience semblable à celle de l'enfantement. Son cou se gonflait, il toussait et s'étranglait. Sa souffrance était visiblement considérable. Les foules attendaient frémissantes d'espoir. Enfin, le "lingam" se "dégorgeait" dans sa bouche, déchirant parfois sa lèvre. Il était ovoïde et mesurait six centimètres et demi de long environ, fait d'or, d'argent ou de cristal de quartz.

Je ne pense pas me tromper en affirmant que ce phénomène est unique dans l'histoire des "Avatars". Seul Sai Baba l'a accompli. Le "Lingam" est le symbole du principe créateur. Il est symbolique de "tout ce en quoi toutes choses fusionnent et d'où toutes choses apparaissent". Et le Un devient le GRAND NOMBRE. Parlant aux garçons de son collège, Baba leur dit un jour : "Vous êtes tous Mes formes. Quand je vous aime, je M'aime Moi-même, quand vous vous aimez, vous M'aimez. J'ai séparé Moi-Même de Moi-Même afin que je puisse aimer Moi-Même". C'est sûrement le souffle de Dieu créant les formes les plus variées... Il est certain que le Créateur seul peut s'exprimer ainsi...

Qu'en est-il alors de l'aspect cosmique de Sai Baba ? Kasturi dit que Baba a sans cesse conscience d'être le Principe Cosmique Divin. Il dit : "L'Univers est contenu dans Ma main. Je pourrais, en un instant, faire disparaître l'Univers entier". Cela signifie que c'est Sai Baba qui en maintient l'existence. On l'a vu chantant des versets sur les Forces Invisibles qui contrôlent les corps célestes. Quand le Dr Hislop lui posa la question tranchante : "Etes-vous Dieu ?" Baba répliqua : "Disons que je suis le commutateur".

Une fois, il a posé des questions qui de tous temps ont rendu perplexes les philosophes : "Pourquoi le soleil se lève-t-il et se couche-t-il tous les jours sans exception, sans retard, sans interruption ? Pourquoi les étoiles qui brillent dans le ciel pour les délices de tous les yeux cachent-elles leur splendeur quand le jour pointe et ne se montrent-elles pas à travers les nuages pour nous dire où elles sont ? Qui a commandé à l'air d'être autour de nous, toujours, afin que nous puissions respirer et, de là, vivre ? Pourquoi les torrents grondent, murmurent, gargouillent et papotent sur les rochers, les cailloux, le sable, en serpentant sans jamais s'arrêter, vers leur parente, la mer ? Comment peut-il se faire que les billions d'êtres qui constituent l'espèce humaine soient, tout en étant des réservoirs où s'accumulent les images de la même entité, distincts les uns des autres en apparence, en accomplissement, en aspiration et en attitude ? Voici la réponse : "Sache que je suis le Un qui a décrété que cela soit et cela s'accomplira ainsi".

Et sur la création : "Personne ne pouvait me connaître avant que ma volonté crée le monde, pour mon bon plaisir, d'un seul Mot. Immédiatement, les montagnes s'élevèrent, les rivières commencèrent à couler, la terre et le ciel se formèrent, les océans, les mers, les terres, la ligne de partage des eaux, le soleil, la lune et les sables du désert surgirent du néant pour prouver Mon existence. Vinrent toutes les formes d'êtres, les hommes, les bêtes et les oiseaux, volant, parlant, entendant Tous pouvoirs leur furent accordés selon Mes ordres. La première place fut donnée à l'espère humaine et Ma connaissance fut placée dans l'esprit de l'homme"

"D'un seul mot" signifie, je suppose : AUM, le son primordial de l'Univers. "Ma connaissance fut placée dans l'esprit de l'homme", cela signifie certainement que nous sommes des dieux en puissance. Il est clair que ce compte rendu de la Création est fait en dehors du Temps.

Qu'en sera-t-il du futur ? Le temps du langage sucré est passé. Notre planète est en danger d'auto-destruction. Cela est déjà arrivé dans l'Univers. Les ésotériques nous disent que la planète Maldek (appelée aussi Vulcan) qui se détruisit elle-même est transformée maintenant en fragments géants de matière qui tournent sans fin sur orbite dans l'espace. Mais cela n'arrivera pas ici. Depuis cinq ou six mille ans, les Upanishads ont prophétisé un Age de la Machine et le matérialisme qu'en découle ; il a été prédit qu'une Triple Incarnation de la Divinité empêcherait la catastrophe. Cette incarnation vit parmi nous aujourd'hui. Sai Baba a dit : "La catastrophe qui menace l'humanité sera évitée ; un Nouvel Age adviendra à nouveau.

Le temps viendra où j'aurai à me déplacer à travers le ciel, et le ciel sera mon auditorium. Oui, cela aussi arrivera, croyez Moi".

Je crois fermement qu'un jour ou l'autre, au XXIe siècle, Sai Baba se transportera lui-même dans le ciel et d'une tribune élevée par lévitation, parlera à dix millions de personnes peut être sur un campus de dix mille hectares. Et cela, seulement fera trembler de peur nos politiciens et nos médias.

Pour moi, Sathya Sai Baba est la Loi, la Parole, le Principe Créateur, la Source d'Amour, de Sagesse et de Pouvoir, l'Esprit de Vie Tout puissant, ou l'Unique que nous appelons Dieu. Comme il le dit : "Quand une perturbation a lieu dans un village, on appelle un gendarme et celui-ci suffit pour ramener le calme ; mais quand le genre humain est menacé de ruine morale, l'Inspecteur Général lui-même doit venir, et c'est le Seigneur". Assurément, il incombe à chacun de nous de l'aider...

Post-scriptum : Mon rêve.

Rêveur de rêves, homme “né hors époque”, j'espère toujours, quoique dans ma soixante-dixième année, en des choses que les autres croient impossibles.

Le monde dépense trois cents millions de francs à la minute pour les armements. S'il voulait renoncer à la somme représentant une petite minute de cette dépense, sur toute une année, je bâtirais trente églises sur la surface de la terre pour dix millions de francs chacune : à Delhi, à Calcutta et à Bombay. A New York, à Londres, à Paris et à Rome, et peut-être aux différents points stratégiques du monde.

Je chercherais un nouveau Léonard de Vinci et lui demanderais de faire une peinture de Sai Baba ayant trois mètres cinquante de hauteur et je la placerais, elle et ses reproductions, sur le maître-autel de chaque église. Autour du maître-autel se trouveraient des successions de chapelles pour les religions principales où les fidèles pourraient faire leurs dévotions à leur manière propre et aussi souvent qu'ils le souhaiteraient.

Mais, une fois par mois, ils se réuniraient et se tourneraient vers le maître-autel. Serait-ce trop demander aux théologiens des religions du monde entier de concevoir un office commun, sans dogmes, basé simplement sur la Fraternité des Hommes et sur la paternité de Dieu ? Cela ne devrait certainement pas être trop difficile...

Mon espoir serait alors que, cent ans plus tard, les chapelles latérales soient abandonnées et que “Sanathana Dharma”, la religion mondiale d'amour “Sai”, devienne la Foi Universelle sur la planète.

A PROPOS DES AUTEURS

Née en 1909, Peggy Mason passa les années trente dans le monde du théâtre et du cinéma comme scénariste, co-producteur, concessionnaire et journaliste. Deux de ses pièces de théâtre furent produites à Londres en 1938 et 1939.

Après six années de travail astreignant pendant la guerre, elle devint la secrétaire privée de l'historien Sir Arthur Bryant ; écrivit un roman : "Cadenza", publié chez Hutchinson, puis reprit le travail de scénariste. En 1955, elle se remaria et retourna à la campagne pour partager le travail et la vie de son mari dans l'industrie laitière.

Déjà dans sa jeunesse, elle avait étudié les différents aspects de la métaphysique et depuis 1968 a écrit quelques deux cents articles sur des sujets spirituels pour le magazine "Two Worlds" et autres journaux lus dans le monde entier. Quelques-uns de ses écrits ont été publiés dans deux livres : "Tales of two Worlds" et "New Age companion" (non traduits en français).

En 1977, elle fut l'invitée d'honneur à la première Conférence Internationale de Sydney en Australie. Depuis 1978 elle a consacré sa vie et ses écrits à Bhagavan Sri Sathya Sai Baba et ce livre a été hautement encouragé par Sai Baba après sa première visite en Inde en janvier 1980. Elle est maintenant l'éditeur de la revue périodique consacrée à Sri Sathya Sai Baba.

Ron Laing, M. A. (Master of Arts) fit ses études au Collège d'Eton et à l'Université de Cambridge. Jeune homme, il voyagea à travers le monde, en Amérique du Nord, en Amérique du Sud, en Australie et Nouvelle-Zélande, Chine, Japon et en Inde. De 1943 à 1961, il fut directeur d'une compagnie spécialisée dans la fabrication de la nourriture pour personnes infirmes. Mais il eut toujours une préférence pour la terre et pendant vingt années, il fut fermier, spécialisé dans l'industrie laitière ; d'abord dans une petite ferme et plus tard, dans la province du Buckinghamshire, où il créa une race de “vaches de Jersey” dont la production de lait surpassa, successivement pendant six années, celle de tout le Royaume-Uni.

De 1968 à 1976, il se consacra bénévolement à l’aide sociale, d’abord avec l'organisation des “Samaritains” et ensuite avec son propre groupe : “The Befrienders” (Ceux qui vous traitent en amis).

Depuis 1978, il écrit des articles sur la spiritualité et le secours social mais surtout sur Bhagavan Sri Sathya Sai Baba.

En mai 1981, il fut le premier Anglais désigné comme membre de l’Assemblée Mondiale des organisations Sri Sathya Sai Baba et reçut mission de Sai Baba de créer un conseil central et une société fiduciaire pour le Royaume-Uni. Ces deux objectifs ont été atteints et monsieur Laing dirige maintenant, dans sa maison de Tunbridge Wells : “The Kent of Sussex Sri Sathya Sai Baba study group” (Le groupe d'études sur Sri Sathya Sai Baba pour les comtés du Kent et du Sussex).

BIBLIOGRAPHIE

Tous les livres peuvent être obtenus à
Sri Sathya Sai Centre, 35 Clifton Avenue,
Wembley, Middlesex HA9 6BN (England)

Sai Baba, Man of Miracles – Howard Murphet
Sai Baba, Avatar – Howard Murphet
Sai Baba, Invitation to Glory – Howard Murphet
Sai Baba, the Holy Man and the Psychiatrist – Dr Samuel Sandweiss
Spirit and the Mind – Dr Samuel Sandweiss
Sai Baba, god Incarnate – Victor Kanu
Sai Baba and His Message – Eds Dr Robinson and Dr Ruhela
Living Divinity – Shakuntala Balu
Divine Glory – V. Balu and S. Balu
My Baba and I – Dr John Hislop
Conversations with Sathya Sai Baba – Dr John Hislop
Sai Baba, the Ultimate Experience – Phyllis Krystal
Sai Messages for You and Me – Lucas Ralli
A Recapitulation of Sathya Sai Baba's Divine Teachings – Grace Mac Martin
Sathyam Sivam Sundaram – Prof N. Kasturi (The Life of Sathya Sai Baba in 4 paperback volumes)
Vision of the Divine – E. B. Fanibunda
Loving God – Prof N. Kasturi. (Memoirs of 45 years with Sathya Sai Baba).
Spirituality and Science – Sathya Sai Trust, Bombay
Sathya Sai Speaks – (Discourses in 11 paperback volumes).
Golden Age 1979 – a collection of 54 essays on Sai Baba by eminent writers form all countries
Golden Age 1980 – a collection of 55 essays on Sai Baba by eminent writers from all countries
Sai Chandana – edited by Dr V. K. Gokak. 70 essays on all aspects of Sai Baba and his mission

et beaucoup d'autres.

Les écrits et discours de Sai Baba édités par le Professeur M. Kasturi.

Sathya Sai Speaks, vols. 1 – 10 (discours)
Voice of the Avatar, vols. 1 & 2 (extracts)
The Teaching of Sai Baba (simple extracts)
Sadhana, the Inward Path (spiritual endeavour)
Spiritual Diary (guidance for each day of the year)
Prema Vahini (love)
Dhyana Vahini (meditation)
Prasanthi Vahini (inner peace)
Jnana Vahini (wisdom)
Dharma Vahini (the right way of living)
Gita Vahini (on the Bhagavad-Gita)
Bhagavatha Vahini (on the Srimad Bhagavata)
Upanishad Vahini (on the Upanishads)
Sandeha Nivarini (the removal of doubt)

et beaucoup d'autres.

Le magazine mensuel, Sanathana Sarathi peut être obtenu par

Sri Sathya Sai Publications,
P. O. Prasanthi Nilayam,
District Anantapur,
Andhra Pradesh 515134,
Inde.

Le magazine trimestriel publié par les auteurs peut être obtenu par

The Kent & Sussex Sai Baba Study Centre,
The Lodge,
10 Broadwater Down,
Tunbridge Wells,
Kent TN2 5NG. (England).

Les Messagers de l'Éveil

Les Éditions Arista sont heureuses de vous présenter leur association avec des éditeurs amis réunis sous le nom de :

MESSAGERS DE L'ÉVEIL

L'Or du Temps
Le Souffle d'Or
Soleil
Diem (cassettes)
Le Chant des Toiles (cartes et posters)
Le Hierarc'h

Une telle démarche a été conçue dans le but de mieux servir avec plus de qualité et de cohérence, à la fois lecteurs et libraires. Rassembler sous un tel label, soucieux d'authenticité, tous les domaines dans lesquels recherche intérieure et épanouissement de l'être sont privilégiés, tel est le but qui nous relie.

Peinture, musique, créations audiophoniques et bien sûr livres, tout fusionne désormais au sein des « Messagers de l'Éveil », non pas dans un esprit de compétitivité mais d'unité.

C'est le début d'un long chemin...

Les Éditions Arista et leurs partenaires émettent le souhait que leurs lecteurs seront sensibles à une telle initiative et remercient ceux qui leur ont manifesté soutien et amitié depuis des années.

L'équipe des Éditions Arista

LES MESSAGERS DE L'EVEIL

Ouvrage imprimé sur presse CAMERON,
dans les ateliers de la S.E.P.C.
à Saint-Amand-Montrond (Cher)
en novembre 1990

— N° d'impression : 2571. —
Dépôt légal : novembre 1990.

Imprimé en France